PANTCHATANTRA

ou

LES CINQ LIVRES.

PARIS.

LIBRAIRIE MAISONNEUVE ET Cie,

QUAI VOLTAIRE, N° 15.

PANTCHATANTRA

OU

LES CINQ LIVRES,

RECUEIL D'APOLOGUES ET DE CONTES,

TRADUIT DU SANSCRIT

PAR ÉDOUARD LANCEREAU,

MEMBRE DE LA SOCIÉTÉ ASIATIQUE.

PARIS.

IMPRIMÉ PAR AUTORISATION DU GOUVERNEMENT

À L'IMPRIMERIE NATIONALE.

—

M DCCC LXXI.

AVANT-PROPOS.

I

De tous les recueils d'apologues et de contes de la littérature sanscrite, le *Pantchatantra* ou Les Cinq Livres est le plus ancien qui soit parvenu jusqu'à nous. Cet ouvrage, connu encore sous le nom de *Pantchopâkhyâna* (Les Cinq Collections de récits), est une compilation due à un brâhmane nommé Vichnousarman, lequel est représenté à la fois comme narrateur des fables et comme auteur du livre. Composé de récits dont quelques-uns se retrouvent dans divers monuments littéraires, et de citations empruntées aux législateurs, aux moralistes, aux poëtes, le *Pantchatantra* a dû nécessairement subir, depuis l'époque où il a été rédigé, de nombreuses modifications. Wilson, qui a donné une analyse détaillée de ce livre[1], en avait trois manuscrits entre les mains. Il nous apprend que ces manuscrits présentent entre eux de grandes différences. Kosegarten, à qui l'on doit la première édition d'un texte sanscrit du *Pantchatantra*[2],

---

[1] *Analytical Account of the Pancha Tantra, illustrated with occasional translations*, dans *Transactions of the Royal Asiatic Society of Great Britain and Ireland*, t. I, London, 1827, p. 155-200.

[2] *Pantschatantrum sive Quinquepartitum de moribus exponens* ex codicibus

a constaté la même variété entre onze manuscrits dont il s'est servi. Ces copies, dit-il dans sa préface, offrent des textes divers, à tel point qu'il y a pour ainsi dire autant de textes que de manuscrits. Le savant éditeur a de plus reconnu dans ces onze copies deux rédactions distinctes, l'une simple et sans ornements, celle qu'il a publiée, l'autre plus étendue, plus ornée, et par conséquent plus travaillée.

Ni l'une ni l'autre de ces deux rédactions n'est assurément la forme première de l'ouvrage. Selon M. Benfey, il a dû exister un texte plus ancien, d'après lequel a été faite la traduction pehlvie, qui elle-même a été traduite en arabe, et le *Pantchatantra* aurait été composé postérieurement à cette traduction. Suivant cette opinion, la version arabe représenterait plus fidèlement que le *Pantchatantra* l'ancien texte sanscrit, et la traduction pehlvie aurait été la reproduction exacte de ce texte.

Malheureusement la traduction pehlvie est perdue, et l'on ne peut, touchant la rédaction primitive de notre recueil, rien affirmer avec certitude. Il n'est pas plus facile de préciser l'époque de la composition de l'ouvrage. Les fables qu'il renferme remontent évidemment à une assez haute antiquité. Quelques-unes se trouvent dans le *Mahâbhârata*, d'autres ont leur source dans des livres

---

manuscriptis edidit Io. Godofr. Ludov. Kosegarten. Bonnae ad Rhenum. 1848, in-8°. — Une autre édition du *Pantchatantra* a été publiée à Bombay, en 1868-1869, par MM. Kielhorn et Bühler, dans les *Sanskrit classics for the use of high schools and colleges*. Ce texte m'a fourni quelques bonnes variantes.

bouddhiques. Or le Bouddhisme date du viie siècle avant Jésus-Christ, et il florissait au commencement de notre ère. De plus, un certain nombre de nos apologues ont une analogie frappante avec des fables ésopiques. Les premiers rapports suivis des Grecs avec l'Inde eurent lieu, on le sait, à la suite de la conquête d'Alexandre. On pourrait donc, d'après ces données, assigner à la composition du recueil indien une époque relativement ancienne; mais une des fables du livre premier contient un passage de Varâhamihira[1], astronome qui écrivait vers le vi[e] siècle après Jésus-Christ, et par conséquent l'ouvrage sanscrit devait être récemment rédigé lorsqu'il fut introduit dans l'Asie occidentale.

II

Dès la première moitié du vi[e] siècle de notre ère, la réputation des fables indiennes s'était répandue dans la Perse. Un prince ami des lettres, le célèbre Khosrou Nouschirvan, de la dynastie des Sassanides, régnait alors sur ce pays. Il avait entendu vanter un livre de morale et de politique composé dans l'Inde, et il chargea un savant médecin, nommé Barzouyeh, d'aller chercher ce trésor. Barzouyeh parvint à se procurer le livre; il en prit copie, et en fit une traduction en pehlvi. Revenu à la cour de Nouschirvan, il offrit à ce prince le recueil d'apologues et de contes qu'il désirait connaître. Les suc-

---

[1] Voy. page 67 de ma traduction.

cesseurs de Nouschirvan conservèrent précieusement cet ouvrage jusqu'à la destruction du royaume de Perse par les Arabes, sous le règne de Yezdedjerd, en 652. Environ cent ans plus tard, au VIIIe siècle, Almansour, second khalife abbasside, en trouva un exemplaire qui avait échappé à la destruction presque complète des monuments de la littérature persane, lors de la conquête. Un Persan converti à l'islamisme, nommé Rouzbeh, mais plus connu sous le nom d'Abdallah ibn-Almokaffa, fut chargé par le khalife de traduire ce livre en arabe. L'exemplaire de la version pehlvie dont Abdallah s'était servi s'est perdu, et l'on ignore si le traducteur en a suivi fidèlement le texte[1].

C'est dans la version arabe, intitulée *Livre de Kalila et Dimna*, qu'apparaît pour la première fois le nom de Bidpaï, devenu plus tard si célèbre. La préface d'Ali fils d'Alschah Farési, où est racontée la légende de ce personnage et du roi Dabschelim, est relativement moderne, puisqu'on ne la retrouve dans aucune des traductions faites d'après la version d'Abdallah. Quant à la présence des noms de Bidpaï et de Dabschelim dans plusieurs chapitres de l'ouvrage, elle ne nous donne non plus aucun renseignement certain sur l'auteur ni sur l'origine du livre, car tous les essais tentés jusqu'ici pour ramener ces noms à une forme sanscrite n'ont abouti qu'à des conjectures plus ou moins ingénieuses.

[1] De Sacy, *Mémoire historique sur le livre intitulé Calila et Dimna*, en tête de son édition de cet ouvrage, p. 8-30. — Loiseleur Deslongchamps, *Essai sur les fables indiennes et sur leur introduction en Europe*, p. 8-12.

Considéré dans son ensemble, le *Livre de Kalila et Dimna* diffère notablement du *Pantchatantra*. Il est divisé en dix-huit chapitres. Cinq de ces chapitres seulement, le cinquième, le septième, le huitième, le neuvième et le dixième, correspondent aux cinq parties de notre recueil. Ils présentent avec les cinq livres du *Pantchatantra* de grandes différences. Beaucoup de contes et d'apologues de l'ouvrage indien, principalement parmi ceux des deux derniers livres, ont été omis dans la version arabe, et celle-ci, à son tour, en contient d'autres qui manquent dans le texte sanscrit. Toutefois, entre les manuscrits du *Pantchatantra* dont Kosegarten s'est servi, il en est cinq qui se rapprochent plus que les autres du *Kalila et Dimna*. Ces cinq manuscrits constituent la recension désignée par l'éditeur allemand sous le nom de *textus ornatior*. La traduction d'Abdallah, faite sur une version pehlvie traduite d'après le texte original, représente nécessairement une des plus anciennes recensions de l'ouvrage indien. Mais, de même que le texte sanscrit, elle n'a pas dû arriver jusqu'à nous dans sa première forme. Les manuscrits que l'on en connaît, dit M. de Sacy, offrent une telle variété, qu'on est quelquefois tenté de croire qu'il existe plusieurs versions arabes tout à fait différentes l'une de l'autre.

Le texte du *Livre de Kalila et Dimna* a été publié par M. de Sacy[1]. Il en a été fait des traductions en langues

---

[1] *Calila et Dimna, ou Fables de Bidpai, en arabe; précédées d'un Mémoire sur l'origine de ce livre et sur les diverses traductions qui en ont été faites dans l'Orient;* par M. Silvestre de Sacy. Paris. 1816. in-4°.

européennes, une en anglais[1], deux en allemand[2]. Une version espagnole inédite, due à Conde et conservée dans la bibliothèque de l'Académie royale de l'Histoire à Madrid, est signalée par M. de Gayangos[3].

Vers la fin du VIIIe siècle, la traduction d'Abdallah fut mise en vers, pour Yahya, fils de Djafar le Barmékide, par un poëte dont le nom est resté inconnu. Une autre rédaction, également en vers arabes et intitulée *Les Perles des sages préceptes, ou Fables des Indiens et des Persans*, a pour auteur Abdalmoumin ben-Hassan. On ignore à quelle époque vécut cet écrivain[4].

Le *Livre de Kalila et Dimna* fut traduit de l'arabe en persan moderne. Nasr, fils d'Ahmed, prince samanide, qui régna sur la Perse orientale de 301 à 331 de l'hégire (914-943 après Jésus-Christ), chargea le poëte Oustad Abou'lhassan, connu sous le nom de Roudéki, de mettre cet ouvrage en vers persans. Le travail de Roudéki est, paraît-il, aujourd'hui perdu[5].

La plus ancienne version persane du *Kalila* parvenue jusqu'à nous est une traduction en prose, dont l'auteur,

---

[1] *Kalila and Dimna, or the Fables of Bidpai, translated from the Arabic*, by the Rev. Wyndham Knatchbull. Oxford. 1819. in-8°.

[2] *Calila und Dimna, eine Reihe moralischer und politischer Fabeln des Philosophen Bidpai, aus dem Arabischen übersetzt von* C. H. Holmboe. Christiania. 1832. in-8°. — *Die Fabeln Bidpai's, aus dem Arabischen von* Philipp Wolff. Stuttgart, 1837, in-18.

[3] Dans la notice placée en tête de son édition du *Calila é Dymna*, p. 4.

[4] De Sacy. *Mémoire historique*, p. 30, 31.

[5] De Sacy. *Mémoire historique*, p. 38, 39. — Loiseleur Deslongchamps, *Essai*, p. 13.

Abou'lmaali Nasrallah, vivait dans la première moitié du xiie siècle, sous le règne d'Abou'lmodhaffer Bahram-Schah, sultan de la dynastie des Gaznévides. Cette version, faite d'après le texte arabe d'Abdallah, n'en est point une reproduction fidèle; elle se compose de seize chapitres, auxquels le traducteur persan a ajouté une préface [1].

A la fin du xve siècle, vers l'an 900 de l'hégire (1494 de notre ère), un des écrivains les plus élégants de la Perse, Hosaïn ben-Ali, surnommé Al-Vaëz Kaschifi, trouvant la version de Nasrallah trop chargée de métaphores et de termes obscurs, entreprit de la rajeunir. Au titre de *Livre de Kalila et Dimna* il substitua celui d'*Anwâr-i Souhailî* (Les Lumières de Canope) [2]. De plus, il modifia sensiblement l'ensemble de l'ouvrage, remplaça les prolégomènes du *Kalila* par une introduction de sa composition, et fit entrer dans diverses parties du livre de nouveaux apologues et un grand nombre de citations empruntées à la poésie persane [3].

L'*Anwâr-i Souhailî* est divisé en quatorze chapitres. Il a servi de texte pour la première traduction française

---

[1] De Sacy, *Mémoire historique*, p. 39-42; *Notices et Extraits des manuscrits*, t. X, première partie, p. 94-196.

[2] L'*Anwâr-i Souhailî* a été publié à Calcutta en 1805, et à Bombay en 1828. M. Eastwick en a donné une traduction anglaise sous le titre suivant : *The Anwár-i Suhailí; or the Lights of Canopus; being the persian version of the fables of Pilpay; or the book Kalilah and Damnah, literally translated into prose and verse*, by Edward B. Eastwick. Hertford, 1854, grand in-8°.

[3] De Sacy, *Mémoire historique*, p. 42-47. — Loiseleur Deslongchamps. *Essai*, p. 14 et p. 70-72.

des fables de Bidpaï faite d'après une langue orientale. Cette traduction, intitulée *Livre des Lumières*, contient seulement les quatre premiers chapitres du recueil persan. Publiée, en 1644, sous le nom de David Sahid [1], elle serait, suivant M. de Sacy, l'œuvre de Gaulmin. On en connaît encore plusieurs éditions : deux de Paris (1698 [2] et 1709 [3]), deux de Bruxelles (1698 [4] et 1725 [5]), et deux sans nom de lieu d'impression; l'une de ces dernières porte la date de 1792.

Le but que s'était proposé Hosaïn, en entreprenant sa rédaction persane du *Livre de Kalila et Dimna*, était de mettre cet ouvrage à la portée d'un plus grand nombre de lecteurs. Vers la fin du XVIe siècle, Akbar, empereur de Dehli, trouva dans l'*Anwâr-i Souhaïli* encore trop de métaphores et d'expressions arabes. Il ordonna au célèbre Abou'lfazl, son vizir, de le retoucher, ou plutôt d'en faire une nouvelle rédaction en langue persane. Abou'lfazl termina son travail en l'an 999 de l'hégire (1590 après Jésus-Christ), et l'intitula *Eyar-i Danisch* (Le Parangon de la science). Il reprit les deux chapitres de prolégomènes re-

---

[1] *Livre des Lumières, ou la Conduite des roys, composé par le sage Pilpay indien, traduit en françois par* David Sahid, d'Ispahan, ville capitale de Perse. Paris, 1644, in-8°.

[2] *Les Fables de Pilpay, philosophe indien, ou la Conduite des rois.*

[3] *Les Conseils et les Maximes de Pilpay, philosophe indien, sur les divers états de la vie.* In-12.

[4] *Les Fables de Pilpay, philosophe indien, ou la Conduite des grands et des petits.* In-12.

[5] *Les Fables de Pilpay, philosophe indien, et ses Conseils sur la conduite des grands et des petits.*

tranchés par Hosaïn. L'*Eyar-i Danisch* a été traduit en hindoustani, sous le titre de *Khired-afrouz*[1] (L'Illuminateur de l'Entendement)[2].

Hosaïn, comme on l'a vu, avait rédigé l'*Anwâr-i Souhailî* au commencement du xe siècle de l'hégire. Dans la première moitié du même siècle, sous le règne du sultan Soliman Ier, l'ouvrage de Hosaïn fut traduit en turc par Ali Tchélébi, professeur à Andrinople. Ali dédia son livre à Soliman, et l'intitula *Houmayoun-Nameh* (Le Livre impérial), par allusion à cette dédicace[3].

La version d'Ali Tchélébi a été traduite en espagnol par Brattuti[4], et en français par Galland. Le travail de ce dernier comprend seulement les quatre premiers chapitres du texte turc. Il ne parut qu'en 1724, après la mort de son auteur[5]. Il en existe une contrefaçon faite à Hambourg en 1750[6], laquelle a servi d'original à une

---

[1] *Khirud Ufroz; or the Illuminator of the understanding, revised and prepared for the press by* Capt. T. Roebuck. Calcutta, 1815, 2 vol. in-8°.

[2] De Sacy, *Mémoire historique*, p. 47-51; *Notices et Extraits des manuscrits*, t. X, première partie, p. 197-225. — Loiseleur Deslongchamps, *Essai*, p. 15, 16.

[3] De Sacy, *Mémoire historique*, p. 51, 52.

[4] *Espejo politico y moral para principes y ministros y todo género de personas*. Madrid, 1654-1659, 2 vol. in-4°.

[5] *Les Contes et Fables indiennes de Bidpaï et de Lokman, traduites d'Ali-Tchelebi-ben-Saleh, auteur turc; œuvre posthume, par* M. Galland. Paris, 1724, 2 vol. in-12.

[6] *Fables politiques et morales de Pilpaï, philosophe indien, ou la Conduite des grands et des petits, revues, corrigées et augmentées par* Charles Mouton, secrétaire et maître de langue de la cour de S. A. S. et R. Monseigneur l'évêque de Lubeck, duc de Slesvig-Holstein, etc.

AVANT-PROPOS.

traduction en grec moderne, imprimée à Vienne en 1783[1]. En 1778, Cardonne compléta l'ouvrage de Galland, et le publia en trois volumes[2].

M. de Sacy, dans le Mémoire historique placé en tête de son édition du *Kalila* et dans les notices auxquelles je renvoie plus haut, signale, d'après les écrivains orientaux, diverses traductions du livre arabe en différentes langues de l'Orient. Ces traductions, dont l'existence est attestée en termes assez souvent peu précis, ne sont pas parvenues jusqu'à nous; je n'ai donc pas à en parler ici.

La première traduction du *Livre de Kalila et Dimna* dans une langue européenne fut faite en grec, vers la fin du xie siècle. Le traducteur, Siméon Seth, ou plutôt Siméon fils de Seth, vécut sous les empereurs Michel Ducas, Nicéphore Botoniate et Alexis Comnène. Il dut faire ce travail d'après l'ordre du dernier de ces souverains, monté sur le trône en 1081. Une traduction italienne de la version de Siméon a été imprimée à Ferrare en 1583[3]. Le P. Poussines, savant jésuite, traduisit en

---

[1] Μυθολογικὸν ἠθικο-πολιτικὸν τοῦ Πιλπάιδος Ἰνδοῦ φιλοσόφου, ἐκ τῆς Γαλλικῆς εἰς τὴν ἡμετέραν διάλεκτον μεταφρασθέν · νῦν πρῶτον τύποις ἐκδοθὲν δαπάνῃ καὶ ἐπιμελείᾳ Πολυζώη Λαμπανιτζιώτη τοῦ ἐξ Ἰωαννίνων · αψπγ´ · ἐν Βιέννῃ. 1783.

[2] *Contes et Fables indiennes de Bidpaï et de Lokman, traduites d'Ali-Tchelebi-ben-Saleh*, auteur turc. Ouvrage commencé par feu M. Galland, continué et fini par M. Cardonne. Paris. 1778. 3 vol. in-12.

[3] *Del governo de' regni, sotto morali essempi di animali ragionanti tra loro, tratti prima di lingua Indiana in Agarena, da Lelo Demno Saraceno, et poi dall' Agarena nella Greca, da Simeone Setto philosopho Antiocheno, et hora tradotti di Greco in Italiano.* Ferrara. 1583. in-8°.

latin le texte grec. Sa traduction, intitulée *Specimen sapientiæ Indorum veterum*, se trouve à la fin du premier volume de l'Histoire de Michel Paléologue par Georges Pachymère [1]. Quant au texte grec, il fut édité pour la première fois à Berlin, en 1697, avec une nouvelle traduction latine, par Sébast. Godef. Starck [2]. Les prolégomènes, traduits par Poussines, manquent dans l'édition de Starck; ils ont été publiés, mais incomplétement, en 1780, à Upsal, en grec et en latin, par P. Fab. Aurivillius [3]. L'édition du texte grec qui a paru à Athènes en 1851, à la suite des fragments du *Pantchatantra* et de l'*Hitopadésa* traduits par Galanos, est une réimpression de celle de Berlin.

Outre les prolégomènes, au nombre de trois, que ne donnent pas les éditions du texte grec publiées jusqu'à présent, la version de Siméon Seth comprend quinze sections, correspondant aux divers chapitres du *Kalila*, moins la quatorzième. L'existence, dans plusieurs manuscrits de la traduction d'Abdallah, d'un chapitre représenté par cette section, et certains passages de l'original sanscrit qui manquent dans le *Kalila* et se trouvent dans la version grecque, prouvent que celle-ci a été faite sur

---

[1] Rome, 1666, in-folio, de la collection des Historiens byzantins.

[2] *Specimen sapientiæ Indorum veterum, id est liber ethico-politicus pervetustus, dictus arabice* Kalila oue Dimna, *græce* Στεφανίτης καὶ Ἰχνηλάτης, *nunc primum græce prodit, cum versione nova latina,* opera Sebast. Gottofr. Starkii. Berolini, 1697, in-8°.

[3] *Prolegomena ad librum* Στεφανίτης καὶ Ἰχνηλάτης. *Ex cod. mscpt. Bibliothecae Acad. Upsalensis edita et latine versa dissertatione academica, quam, praeside* Flodero, *publico examini submittet* Aurivillius. 1780, in-4°.

un texte arabe plus complet et plus ancien que la recension de M. de Sacy.

Parmi les différentes versions du *Kalila et Dimna* dérivées immédiatement de l'arabe, il faut citer en première ligne une traduction hébraïque dont on ne connaît qu'un seul manuscrit, malheureusement incomplet [1]. Le traducteur était, suivant Doni, un rabbin nommé Joël. On ignore à quelle époque il a vécu. Néanmoins on peut supposer avec assez de vraisemblance que la version de Joël date du milieu du xiiie siècle, puisqu'elle fut traduite en latin entre 1263 et 1278, par Jean de Capoue, juif converti à la foi chrétienne [2].

La version de Jean de Capoue, *Directorium humane vite* [3], est, comme le remarque avec raison M. de Sacy, d'une grande importance, parce qu'elle est la source de laquelle dérivent plusieurs autres traductions ou imitations en divers idiomes européens. De même que la version hébraïque, elle renferme deux chapitres qui manquent dans l'édition du texte arabe publiée par M. de Sacy. Ces deux chapitres se retrouvent dans l'ancienne version castillane et la traduction latine de Raimond de Béziers dont je parlerai plus loin; ils existaient sans aucun doute dans le manuscrit arabe traduit par Joël.

---

[1] Ce manuscrit fait partie du fonds hébreu de la Bibliothèque Nationale, n° 1282.

[2] De Sacy, *Mémoire historique*, p. 34, 35; *Notices et Extraits des manuscrits*, t. IX, première partie, p. 397-466.

[3] *Directorium humane vite, alias Parabole antiquorum sapientum*. Petit in-folio gothique, avec figures sur bois.

Jean de Capoue a traduit la version de Joël aussi fidèlement qu'il l'a pu, et il s'est rarement permis quelque liberté. Une particularité curieuse, dans le *Directorium* comme dans le texte hébreu, est la substitution du nom de Sendebar à celui de Bidpaï. Ce nouveau nom a passé dans les traductions et imitations de la version latine, et il a donné lieu de confondre le *Livre de Kalila et Dimna* avec le *Livre de Sendabad*, qui en est bien différent [1].

Le *Directorium humane vite* est divisé en dix-sept chapitres, précédés d'un prologue ou préface. Cet ouvrage ne porte aucune indication de date ni de lieu d'impression. Suivant M. de la Serna Santander, il a dû être imprimé vers 1480.

Il existe une traduction allemande de la version de Jean de Capoue. Elle a pour titre *Beispiele der Weisen von Geschlecht zu Geschlecht*, ou autrement *Das Buch der Weisheit*. Faite par l'ordre d'un prince éclairé, Éberhardt Ier, comte de Wurtemberg de 1265 à 1325, elle fut publiée, pour la première fois, sans indication de date ni de lieu. La première édition de cette traduction avec date parut à Ulm en 1483 [2]; elle n'est pas une réimpression de l'édition sans date, puisqu'elle est écrite dans un autre dialecte allemand. D'après l'édition de 1483 ont été faites celle d'Ulm 1484 et les suivantes, avec des changements peu importants.

Une autre traduction du *Directorium*, à peu près de la

---

[1] Loiseleur Deslongchamps, *Essai*, p. 17-19.
[2] *Das Buch der Byspel der Weissheit der alten Weisen*. In-folio.

même époque que la version allemande, est le livre espagnol intitulé *Exemplario contra los engaños y peligros del mundo*, imprimé pour la première fois à Saragosse, en 1493 [1]. Il en parut successivement plusieurs éditions : une à Burgos (1498); trois à Saragosse (1521, 1531 et 1547); trois à Séville (1534 [2], 1537 et 1541), et une à Anvers, sans indication de date [3]. Dans cette dernière comme dans celle de Saragosse 1547, le style a été retouché.

L'*Exemplario* n'est pas la seule traduction espagnole que l'on connaisse du *Livre de Kalila et Dimna*. Sarmiento [4], Pellicer y Saforcada [5] et D. Rodriguez de Castro [6] en ont signalé une plus ancienne, faite par l'ordre de l'infant Alphonse, fils du roi Ferdinand. Sarmiento en cite un manuscrit où l'année 1389 de l'ère d'Espagne (1351 de Jésus-Christ) est donnée comme date de l'ouvrage. Le savant bénédictin, qui n'avait pas vu le ma-

[1] Petit in-folio. A la fin du volume on lit la note suivante : «Acabase el excellente libro intitulado : *Aviso e enxeplos contra los engaños e peligros del mundo.*»

[2] Cette édition a pour titre : *Libro llamado Exemplario : en el cual se contiene muy buena dotrina y graves sentencias debaxo de graciosas fabulas.* A la fin on lit : «.... el presente libro intitulado : *Exemplario contra los engaños y peligros del mundo.*»

[3] Cette édition, de format in-8°, a dû être imprimée dans les dernières années du XVI° siècle.

[4] *Obras posthumas*, t. I. *Memorias para la historia de la poesia y poetas españoles.* Madrid, 1775, petit in-4°.

[5] *Ensayo de una biblioteca de traductores españoles.* Madrid, 1778, petit in-4°.

[6] *Biblioteca española.* Madrid, 1781-1786, 2 vol. in-fol.

nuscrit, remarque que la date de 1389 doit être erronée, parce qu'à cette époque il n'y avait pas d'infant Alphonse fils d'un roi Ferdinand. Il pense que le manuscrit, au lieu de 1389, devait porter 1289 (1251 de Jésus-Christ), et que l'infant Alphonse est Alphonse X le Savant. Rodriguez de Castro, de son côté, nous apprend qu'un manuscrit de cette même version appartient à la Bibliothèque de l'Escurial. Ce manuscrit assigne à la traduction l'année 1299 (1261 de Jésus-Christ); mais comme alors Alphonse X régnait depuis neuf ans, il faut lire 1289. Les deux dates, on le voit, se corrigent l'une l'autre; la dernière vient à l'appui de la conjecture de Sarmiento, et la confirme [1].

L'existence d'une traduction castillane antérieure à la version latine de Jean de Capoue est un fait important dans l'histoire du *Livre de Kalila et Dimna*. Cependant, malgré l'intérêt qu'elle ne pouvait manquer d'offrir, cette traduction est restée inédite jusque dans ces derniers temps. Un savant arabisant espagnol, M. Pascual de Gayangos, l'a publiée récemment [2]. Les deux manuscrits dont il s'est servi se trouvent à la Bibliothèque de l'Escurial. Le premier est le manuscrit signalé par Rodriguez de Castro. Il serait, selon M. de Gayangos, de la fin du xive siècle; il se termine par une note où il est dit

---

[1] De Sacy, *Notices et Extraits des manuscrits*, t. IX, première partie, p. 433, 434. — Loiseleur Deslongchamps, *Essai*, p. 20, 21.

[2] *Calila é Dymna*, dans *Escritores en prosa anteriores al siglo xv, recogidos é ilustrados por don Pascual de Gayangos*. Madrid. 1860. gr. in-8°. t. LI de la collection d'auteurs espagnols publiée par Rivadeneyra.

que le livre fut traduit de l'arabe en latin, et mis en espagnol par ordre de l'infant don Alphonse. Le second est moins ancien; il porte la même note, mais sans indication de l'année dans laquelle la traduction a été faite. On ignore ce qu'est devenu le manuscrit cité par Sarmiento.

Les mots *sacado de arabygo en latin*, qui se lisent à la fin des trois manuscrits, ont fait supposer à M. de Sacy qu'il avait dû exister une version latine faite d'après un texte arabe et antérieure à celle de Jean de Capoue. M. de Gayangos pense avec raison qu'il ne faut pas accorder une grande confiance à des notes mises au bas des manuscrits par des copistes, le plus souvent ignorants, qui se contentaient de reproduire ce qu'ils trouvaient écrit, quand ils n'ajoutaient pas quelque chose pour donner plus d'importance à leur travail. Il a comparé soigneusement le texte espagnol avec le texte arabe de M. de Sacy, et il a constaté entre eux une ressemblance qui ne permet pas d'admettre une version latine comme intermédiaire. Les exemples de cette analogie cités par M. de Gayangos nous montrent des phrases entières, des locutions calquées sur l'arabe et reproduites avec une fidélité dont n'aurait pu faire preuve un traducteur ayant sous les yeux un texte latin. Quant à l'ouvrage considéré en lui-même, le savant espagnol trouve la preuve la plus certaine de son ancienneté dans la langue, le style, les formes orthographiques, et il n'hésite pas à le placer parmi les écrits du XIIIe siècle.

Dans la version espagnole publiée par M. de Gayangos,

les noms propres sont corrompus, mais autrement que dans le *Directorium*. Le roi Dabschelim y est désigné sous le nom de Dicelen, dans lequel on reconnaît le Disles de Jean de Capoue, et sous celui de Dabxélim, transcription plus exacte de l'arabe. L'auteur ou plutôt le narrateur des apologues est appelé *el filosofo;* à la fin du premier chapitre, il est nommé Bundobet. Nulle part il n'est question de Sendebar, que le traducteur hébreu et ceux qui l'ont suivi ont substitué au philosophe Bidpaï. Le livre est composé de dix-huit chapitres et d'un prologue. Le prologue est la traduction de la préface d'Abdallah. Les deux premiers chapitres correspondent au deuxième et au quatrième de l'ouvrage arabe; ils retracent l'histoire de la mission de Barzouyeh dans l'Inde et la biographie de ce personnage. Au troisième chapitre commence la fable du Lion et du Taureau, c'est-à-dire le cinquième chapitre du *Kalila*. Jusqu'au dixième chapitre inclusivement, les deux versions se suivent; mais à partir du onzième jusques et y compris le quatorzième, l'ordre cesse d'être le même[1]. De plus, le traducteur espagnol a donné, sous les numéros xvii et xviii, deux chapitres qui manquent dans le *Kalila et Dimna* de M. de Sacy, mais qui, comme nous l'avons déjà dit, ont sans aucun doute fait partie d'une recension plus ancienne du texte arabe. Ces deux chapitres sont le seizième et le dix-septième de

[1] Voici, depuis le chapitre xi de la traduction espagnole, la concordance des deux versions : xi (xiv), xii (xv), xiii (xvi), xiv (xiii), xv (xvii), xvi (xviii). Les chiffres entre parenthèses sont ceux des chapitres du livre arabe.

la version hébraïque et de la traduction latine de Jean de Capoue.

Au commencement du xiv⁰ siècle, un savant médecin, Raimond de Béziers, fut chargé, par la reine Jeanne de Navarre, femme de Philippe le Bel, de traduire en latin une version espagnole du *Livre de Kalila et Dimna*. La mort de la princesse, en 1305, interrompit son travail; il le termina plusieurs années après, et le présenta au roi en 1313[1]. Le manuscrit espagnol, apporté dans le royaume de Navarre et de là à Paris, où il fut communiqué à Raimond, contenait, s'il faut en croire ce dernier, une traduction faite à Tolède sur un texte hébreu. La mention d'un texte hébreu semblerait indiquer que cette version castillane était celle qui avait été faite d'après le *Directorium* et qui porte le titre d'*Exemplario*. Mais divers passages de la traduction de Raimond, et l'emploi de certains noms espagnols ou arabes que l'on ne retrouve ni dans la version de Jean de Capoue ni dans l'*Exemplario*, décèlent un texte espagnol traduit de l'arabe. Quoi qu'il en soit, Raimond n'a pas traduit littéralement le manuscrit apporté de Tolède. Comme tous les traducteurs du *Kalila et Dimna* qui l'ont précédé, il s'est donné la plus grande liberté; il a de plus inséré dans son récit de nombreuses citations empruntées aux écrivains de l'antiquité et notamment aux poëtes. S'il ne cite pas la version de Jean de Capoue, il n'a pu du moins en ignorer

---

[1] *Liber de Dina et Kalila*. La Bibliothèque Nationale possède deux manuscrits de cet ouvrage, fonds latin, n⁰˟ 8504 et 8505. Le premier paraît être celui qui fut offert à Philippe le Bel.

l'existence : c'est d'elle que dérive en partie sa traduction; le nom de Sendebat répété plusieurs fois, la mention d'une version hébraïque et la reproduction presque mot pour mot de passages du *Directorium*, en sont des preuves convaincantes [1].

Deux versions italiennes du *Kalila* sont dues à deux écrivains florentins du xvie siècle, Agnolo Firenzuola et Doni. Le premier s'est servi de l'*Exemplario* comme texte. Son ouvrage, intitulé *La prima veste dei discorsi degli animali* [2], est le chapitre cinquième du *Livre de Kalila et Dimna*. Outre une introduction nouvelle, dans laquelle l'auteur met en scène des personnages de son invention, on y trouve nombre de passages que l'on chercherait en vain dans le *Directorium* et dans les autres versions du livre arabe. Firenzuola a imité plutôt que traduit. Il a retranché des fables et en a ajouté quelques-unes, il a transporté en divers lieux de l'Italie la scène de ses récits, et il a souvent substitué d'autres animaux à ceux qui figurent dans les apologues qu'il a traduits.

Dans le travail de Doni [3], même liberté : personnages, lieu de la scène, noms d'animaux, tout est changé. Non-seulement des fables ont été supprimées ou remplacées par de nouvelles, mais la suite entière de la narration

---

[1] De Sacy, *Notices et Extraits des manuscrits*, t. X, deuxième partie, p. 3-65. — Loiseleur Deslongchamps, *Essai*, p. 22.

[2] Dans *Prose di M. Agnolo Firenzuola*. In Fiorenza, 1548, in-8°.

[3] *La Filosofia morale del Doni, tratta da molti antichi scrittori, per ammaestramento universale de governi, et regimento particolare degli huomini*. In Venetia, 1606, in-4°. La première édition de cet ouvrage a paru à Venise en 1552.

est profondément modifiée. Doni ne s'est pas servi d'un seul texte; il avait sous les yeux, suivant son propre témoignage, cinq versions en cinq langues. Il cite la version hébraïque, l'*Exemplario*, les *Discorsi* de Firenzuola et la traduction grecque. Quant au *Directorium humane vite*, il n'en fait pas mention d'une manière spéciale; cependant il ne disconvient pas qu'il n'en ait eu connaissance. Quoi qu'il en soit, on peut considérer la version de Doni comme dérivée de celle de Jean de Capoue, sinon immédiatement, du moins par l'intermédiaire de la traduction castillane. L'ouvrage du savant Florentin, intitulé *Filosofia morale*, se compose de deux parties principales : la première, divisée en trois livres, correspond aux chapitres cinquième et sixième du *Kalila*; la seconde, sous le titre de *Trattati diversi*, comprend six traités, qui répondent aux chapitres suivants du texte arabe.

La version de Firenzuola fut traduite en français en 1556, par Gabriel Cottier[1]. En 1577, Pierre de La Rivey, chanoine de Troyes, en donna une nouvelle traduction à laquelle il ajouta un second livre, extrait des *Trattati diversi* de Doni[2].

Pour terminer cette revue rapide des différentes versions du *Kalila et Dimna*, il nous reste à mentionner

---

[1] *Le plaisant et facétieux discours des animaux, novellement traduict de tuscan en françois*. Lyon. 1556, in-16.

[2] *Deux livres de Filosofie fabuleuse. Le premier prins des Discours de M. Ange Firenzuola Florentin, par lequel, soubs le sens allegoric de plusieurs belles fables, est monstree l'envye, malice, et trahison d'aucuns courtisans. Le second, extraict des Traictez de Sandebar Indien, philosofe moral, traictant soubs pareilles alegories de l'amitié et choses semblables.* Paris, 1577, in-16.

l'*Alter Æsopus* de Baldo [1], recueil contenant des imitations en vers de parties détachées de cet ouvrage. On n'a aucun renseignement sur la vie de l'auteur. Il dut, suivant M. Édélestand du Méril, être Italien de naissance et vivre au xiiie siècle. C'est, selon toute vraisemblance, à une des premières traductions du livre arabe dans une langue européenne qu'il a emprunté le sujet de ses fables. On retrouve aussi un certain nombre d'apologues du *Kalila* dans un ancien manuscrit français de la Bibliothèque Nationale, intitulé *Livre des Merveilles* [2].

III

Un grand nombre de contes et d'apologues d'origine indienne ont passé dans les littératures de l'Europe au moyen âge. Si l'on ne peut déterminer avec certitude la source à laquelle chacun a puisé, il est du moins facile de saisir dans l'ensemble la filiation des emprunts qui ont été faits. C'est surtout par l'intermédiaire des Persans et des Arabes que les fictions indiennes ont pénétré dans l'Occident. La Perse les reçut de bonne heure; au milieu du vi^e siècle, on l'a vu, Khosrou Nouschirvan faisait traduire en pehlvi le texte original de nos fables. L'introduction dans cette même contrée d'un autre recueil, intitulé en sanscrit *Soukasaptati* (Les Soixante et dix Contes d'un Perroquet), dut avoir lieu à une époque assez ancienne.

---

[1] Dans *Poésies inédites du moyen âge, précédées d'une histoire de la fable ésopique,* par M. Édélestand du Méril. Paris, 1854, in-8°.

[2] Fonds français, n° 189.

Les Arabes qui voulaient s'instruire allèrent d'abord dans les écoles de la Perse; mais au VIIIe siècle, sous le khalifat d'Almansour, les sciences indiennes étaient cultivées à Bagdad, et des recueils d'apologues et de contes furent traduits en arabe. Maçoudi, historien célèbre du Xe siècle, indique l'Inde comme la patrie du *Livre de Sendabad*, et il signale l'existence d'une version arabe ou persane de cet ouvrage. Il parle aussi d'un livre persan, *Hézar Af-saneh* (Les Mille Contes): c'est, dit-il, le livre appelé communément Les Mille Nuits. Ce titre désigne sans aucun doute le recueil arabe connu aujourd'hui sous le nom de *Mille et une Nuits*, dans lequel on trouve de nombreuses traces d'une origine indienne. Les traductions persanes et arabes se répandirent en Asie, en Afrique, partout où régnait l'Islamisme. Le contact des Arabes avec l'Empire byzantin, avec l'Italie, et leur invasion en Espagne les introduisirent dans l'Europe méridionale. Maîtres du sud de la péninsule ibérique, les Arabes y avaient apporté, avec leur littérature, le *Livre de Kalila et Dimna*. On en a la preuve dans un passage d'Ibn-Bassâm : cet historien, qui écrivait à Séville en l'an 503 de l'hégire (1109-1110 de Jésus-Christ), cite une fable de ce recueil [1].

Les écoles établies par les musulmans à Cordoue et dans les principales villes soumises à leur domination étaient fréquentées par des chrétiens. Les Espagnols du-

---

[1] Les deux Béliers et le Chacal (*Pantchatantra*, I, v). Voy. *Recherches sur l'histoire politique et littéraire de l'Espagne pendant le moyen âge*, par R. P. A. Dozy, Leyde, 1849, t. I, p. 351.

rent par conséquent posséder des versions du *Kalila et Dimna* en leur langue, avant même que ce livre eût été traduit en latin. Une de ces versions, parvenue jusqu'à nous, est de l'an 1251. Don Juan Manuel, qui a imité plusieurs de nos apologues, a pu les emprunter à la vieille traduction castillane, si toutefois il ne les a pas puisés dans le texte arabe.

Une large part dans l'introduction des apologues et des contes orientaux en Europe doit être attribuée aux Juifs. Les Juifs, pendant le moyen âge, ont rempli l'office d'intermédiaires entre les Arabes et les peuples de l'Occident. Arts, sciences et lettres, tout ce que les premiers avaient emprunté à l'Inde et à la Grèce, ils le transmirent à ces derniers. Dès le xe siècle, leurs écoles étaient florissantes, surtout en Espagne. En même temps qu'ils traduisaient en hébreu ou en latin les auteurs grecs les plus classiques, ils ne négligèrent pas les fables de l'Orient. Parmi ces vulgarisateurs, il faut citer en première ligne Pierre Alphonse, avec sa *Disciplina clericalis*, le traducteur du *Livre de Sendabad*, l'auteur de la version hébraïque du *Kalila et Dimna*, et enfin Jean de Capoue. Nos trouvères et nos vieux poëtes ont tiré de leurs ouvrages les sujets des récits que leur ont empruntés à leur tour les conteurs italiens et français du moyen âge et de la renaissance. Les pèlerinages en Terre Sainte et les croisades ont aussi contribué puissamment à répandre les fictions orientales chez les nations européennes, comme l'attestent nos anciennes chroniques.

La Perse ne fut pas la seule contrée de l'Orient où

pénétrèrent les fables indiennes. Lorsque Barzouyeh en apporta à Khosrou Nouschirvan le recueil devenu depuis si célèbre, le Bouddhisme les avait introduites, avec sa littérature, dans les pays situés à l'est et au nord de l'Inde. Les Chinois, qui embrassèrent de bonne heure la doctrine de Bouddha, les reçurent les premiers. Ce fut, suivant M. Benfey, au commencement de notre ère. M. Stanislas Julien, notre savant sinologue, a découvert, dans deux encyclopédies chinoises, un grand nombre d'apologues traduits du sanscrit et extraits de différents ouvrages bouddhiques [1]. Selon toute probabilité, les fictions indiennes passèrent successivement de la Chine et de l'Inde dans le Thibet, et du Thibet chez les Mongols. Si la littérature thibétaine, encore peu connue, ne nous a pas jusqu'ici laissé voir les emprunts qu'elle a faits, il n'en est pas de même de celle des Mongols. Ceux-ci possèdent deux recueils de contes d'origine indienne, dans leurs deux principaux dialectes. Le premier, intitulé *Siddhi-Kür*, dont M. Jülg a publié le texte kalmouk et une traduction allemande [2], est la reproduction du *Vétâlapantchavinsati* (Les Vingt-cinq Contes d'un Vampire), ouvrage sanscrit traduit en divers idiomes modernes de l'Inde. Le second est l'*Histoire d'Ardji-Bordji Khan*.

---

[1] *Les Avadânas, contes et apologues indiens, traduits par* M. Stanislas Julien. Paris, 1859, 3 vol. in-12.

[2] *Kalmükische Märchen. Die Märchen des Siddhi-Kür oder Erzählungen eines verzauberten Todten. Ein Beitrag zur Sagenkunde auf buddhistischem gebiet. Aus dem Kalmükischen übersetzt von* B. Jülg. Leipzig, 1866. in-8°.

M. Jülg en a également donné une traduction allemande [1] et le texte mongol. L'*Histoire d'Ardji-Bordji* est une version d'un recueil sanscrit non moins célèbre que le précédent, le *Sinhâsanadwâtrinsati* (Les Trente-deux Histoires du Trône), recueil connu aussi sous le nom de *Vikramâdityatcharita* (Vie de Vikramâditya), parce que les trente-deux contes qu'il renferme sont autant de légendes concernant ce prince [2].

Les conquêtes des Mongols au commencement du xiiie siècle, et leur domination en Russie pendant plus de deux cents ans, donnèrent aux fictions orientales accès dans le nord et l'est de l'Europe. Les littératures musulmanes et bouddhiques furent donc les sources principales d'où ces fictions se répandirent en Occident. La tradition orale dut coopérer pour sa part à cette œuvre de divulgation; mais on ne peut dire de quelle manière et dans quelles limites son influence s'est exercée.

Parmi les fabulistes chez lesquels on trouve des imitations de nos apologues, La Fontaine tient la première

---

[1] *Mongolische Märchen. Die neun Nachtrags-erzählungen des Siddhi-Kür und die Geschichte des Ardschi-Bordschi Chan. Eine Fortsetzung zu den kalmükischen Märchen. Aus dem Mongolischen uebersetzt mit Einleitung und Anmerkungen von* prof. Dr Bernhard Jülg. Innsbruck, 1868, in-8°.

[2] Hamd Allah Mustôfi, écrivain qui florissait dans la première moitié du xive siècle, fait mention, dans son *Tarikhé Guzidèh*, d'une traduction mongole du *Kalila et Dimna* due à Mélik Saïd Iftikhar eddin Mohammed ben Abou Nasr, une des notabilités de Kazvin, mort en 678 de l'hégire (1279-1280 après Jésus-Christ). Voy. *Description historique de la ville de Kazvin*, article de M. Barbier de Meynard, dans *Journal asiatique*, cinquième série, t. X, 1857, p. 284.

place. Les six derniers livres de son recueil, publiés en 1678-1679 et en 1693-1694, renferment toutes ses fables d'origine orientale. «J'en dois, dit-il dans l'Avertissement placé en tête du septième livre, la plus grande partie à Pilpay, sage indien. Son livre a été traduit en toutes les langues.» La mention du nom de Pilpay indique suffisamment que notre fabuliste s'est servi de la traduction française de l'*Anvâr-i Souhailî* intitulée *Livre des Lumières*. Mais plusieurs des fables qu'il a empruntées au philosophe indien manquent dans le *Livre des Lumières*. Cet ouvrage, comme on l'a vu plus haut, ne contient que les quatre premiers chapitres du texte persan. La Fontaine a eu par conséquent entre les mains une des autres versions du *Livre de Kalila et Dimna* connues de son temps. L'examen de ses fables démontre que celle dont il a fait usage est la traduction latine du P. Poussines, imprimée en 1666. La Fontaine entretenait, on le sait, un commerce littéraire et un échange continuel de livres avec le savant Huet, sous-précepteur du Dauphin et plus tard évêque d'Avranches[1]. Ce dernier s'occupait d'un travail sur la version grecque de Siméon Seth, comme le prouvent les détails qu'il donne

---

[1] On peut citer comme preuve des relations de Huet avec La Fontaine une épître du fabuliste au prélat, accompagnant le don d'une traduction italienne de Quintilien. M. Édouard Fournier, qui a signalé ce fait, a de plus découvert à la Bibliothèque Nationale, dans un volume composé de pièces diverses qui a appartenu à l'évêque, un exemplaire du conte des Troqueurs portant ces mots à l'adresse de Huet : «De la part de l'auteur.»

dans sa Lettre sur l'Origine des Romans. Un exemplaire du *Livre des Lumières*, appartenant aujourd'hui à la Bibliothèque Nationale, porte sur les marges des notes écrites de sa main, ou plutôt des renvois à la traduction du P. Poussines. Il n'est donc pas douteux que le fabuliste n'ait dû au docte évêque la connaissance du *Specimen sapientiæ Indorum*, ouvrage pour ainsi dire perdu dans l'immense collection des Écrivains de l'Histoire Byzantine.

IV

Il existe en sanscrit plusieurs abrégés ou imitations du *Pantchatantra*. Le plus ancien et l'un des plus importants fait partie du *Kathâsaritsâgara* (L'Océan des Rivières des Contes). Cet ouvrage, dont M. Brockhaus a publié le texte et une traduction allemande [1], a pour auteur Somadéva, et fut composé vers le commencement du XIIe siècle. Il n'a de notre recueil que les trois premiers livres, trois fables du quatrième et une du cinquième. Un autre abrégé, dans lequel on a omis la plus grande partie des citations poétiques, est intitulé *Kathâmritanidhi* (Trésor de l'Ambroisie des Contes). La plus célèbre et la plus répandue des imitations du *Pantchatantra*, l'*Hi-*

---

[1] *Katha Sarit Sagara. Die Mährchensammlung des Sri Somadeva Bhatta aus Kaschmir. Erstes bis fünftes Buch. Sanskrit und Deutsch herausgegeben von* H. Brockhaus. Leipzig, 1839, in-8°. La traduction allemande a été publiée à part en deux volumes in-12, Leipzig, 1843. La suite du texte sanscrit a paru dans *Abhandlungen für die Kunde des Morgenlandes*, t. II et IV, Leipzig, 1862 et 1866, in-8°.

topadésa (L'Instruction utile)[1], est de date relativement moderne. De même que Somadéva, Srî Nârâyana, l'auteur de ce recueil, n'a pris que les trois premiers livres de l'original indien; il a tiré des deux derniers quatre fables seulement, et les a insérées dans son troisième et dans son quatrième livre.

Les versions du *Pantchatantra* en langues vulgaires de l'Inde sont nombreuses. Elles sont toutes plus ou moins abrégées, et les traducteurs ont négligé la plupart des citations dont est rempli le texte sanscrit. En 1826, l'abbé Dubois, ancien missionnaire dans le Maïssour, a donné un choix des principaux contes et apologues de cet ouvrage, traduits d'après trois copies différentes, écrites en tamoul, en télinga et en kanara[2]. Quant à l'original sanscrit, on s'en est peu occupé jusque dans ces derniers temps. Le savant Wilson en a traduit quelques extraits dans son Mémoire analytique dont j'ai déjà parlé. Une traduction restée malheureusement inachevée est celle de Démétrios Galanos, Athénien, qui vécut dans l'Inde de 1786 à 1833, et traduisit en grec plusieurs ouvrages

---

[1] Plusieurs éditions du texte de cet ouvrage ont été publiées dans l'Inde et en Europe. J'en ai donné, dans la Bibliothèque Elzévirienne de P. Jannet, une traduction française, sous le titre suivant : *Hitopadésa ou l'Instruction utile, recueil d'apologues et de contes traduit du sanscrit, avec des notes historiques et littéraires, et un appendice contenant l'indication des sources et des imitations*. Paris, 1855, in-16.

[2] *Le Pantcha-Tantra, ou Les Cinq Ruses, fables du brahme Vichnou-Sarma; Aventures de Paramarta, et autres contes; le tout traduit pour la première fois sur les originaux indiens;* par M. l'abbé J. A. Dubois. Paris. 1826, in-8°.

sanscrits. La version de Galanos comprend environ la moitié du premier livre de notre recueil; elle a été imprimée à Athènes en 1851, par les soins et aux frais de M. Georges Typaldos [1].

Le travail le plus complet et le plus important dont le *Pantchatantra* ait été l'objet jusqu'ici est dû à M. Benfey. Il a paru à Leipzig, en deux volumes in-8° [2]. Dans une introduction qui forme à elle seule le premier volume, M. Benfey compare avec une exactitude scrupuleuse le texte de l'ouvrage sanscrit et les principales versions que l'on en connaît. Il a de plus recherché, dans les monuments de la littérature brahmanique et bouddhique, les sources d'où sont dérivées les fables indiennes, et ses investigations lui ont fourni la matière de rapprochements des plus curieux. Les variantes des manuscrits de Berlin et de Hambourg, indiquées dans les notes qui accompagnent sa traduction, m'ont permis de rectifier certains passages défectueux du texte imprimé. Les recherches auxquelles s'est livré le savant professeur de Goettingue, surtout en ce qui concerne les littératures du Nord, m'ont également servi à compléter les miennes, et j'aurai plus d'une fois l'occasion d'y renvoyer le lecteur.

---

[1] Χιτοπαδάσσα ἡ Πάντσα-Τάντρα, καὶ Ψιτ7ακοῦ μυθολογίαι νυκτεριναί, μεταφρασθέντα ἐκ τοῦ βραχμανικοῦ παρὰ Δημητρίου Γαλανοῦ, Ἀθηναίου, νῦν δὲ πρῶτον ἐκδοθέντα δαπάνῃ μὲν καὶ μελέτῃ Γεωργίου Κ. Τυπαλδοῦ. Ἐν Ἀθήναις. 1851, in-8°.

[2] *Pantschatantra: Fünf Bücher indischer Fabeln, Märchen und Erzählungen. Aus dem Sanskrit übersetzt mit Einleitung und Anmerkungen von Theodor Benfey.* Leipzig, 1859.

Comme tous les recueils du même genre, le *Pantchatantra* appartient à la classe des ouvrages désignés, dans l'Inde, sous le nom de Nîtisâstras. Le sens littéral du mot *sâstra* est *livre de science*. Le mot *nîti* signifie proprement *conduite*, ou *art de se conduire*, et, par extension, *politique*. L'expression *nîtisâstra* doit donc se traduire par *traité de politique*, ou *art de gouverner*. Cette qualification convient d'autant mieux à notre livre, qu'il a été fait pour l'éducation des princes et de tous ceux qui sont appelés à prendre part à la direction des affaires.

Les cinq livres dont est composé le *Pantchatantra* forment, à vrai dire, cinq parties distinctes. Ils sont rattachés les uns aux autres par une introduction dans laquelle un roi, après avoir pris l'avis de ses conseillers, confie à un brâhmane l'éducation de ses trois fils. Celui-ci écrit le *Pantchatantra* pour l'instruction des jeunes princes, et, par la lecture de cet ouvrage, il réussit à vaincre leur paresse et à développer leurs facultés. Le premier livre est le plus étendu; il a pour titre *Mitrabhéda* « La Désunion des Amis ». L'objet de ce livre est de faire connaître aux rois combien il est dangereux de prêter l'oreille aux insinuations perfides de ceux qui cherchent à semer la division entre un prince et ses amis les plus fidèles. Le deuxième livre, intitulé *Mitraprâpti* « L'Acquisition des Amis », a pour but de démontrer combien il est avantageux de s'unir les uns aux autres et de s'entr'aider. Le troisième livre, *Kâkoloûkîya* « La Guerre des Corbeaux et des Hiboux », fait voir le danger de se fier à des inconnus ou à des ennemis. Le quatrième, *Labdhapranasana* « La

Perte du bien acquis », prouve que l'on perd souvent par imprudence un bien acquis avec peine. Le cinquième et dernier livre, *Aparîkchitakâritwa* « La Conduite inconsidérée », montre le danger de la précipitation. Un apologue principal forme le sujet ou pour mieux dire le cadre de chacun des cinq livres. Des fables, contenues dans cet apologue et souvent enchevêtrées les unes dans les autres, sont racontées par les personnages mis en action. Le récit est entremêlé d'une foule de sentences, de maximes, de pensées remarquables, extraites des codes des législateurs, des poëmes héroïques, des drames, des œuvres poétiques et de divers ouvrages.

En terminant, je dois remercier la Commission des impressions gratuites de la bienveillance avec laquelle elle a accueilli mon travail. J'ai aussi des remerciements à adresser à l'Imprimerie Nationale pour le concours qu'elle m'a prêté. Ne pouvant nommer ici toutes les personnes qui m'ont aidé dans l'impression de ce volume, je les prie d'agréer en commun l'expression de ma vive gratitude.

ÉDOUARD LANCEREAU.

PANTCHATANTRA

ou

LES CINQ LIVRES.

INTRODUCTION.

Salut à Srî Ganésa [1] !

Que Brahmâ, Roudra, Koumâra, Hari, Varouna, Yama, Vahni, Indra, Kouvéra, Tchandra et Âditya, Saraswatî, l'Océan, les Nuages, les Montagnes, Vâyou, la Terre, les Serpents, les Siddhas, les Rivières, les deux Aswins, Srî, Diti, les fils d'Aditi, Tchandikâ et les autres Mères, les Védas, les Tîrthas, les Sacrifices, les Ganas, les Vasous, les Mounis et les Planètes protégent toujours [2].

---

[1] Fils de Siva et de Pârvatî, et dieu de la sagesse. Il est représenté avec une tête d'éléphant.

[2] Brahmâ, créateur du monde et le premier des trois dieux de la triade. — Roudra ou Siva, troisième dieu de la triade. — Koumâra ou Kârtikéya, dieu de la guerre, fils de Siva et de Dourgâ. — Hari ou Vichnou, deuxième dieu de la triade. — Varouna, dieu des eaux. — Yama, dieu de l'enfer et juge des morts. — Vahni ou Agni, dieu du feu. — Indra, roi du ciel, dieu de la foudre, des nuages, des pluies et des phénomènes atmosphériques. — Kouvéra, dieu des richesses. — Tchandra, dieu de la lune. — Âditya, nom du dieu du soleil, fils d'Aditi. — Saraswatî, épouse de Brahmâ et déesse de l'éloquence, de la musique et des arts. — Vâyou, dieu du vent. — Par serpents il faut entendre ici les Nâgas, demi-dieux qui habitent les régions infernales et que l'on représente avec une face humaine, une queue de serpent et le cou étendu du *Coluber Nâga*. — Siddhas, personnages divins, espèce de demi-dieux qui habitent les airs. — Les Aswins, frères jumeaux, médecins du ciel. — Srî ou Lakchmî, épouse de Vichnou. — Diti, une des femmes de Kasyapa et mère des Daityas, ennemis des dieux. — Aditi, autre femme de Kasyapa. Ses fils, les Âdityas, divinités au nombre de douze, sont les formes du soleil dans chacun des

Salut à Manou[1], à Vâtchaspati[2], à Soukra[3], à Parâsara[4] et à son fils, et au sage Tchânakya[5], auteurs d'ouvrages de politique.

Après avoir reconnu ceci comme l'essence de tous les traités de la science politique dans le monde, Vichnousarman a fait en cinq livres cet ouvrage très-agréable.

On raconte ce qui suit :

Il est dans la contrée du Sud[6] une ville appelée Mahilâropya[7]. Là il y avait un roi nommé Amarasakti[8], arbre kalpa[9] de toutes les sciences, aux pieds duquel brillaient en foule les rayons des joyaux de la couronne des souverains les plus éminents, et qui possédait la connaissance de tous les arts. Ce prince avait trois fils très-sots, qui se nommaient Bahousakti[10], Ougra-

---

mois de l'année. — Tchandikâ ou Dourgâ, épouse de Siva. — Les Mères sont les forces personnifiées des dieux, ou leurs femmes. — Védas, livres sacrés des Hindous, au nombre de quatre. — Tîrthas, lieux de pèlerinage. On désigne principalement sous ce nom un lieu saint situé sur le bord d'une rivière ou auprès d'un étang. — Ganas, troupes de divinités inférieures. — Vasous, autres divinités subalternes. — Mounis, sages et pieux personnages qui se sont élevés au-dessus de la nature humaine.

[1] Manou Swayambhouva, fils de Brahmâ. Il est considéré comme le père du genre humain, et on lui attribue le code intitulé *Lois de Manou*.

[2] Ou Vrihaspati, précepteur spirituel des dieux et régent de la planète Jupiter. On le regarde comme un saint législateur. On lui attribue un grand nombre de maximes, un ouvrage de jurisprudence et un traité sur l'art de gouverner.

[3] Autrement appelé Ousanas, précepteur des Daityas et régent de la planète Vénus. Il passe pour être l'auteur d'un ouvrage de politique.

[4] Saint et savant personnage. Il eut pour fils Vyâsa. On leur attribue un ouvrage de jurisprudence.

[5] Ou Vichnougoupta, brâhmane qui vivait environ trois cents ans avant notre ère et fut ministre du roi Tchandragoupta. Il existe sous son nom un recueil de maximes.

[6] Dakchina, partie méridionale de l'Inde, appelée aujourd'hui Dékhan.

[7] Ville de la côte de Coromandel, probablement la *Maliarpha* de Ptolémée, Méliapour ou Saint-Thomas, près de Madras.

[8] *Qui a une puissance immortelle.*

[9] Arbre fabuleux qui croît dans le ciel d'Indra et produit tout ce que l'on désire.

[10] *Qui a beaucoup de puissance.*

INTRODUCTION. 3

sakti[1] et Anantasakti[2]. Voyant qu'ils avaient de l'aversion pour les sciences, le roi fit appeler ses conseillers, et leur dit : Vous savez que mes fils que voici ont de l'aversion pour les sciences et manquent de jugement. Aussi, quand je les vois, mon royaume, quoique délivré de tout embarras, ne me donne pas de satisfaction. Et certes on dit avec raison :

De n'avoir pas de fils, ou d'avoir perdu le sien, ou d'en avoir un sot, ce qui est préférable c'est de n'avoir pas de fils ou d'avoir perdu le sien, car un fils que l'on n'a pas et un fils mort ne causent qu'un chagrin de courte durée, tandis qu'un sot est un sujet d'affliction pour toute la vie.

Que fait-on d'une vache qui ne donne ni veau ni lait? A quoi sert-il d'avoir un fils qui n'est ni sage ni pieux ?

Mieux vaut certes ici-bas la mort d'un fils que l'imbécillité d'un fils de bonne famille, à cause duquel, au milieu des sages, un homme est aussi honteux que celui qui est né d'un adultère.

Si celle-là est mère qui a donné le jour à un fils à qui l'enthousiasme ne fait pas tomber la craie des mains quand il commence à énumérer la foule des gens de mérite, dites : Qu'est-ce que la femme stérile?

Mieux vaut l'avortement, mieux vaut l'abstinence de commerce charnel dans les moments convenables, mieux vaut une épouse stérile, mieux vaut aussi la naissance d'une fille, mieux vaut un enfant mort-né, mieux vaut aussi un fœtus resté dans le sein de la mère, qu'un fils sans intelligence, aurait-il même en partage la beauté, la richesse et des qualités.

Un seul fils de mérite, de race pure, et faisant de belles actions, est l'ornement de toute sa famille, comme une perle est l'ornement d'un diadème.

Il faut donc, par un moyen quelconque, faire en sorte que leur intelligence s'éveille.

Alors les conseillers dirent les uns après les autres : Majesté, il faut déjà douze ans pour apprendre la grammaire; si on la sait en quelque façon, moyennant qu'on prenne la peine d'étu-

---

[1] *Qui a une puissance redoutable.*
[2] *Qui a une puissance sans limites.*

dier le devoir, l'intérêt, le plaisir et la délivrance finale [1], le réveil de l'esprit a lieu.

Cependant un des conseillers, nommé Soumati [2], dit : Majesté, la durée de cette vie n'est pas éternelle, la science des mots ne s'apprend qu'en beaucoup de temps. Cherchons donc un moyen abrégé pour l'instruction de vos fils. Et l'on dit :

> La science des mots est certes infinie. la vie est courte et les obstacles sont nombreux ; il faut par conséquent prendre la substance et laisser de côté ce qui est inutile, de même que le cygne extrait le lait du milieu des eaux.

Majesté, il y a ici un brâhmane nommé Vichnousarman, renommé pour son talent dans plus d'une science. Confiez-lui vos fils, il les instruira certainement en peu de temps.

Le roi, après avoir entendu cela, fit appeler Vichnousarman et lui dit : Hé, grand sage ! pour me rendre service il faut tâcher de faire en peu de temps de mes fils que voici des hommes sans pareils pour la science de la politique. Je te donnerai cent concessions de terres. Alors Vichnousarman dit au roi : Majesté, écoutez ; ce que je vais dire est la vérité. Je ne vends pas la science, même au prix de cent concessions de terres ; mais si en six mois je n'apprends pas à ces jeunes princes la science de la politique, alors je veux perdre mon nom. Que dirai-je de plus ? Écoutez ce dont je me vante. Je ne parle pas en homme qui désire des richesses. Comme j'ai quatre-vingts ans et que j'ai renoncé à toutes les choses des sens, je n'ai aucun besoin de richesses ; mais pour remplir votre désir, je me livrerai au divertissement de Saraswatî [3]. Que l'on écrive donc

---

[1] C'est-à-dire les quatre objets qui constituent le but de la vie et que doit rechercher l'homme.

[2] *Qui a beaucoup d'intelligence.*

[3] C'est-à-dire à l'instruction.

la date du jour où nous sommes : si dans l'espace de six mois je ne fais pas de vos fils des hommes sans pareils pour la science de la politique, alors, que la divinité qui me protége ne me montre pas le chemin des dieux!

Le roi, lorsqu'il eut entendu cela, fut charmé; il confia respectueusement ses fils au brâhmane, et éprouva la plus grande satisfaction. Vichnousarman emmena les jeunes princes, alla chez lui, et, après avoir composé pour eux ces cinq livres, la Désunion des Amis, l'Acquisition des Amis, la Guerre des Corbeaux et des Hiboux, la Perte du bien acquis, et la Conduite inconsidérée, il les leur fit lire. En les étudiant, les princes, à la satisfaction du roi, devinrent en six mois tels que l'avait dit le brâhmane. Depuis lors ce traité de politique, intitulé *Pantchatantra,* sert sur la terre à l'instruction des enfants. Bref :

Celui qui, ici-bas, lit ou entend lire continuellement ce traité de politique, n'est jamais vaincu, même par Sakra[1].

[1] Nom du dieu Indra.

LIVRE PREMIER.

LA DÉSUNION DES AMIS.

Ici commence le premier livre, intitulé la Désunion des Amis; en voici le premier sloka[1] :

Une grande amitié, qui ne faisait que s'accroître, existait entre un lion et un taureau dans une forêt; elle fut détruite par un chacal méchant et très-ambitieux.

On raconte ce qui suit :

I. — LE TAUREAU, LES DEUX CHACALS ET LE LION.

Il est dans la contrée du Sud une ville appelée Mahilâropya[2]. Là il y avait un fils de marchand, nommé Vardhamânaka[3], qui avait gagné honnêtement de quoi vivre. Un soir, après qu'il se fut mis au lit, il lui vint cette réflexion, que, quand même on a de la fortune, il faut songer aux moyens de s'enrichir et les mettre en pratique. Car on dit :

Il n'est pas une chose que l'on ne fasse avec la richesse : aussi l'homme sensé ne doit-il faire des efforts que pour acquérir des richesses.

Celui qui est riche a des amis, celui qui est riche a des parents, celui qui est riche est un homme dans le monde, celui qui est riche vit réellement.

---

[1] Ce mot, qui signifie *vers* ou *stance*, s'emploie particulièrement pour désigner les différentes variétés de l'anouchtoubh, ou mètre de trente-deux syllabes, divisées en quatre pâdas composés de huit syllabes.

[2] Voy. page 2, note 6 et note 7.

[3] *Qui grandit, qui prospère.*

Il n'est pas de science, pas de métier, pas de générosité, pas d'art, pas de courage que les pauvres ne vantent chez les riches.

Dans ce monde, pour les riches un ennemi même devient un parent; pour les pauvres, un parent même devient tout de suite un ennemi.

Car toutes les œuvres découlent de l'accroissement et de l'accumulation des richesses, comme les rivières, des montagnes.

Celui même qui n'est pas digne de vénération est vénéré, celui même que l'on doit éviter est recherché, celui même qui ne mérite pas d'éloges est vanté : telle est la puissance de la richesse.

De même que les organes des sens se conservent par la nourriture, c'est au moyen de la richesse que s'accomplissent toutes les œuvres : pour cette cause la richesse est appelée le moyen de tout faire.

Désireux de s'enrichir, les vivants habitent même un cimetière; ils quittent même leur père, s'il est pauvre, et s'en vont au loin.

Le moyen de tous les moyens, pour s'enrichir, c'est le commerce; tout autre moyen que l'on recommande est incertain.

Les hommes, vieux même, qui sont riches sont jeunes; mais ceux qui n'ont point de fortune sont vieux, lors même qu'ils sont jeunes.

Et il y a pour les hommes six moyens de s'enrichir, savoir : l'état de mendiant, la condition de serviteur d'un roi, l'agriculture, l'acquisition de la science, l'usure et le commerce. De tous ces moyens, le meilleur pour acquérir de la fortune est le commerce. Car on dit :

Le métier de mendiant est exercé par des malheureux; un roi, hélas! ne donne pas ce que l'on mérite; l'agriculture est pénible; la science est très-difficile, à cause de la soumission qu'il faut avoir pour son précepteur spirituel; de l'usure vient la pauvreté, parce que l'on met sa fortune dans les mains d'autrui : je ne connais ici-bas aucune profession meilleure que le commerce.

Et il y a sept espèces de commerce pour s'enrichir, savoir : le faux poids et la fausse mesure, la déclaration d'un faux prix, la réception de gages, l'arrivée d'un chaland connu, la société d'affaires, le commerce de parfumeur et l'importation d'ustensiles des pays étrangers. Car on dit :

Donner la mesure pleine ou non pleine, tromper les gens que l'on connaît et toujours dire un prix faux, c'est l'habitude des Kirâtas[1].

Le chef qui est à la tête d'une société de commerce pense, le cœur joyeux : J'ai acquis aujourd'hui la terre remplie de trésors; qu'ai-je besoin d'autre chose?

Le marchand, quand il voit un chaland connu qui s'empresse, convoite son argent, et se réjouit dans son cœur comme si un fils lui était né.

Et ainsi :

Lorsqu'un gage tombe dans sa maison, le marchand rend des actions de grâces à son dieu : Que le propriétaire de ce gage meure bien vite, je te donnerai une offrande.

Des choses que l'on peut vendre, la parfumerie est celle qui se vend le mieux; à quoi bon l'or et les autres marchandises? Ce qui est acheté un est vendu cent.

Mais ce commerce convient aux pauvres et non aux riches. Car on dit :

Ceux qui possèdent une grande fortune attirent de loin les richesses avec leurs immenses richesses, comme avec les éléphants on prend les grands éléphants.

Les gens qui savent acheter les ustensiles acquièrent une double et triple fortune par leur travail, en allant en pays étranger et lointain.

Et en outre :

Comme ils redoutent le pays étranger, comme ils sont très-paresseux et nonchalants, les corbeaux, les hommes lâches et les daims meurent dans leur pays.

---

[1] Nom qu'on donne à des populations sauvages habitant les bois. C'est aussi le nom particulier d'une tribu barbare qui vit de chasse au milieu des forêts et des montagnes. On reconnaît le nom des Kirâtas dans celui des *Girrhadæ*, sur la côte de Coromandel.

Et il est dit dans la science de la politique :

L'homme qui ne sort pas et ne visite pas dans toute son étendue la terre pleine d'une foule de merveilles, est une grenouille de puits.

Quel est le fardeau trop lourd pour ceux qui sont forts? Quelle est la distance éloignée pour ceux qui sont entreprenants? Quel est le pays étranger pour les gens instruits? Quel est l'ennemi de ceux qui parlent avec douceur?

Après avoir ainsi réfléchi en lui-même, Vardhamânaka fit acquisition des principaux articles que l'on porte à Mathourâ [1], et lorsque le jour favorable fut venu, il prit congé de ses aînés, monta sur un chariot et partit. Il avait deux beaux taureaux nés chez lui, et nommés Nandaka [2] et Sandjîvaka [3], qui étaient attelés au bout du timon et traînaient le chariot. L'un d'eux, celui qui se nommait Sandjîvaka, en arrivant au bord de la Yamounâ [4], s'enfonça dans un bourbier, se cassa la jambe et resta sur la place. Vardhamânaka, lorsqu'il le vit dans cet état, tomba dans un profond chagrin, et, le cœur plein d'une tendre affection pour son taureau, il interrompit à cause de lui sa marche pendant trois nuits. Le voyant affligé, les gens de la caravane lui dirent : Hé, chef des marchands! pourquoi, à cause d'un taureau, exposes-tu ainsi toute la caravane dans cette forêt pleine de lions et de tigres, et très-dangereuse? Et l'on dit :

Que l'homme sensé ne sacrifie pas beaucoup à cause de peu : la sagesse, ici-bas, c'est de conserver beaucoup au moyen de peu.

Vardhamânaka réfléchit à cela; il mit des gardiens auprès

---

[1] Ville située dans la province actuelle d'Agra, et célèbre par la naissance de Krichna. On y fait encore des pèlerinages.

[2] *Qui réjouit.*

[3] *Qui vit avec,* serviteur.

[4] Rivière appelée aujourd'hui Djamnâ. Elle prend sa source sur le flanc méridional de l'Himâlaya, à une petite distance au nord-ouest de la source du Gange, et se jette dans ce fleuve au-dessous d'Allahâbâd.

de Sandjîvaka, et partit afin de sauver le reste de la caravane. Mais les gardiens, qui savaient la forêt très-dangereuse, abandonnèrent Sandjîvaka; ils suivirent la caravane, et le lendemain ils dirent au marchand ce mensonge : Maître, Sandjîvaka est mort, et nous avons fait ses funérailles avec le feu. Lorsqu'il eut entendu cela, le marchand, dont le cœur était plein d'une tendre affection pour Sandjîvaka, accomplit à son intention, par reconnaissance, toutes les cérémonies funèbres, telles que la mise d'un taureau en liberté et autres.

Sandjîvaka, qui était resté en vie et dont le corps avait repris des forces grâce aux vents frais, à l'eau de la Yamounâ et à la forêt, se releva comme il put et gagna le bord de la Yamounâ; et là, mangeant les pointes d'herbes pareilles à des émeraudes, il devint en quelques jours un animal à grosses bosses et fort comme le taureau de Hara[1], et passa les journées à labourer le sommet des fourmilières avec ses cornes et à beugler. Et l'on dit avec raison :

Une chose qui n'est pas gardée dure quand elle est gardée par le destin, une chose bien gardée périt si elle est frappée par le destin : l'homme vit, même abandonné sans secours dans une forêt, tandis que, malgré les soins qu'on lui donne, il meurt dans sa maison.

Un jour un lion nommé Pingalaka[2], entouré de tous les animaux, étant tourmenté par la soif, descendit au bord de la Yamounâ pour boire de l'eau, et entendit de loin le bruit très-sourd des beuglements de Sandjîvaka. Lorsqu'il eut entendu ce bruit, il eut le cœur tout troublé, et, dissimulant bien vite son air effrayé, il s'arrêta sous un figuier, avec sa suite rangée en quatre cercles. Et il dit : La position en quatre cercles est assu-

[1] Nom de Siva, dieu qu'on représente monté sur un taureau.
[2] *Fauve.*

rément celle du lion. Les animaux qui suivent le lion sont peureux et incapables d'agir. Et ainsi :

Les animaux ne donnent pas au lion l'onction royale et n'accomplissent aucune cérémonie pour le sacrer; il gagne sa fortune par sa valeur et conquiert lui-même l'empire sur les animaux.

Ce lion avait toujours à sa suite deux chacals, nommés Karataka[1] et Damanaka[2], qui étaient fils de ministres et avaient perdu leurs charges. Ils se consultèrent l'un l'autre. Alors Damanaka dit : Mon cher Karataka, ce Pingalaka, notre souverain, était pourtant descendu au bord de la Yamounâ pour boire de l'eau. Pourquoi, malgré la soif qui le tourmentait, est-il revenu sur ses pas? Pourquoi a-t-il rangé ses troupes et reste-t-il ici tout triste au pied d'un figuier? — Mon cher, répondit Karataka, quelle raison avons-nous de nous mêler d'une chose qui ne nous regarde pas? Car on dit :

L'homme qui veut se mêler de choses qui ne le regardent pas va à sa perte, comme le singe qui arracha un coin.

Comment cela? dit Damanaka. Karataka dit :

II. — LE SINGE ET LE PILIER.

Dans un endroit situé près d'une ville, un fils de marchand avait entrepris la construction d'un temple au milieu d'une plantation d'arbres. Les charpentiers et autres ouvriers qui y travaillaient allaient, à l'heure de midi, dans la ville pour prendre leur nourriture. Or un jour vint une troupe de singes du voisinage, qui courait çà et là. Il y avait là un pilier de bois d'andjana, à moitié fendu par un ouvrier, et dans lequel était enfoncé

---

[1] *Corneille.*
[2] *Dompteur.*

un coin de khadira [1]. Cependant les singes se mirent à jouer comme ils voulurent sur le haut des arbres, sur le faîte du temple et sur le bout des charpentes, et l'un d'eux, dont la mort était proche, s'assit étourdiment sur le pilier à demi fendu, jeta la corde avec laquelle la pièce de bois était attachée, et dit : Ah! on a mis un coin où il ne le fallait pas. Il saisit le coin avec ses deux mains et entreprit de l'arracher. Ce qui arriva par le déplacement du coin à ce singe, dont les testicules étaient entrés dans la fente du pilier, je te l'ai déjà appris. Voilà pourquoi je dis : L'homme qui veut se mêler de choses qui ne le regardent pas, et cetera. D'ailleurs, nous avons jour et nuit de la nourriture de reste; par conséquent, qu'avons-nous besoin de nous occuper de cela? — Ne penses-tu donc qu'à manger? dit Damanaka; cela n'est pas convenable. Car on dit :

Pour faire du bien à leurs amis et pour faire du mal à leurs ennemis, les sages recherchent la protection des rois ; qui ne remplit pas seulement son ventre?

Et aussi :

Qu'il vive, ici-bas, celui qui en vivant fait vivre beaucoup de monde : les oiseaux ne remplissent-ils pas leur ventre avec leur bec?

Et ainsi :

Une vie même d'un moment, vantée et accompagnée de la science, de la bravoure, de la puissance et de qualités respectables, voilà ce que ceux qui s'y connaissent appellent chez les hommes une vie profitable : le corbeau même vit longtemps et mange les restes des sacrifices [2].

Celui qui n'est bon ni pour son fils, ni pour son précepteur spirituel, ni pour ses proches, ni pour le pauvre, ni pour les hommes, quel profit re-

---

[1] Le khayar, arbre dont la résine est employée en médecine, *Mimosa Catechu*.

[2] C'est-à-dire la portion de nourriture jetée à terre après un sacrifice, et destinée aux animaux et aux êtres impurs.

tire-t-il de la vie dans le monde des humains? Le corbeau même vit longtemps et mange les restes des sacrifices.

Une petite rivière est facile à remplir, un trou de souris est facile à remplir, un misérable est aisément satisfait et se contente même de peu.

Et en outre :

A quoi sert-il qu'il soit né et qu'il ait ravi la jeunesse de sa mère, celui qui ne s'élève pas au-dessus de sa famille comme un étendard ?

Dans la révolution qu'accomplit ce monde, qui ne renaît pas, une fois mort? Mais celui-là est compté ici-bas comme véritablement né, qui brille d'éclat plus que les autres.

La naissance de l'herbe même qui pousse sur le bord d'une rivière est un bonheur, parce que cette herbe devient un soutien pour la main de l'homme éperdu qui s'enfonce dans l'eau.

Et ainsi :

Les gens de bien qui sont constants, grands et riches, et qui soulagent les maux des hommes, sont rares dans ce monde comme les nuages immobiles, élevés, pleins d'eau et répandant la fraîcheur[1].

Et aussi :

On ne saurait avoir trop de vénération pour une mère, disent les sages, parce qu'elle peut porter dans son sein un enfant qui deviendra un objet de respect même pour les grands.

Et en outre :

Sakra[2] même, s'il ne manifeste pas sa puissance, est méprisé des hommes; on ne fait point cas du feu tant qu'il demeure dans le bois, mais il n'en est pas ainsi quand il est allumé.

Nous ne sommes tous deux que des subalternes, dit Karataka; qu'avons-nous donc besoin de nous occuper de cela? Et l'on dit :

---

[1] Les mots, dans ce sloka, offrent un double sens qu'il est impossible de rendre littéralement en français.

[2] Voy. page 5, note.

Ici-bas un ministre qui parle devant le roi sans être questionné est un sot; il s'attire non-seulement du mépris, mais encore des vexations.

Et ainsi :

Il ne faut faire usage de la parole que quand ce que l'on dit porte fruit et reste toujours, comme la couleur sur une étoffe blanche.

Frère, répondit Damanaka, ne parle pas ainsi. On dit aussi :

Un subalterne peut devenir ministre, s'il fait sa cour au souverain; un ministre même peut devenir subalterne, s'il ne fait pas sa cour.

Et ainsi :

Un roi chérit l'homme qui est auprès de lui, lors même qu'il est ignorant, de basse naissance et inconnu : ordinairement les souverains, les femmes et les plantes rampantes s'attachent à ce qui est à côté d'eux.

Et ainsi :

Les serviteurs qui étudient ce qui peut fâcher ou contenter un roi arrivent peu à peu à le monter, lors même qu'il regimbe.

Pour les hommes instruits, les ambitieux, ceux qui ont du talent dans un art et de la bravoure, et ceux qui savent le métier de serviteur, il n'y a pas d'autre protecteur qu'un roi.

Ceux qui ne vont pas auprès des rois, ces êtres puissants par la naissance et autres qualités, ont pour pénitence la mendicité jusqu'à leur mort.

Et les insensés qui disent qu'il est difficile de gagner la faveur des rois dévoilent eux-mêmes leur indolence, leur paresse et leur sottise.

Quand on voit les serpents, les tigres, les éléphants, les lions, domptés par certains moyens, qu'est-ce que c'est qu'un roi pour des hommes intelligents et actifs?

En se mettant sous la protection d'un roi, le sage s'élève à la plus haute condition : le sandal ne croît pas ailleurs que sur le Malaya[1].

De blancs parasols, de beaux chevaux et des éléphants toujours ardents, voilà ce que l'on a quand le roi est satisfait.

[1] Chaîne de montagnes répondant aux Ghâtes occidentales, dans le sud de l'Inde. C'est de là que l'on tire le meilleur bois de sandal.

Mais, dit Karataka, qu'as-tu l'intention de faire? — Notre souverain Pingalaka, répondit Damanaka, est effrayé ainsi que sa suite. J'irai donc auprès de lui, et, lorsque je connaîtrai la cause de sa frayeur, je lui conseillerai ou de faire la paix, ou de faire la guerre, ou de marcher en avant, ou d'attendre de pied ferme, ou de chercher une alliance défensive, ou d'avoir recours à la duplicité. — Comment, dit Karataka, sais-tu que le roi a peur? — Qu'y a-t-il là à connaître? répondit Damanaka. Car on dit :

L'animal même saisit ce qu'on lui dit, les chevaux et les éléphants nous portent quand nous le leur commandons; l'homme instruit comprend même ce qu'on ne dit pas, car l'intelligence a pour fruit la connaissance des signes chez autrui.

Et ainsi :

Par l'extérieur, les signes, la démarche, le geste, la parole et les changements de l'œil et du visage, on saisit la pensée intérieure.

Ainsi j'irai près de lui pendant qu'il est troublé par la frayeur; je dissiperai sa crainte, je me rendrai maître de lui par la force de mon intelligence, et je retrouverai ma place de ministre. — Tu ne connais pas les devoirs de l'état de serviteur, dit Karataka, comment donc te rendras-tu maître de lui? — Comment pourrais-je ignorer ce qu'est la condition de serviteur? répondit Damanaka; en jouant dans le giron de mon père, j'ai entendu les sages, ses hôtes, lire les ouvrages de politique, et j'ai gravé dans mon esprit les principales maximes touchant les devoirs de l'état de serviteur. Écoute, les voici :

Trois hommes cueillent les fleurs d'or de la terre : l'homme brave, l'homme instruit et celui qui sait servir.

Le véritable service, c'est de vouloir le bien du maître et surtout de lui tenir un langage qu'il approuve. C'est par ce moyen seul que le sage peut gagner la faveur d'un souverain, et pas autrement.

L'homme instruit ne doit pas servir celui qui ne sait pas apprécier ses qualités, car il n'y a aucun profit à tirer d'un pareil maître, de même que d'une terre saline, si bien cultivée qu'elle soit.

N'eût-il même ni fortune ni aucun des attributs de la puissance, un prince doit être servi s'il a des qualités respectables; on obtient de lui sa subsistance comme fruit de ses services, ne serait-ce même qu'avec le temps.

Faudrait-il même rester immobile comme un poteau, dessécher et être assiégé par la faim, l'homme instruit doit mieux aimer gagner lui-même sa subsistance que de demander.

Le serviteur hait un maître avare et qui parle durement : pourquoi ne se hait-il pas lui-même celui qui ne sait pas qui l'on doit servir ou ne pas servir?

Le prince au service duquel les serviteurs qui ont faim ne trouvent pas la tranquillité doit être abandonné, comme on laisse de côté l'arka[1], quoiqu'il ait toujours des fleurs et des fruits.

Envers la mère du roi et la reine, le prince royal, le premier ministre, le prêtre de la famille, le portier, il faut toujours se conduire comme le roi.

Celui qui, lorsqu'on lui parle, répond : Vivat! qui sait ce qu'il faut faire ou ne pas faire, et exécute sans hésitation, peut devenir le favori du roi.

Celui qui fait un bon emploi des richesses qu'il doit à la faveur du maître, et qui porte sur lui les vêtements et autres objets, peut devenir le favori du roi.

Celui qui ne se livre à aucun entretien secret avec les serviteurs du gynécée, ni avec les femmes du souverain, peut devenir le favori du roi.

Celui qui regarde le jeu comme le messager de Yama[2], le vin comme le poison hâlâhala, et les femmes du souverain comme de vains fantômes, peut devenir le favori du roi.

Celui qui, à l'heure du combat, est toujours devant, qui suit derrière dans la ville, et reste à la porte du maître dans le palais, peut devenir le favori du roi.

[1] Nom de plante, *Calotropis gigantea*.
[2] Yamadoûta, messager ou serviteur de Yama, qui amène les âmes des morts au tribunal de ce dieu, et les conduit ensuite à leur destination finale.

Celui qui, lorsque le maître lui parle, ne le contredit pas, et ne rit pas tout haut près de lui, peut devenir le favori du roi.

Celui qui, même dans les circonstances difficiles, ne s'écarte pas du droit chemin, pensant qu'il aura toujours l'approbation du maître, peut devenir le favori du roi.

L'homme qui a toujours de la haine pour les ennemis du souverain, et fait ce qui est agréable à ceux qu'il aime, peut devenir le favori du roi.

Celui qui, exempt de crainte, envisage de la même façon le champ de bataille et sa demeure, le séjour en pays étranger et la résidence dans sa propre ville, peut devenir le favori du roi.

Celui qui n'a pas commerce avec les femmes du souverain, et qui ne se livre ni à la critique ni aux querelles, peut devenir le favori du roi.

Mais, reprit Karataka, quand tu seras arrivé là, que diras-tu d'abord? Dis-moi donc cela. Damanaka répliqua : On dit :

Dans la conversation une parole en fait naître une autre, comme d'une graine bien humectée par la pluie naît une autre graine.

Et aussi :

Les sages dépeignent le malheur que cause l'apparition d'un préjudice et le bonheur que cause l'apparition d'un avantage comme résultant de la qualité de la conduite et en jaillissant pour ainsi dire.

Chez les uns la sagesse est dans la parole, comme chez le perroquet; chez les autres dans le cœur, comme chez le muet; chez d'autres elle est également dans le cœur et dans la parole : les beaux discours bondissent bien[1].

Karataka dit :

Les rois sont toujours difficiles à gagner, de même que les montagnes; ils sont entourés de coquins, comme celles-ci sont pleines de serpents; ils sont comme elles inaccessibles, rudes et fréquentés par des méchants[2].

Et ainsi :

Les rois sont comme les serpents, ils s'adonnent aux jouissances comme

---

[1] C'est-à-dire : produisent de l'effet, ont du succès.
[2] Dans ce sloka et les deux suivants, les mots présentent un double sens.

ceux-ci sont munis d'un chaperon [1], ils portent une cuirasse, sont fourbes et cruels, tuent leurs amis, et ne peuvent être pris qu'avec des charmes.

Et ainsi :

Les rois sont comme les serpents, ils ont deux langues, sont cruels, cherchent les côtés faibles qui peuvent vous perdre, et voient même de loin.

Ceux qui, aimés d'un roi, commettent même la plus légère faute, se brûlent dans le feu comme les misérables sauterelles.

La dignité que l'on acquiert auprès des rois, dignité que tout le monde vénère, est une chose à laquelle il est difficile de s'élever : comme la qualité de brâhmane, elle est souillée par la faute même la plus légère.

La fortune dont on jouit auprès des rois est difficile à gagner, difficile à obtenir et difficile à conserver : comme l'eau dans un réservoir solide, elle reste longtemps près de celui dont la raison est ferme.

Cela est vrai, dit Damanaka ; mais aussi :

Il faut agir avec chacun selon son caractère ; en entrant dans les idées d'un autre, le sage parvient bientôt à le dominer.

La condescendance pour les idées du maître est le propre devoir des serviteurs : on prend même les râkchasas [2] en condescendant toujours à leurs désirs.

Dire des louanges à un roi quand il n'est pas en colère, témoigner de l'affection à celui qu'il aime et de la haine à son ennemi, et vanter le présent qu'il fait, c'est le moyen de se rendre maître de lui sans charme ni formule magique.

Si tel est ton désir, dit Karataka, puisses-tu être heureux en chemin, et que les choses se fassent comme tu le souhaites !

---

[1] Allusion au serpent appelé par les Portugais *Cobra de capello*, parce que la peau qui entoure sa tête se dilate et s'étend en forme de chaperon, lorsqu'il est irrité.

[2] Le râkchasa est un génie malfaisant, qu'on représente de diverses manières. Tantôt c'est un géant ennemi des dieux, tantôt c'est un gardien des trésors du dieu Kouvéra, ou bien c'est une espèce de vampire hantant les cimetières, animant les corps morts, et dévorant les vivants. Les râkchasas prennent la forme qu'ils veulent, et viennent sans cesse troubler les sacrifices.

Damanaka salua Karataka et s'en alla vers Pingalaka. Lorsque Pingalaka vit venir Damanaka, il dit au portier : Ôte la baguette de bambou; c'est Damanaka, notre vieux fils de ministre. il a ses entrées libres. Qu'on le fasse donc entrer. et qu'il prenne place dans le second cercle. — Comme Votre Majesté l'a dit, répondit le portier. Puis Damanaka s'approcha, et, après avoir salué Pingalaka, il s'assit à la place qui lui fut indiquée. Le lion mit sur lui sa patte droite ornée de griffes pareilles à la foudre, et dit avec déférence : Te portes-tu bien? Pour quelle raison y a-t-il longtemps qu'on ne t'a vu? — Sa Majesté, répondit Damanaka, n'a pas besoin de nous; cependant, quand il y a opportunité pour elle, on doit parler, car les rois ont toujours besoin des grands, des moyens et des petits. On dit en effet :

Les rois ont toujours besoin d'un brin d'herbe pour s'arracher une dent ou se gratter une oreille, et à plus forte raison d'un homme, qui a un corps, une langue et des mains.

Et nous sommes de race serviteurs de Sa Majesté; dans l'adversité même nous la suivons par derrière, quoique nous n'ayons plus notre charge. Cependant cela n'est pas convenable pour Sa Majesté. Et l'on dit :

Les serviteurs et les bijoux doivent être mis à leur place; en effet la pierre précieuse d'un diadème ne brille pas si on l'attache au pied.

Un roi qui ne sait pas reconnaître les qualités n'a pas de serviteurs qui le suivent. quoique très-riche, de haute famille. et régnant par droit de succession.

Et ainsi :

Le serviteur abandonne un roi pour trois motifs : quand il est traité comme l'égal de ses inférieurs, quand ses égaux manquent d'égards envers lui, et quand il n'est pas à la place qui lui convient.

Et lorsque, par manque de discernement, un roi met dans

les petits et derniers emplois des serviteurs capables d'occuper les plus hautes places, et que ceux-ci y restent, c'est la faute du souverain, et non la leur. Et l'on dit :

> Si une pierre précieuse qui mérite d'entrer dans un bijou d'or est sertie dans de l'étain, elle ne rend aucun son et ne brille pas : alors on critique celui qui l'a montée.

Et puisque Sa Majesté dit : Il y a longtemps qu'on ne t'a vu, qu'elle écoute encore ceci. On dit ainsi :

> Là où l'on ne fait pas distinction de la main gauche et de la main droite, quel homme respectable et intelligent demeurerait, même un instant?
>
> Auprès de ceux dont l'esprit doute si le verre est du diamant et si le diamant est du verre, un serviteur ne reste pas même seulement de nom.
>
> Dans un pays où il n'y a pas d'experts, les perles produites par la mer n'ont aucun prix : dans le pays des Âbhîras[1], dit-on, les vachers vendent la pierre précieuse tchandrakânta[2] trois cauris[3].
>
> Là où il n'y a pas de différence entre la pierre appelée cristal rouge et le rubis, comment se fait la vente des pierres précieuses?
>
> Quand un souverain se conduit de même envers ses serviteurs, sans distinction, l'activité des hommes capables d'efforts s'affaiblit.
>
> Pas de roi sans serviteurs, pas de serviteurs sans roi; et cette condition d'existence est leur lien réciproque.
>
> Un roi lui-même, sans serviteurs qui dispensent des faveurs aux hommes, est comme un soleil sans rayons; quelque éclat qu'il ait, il ne brille pas.
>
> Le moyeu est soutenu par les rais, les rais sont appuyés sur le moyeu : ainsi va, comme une roue, l'existence du maître et du serviteur.
>
> Les cheveux même, toujours conservés par la tête quand ils sont entre-

---

[1] Le mot *âbhîra* signifie *vacher*. C'était le nom d'un peuple voisin des bouches de l'Indus. Dans *Âbhîra* M. Lassen croit reconnaître l'*Ophir* de la Bible.

[2] Pierre de la lune, pierre fabuleuse qui, selon la croyance des Hindous, est formée par la congélation des rayons de la lune.

[3] Cauri, ou varâtaka, petit coquillage employé comme monnaie.

tenus avec de l'huile, s'en détachent dès qu'ils sont secs : n'en est-il pas ainsi des serviteurs?

Un roi content de ses serviteurs ne leur donne que des richesses; mais ceux-ci, pour l'honneur seul, rendent service aux dépens de leur vie même.

Sachant cela, un souverain doit prendre pour serviteurs des hommes sages, de bonne famille, braves, capables, dévoués, et venus par succession.

Quand un homme, après avoir rendu au roi un service difficile, utile et très-grand, ne dit rien par modestie, le roi, avec un tel serviteur, a un compagnon.

Celui qui vient sans être appelé, qui se tient toujours à la porte, et qui, lorsqu'on le questionne, parle avec franchise et mesure, est digne d'être serviteur des rois.

Celui qui, même sans avoir reçu d'ordre du souverain, quand il voit quelqu'un lui porter préjudice, tâche de le tuer, est digne d'être serviteur des rois.

Celui qui, même après avoir été frappé, injurié et châtié par le souverain, ne médite aucune méchanceté, est digne d'être serviteur des rois.

Celui qui ne s'enorgueillit pas de la considération que l'on a pour lui, qui ne s'afflige pas du mépris, et conserve le même air, est digne d'être serviteur des rois.

Celui qui ne souffre jamais de la faim, ni de l'envie de dormir, ni du froid, de la chaleur et d'autres choses, est digne d'être serviteur des rois.

Celui qui, en apprenant la nouvelle d'une guerre qui va avoir lieu contre le souverain, a un visage serein, est digne d'être serviteur des rois.

Celui sous l'administration duquel la frontière s'agrandit comme la lune dans la quinzaine claire [1], est digne d'être serviteur des rois.

Mais un serviteur sous l'administration duquel la frontière se resserre comme un cuir mis sur le feu, doit être abandonné par celui qui désire régner.

Un serviteur sur lequel, quand on l'a chargé de faire une chose, on se repose sans inquiétude dans l'esprit, est comme une seconde citadelle.

---

[1] Les Hindous divisent le mois lunaire en deux parties, composées de quinze jours chacune. La quinzaine claire finit au jour de la pleine lune, et la quinzaine obscure au jour de la nouvelle lune.

Et que Sa Majesté, considérant que je suis chacal, me méprise, cela non plus n'est pas convenable. Car on dit :

La soie provient d'un ver; l'or, de la pierre; le doûrvâ[1], du poil de la vache; le lotus, de la bourbe; la lune, de l'Océan; le lotus bleu, de la bouse de vache; le feu, du bois; une pierre précieuse, du chaperon du serpent[2]; le rotchanî[3], du fiel de la vache. Les hommes qui ont des qualités arrivent à l'éclat par l'élévation de leur mérite : qu'importe leur naissance?

De même qu'une grande quantité d'érandas[4], de bhindas, d'arkas[5] et de roseaux amassés en un tas ne peut tenir lieu de bois, de même on ne peut rien faire des ignorants.

La souris, quoique née dans la maison, doit être tuée, parce qu'elle est nuisible; le chat, qui rend service, on va le demander ailleurs en donnant quelque chose.

A quoi bon un homme dévoué mais incapable? A quoi bon un homme capable mais malintentionné? Roi, je suis dévoué et capable, veuillez ne pas me dédaigner.

Soit, dit Pingalaka; incapable ou capable, tu n'en es pas moins notre vieux fils de ministre. Dis donc hardiment tout ce que tu as envie de dire. — Majesté, répondit Damanaka, j'ai quelque chose à vous faire connaître. — Apprends-moi ce que tu veux, dit Pingalaka. Le chacal reprit :

La plus petite affaire même qu'ait un souverain, il ne faut pas en parler au milieu d'une assemblée : c'est Vrihaspati[6] qui l'a dit.

---

[1] Une espèce du doûrvâ (*Agrostis linearis*), le swétadoûrvâ, herbe à fleurs blanches, est appelée aussi golomî, c'est-à-dire : qui provient du poil de la vache.

[2] Voy. page 19, note 1. — Selon une croyance commune dans l'Inde, le serpent parvenu à un certain degré de vieillesse a une pierre précieuse dans la tête.

[3] Fard jaune, appelé communément gorotchanâ, qu'on suppose formé de la bile de la vache. On l'emploie comme remède, comme teinture et comme parfum.

[4] Éranda, *Palma Christi* ou *Ricinus communis*.

[5] Voy. page 17, note 1.

[6] Voy. page 2, note 2.

Que Sa Majesté entende donc en particulier ce que j'ai à lui apprendre. Car

> Le secret d'un avis donné entre six oreilles est violé ; entre quatre oreilles, il peut se conserver : que le sage mette donc tous ses soins à éviter les six oreilles.

Puis, comprenant l'intention de Pingalaka, tous les animaux, tigres, panthères et loups en tête, dès qu'ils eurent entendu ces paroles dans l'assemblée, s'éloignèrent à l'instant même, et ensuite Damanaka dit : Pourquoi Sa Majesté, qui était partie pour boire de l'eau, est-elle revenue sur ses pas et reste-t-elle ici? Pingalaka répondit avec un sourire mêlé de honte : Ce n'est rien. — Majesté, reprit le chacal, si c'est une chose qui ne doit pas se dire, laissons cela. Et l'on dit :

> Il faut cacher certaine chose à sa femme, certaine chose à ses gens, certaine chose à ses amis et à ses fils : le sage ne doit en parler qu'après avoir réfléchi si cela est convenable ou non convenable, et par grande obligeance.

Lorsque Pingalaka eut entendu cela, il fit cette réflexion : Il paraît habile ; aussi je vais lui dire mon intention. Et l'on dit :

> Quand on a conté sa peine à un ami dont le cœur n'est pas dissimulé, à un serviteur vertueux, à une épouse complaisante, à un maître qui a de l'amitié, on est heureux.

Hé, Damanaka ! entends-tu un grand bruit au loin ? — Majesté, répondit le chacal, je l'entends. Qu'est-ce donc ? — Mon cher, dit Pingalaka, je veux m'en aller de cette forêt. — Pour quel motif? demanda Damanaka. — Parce qu'aujourd'hui, répondit Pingalaka, un animal extraordinaire est entré dans notre forêt. Comme on entend un grand bruit, cet animal doit être d'une force en rapport avec son cri. — Que Sa Majesté, reprit

Damanaka, s'effraye à cause d'un bruit seulement, cela n'est pas convenable. Car on dit :

L'eau fend une montagne, un charme est détruit quand il n'est pas tenu secret, la méchanceté rompt l'amitié, avec des paroles on triomphe de l'homme timide.

Il n'est donc pas convenable pour Sa Majesté d'abandonner la forêt acquise par ses ancêtres. Comme il y a des sons de beaucoup d'espèces différentes, tels que ceux des timbales, de la flûte, de la vînâ[1], du tambourin, des cymbales, du tambour, de la conque, du cornet et autres, il ne faut pas, par conséquent, avoir peur à cause d'un bruit seulement. Et l'on dit :

Celui qui ne perd pas courage lors même qu'il a pour ennemi un roi très-puissant et redoutable, n'est pas vaincu.

Quand même Dhâtri[2] montrerait de la peur, le courage des héros ne serait pas abattu : lorsque la saison des chaleurs a desséché les étangs, l'Océan grossit toujours.

Et ainsi :

Celui qui n'a ni tristesse dans l'adversité, ni joie dans la prospérité, ni peur dans le combat, est le tilaka[3] du monde : rarement une mère donne le jour à un tel fils.

L'être qui n'a pas de fierté est dans la même condition que l'herbe ; il se courbe par manque de force, et, à cause de sa faiblesse, il est très-chétif.

Et aussi :

Celui qui, lorsqu'il rencontre de l'énergie chez un autre, ne montre pas de fermeté, est comme un bijou de laque; à quoi lui sert même la beauté ?

---

[1] Espèce de luth aux deux extrémités duquel est placée une grosse gourde. La vînâ a ordinairement sept cordes.

[2] Nom de Brahmâ.

[3] Signe que les Hindous se peignent sur le front, comme ornement ou comme marque de distinction de secte.

Sachant cela, Sa Majesté doit raffermir son courage. Il ne faut pas s'effrayer à cause d'un bruit seulement. Car on dit :

D'abord je pensais que cela était plein de moelle ; dès que je fus entré et que je vis, ce n'était que de la peau et du bois.

Comment cela ? dit Pingalaka. Damanaka dit :

III. — LE CHACAL ET LE TAMBOUR.

Dans une contrée, un chacal nommé Gomâyou[1], dont le gosier était amaigri par la faim, errait çà et là dans une forêt ; il vit un champ de bataille où deux armées avaient combattu, et, sur ce champ de bataille, il entendit le son d'un tambour qui était tombé et que frappaient les bouts des branches agitées par le vent. Alors il eut l'esprit troublé par la frayeur, et il pensa : Ah ! je suis perdu ! Aussi, pendant que je ne suis pas encore arrivé à portée de voir ce qui cause ce bruit, je m'en vais ailleurs. Mais pourtant il n'est pas convenable d'abandonner avec précipitation la forêt dont on a hérité de ses ancêtres. Et l'on dit :

Celui qui, lorsqu'il a de la crainte ou de la joie, réfléchit et n'agit pas avec précipitation, n'a pas à se repentir.

Je veux donc voir seulement qui fait ce bruit. En disant ces mots, il prit du courage et réfléchit. Comme il s'avançait tout doucement il aperçut le tambour. Lorsque, par le vent, les bouts des branches frappaient ce tambour, il résonnait ; autrement, il restait muet. Quand le chacal se fut bien assuré de ce que c'était, il s'approcha du tambour et le frappa lui-même par curiosité. Et il pensa plusieurs fois avec joie : Ah ! après longtemps, voici une grande quantité de nourriture qui m'arrive. Assurément cela doit être plein de chair, de moelle et de sang. Puis il fendit comme il put le tambour, couvert d'une peau dure, et après avoir fait un

---

[1] Chacal.

trou dans un endroit de ce tambour, il y entra, le cœur joyeux. Mais en fendant la peau il se brisa les dents, et quand il vit que ce n'était que du bois et de la peau, il fut découragé et récita ce sloka[1] :

D'abord je pensais que cela était plein de moelle; dès que je fus entré et que je vis, ce n'était que de la peau et du bois.

Il ne faut donc pas s'effrayer à cause d'un bruit seulement.

Vois, dit Pingalaka, tout mon entourage aussi a l'esprit troublé par la peur, et veut fuir. Comment donc puis-je raffermir mon courage? — Majesté, répondit Damanaka, ce n'est pas leur faute : les serviteurs deviennent pareils au maître. Et l'on dit :

Un cheval, une arme, un livre, la parole, une vînâ[2], un homme et une femme, deviennent bons ou mauvais suivant l'homme qu'ils ont rencontré.

Raffermissez donc votre courage et attendez ici jusqu'à ce que je connaisse la nature de ce bruit et que je revienne. Après cela il faudra agir comme il conviendra. — Est-ce que tu oses aller là? dit Pingalaka. — Lorsque le maître ordonne, répondit Damanaka, est-il pour un bon serviteur une chose qu'il doive faire ou ne pas faire? Et l'on dit :

Lorsque le maître a ordonné, un bon serviteur n'a jamais peur; il entrerait dans le grand Océan, tout difficile qu'il est à traverser et à franchir.

Et ainsi :

Un serviteur qui, après avoir reçu un ordre du maître, examine si la chose est facile ou difficile, ne doit pas être conservé par un souverain qui désire la puissance.

Mon cher, dit Pingalaka, si c'est ainsi, va donc. Puisses-tu être heureux en chemin !

[1] Voy. page 7, note 1.
[2] Voy. page 25, note 1.

Damanaka salua le lion et se mit en route, suivant la direction du beuglement de Sandjîvaka.

Mais, après que Damanaka fut parti, Pingalaka eut peur, et pensa : Ah! je n'ai pas bien fait de me fier à lui et de lui faire connaître mon dessein. Peut-être ce Damanaka est-il payé par deux maîtres et est-il malintentionné pour moi à cause de la perte de sa charge. Et l'on dit :

Ceux qui, après avoir eu l'estime d'un souverain, deviennent pour lui un objet de mépris, s'efforcent toujours de le faire périr, quelque bien nés qu'ils soient.

Je vais donc, jusqu'à ce que je sache ce qu'il veut faire, m'en aller dans un autre endroit et l'attendre. Damanaka pourrait peut-être amener cet animal avec lui, et venir me tuer. Car on dit :

Les faibles même, quand ils se défient, ne sont pas tués par les forts; mais les forts même, quand ils se fient, sont tués par les faibles.

L'homme sage qui désire pour lui prospérité, longue vie et bonheur, ne doit pas se fier même à Vrihaspati[1].

Il ne faut pas se fier à un ennemi, quand même il s'est réconcilié par des serments : avec des serments, Sakra[2] tua Vritra[3], qui cherchait à s'emparer de la royauté.

Sans la confiance, un ennemi d'entre les dieux même n'a pas de succès : ce fut par suite de la confiance de Diti que l'enfant qu'elle portait dans son sein fut déchiré par le maître des dieux[4].

---

[1] Voy. page 2, note 2.
[2] Voy. page 5, note.
[3] Démon qui aspirait à la souveraineté du monde et fut tué par Indra.
[4] Diti avait demandé à Kasyapa un fils plus puissant qu'Indra. Mais Indra se glissa dans le sein de Diti, et, avec sa foudre, coupa le fœtus en sept parties, puis chacune de ces sept parties en sept autres. Ainsi naquit Vâyou, dieu du vent, avec quarante-neuf formes. Cette légende est allégorique : Indra est le dieu du ciel, et l'aire des vents est partagée en quarante-neuf points.

Après avoir ainsi réfléchi, il alla dans un autre endroit et resta seul, regardant le chemin de Damanaka.

Damanaka alla auprès de Sandjîvaka, et quand il eut reconnu que c'était un taureau, il eut le cœur joyeux et pensa : Ah! voilà une bonne chose qui arrive. Au moyen de l'alliance et de la guerre de l'un avec l'autre, Pingalaka sera sous ma dépendance. Car on dit :

Malgré la capacité et l'amitié de ses conseillers, un roi ne se conduit d'après leur avis que quand il tombe dans le malheur et l'affliction.

Toujours un roi tombé dans le malheur est au pouvoir de ses conseillers : c'est pour cela que les conseillers souhaitent un souverain malheureux.

De même qu'un homme qui n'est pas malade ne désire jamais un bon médecin, de même un roi qui n'est pas malheureux ne souhaite pas un conseiller.

Tout en faisant ces réflexions, il retourna vers Pingalaka. Celui-ci, lorsqu'il le vit venir, conserva le même air qu'auparavant et resta à sa place. Damanaka s'approcha de Pingalaka, le salua, et s'assit. Mon cher, dit Pingalaka, as-tu vu cet animal? — Je l'ai vu, répondit Damanaka, s'il plaît à Sa Majesté. — Est-ce vrai? dit Pingalaka. Damanaka répliqua : Est-ce que devant Sa Majesté on conte un mensonge? Et l'on dit :

Celui qui profère le plus petit mensonge en présence des souverains et des dieux se perd promptement, quelque grand qu'il soit.

Et ainsi :

Un roi représente tous les dieux, dit Manou[1]; par conséquent il faut le regarder comme un dieu et ne le tromper jamais.

Quoiqu'un roi représente tous les dieux, il y a cette différence que, d'un roi, la récompense du bien ou la punition du mal arrive sur-le-champ, tandis que, d'un dieu, elle vient dans une autre existence.

---

[1] Voy. page 2, note 1.

Ainsi, dit Pingalaka, tu l'auras vraiment vu. Il a pensé que celui qui est grand ne se met pas en colère contre celui qui est petit, et il ne t'a pas tué. Et l'on dit :

Le vent ne déracine pas les herbes tendres qui s'inclinent bas de tous les côtés, il ne renverse que les arbres hauts : celui qui est grand ne fait la guerre qu'à ceux qui sont grands.

Et aussi :

Quand même il est piqué par le dessous de la patte de l'abeille qui voltige furieuse et avide de la liqueur que contiennent ses tempes, l'éléphant, quoique très-fort, ne se met pas en colère : celui qui est fort ne s'irrite que contre une force égale à la sienne.

C'est vrai, dit Damanaka, il est grand et je suis petit. Cependant, ce que Sa Majesté dira, je le lui ordonnerai comme messager. — Mais, dit Pingalaka, as-tu la force de faire cela? — Que ne peut pas faire l'intelligence? répondit Damanaka. Et l'on dit :

Ni avec les armes, ni avec les éléphants, ni avec les chevaux, ni avec les fantassins, une affaire n'arrive à bonne fin comme quand elle est faite par l'intelligence.

Si c'est ainsi, dit Pingalaka, je t'élève donc à la dignité de ministre. A partir d'aujourd'hui, je ne ferai sans toi ni acte de bonté, ni acte de répression, ni autre : c'est ma résolution. Par conséquent, va vite et fais en sorte qu'il devienne mon serviteur. — Oui, répondit le chacal; puis il salua le lion, retourna auprès de Sandjîvaka, et dit avec un ton de reproche : Viens, viens, méchant taureau, Pingalaka t'appelle. Pourquoi, quand tu n'as rien à craindre, beugles-tu sans cesse inutilement? Lorsque Sandjîvaka eut entendu cela, il dit : Mon cher, quel est ce Pingalaka? Après avoir entendu cela, Damanaka dit avec étonnement : Comment! tu ne connais pas le roi Pingalaka!

Attends donc un instant, tu le connaîtras par le résultat. N'est-ce pas le grand lion nommé Pingalaka, riche et puissant, au cœur haut et fier, qui se tient auprès d'un figuier, dans un cercle, entouré de tous les animaux?

Lorsque Sandjîvaka eut entendu cela, il se regarda comme mort et tomba dans une profonde tristesse. Puis il dit : Mon cher, tu parais honnête et habile à parler. Si donc tu dois nécessairement me mener là, il faut que tu me fasses obtenir du roi la faveur de sa protection. — Tu dis vrai, répondit Damanaka; c'est de la politique. Et l'on dit :

On atteint la limite de la terre, de la mer et d'une montagne; d'aucune façon, nulle part, personne n'a atteint la limite de l'esprit d'un souverain.

Reste donc ici jusqu'à ce que je le tienne par un serment, et qu'ensuite je te conduise là.

Après que cela fut fait, Damanaka alla auprès de Pingalaka, et dit : Majesté, ce n'est pas un animal ordinaire, car c'est le taureau qui sert de monture au vénérable Maheswara[1]. Lorsque je l'ai questionné, il a répondu : Maheswara, dans sa satisfaction, m'a ordonné de manger le bout des jeunes herbes sur le bord de la Kâlindî[2]. En un mot, le dieu m'a donné cette forêt pour mon amusement. — Je sais la vérité maintenant, dit Pingalaka. Sans la faveur d'une divinité, des animaux herbivores n'errent pas sans crainte et en beuglant dans une pareille forêt, remplie de bêtes féroces. Ensuite qu'as-tu dit? — Majesté, répondit Damanaka, voici ce que j'ai dit : Cette forêt est le territoire de mon souverain, le lion nommé Pingalaka, qui sert de monture à Tchandîkâ[3]. Par conséquent tu viens comme un cher hôte. Va

---

[1] Le dieu Siva, que l'on représente monté sur un taureau.
[2] Nom de la Yamounà.
[3] Voy. page 1, note 2. On représente cette déesse montée sur un lion.

donc auprès de lui : amis comme deux frères, vous demeurerez ensemble dans le même lieu, et vous passerez le temps à manger, à boire et à vous divertir. Puis il a accepté tout cela et m'a dit : Il faut me faire donner protection par le roi. Maintenant c'est à Sa Majesté de décider.

Après avoir entendu cela, Pingalaka dit avec joie : Bien, serviteur intelligent! bien, honnête conseiller! bien! en disant cela tu as délibéré selon mon cœur. Ainsi je lui donne protection; mais demande-lui la même chose pour moi et amène-le bien vite. Et l'on dit avec raison :

Un royaume est soutenu par des conseillers solides, sincères, sans défauts et bien éprouvés, comme une maison par de bons piliers.

Le savoir des conseillers se manifeste dans la rupture de la paix; celui des médecins, dans le traitement d'une maladie compliquée : quand tout va bien, qui n'est pas savant?

Damanaka salua le lion, s'en alla vers Sandjîvaka, et pensa avec joie : Ah! le roi nous témoigne de la faveur, et il est devenu docile à nos paroles : il n'y a donc personne de plus heureux que moi. Et l'on dit :

Le feu est une ambroisie dans la saison du froid, la vue de quelqu'un qu'on aime est une ambroisie, la considération d'un roi est une ambroisie, la société des honnêtes gens est une ambroisie.

Puis, lorsqu'il fut arrivé auprès de Sandjîvaka, il dit d'un ton affable : Hé, ami! j'ai rendu le roi favorable pour toi, et je lui ai fait donner promesse de protection. Viens donc avec confiance. Mais, après avoir obtenu la faveur du roi, il faut prendre un engagement avec moi. Tu ne tomberas pas dans l'orgueil et tu n'agiras pas de ta propre autorité; et moi, quand je serai arrivé à la dignité de ministre, je soulèverai, d'accord avec toi, tout le fardeau du gouvernement. En faisant ainsi, nous jouirons tous deux du bonheur de la royauté. Car

Les richesses sont au pouvoir des hommes selon la loi de la chasse; ici-bas l'un pousse devant lui et l'autre tue comme des daims les enfants des hommes.

Et ainsi :

Celui qui, par orgueil, n'honore pas les grands, les petits et les moyens, a beau avoir l'estime du roi, il tombe comme Dantila.

Comment cela ? dit Sandjîvaka. Le chacal dit :

IV. — LE MARCHAND, LE ROI ET LE BALAYEUR.

Il y a ici sur la terre une grande ville appelée Vardhamâna[1]. Là demeurait un marchand très-riche, nommé Dantila, gouverneur de toute la ville. Il faisait les affaires de la ville et les affaires du roi, et contentait tous les habitants de cette ville et le roi. Bref, personne n'avait vu ni même entendu citer quelqu'un d'aussi habile. Et certes on dit avec raison :

Celui qui sert les intérêts du roi devient odieux aux gens, celui qui sert les intérêts du pays est laissé de côté par les rois; une si grande incompatibilité existant dans l'un et l'autre cas, un homme qui fait les affaires du roi et celles du pays est difficile à trouver.

Pendant qu'il vivait ainsi, un mariage eut lieu un jour dans sa maison. Là il invita respectueusement tous les habitants de la ville et les gens qui étaient auprès du roi, leur donna à manger, et leur fit hommage de vêtements et d'autres choses. Puis, aussitôt après le mariage, il amena chez lui le roi avec les personnes de sa maison, et le traita avec honneur. Or ce roi avait un balayeur du palais, nommé Gorambha[2]. Quoique cet homme fût son hôte, comme il s'était assis au-dessus du précepteur du roi, à une place qui ne convenait pas, Dantila l'empoigna avec mé-

---

[1] Aujourd'hui Burdwan, ville de la province du Bengale.
[2] *Qui beugle comme un taureau.*

pris et le chassa. Le balayeur, à partir de ce moment, gémit de son affront et ne se coucha pas même la nuit. Et il pensa : Comment ferai-je perdre la faveur du roi à ce marchand ? ou bien à quoi me sert-il que mon corps se dessèche ainsi inutilement, puisque je ne puis lui faire aucun mal ? Et certes on dit avec raison :

L'homme qui ne peut pas faire du mal, pourquoi, ici-bas, a-t-il l'impudence de se mettre en colère ? Le pois chiche a beau sauter, il ne peut pas briser la poêle à frire.

Or un jour au matin, comme le roi était tombé dans un léger sommeil, cet homme, en balayant auprès du lit, dit : Ah ! Dantila est bien effronté d'embrasser la reine. Lorsque le roi entendit cela, il se leva précipitamment, et lui demanda : Hé, hé, Gorambha ! ce que tu as dit est-il vrai ? Est-ce que la reine a été embrassée par Dantila ? — Majesté, répondit Gorambha, comme j'ai passé la nuit à veiller et à me livrer au jeu, le sommeil m'est venu malgré moi, quoique je fusse occupé à balayer. Par conséquent je ne sais pas ce que j'ai dit. Le roi se dit à lui-même avec dépit : Oui, cet homme a l'entrée libre dans ma maison, et Dantila aussi. L'un aura donc un jour vu l'autre embrasser la reine : voilà pourquoi il a dit cela. Car on dit :

Ce que l'homme désire, voit ou fait pendant le jour, il le dit et le fait également même dans le sommeil, par l'habitude qu'il en a.

Et ainsi :

Ce qu'il y a de bon ou de mauvais dans le cœur des hommes a beau être bien caché, on peut le savoir par les paroles prononcées pendant le sommeil et par l'ivresse.

Et au sujet des femmes, quel doute y a-t-il là ? Et l'on dit :

Elles parlent avec l'un, elles regardent l'autre avec trouble, elles pensent à un autre qu'elles ont dans l'esprit : qui est en vérité aimé des femmes ?

Et en outre :

Avec l'un elles ont de belles lèvres de pâtala[1] souriantes, et disent beaucoup de paroles; puis elles regardent l'autre avec des yeux rayonnants et ouverts comme des lotus qui s'épanouissent; et dans leur esprit elles pensent à un autre, qui est éloigné d'une noble conduite et possède toutes sortes de richesses. De cette manière, pour qui les belles aux jolis sourcils ont-elles réellement de l'affection, dans le véritable sens du mot?

Le feu ne se rassasie pas de bois; ni l'Océan, des rivières; ni Antaka[2], de tous les êtres; ni les belles aux jolis yeux, des hommes.

C'est parce qu'il n'y a ni solitude, ni occasion, ni un homme qui les sollicite, ô Nârada[3], que les femmes sont vertueuses.

Et ainsi :

Le sot qui a la folie de penser que son amante l'aime est toujours sous sa domination comme un oiseau d'agrément.

Celui qui met en pratique leurs paroles et leurs actes, en très-petit ou en très-grand nombre, devient par sa conduite tout à fait méprisé dans le monde.

Celui qui sollicite une femme, qui va près d'elle et lui fait un peu la cour, voilà l'homme que désirent les femmes.

C'est à cause de l'absence d'hommes qui les sollicitent et par crainte de ceux qui les entourent que les femmes, qui sont d'une mauvaise conduite, restent toujours dans le droit chemin.

Pour elles il n'est aucun homme dont elles ne doivent approcher, et elles ne s'arrêtent pas devant l'âge; laid ou beau, c'est un homme, elles en jouissent également.

Les femmes se servent de l'homme qui les aime comme d'une jupe qui s'use, traînant par le bord et tombant de la hanche.

De même que la laque rouge doit être pressée, ainsi l'homme qui aime est jeté avec force sous les talons par les femmes.

[1] Fleur de la Bignone odorante (*Bignonia suaveolens*), de couleur rouge.
[2] Nom de Yama.
[3] Fils de Brahmâ, l'un des dix grands richis et législateur célèbre.

Après avoir ainsi proféré toutes sortes de plaintes, le roi, à partir de ce moment, retira sa faveur à Dantila. Bref, l'entrée même de la porte du roi lui fut interdite, et Dantila, voyant le roi lui retirer sa faveur sans motif, pensa en lui-même : Ah! on dit avec raison :

Quel est l'homme enrichi qui n'est pas orgueilleux? Quel est l'homme sensuel dont les malheurs ont une fin? Quel est, sur terre, celui dont les femmes n'ont pas brisé le cœur? Qui est, en vérité, aimé des rois? Qui ne va pas dans le séjour de la mort? Quel est le mendiant qui acquiert de la considération? Et quel homme tombé dans les filets des méchants s'en est tiré avec bonheur?

Et ainsi :

La pureté chez le corbeau, la sincérité chez les joueurs, la patience chez le serpent, le calme des désirs chez les femmes, le courage chez l'eunuque, la méditation sur la vérité chez celui qui boit des liqueurs spiritueuses, un roi ami, qui a vu ou entendu citer cela?

D'ailleurs je n'ai pas, même en rêve, fait de mal au roi ni à aucune autre personne. Qu'est-ce que cela veut donc dire, que le roi détourne sa face de moi?

Voyant un jour barrer ainsi la porte du roi à Dantila, le balayeur dit en riant aux portiers du palais : Hé, hé, portiers! ce Dantila est placé haut dans la faveur du roi, et c'est lui-même qui dispense les châtiments et les grâces. Aussi, pour l'avoir empêché d'entrer, vous serez comme moi empoignés par lui. Lorsque Dantila eut entendu ces paroles, il pensa : C'est sûrement lui qui a fait cela. Et certes on dit avec raison :

Celui qui ici-bas sert un roi a beau être de basse naissance, sot et méprisable, il est partout honoré.

Un homme lâche et peureux même, s'il est serviteur du roi, ne devient cependant pas méprisé par le monde.

Après s'être ainsi lamenté, il s'en alla chez lui honteux, chagrin et découragé, fit appeler Gorambha à l'entrée de la nuit, lui fit hommage d'une couple de vêtements, et lui dit : Mon cher, ce n'est pas par prévention que je t'ai fait sortir alors. Je t'ai fait un affront parce que je t'ai vu assis au-dessus des brâhmanes, à une place qui ne convenait pas. Pardonne donc. Le balayeur, à qui cette couple de vêtements venait comme le royaume du ciel, fut très-content, et lui dit : Ô chef des marchands ! je te le pardonne. Aussi, pour cet honneur, tu verras la force de mon intelligence et la bonté du roi. Lorsqu'il eut dit ces mots, il sortit tout joyeux. On dit avec raison :

Au moyen de peu de chose il s'élève, au moyen de peu de chose il s'abaisse : ah ! l'action d'un fléau de balance et celle du méchant sont bien pareilles.

Puis, le jour suivant, Gorambha alla au palais, et tout en balayant tandis que le roi sommeillait, il dit : Ah ! que notre roi est imprudent de manger du concombre en allant à la selle ! Le roi, lorsqu'il entendit cela, se leva avec étonnement et lui dit : Hé, hé, Gorambha ! quelle chose étrange dis-tu ? Comme je considère que tu es serviteur de la maison, je ne te fais pas mourir. Est-ce que tu m'as jamais vu faire une pareille action ? — Majesté, répondit Gorambha, comme j'ai passé la nuit à me livrer au jeu, le sommeil m'est venu malgré moi pendant que je balayais. Je ne sais ce que j'ai dit quand j'étais accablé de sommeil. Que Sa Majesté ait donc pour moi de l'indulgence, car j'étais sous l'empire du sommeil.

Lorsque le roi eut entendu cela, il pensa : Jusqu'à présent, même dans une autre vie, je n'ai pas mangé de concombre en faisant une pareille fonction. Par conséquent, de même que ce fou a raconté de moi cette sottise invraisemblable, de même il a fait pour Dantila aussi : cela est certain. J'ai donc eu tort de retirer mon estime à ce pauvre homme. De la part d'hommes comme lui une pareille action n'est pas possible. Par suite de son absence, toutes les affaires du roi et les affaires de la ville languissent.

Après s'être livré ainsi à toutes sortes de réflexions, il fit appeler Dantila, lui fit présent des bijoux qu'il portait sur lui, de vêtements et autres choses, et le rétablit dans sa charge.

Voilà pourquoi je dis :

Celui qui, par orgueil, n'honore pas les grands, les petits et les moyens, a beau avoir l'estime du roi, il tombe comme Dantila.

Mon cher, dit Sandjîvaka, ce que tu dis est vrai; par conséquent il faut agir ainsi.

A ces mots Damanaka alla avec lui auprès de Pingalaka, et dit : Majesté, voici ce Sandjîvaka que j'amène; maintenant c'est à Sa Majesté d'ordonner. Sandjîvaka salua le lion avec respect et se tint modestement en face de lui. Pingalaka posa sa patte droite ornée de griffes pareilles à la foudre sur le taureau qui avait une bosse grosse et grasse, et dit avec déférence : Te portes-tu bien? D'où es-tu venu dans cette forêt déserte? Le taureau raconta toute son histoire; il exposa comment avait eu lieu sa séparation d'avec Vardhamânaka. Lorsque Pingalaka eut entendu cela, il dit : Mon ami, n'aie pas de crainte. Demeure comme il te plaira dans cette forêt défendue par mon bras. En outre, il faut que tu restes toujours à t'amuser près de moi, parce que cette forêt très-dangereuse est le séjour d'une foule d'animaux redoutables et ne peut être habitée même par les grands animaux herbivores.

Après avoir ainsi parlé, le lion descendit au bord de la Yamounâ[1], but de l'eau et se baigna tant qu'il voulut, et rentra

[1] Voy. page 10, note 4.

dans la forêt en marchant comme bon lui semblait. Puis il confia la charge du gouvernement à Karataka et à Damanaka, et jouit continuellement du plaisir d'entretiens éloquents avec Sandjîvaka. Et Sandjîvaka, qui avait acquis une haute intelligence par l'étude de beaucoup de sciences, fit en peu de jours seulement un sage de Pingalaka, tout sot que celui-ci était. Il le retira ainsi de la vie sauvage et lui donna des mœurs civilisées. Bref, tous les jours Pingalaka et Sandjîvaka délibéraient secrètement, seuls ensemble; tout le reste des serviteurs demeurait éloigné, et les deux chacals même n'avaient pas l'entrée. En outre, comme le lion ne faisait plus usage de sa force, tous les animaux et les deux chacals, tourmentés par la faim et par la maladie, se retirèrent dans une seule et même contrée, et y restèrent. Car on dit :

Les serviteurs abandonnent un roi de haute famille et grand, quand il ne donne pas de profit, et s'en vont ailleurs, de même que les oiseaux abandonnent un arbre desséché.

Et ainsi :

Des serviteurs même qui ont du respect pour leur maître, qui sont de bonne famille et fidèles, abandonnent un roi lorsqu'il cesse de les faire vivre.

Et en outre :

Quand un roi ne laisse pas passer l'heure de donner la subsistance, ses serviteurs ne le quittent jamais, lors même qu'ils sont injuriés.

Et ce ne sont pas seulement les serviteurs qui sont ainsi, d'autant que, pour manger, ce monde tout entier agit réciproquement par la conciliation et autres moyens. Ainsi :

Le roi contre les pays, les médecins contre les malades, les marchands contre les acheteurs, les savants contre les ignorants, les voleurs contre les gens sans soin, les mendiants contre les maîtres de maison, les courtisanes contre les libertins, et les artisans contre tout le monde. font le guet jour et nuit avec des filets faits de douceur et d'autres choses, de même que, par la force, les poissons se nourrissent de poissons.

Et certes on dit aussi avec raison :

Les desseins des serpents, des méchants et de ceux qui volent le bien d'autrui, ne s'accomplissent pas : c'est à cause de cela que ce monde existe.

Le serpent de Sambhou [1]. tourmenté par la faim, veut manger le rat de Ganapati [2]; le paon de l'ennemi de Krauntcha [3], le serpent; et le lion de la fille de la montagne [4], le paon. Quand les serviteurs travaillent ainsi dans la maison de Sambhou même, comment alors cela n'aurait-il pas lieu dans celle d'un autre? C'est là en effet l'état naturel du monde.

Ensuite Karataka et Damanaka, qui étaient privés de la faveur du maître et avaient le gosier amaigri par la faim, délibérèrent ensemble. Là, Damanaka dit : Honorable Karataka, nous sommes maintenant tous deux devenus des subalternes. Ce Pingalaka, épris des discours de Sandjivaka, s'est détourné de ses affaires, et toute sa suite s'en est allée. Par conséquent, que faire? Karataka répondit : Quoique le maître ne fasse pas ce que tu lui dis, il faut néanmoins lui parler, afin qu'il n'y ait pas de ta faute. Car on dit :

Un roi même qui n'écoute pas doit être averti par ses ministres, comme fit Vidoura [5] avec le fils d'Ambikâ [6], pour qu'il n'y eût pas de sa faute.

Quand un roi ivre d'orgueil et un éléphant furieux marchent hors de la bonne route, les ministres et les cornacs qui sont près d'eux encourent le blâme.

---

[1] Surnom du dieu Siva.

[2] Ou Ganésa. Le rat est l'animal qui lui est consacré.

[3] Asoura ou ennemi des dieux, vaincu par Kàrtikéya, dieu de la guerre, que l'on représente monté sur un paon.

[4] Pàrvati, ou Dourgà, considérée comme fille d'Himâla, souverain des montagnes neigeuses. Cette déesse est représentée avec un lion couché contre sa jambe droite.

[5] Frère cadet et conseiller de Dhritaràchtra.

[6] Dhritaràchtra, père des Kauravas et oncle des Pàndavas.

Comme c'est toi qui as amené ce mangeur d'herbe auprès du roi, tu as tiré les charbons avec ta propre main. — Cela est vrai, reprit Damanaka; c'est ma faute et non celle du roi. Car on dit :

Un chacal avec un combat de béliers, moi avec Âchâdhabhoûti, et une entremetteuse avec l'affaire d'une autre, voilà trois fautes commises par soi-même.

Comment cela? dit Karataka. Damanaka dit :

V. — AVENTURES DE DÉVASARMAN, COMPRENANT : 1° LES DEUX BÉLIERS ET LE CHACAL; 2° LE TISSERAND, LE BARBIER ET LEURS FEMMES.

Il y a dans une contrée un couvent où demeurait un religieux mendiant nommé Dévasarman[1]. Ce religieux, en vendant des vêtements fins que lui avaient donnés beaucoup de personnes qui faisaient faire des sacrifices, avait, avec le temps, gagné une grosse somme d'argent. Aussi ne se fiait-il à personne; nuit et jour il gardait son argent sous son aisselle et ne le quittait pas. Et certes on dit avec raison :

Peine pour acquérir les richesses et pour les conserver quand elles sont acquises, peine dans le gain, peine dans la dépense : fi ! les richesses ne contiennent qu'affliction !

Mais un rusé voleur du bien d'autrui, nommé Âchâdhabhoûti, vit la somme d'argent cachée sous l'aisselle du religieux, et pensa : Comment lui prendrai-je cette somme d'argent? Dans ce couvent il n'est toutefois pas possible de percer le mur, à cause de la solidité de la maçonnerie, et l'on ne pourrait pas entrer par la porte, parce qu'elle est trop élevée. Je vais donc inspirer de la confiance à ce religieux, au moyen de

---

[1] *Qui a le bonheur des dieux.*

paroles trompeuses, et me faire son disciple, afin qu'il se fie à moi. Car on dit :

Celui qui n'a pas de désirs ne peut pas être possesseur, celui qui n'est pas amoureux ne peut pas aimer la parure, celui qui n'a pas d'esprit ne peut pas parler agréablement, celui qui parle franchement ne peut pas être un trompeur.

Après avoir pris cette résolution, il alla auprès du religieux, se prosterna en prononçant ces paroles : Om! salut à Siva[1]! et dit avec respect : Vénérable, ce monde est vain, la jeunesse ressemble au courant d'une rivière de montagne, la vie est semblable à un feu d'herbes, les jouissances sont pareilles à l'ombre d'un nuage, la liaison avec ses enfants, sa femme, ses amis et ses serviteurs, est comme un songe. Je sais très-bien cela. Que dois-je donc faire pour traverser l'océan de cette vie?

Lorsque Dévasarman eut entendu ces mots, il dit avec déférence : Mon enfant, tu es heureux d'avoir, dans le premier âge, ce dégoût du monde. Car on dit :

Celui qui est maître de ses sens dans le premier âge est maître de ses sens : c'est mon opinion. Quand les organes dépérissent, à qui le calme ne vient-il pas?

Les bons vieillissent d'abord par l'esprit, puis par le corps; mais les méchants vieillissent par le corps et jamais par l'esprit.

Et puisque tu me demandes le moyen de traverser l'océan de cette vie, écoute :

Un soûdra[2] ou même un autre, ou un tchândâla[3], s'il porte les cheveux

---

[1] Troisième dieu de la triade. C'est le dieu terrible, il préside à la destruction. — *Om* est une syllabe mystique qui précède toutes les prières et les invocations.

[2] Homme de la quatrième classe ou caste servile.

[3] Ce mot, pris dans un sens général, désigne un homme impur et dégradé. Le

tressés, s'il est initié au moyen de la formule de Siva, et s'il a le corps couvert de cendres, peut devenir un brâhmane.

Celui qui, en prononçant la formule de six syllabes [1], pose lui-même une seule fleur sur la tête du linga [2], ne renaît plus [3].

Après avoir entendu cela, Âchâdhabhoûti prit les pieds du religieux et dit avec respect : Vénérable, fais-moi donc la grâce de me donner une pénitence. — Mon enfant, répondit Dévasarman, je te ferai cette faveur; mais pendant la nuit tu n'entreras pas dans le couvent, parce que l'isolement est recommandé aux religieux, à toi et à moi aussi. Car on dit :

Un roi est perdu par les mauvais conseils, un religieux par la fréquentation, un fils par les caresses, un brâhmane par l'absence d'étude, une famille par un mauvais fils, la disposition au bien par la société des méchants, l'amitié par le manque de confiance, l'opulence par le défaut de conduite, l'affection par le séjour en pays lointain, la pudeur par l'ivresse, la culture par l'absence de surveillance, l'argent par la prodigalité et l'incurie.

Ainsi, lorsque tu auras contracté les obligations religieuses, tu coucheras à la porte du couvent, dans une hutte d'herbes. — Vénérable, dit Âchâdhabhoûti, j'obéis à ton ordre, car je fais cela en vue de l'autre monde.

Puis quand il eut pris l'engagement relatif au coucher, Dévasarman lui donna sa faveur et fit de lui son disciple suivant la règle énoncée dans les livres sacrés. Âchâdhabhoûti, de son

---

tchândâla, selon la loi, est l'homme né d'un soûdra et d'une brâhmanî ou femme de la caste brâhmanique. C'est, dit Manou, le dernier des mortels; sa demeure doit être hors du village.

[1] La formule d'adoration en l'honneur de Siva : *Om namaḥ Sivâya*, c'est-à-dire : Om! salut à Siva!

[2] Ou phallus, image symbolique de Siva.

[3] C'est-à-dire qu'il n'a plus à passer par aucune nouvelle vie et qu'il jouit du bonheur éternel.

côté, en lui frottant les mains et les pieds, en lui apportant des feuilles de papier et en lui rendant d'autres services, lui donna la plus grande satisfaction; mais cependant le religieux tenait son argent sous son aisselle, et ne le lâchait pas. Comme le temps se passait ainsi, Âchâdhabhoûti fit ces réflexions : Ah! il ne prend nullement confiance en moi. Par conséquent, vais-je lui donner la mort, même en plein jour, avec une arme, ou lui donner du poison, ou bien le tuer comme tuent les bêtes? Tandis qu'il réfléchissait ainsi, le fils d'un disciple de Dévasarman vint d'un village pour inviter ce religieux, et dit : Vénérable, viens à ma maison pour un pavitrârohana[1]. Lorsque Dévasarman eut entendu cela, il partit le cœur joyeux avec Âchâdhabhoûti. En allant ainsi, il rencontra devant lui une rivière. Dès qu'il la vit, il ôta sa somme d'argent de dessous son aisselle, la mit dans un haillon et la cacha bien, se baigna, rendit hommage aux dieux et dit ensuite à Âchâdhabhoûti : Hé, Âchâdhabhoûti! jusqu'à ce que je revienne après avoir fait mes nécessités, tu garderas avec soin ce haillon de Yogeswara[2]. Après qu'il eut dit cela, il s'en alla. Mais quand il fut hors de vue, Âchâdhabhoûti prit la somme d'argent et partit promptement. Tandis que Dévasarman, charmé des qualités de son disciple et plein de confiance, était accroupi, il vit au milieu d'un troupeau de toisons d'or un combat de bé-

---

[1] Le pavitrârohana est, suivant Wilson, une cérémonie qui consiste à revêtir du cordon brâhmanique les images de Dourgâ, le huitième jour de la quinzaine claire de Srâvana (juillet-août) ou d'Achâdha (juin-juillet). Au lieu de *pavitrârohana*, l'édition de Bombay porte *pavitrâropana*, mot que Wilson distingue du précédent par la définition qu'il en donne. C'est, dit-il, une cérémonie dans laquelle on revêt du cordon brâhmanique l'image de Krichna, le douzième jour de la quinzaine claire de Srâvana. De la distinction établie à tort par le savant indianiste anglais entre les mots *pavitrârohana* et *pavitrâropana* il résulte que ces deux termes désignent une même cérémonie, accomplie à diverses époques de l'année et en l'honneur de différentes divinités.

[2] Nom de Siva.

liers. Les deux béliers furieux, s'éloignant l'un de l'autre et s'élançant de nouveau, se frappaient avec le front, et beaucoup de sang coulait. Un chacal était entré dans le champ de bataille et léchait le sang avec avidité. Dévasarman, quand il vit cela, pensa : Ah! ce chacal est stupide. Si de façon ou d'autre il tombe au milieu du choc de ces deux béliers, il trouvera certainement la mort : c'est mon opinion. Et, un instant après, le chacal, se jetant entre eux par avidité de lécher le sang, tomba ainsi entre leurs têtes qui se heurtaient, et mourut. Dévasarman le pleura et retourna vers sa somme d'argent. Pendant qu'il arrivait lentement, il ne vit plus Âchâdhabhoûti, et lorsque ensuite, après s'être purifié, il examina le haillon avec inquiétude, il n'y avait plus de somme d'argent. Puis disant : Hélas! hélas! j'ai été volé! il tomba à terre évanoui. Il reprit aussitôt connaissance, se releva et se mit à crier en sanglotant : Hé, hé, Âchâdhabhoûti! après m'avoir trompé, où es-tu allé? Réponds-moi donc. Quand il se fut bien lamenté de cette façon, il s'en alla lentement, cherchant les traces d'Âchâdhabhoûti. En marchant ainsi, il arriva le soir à un village. Or un tisserand, avec sa femme, partait de ce village pour la ville voisine, afin de boire des liqueurs spiritueuses. Dévasarman, dès qu'il le vit, lui dit : Hé, mon cher! je viens auprès de toi comme hôte du soir. Je ne connais personne dans ce village; remplis donc le devoir de l'hospitalité. Car on dit :

> L'hôte qui vient le soir après le coucher du soleil ne doit pas être chassé par un maître de maison : en le traitant avec honneur les maîtres de maison vont à l'état de divinité.

Et ainsi :

> Des herbes, la terre, de l'eau, et en quatrième lieu une parole agréable, voilà des choses qui ne manquent jamais dans la demeure des gens de bien.

Le bon accueil satisfait Agni[1]; le siége, Satakratou[2]; le lavement des pieds, les Mânes[3]; la nourriture prise, Pradjâpati[4].

Lorsque le tisserand eut entendu cela, il dit à sa femme : Ma chère, va à la maison avec cet hôte, lave-lui les pieds, donne-lui des aliments, un lit et les autres soins de l'hospitalité, et reste là. Je t'apporterai beaucoup de liqueur. Après qu'il eut dit cela, il partit. Sa femme, qui était une libertine, emmena le religieux et retourna à la maison avec une figure riante et pensant dans son cœur à Dévadatta[5]. Et certes on dit avec raison :

Dans un jour sombre, dans une épaisse obscurité, dans des rues impraticables, et quand son mari est en pays étranger, la femme lascive éprouve le plus grand bonheur.

Et ainsi :

Un tapis sur le lit, un mari gracieux, une couche charmante, les femmes amoureuses qui désirent le plaisir volé estiment cela aussi peu qu'un brin d'herbe.

Et ainsi :

A la femme libertine le badinage de son mari brûle la moelle; son amour, les os; ses douces paroles lui sont désagréables : il ne peut y avoir de plaisir pour des époux qui ne s'aiment pas.

Et ainsi :

Chute de la famille, blâme du monde, captivité même et risque de la vie, la femme impudique, toujours attachée à un autre homme, consent à cela.

Puis, rentrée à la maison, la femme du tisserand donna à

---

[1] Dieu du feu.

[2] Indra.

[3] Les Mânes, ou ancêtres déifiés, ont pour demeure une région particulière du ciel, ou, suivant quelques-uns, l'orbite de la lune.

[4] Nom de Brahmâ.

[5] *Donné par les dieux.* Ce nom s'emploie souvent, comme ici, pour signifier *quelqu'un* ou *une certaine personne.*

Dévasarman une couchette sans matelas et brisée, et dit : Ô vénérable! je vais parler à une amie qui arrive d'un village, et je reviens bien vite; pendant ce temps tu auras soin de notre maison. Après qu'elle eut ainsi parlé, elle fit toilette et s'en alla vers Dévadatta. Aussitôt arriva en face d'elle son mari, le corps chancelant d'ivresse, les cheveux flottants, trébuchant à chaque pas et tenant un pot de liqueur spiritueuse. Dès qu'elle l'aperçut, elle retourna bien vite, rentra dans sa maison, mit bas sa toilette et fut comme auparavant. La voyant se sauver si bien parée, le tisserand, qui déjà avait l'esprit troublé par les mauvais bruits que les chuchotements avaient fait parvenir jusqu'à ses oreilles, mais qui avait toujours dissimulé ses soupçons, le tisserand, témoin ensuite d'une pareille conduite et assuré de la vérité par ses yeux, rentra en colère à la maison, et lui dit : Ah! méchante coureuse, où es-tu allée? — Depuis que je suis revenue d'auprès de toi, répondit-elle, je ne suis allée nulle part. Comment donc l'ivresse peut-elle te faire dire de pareilles sottises? Et certes on dit avec raison :

> Trouble de l'esprit, chute à terre, paroles inconvenantes, l'ivresse fait voir tous les signes du délire.
>
> Lassitude des mains (déclin des rayons), abandon du vêtement (du firmament), perte de la force (de l'éclat), coloration : l'état produit par la présence de la liqueur spiritueuse (du couchant) est éprouvé aussi par le soleil[1].

Quand le tisserand entendit ces paroles méchantes et vit le changement de toilette, il lui dit : Coureuse! depuis longtemps j'entends de mauvais bruits sur ton compte; aussi, aujourd'hui que je me suis par moi-même convaincu de la vérité, je vais te châtier comme il faut. Après avoir ainsi parlé, il lui rompit le

---

[1] Les mots de ce sloka ont, comme on le voit, un double sens, qu'il est impossible de rendre autrement que par une double traduction.

corps de coups de bâton, l'attacha à un pilier avec une corde solide, et, chancelant d'ivresse, tomba dans le sommeil. Cependant une amie de cette femme, la femme d'un barbier, lorsqu'elle sut que le tisserand dormait, vint et dit : Mon amie, Dévadatta attend là-bas ; vas-y donc vite. — Vois, répondit la femme du tisserand, l'état dans lequel je suis : comment puis-je y aller ? Va donc et dis à cet amant qu'en ce moment il m'est impossible d'avoir là une entrevue avec lui. — Mon amie, dit la femme du barbier, ne parle pas ainsi ; ce n'est pas ce que doit faire une femme galante. Car on dit :

Ceux qui vont avec résolution et persévérance chercher le fruit du jujubier dans des lieux d'un accès difficile, ceux-là, je crois, sont comme les chameaux, leur naissance est vantée.

Et ainsi :

Comme un autre monde est douteux et que, sur terre, la médisance des gens est très-variée, elles sont heureuses celles qui trouvent le fruit de la jeunesse dans un galant qui leur est soumis.

Et en outre :

Si, par l'effet du destin, un homme difforme vient à avoir commerce avec une libertine, celle-ci, dût-elle même encourir affliction, n'aime pas son mari, quelque beau qu'il soit.

Si c'est ainsi, répondit la femme du tisserand, dis donc comment, attachée comme je le suis avec une corde solide, je puis m'en aller. Et mon méchant mari est tout proche. — Mon amie, dit la femme du barbier, il ne se tient plus d'ivresse, et il se réveillera quand il aura été touché par les rayons du soleil. Je vais donc te délivrer. Lie-moi à ta place et, dès que tu te seras entretenue avec Dévadatta, reviens bien vite. — Soit, dit la femme du tisserand.

Quelques instants après que cela fut fait, le tisserand se

leva; sa colère s'était un peu apaisée, il était dégrisé, et il dit à la femme : Hé, femme qui t'entretiens avec d'autres hommes! si à partir d'aujourd'hui tu ne sors plus de la maison et si tu ne parles plus à un autre homme, alors je te délivre. Là-dessus la femme du barbier, par crainte de la différence de voix, ne dit rien. Il lui répéta plusieurs fois ces mêmes paroles; mais comme elle ne donnait aucune réponse, il se mit en colère, prit une houe affilée, et lui coupa le nez. Puis il dit : Coureuse! reste maintenant; je ne chercherai plus à te contenter. Ayant dit ces mots, il se rendormit.

Dévasarman, qui par suite de la perte de son trésor avait le gosier amaigri par la faim et avait perdu le sommeil, vit toute cette conduite de la femme.

La femme du tisserand, après avoir joui comme elle le désirait du plaisir de l'amour avec Dévadatta, revint à sa maison au bout de quelques instants, et dit à la femme du barbier : Te portes-tu bien? Ce méchant ne s'est pas levé tandis que j'étais sortie? — Excepté le nez, répondit la femme du barbier, le reste du corps va bien. Délie-moi donc vite pendant qu'il ne me voit pas, afin que j'aille à ma maison.

Après que cela fut fait, le tisserand se leva de nouveau et dit à sa femme : Coureuse! même maintenant ne parleras-tu pas? Faut-il que je t'inflige encore un autre châtiment plus cruel et que je te coupe les oreilles? Celle-ci répondit avec colère et d'un ton de reproche : Fi! fi! grand sot! qui peut me blesser ou me défigurer, moi femme très-vertueuse et fidèle? Que tous les gardiens du monde[1] même entendent cela! Et l'on dit :

Le Soleil et la Lune, l'Air et le Feu, le Ciel, la Terre, l'Eau, le Cœur

---

[1] Dieux que l'on confond quelquefois avec ceux qui président aux points cardinaux. Suivant M. Langlois (*Chefs-d'œuvre du Théâtre indien*, t. II), les lokapâlas ou gardiens du monde sont proprement les divinités chargées par Brahmâ de créer le

et Yama[1], le Jour et la Nuit, et les deux Crépuscules, et Dharma[2], connaissent la conduite de l'homme.

Si donc j'ai de la vertu, que ces dieux rendent mon nez intact et tel qu'il était; mais si par pensée seulement j'ai désiré un autre homme, alors qu'ils me réduisent en cendres.

Lorsqu'elle eut ainsi parlé, elle dit encore à son mari : Hé, méchant! regarde : par la puissance de ma vertu mon nez est devenu tel qu'il était. Puis le tisserand prit un tison, et comme il regardait, le nez était tel qu'auparavant et il y avait une grande mare de sang à terre. Saisi d'étonnement, il délia sa femme, l'enleva, la mit sur le lit et chercha à l'apaiser par cent cajoleries.

Dévasarman, témoin de toute cette aventure, fut surpris, et dit ces mots :

Ce qu'Ousanas[3] sait de science et ce que sait Vrihaspati[4] ne l'emporterait pas sur l'intelligence de la femme : comment donc se défendre contre elle?

Elles qui appellent le mensonge vérité et la vérité mensonge, comment les hommes sages peuvent-ils se défendre contre elles ici-bas?

Et ailleurs il est dit :

Il ne faut pas avoir trop d'attachement pour les femmes; sinon, la puissance augmente chez les femmes, car elles jouent avec les hommes trop attachés comme avec des corbeaux qui ont les ailes coupées.

Elles parlent avec une belle bouche agréable, elles piquent avec la pointe de leur esprit : il y a du miel dans le langage des femmes; dans leur cœur il n'y a que le poison hâlâhala.

C'est pour cela que les hommes, séduits par un peu de plaisir, sucent

monde sous sa direction, et de veiller sur les êtres d'espèces différentes soumis à leur autorité.

[1] Voy. page 1, note 2.
[2] Nom de Yama considéré comme dieu de la justice.
[3] Nom de Soukra. Voy. page 2, note 3.
[4] Voy. page 2, note 2.

la bouche et frappent la poitrine avec les poings[1], comme font au lotus les abeilles avides de miel.

Et aussi :

Tourbillon des incertitudes, demeure de l'effronterie, ville des témérités, magasin des péchés, maison de cent fourberies, champ des défiances, cette corbeille de toutes les fascinations, impénétrable pour les plus grands et les plus éminents d'entre les hommes, cette machine appelée femme, ce poison mêlé d'ambroisie, par qui cela a-t-il été créé dans le monde, pour la perte de la vertu ?

Les belles aux yeux de gazelle, chez qui l'on vante la fermeté des seins, la mobilité des yeux et la petitesse de la bouche, chez qui l'on cite toujours l'ondulation de la masse des cheveux, la lenteur de la parole, la grosseur des hanches, la timidité du cœur, la fascination qu'elles exercent sur leur amant, et qui ont pour qualités une foule de défauts, pourquoi sont-elles aimées des hommes[2] ?

Elles rient et elles pleurent dans un but intéressé, elles rendent l'homme confiant et ne se fient pas à lui; par conséquent un homme bien né et de bonne conduite doit éviter les femmes comme les aiguières des cimetières.

Les lions à la gueule redoutable et à la crinière éparse, les éléphants sur qui brillent les raies tracées par la liqueur abondante du rut, les hommes intelligents et les héros dans les batailles, deviennent, auprès des femmes, de bien misérables créatures.

Elles font d'abord des choses agréables tant qu'elles ne s'aperçoivent pas que l'homme a de l'attachement, et quand elles le voient pris dans le filet de l'amour, elles le tirent comme un poisson qui a mordu à l'appât.

En outre :

D'une nature aussi mobile que les flots de la mer, ayant des sentiments qui ne durent qu'une heure comme la ligne des nuages du crépuscule, les

---

[1] C'est-à-dire : pressent les seins.

[2] Les mots, dans ce sloka, ont un double sens et désignent à la fois de bonnes et de mauvaises qualités. Fermeté (des seins) = dureté (du cœur); mobilité (des yeux) = œillade; petitesse (de la bouche) = fausseté; ondulation (des cheveux) = fourberie; lenteur (de la parole) = paresse; grosseur (des hanches) = grossièreté; timidité = pusillanimité; fascination = artifice.

femmes, quand leurs désirs sont satisfaits, abandonnent l'homme qui leur est inutile, comme on jette la laque après l'avoir pressée.

Elles fascinent, elles enivrent, elles tourmentent, elles menacent, elles charment, elles affligent; dès qu'elles sont entrées dans le cœur tendre des hommes, que ne font pas les belles aux jolis yeux?

En effet, elles sont tout poison à l'intérieur, et à l'extérieur elles sont charmantes : les femmes ressemblent, dit-on, au fruit du goundjâ[1].

Le religieux mendiant, en faisant ces réflexions, passa la nuit très-péniblement.

L'entremetteuse, avec son nez coupé, alla à sa maison et pensa : Que faut-il faire maintenant? Comment cette grande plaie pourra-t-elle se cicatriser? Pendant qu'elle réfléchissait ainsi, son mari était dans la maison du roi pour affaire. Dès le matin il revint à sa maison, et il n'était encore qu'à la porte quand, pressé de faire ses diverses affaires de la ville, il dit à sa femme : Ma chère, apporte vite la boîte à rasoirs, que j'aille faire mes affaires de la ville. Mais la femme, avec son nez coupé, resta debout au milieu de la maison, et, dans l'espoir d'atteindre son but, elle tira un seul rasoir de la boîte et le jeta devant lui. Le barbier, mécontent de ne voir que ce seul rasoir, fut saisi de colère et le rejeta. Dans cette action réciproque, la coquine leva les bras en l'air et sortit de la maison pour crier en sanglotant : Ah! voyez, ce méchant m'a coupé le nez, à moi dont la conduite est honnête! Au secours! au secours! Cependant les hommes du roi arrivèrent; ils rouèrent le barbier de coups de bâton, l'enchaînèrent avec des liens solides, l'emmenèrent à la cour de justice avec la femme au nez coupé, et dirent aux juges : Écoutez, seigneurs juges. Ce barbier a défiguré cette perle de femme sans qu'elle fût coupable : qu'il lui soit donc fait ce qu'il mérite. A ces mots les juges dirent : Hé, barbier! pourquoi

---

[1] *Abrus precatorius*, arbrisseau qui produit un petit fruit rouge et noir.

as-tu défiguré ta femme? A-t-elle désiré un autre homme, ou a-t-elle par hasard attenté à ta vie, ou bien a-t-elle commis un vol? Expose donc son crime. Mais le barbier, qui avait le corps endolori de coups, ne put parler. Alors les juges dirent : Ah! ce que disent les hommes du roi est vrai. Il n'écoute pas, c'est un méchant; il a fait du mal à cette pauvre femme sans qu'elle fût coupable. Et l'on dit :

L'homme qui a commis un crime, effrayé de son action, a la voix brisée; son visage change de couleur, son regard est craintif et son énergie s'en va.

Et ainsi :

Il vient à pas chancelants, avec un visage qui change de couleur, une sueur abondante brille sur son front, il prononce des paroles entrecoupées.

L'homme qui a commis un crime est toujours tremblant et regarde à terre; par conséquent, avec de l'attention, les gens habiles le reconnaîtront à ces signes.

Et en outre :

L'homme pur a le visage serein, il est gai, il a la parole claire et le regard fier, à la cour de justice il parle avec fermeté et il a de l'assurance.

Ainsi l'on voit chez cet homme les marques d'un criminel. Pour mauvais traitements envers une femme, c'est la mort; par conséquent, qu'on l'empale!

Lorsque Dévasarman le vit conduire au lieu du supplice, il alla vers les juges, et dit : Ah! ce pauvre homme est injustement mis à mort! ce barbier est honnête. Écoutez donc mes paroles :

Un chacal avec un combat de béliers, moi avec Âchâdhabhoûti, et une entremetteuse avec l'affaire d'une autre, voilà trois fautes commises par soi-même.

Ensuite les juges lui dirent : Ô vénérable! comment cela? Puis Dévasarman raconta avec détail l'histoire de tous les trois. Les juges, quand ils eurent entendu cela, furent très-étonnés;

ils mirent le barbier en liberté, et se dirent les uns aux autres : Ah !

Un brâhmane, un enfant, une femme, un ascète et un malade ne doivent pas être mis à mort : la mutilation est la peine établie contre eux pour le plus grand crime.

Ainsi c'est sa conduite même qui a valu à cette femme son nez coupé ; il faut de plus, comme châtiment infligé par le roi, lui couper les oreilles.

Après que cela fut fait, Dévasarman, délivré du chagrin que lui avait causé la perte de son trésor, s'en alla à son couvent.

C'est pour cela que je dis :

Un chacal avec un combat de béliers, moi avec Âchâdhabhoûti, et une entremetteuse avec l'affaire d'une autre, voilà trois fautes commises par soi-même.

Mais, dit Karataka, dans une situation si fâcheuse que devons-nous faire tous les deux ? — Même dans une pareille conjoncture, répondit Damanaka, je déploierai mon intelligence de telle façon que je désunirai Sandjîvaka d'avec le maître. Car on dit :

La flèche décochée par un archer peut tuer un seul homme ou ne pas le tuer ; l'intelligence du sage, quand elle est lancée, détruit un pays avec son chef.

Ainsi j'aurai recours à une fourberie cachée, avec ruse et artifice, et je le briserai. — Mon cher, dit Karataka, si d'une manière ou d'autre Pingalaka ou Sandjîvaka s'aperçoivent de ta ruse et de ton artifice, alors ta perte est certaine. — Mon ami, répondit Damanaka, ne parle pas ainsi. Au temps du malheur, lors même que le destin est orageux, ceux qui recèlent de l'intelligence doivent faire usage de l'intelligence. Il ne faut jamais cesser d'être persévérant. L'intelligence parvient à la domination à la façon dont le perce-bois produit une lettre de l'alphabet[1]. Car on dit :

Il ne faut pas perdre courage, quand même le destin est orageux; par le courage on peut quelquefois acquérir un rang. Lors même qu'il a essuyé un naufrage sur mer, le marchand voyageur désire faire son métier.

Et ainsi :

La Fortune, ici-bas, va toujours vers l'homme actif. Le destin ! le destin ! c'est le mot des lâches. Laisse le destin et montre du courage autant que tu peux : si, après avoir fait des efforts, tu ne réussis pas, qu'a-t-on à te reprocher?

Ainsi, sachant cela, au moyen d'une force d'intelligence bien cachée je les désunirai réciproquement de telle sorte que tous deux ils ne s'en apercevront pas. Et l'on dit :

Brahmâ[2] lui-même ne trouve pas le bout d'une tromperie bien cachée. Un tisserand, sous la forme de Vichnou[3], jouit de la fille d'un roi.

Comment cela? dit Karataka. Damanaka dit :

VI. — LE TISSERAND QUI SE FIT PASSER POUR VICHNOU.

Dans un endroit habitaient un tisserand et un charron qui étaient amis. Là, depuis leur enfance, très-camarades l'un avec l'autre, ils passaient toujours le temps à se divertir ensemble. Or un jour, dans cet endroit, une grande fête religieuse eut lieu dans le temple d'une divinité. Au milieu de cette fête, en se promenant dans la foule des acteurs, des danseurs, des mimes et des gens venus de divers pays, les deux amis virent une princesse montée sur un éléphant, ornée de toutes les marques distinctives et entourée de serviteurs du gynécée et d'eunuques,

---

[1] C'est-à-dire en travaillant sans cesse.
[2] Voy. page 1, note 2.
[3] Voy. page 1, note 2. Ce dieu préside à la conservation du monde.

qui était venue pour voir la divinité. Dès que le tisserand l'aperçut, il tomba tout à coup à terre, frappé par les flèches de l'amour, comme s'il eût été tué par le poison ou saisi par un malin esprit. Lorsque le charron le vit dans cet état, il fut affligé de son malheur; il le releva avec l'aide d'hommes forts et l'emporta chez lui. Là, grâce à l'emploi de divers moyens réfrigérants prescrits par le médecin et grâce aux diseurs de mantras[1], le tisserand, après un long intervalle de temps, reprit connaissance d'une manière ou d'autre. Puis le charron lui demanda : Hé, ami! pourquoi as-tu ainsi perdu subitement connaissance? Raconte-moi donc ta situation. — Compagnon, répondit le tisserand, si c'est ainsi, écoute-moi en particulier, afin que je te dise tout. Après que cela fut fait, il lui dit : Ô ami! si tu me regardes comme un camarade, aie donc la bonté de me donner du bois[2]. Pardonne-moi si, par excès de familiarité, j'ai commis quelque inconvenance envers toi.

Quand le charron eut entendu cela, il dit avec les yeux pleins de larmes et une voix entrecoupée : Quelle que soit la cause de ton mal, dis-la, afin qu'on y apporte remède si cela peut se faire. Car on dit :

Il n'est rien, dans ce monde, au milieu de l'œuf de Brahmâ[3], à quoi ne puissent remédier les médicaments, les charmes, l'intelligence et ceux qui ont l'âme grande.

Si donc ces quatre choses peuvent y apporter remède, alors j'y apporterai remède. — Compagnon, dit le tisserand, ni ces moyens ni mille autres même ne peuvent guérir mon mal. Par conséquent ne retarde pas ma mort. — Ô ami! répondit le

---

[1] Vers mystiques ou formules auxquelles les Hindous attribuent un pouvoir magique.

[2] Pour dresser un bûcher.

[3] C'est-à-dire l'univers.

LIVRE PREMIER. 57

charron, fais-le-moi cependant connaître, afin que moi aussi, si je le crois sans remède, je me jette avec toi dans le feu. Je ne supporterai pas même un instant la séparation d'avec toi : c'est ma résolution. — Compagnon, dit le tisserand, écoute donc. Dès que j'ai aperçu la princesse qui a été vue à cette fête, montée sur un éléphant, le vénérable dieu qui porte un poisson sur sa bannière [1] m'a mis dans cet état. Aussi je ne puis supporter cette souffrance. Et l'on dit ainsi :

Quand, lassé par la fatigue du coït, la poitrine posée sur ses deux seins ronds comme les protubérances frontales d'un éléphant en rut, et humides de safran, dormirai-je au milieu de la cage de ses bras, après avoir joui un instant de ses embrassements ?

Et ainsi :

Cette lèvre de bimba [2] colorée, les deux vases des seins qui se redressent avec la fierté de la jeunesse, le nombril profond, le lotus recourbé des parties sexuelles et la taille mince, ces choses assurément, quand l'esprit y songe, causent promptement ici-bas un violent chagrin : que ses joues claires me brûlent sans cesse, cela n'est pas convenable.

Lorsque le charron eut entendu ces paroles amoureuses, il dit en souriant : Compagnon, si c'est ainsi, alors heureusement notre but est atteint. Aie donc aujourd'hui même une entrevue avec elle. — Compagnon, répondit le tisserand, dans l'appartement de la jeune fille, où, excepté le vent, personne n'entre,

---

[1] Kâma, le dieu de l'amour. Suivant une légende, ce dieu, après avoir été régénéré, fut jeté à la mer par un asoura nommé Sambara, et dévoré par un poisson. Le poisson fut pris par des pêcheurs et porté chez Sambara, lequel avait à son service la femme de Kâma, déguisée sous le nom de Mâyâvatî. Dans le corps du poisson on trouva un enfant. Mâyâvatî adopta cet enfant et lui servit de mère. Plus tard, Kâma reconnut en elle son épouse Rati. C'est en mémoire de cet événement que le dieu a un poisson pour symbole.

[2] Ou vimba (*Momordica monadelpha*), plante cucurbitacée qui produit un fruit rouge. Ce fruit s'appelle aussi bimba.

dans cet appartement défendu par des gardes, comment avoir une entrevue avec elle? Pourquoi donc me trompes-tu par de fausses paroles? — Compagnon, dit le charron, vois ma force d'intelligence.

Après qu'il eut ainsi parlé, il fabriqua aussitôt avec le bois d'un arbre vâyoudja un Garouda[1] qui se mouvait au moyen d'une cheville, et une paire de bras armée de la conque, du disque, de la massue et du lotus, avec le diadème et le joyau de la poitrine. Puis il fit monter le tisserand sur le Garouda, le marqua des signes de Vichnou, lui montra la manière de faire mouvoir la cheville, et dit : Compagnon, va sous cette forme de Vichnou dans l'appartement de la jeune fille au milieu de la nuit : la princesse est seule à l'extrémité du palais à sept étages; dans sa naïveté elle te prendra pour Vâsoudéva[2]; gagne son amour par de fausses et trompeuses paroles, et jouis d'elle.

Lorsque le tisserand eut entendu cela, il y alla sous cette forme, et dit à la fille du roi : Princesse, dors-tu ou es-tu éveillée? Pour toi je viens en personne de la mer de lait, plein d'amour et abandonnant Lakchmî[3]. Unis-toi donc avec moi. La princesse, quand elle le vit monté sur Garouda, avec quatre bras, des armes et le joyau de la poitrine, se leva de son lit toute étonnée, joignit les mains avec respect, et dit : Vénérable, je suis un insecte impur d'entre les humains; tu es le vénérable, objet de l'adoration et créateur des trois mondes. Comment donc cela pourrait-il se faire? — Bien-aimée, répondit le tisserand, tu dis vrai; mais cependant la nommée Râdhâ[4], née dans la

[1] Demi-dieu ou oiseau divin qui sert de monture à Vichnou, et que l'on considère comme roi des volatiles. Il est fils de Vinatâ, une des femmes de Kasyapa.

[2] Nom de Vichnou.

[3] Épouse de Vichnou et déesse de la prospérité et de la fortune.

[4] Maîtresse favorite de Krichna pendant son séjour au milieu des vachers, dans le pays de Vradja, sur les bords de la Yamounâ.

famille de Nanda [1], a été autrefois mon épouse. Elle s'est incarnée en toi : voilà pourquoi je suis venu ici. — Vénérable, dit la princesse, si c'est ainsi, demande donc à mon père, afin qu'il me donne à toi sans hésitation. — Bien-aimée, dit le tisserand, je ne me montre pas aux hommes, à plus forte raison je ne leur parle pas. Donne-toi donc toi-même suivant le mode de mariage Gândharva [2]; sinon, je donnerai une malédiction et je réduirai en cendres ton père avec sa race.

Après qu'il eut ainsi parlé, il descendit du Garouda, prit par la main gauche la princesse effrayée, honteuse et tremblante, et la mena au lit. Puis il jouit d'elle tout le reste de la nuit, suivant la manière prescrite par Vâtsyâyana [3], et au matin il retourna à sa maison sans être vu. Le temps se passa ainsi pour lui à faire continuellement l'amour avec elle. Mais un jour les serviteurs du gynécée s'aperçurent que le corail de la lèvre inférieure de la jeune fille était brisé, et ils se dirent entre eux : Ah! voyez : les parties du corps de la princesse semblent indiquer qu'un homme a joui d'elle. Comment donc dans cette maison si bien gardée une pareille chose peut-elle se faire? Instruisons-en le roi.

Cette résolution prise, ils allèrent tous ensemble vers le roi, et dirent : Majesté, nous ne savons pas; mais, quoique l'appartement de la jeune fille soit bien gardé, quelqu'un y entre. C'est à Sa Majesté d'ordonner.

Lorsque le roi entendit cela, il eut l'esprit troublé et pensa :

Une fille naît-elle, grand souci ici-bas. A qui la donnera-t-on? Grande

---

[1] Le vacher Nanda, père nourricier de Krichna.

[2] Mariage des Gandharvas ou Musiciens célestes, union résultant d'un consentement mutuel des deux amants.

[3] Auteur d'un traité sur l'amour.

réflexion. Quand on l'aura donnée, trouvera-t-elle le bonheur ou non? Être père d'une fille est sans contredit un tourment.

Les rivières et les femmes ont une force semblable, leurs rives et leurs familles sont pareilles; au moyen des eaux et des vices elles font tomber, les rivières les rives, et les femmes les familles.

Et ainsi :

Mise au monde, elle ravit le cœur de la mère; elle grandit au milieu de la tristesse des amis; lors même qu'elle est respectée des autres, elle se conduit mal. Les filles sont des malheurs difficiles à surmonter.

Après avoir ainsi fait diverses réflexions, il dit à la reine quand elle fut seule avec lui : Reine, il faut s'assurer de ce que disent ces serviteurs du gynécée. Le dieu de la mort est irrité contre celui qui a commis ce méfait. Lorsque la reine entendit cela, elle fut troublée; elle alla vite dans l'appartement de la jeune princesse, et elle vit que sa fille avait les lèvres fendues et les parties du corps égratignées par des ongles. Et elle dit : Ah! méchante, qui fais le déshonneur de ta famille, pourquoi as-tu ainsi détruit ta vertu? Quel est l'être cherché par le dieu de la mort qui vient auprès de toi? Dis-moi donc la vérité.

Comme la mère parlait ainsi avec beaucoup de colère et de fierté, la princesse, baissant son visage de crainte et de honte, dit : Mère, Nârâyana[1] se présente à moi chaque nuit, monté sur Garouda. Si mes paroles ne sont pas vraies, qu'une femme se cache et voie au milieu de la nuit, sans être vue, le vénérable époux de Ramâ[2].

Quand la reine eut entendu cela, elle alla vite auprès du roi, le visage souriant et tout le duvet du corps hérissé de joie, et lui dit : Majesté, ton bonheur s'accroît. Constamment au milieu de la nuit le vénérable Nârâyana vient à côté de ta fille. Il l'a

---

[1] Nom de Vichnou considéré comme existant avant le monde.
[2] Nom de Lakchmi.

épousée suivant le mode de mariage Gândharva. Cette nuit donc toi et moi nous irons à la fenêtre et nous le verrons au milieu de la nuit, car il ne converse pas avec les hommes.

Lorsque le roi eut entendu cela, il fut joyeux, et ce jour se passa pour lui comme cent ans. Puis dans la nuit, pendant qu'il se tenait caché à la fenêtre avec sa femme, les yeux attachés au firmament, le roi vit descendre du ciel Nârâyana, monté sur Garouda, avec la conque, le disque et la massue dans les mains, et revêtu des marques qui lui conviennent. Alors il se considéra comme un homme qui nageait dans un étang de nectar, et dit à sa femme : Ma chère, il n'est personne au monde de plus heureux que moi et toi, puisque le vénérable Nârâyana vient auprès de notre enfant et l'aime. Ainsi tous les désirs de notre cœur sont accomplis. Maintenant, par la puissance de mon gendre, je soumettrai la terre tout entière.

Cette résolution prise, il transgressa la justice envers tous les souverains limitrophes, et ceux-ci, lorsqu'ils le virent transgresser la justice, s'unirent tous et firent la guerre contre lui. Cependant le roi dit par la bouche de la reine à sa fille : Mon enfant, quand tu es ma fille et que le vénérable Nârâyana est mon gendre, est-il convenable que tous les rois fassent la guerre contre moi? Il faut donc que tu dises aujourd'hui à ton mari de faire périr mes ennemis.

Puis, lorsque le tisserand vint la nuit, la princesse lui dit humblement : Vénérable, il n'est pas convenable que mon père, quand tu es son gendre, soit vaincu par ses ennemis. Montre donc ta grâce et fais périr tous ces ennemis. — Bien-aimée, répondit le tisserand, combien peu de chose sont les ennemis de ton père! Sois donc tranquille : en un instant, avec le disque Soudarsana [1], je les briserai en petits morceaux.

[1] Nom du disque de Vichnou.

Mais, avec le temps, le roi fut dépossédé de tout son pays par les ennemis, et il ne lui resta plus que ses remparts. Cependant, ne connaissant pas le tisserand qui avait la forme de Vâsoudéva, le roi lui envoyait sans cesse du camphre, de l'aloès, du musc et autres espèces choisies de parfums, ainsi que diverses sortes de vêtements, de fleurs, de comestibles et de boissons, et lui dit par la bouche de sa fille : Vénérable, au point du jour la place sera sûrement emportée, car il n'y a plus ni herbe ni bois. Tous mes gens aussi ont le corps criblé de blessures, ils sont incapables de combattre et beaucoup sont morts. Puisque tu sais cela, fais ce qui est convenable pour le temps.

Quand le tisserand entendit cela, il réfléchit : Si la place est emportée, moi aussi je mourrai assurément, et je serai séparé d'avec elle. En conséquence je vais monter sur le Garouda et me montrer tout armé dans l'air. Peut-être les ennemis me prendront-ils pour Vâsoudéva, et, saisis de crainte, ils périront sous les coups des guerriers de ce roi. Et l'on dit :

Un serpent même qui n'a pas de venin doit déployer un grand chaperon; qu'il y ait du venin ou qu'il n'y en ait pas, le gonflement du chaperon [1] inspire la terreur.

Mais si, en m'élevant dans les airs pour protéger la ville, je trouve la mort, cela sera vraiment encore plus beau. Et l'on dit :

Celui qui sacrifie sa vie pour une vache, pour un brâhmane, pour son maître, pour sa femme ou pour sa ville, gagne les mondes éternels.

Et l'on dit :

Lorsque la lune est arrêtée dans son disque, le soleil est combattu par Râhou [2] : le malheur même avec celui qu'ils protégent est, chez ceux qui ont de l'éclat, digne de louange.

---

[1] Voy. page 19, note 1.
[2] Asoura ou démon qui se jette de temps en temps sur le soleil et la lune, et

Cette résolution prise, il se nettoya les dents et dit à la princesse : Bien-aimée, quand tous les ennemis auront été tués, je goûterai au manger et au boire. Bref, je n'aurai même commerce avec toi qu'après cela. Mais tu diras à ton père qu'il faut qu'il sorte de la ville au point du jour avec une grande armée, et qu'il combatte. Moi, je me tiendrai dans l'air et je rendrai faibles tous les ennemis: après cela. il les tuera facilement. Si au contraire je les fais périr moi-même, ces méchants iront alors au paradis. Par conséquent il faut agir de telle façon qu'ils soient tués en fuyant et n'aillent pas dans le ciel.

Lorsque la princesse eut entendu cela, elle alla elle-même rapporter tout à son père. Le roi ajouta foi à ses paroles; il se leva au point du jour et sortit avec une armée bien rangée, pour livrer bataille. Le tisserand, décidé à mourir, alla dans les airs l'arc en main, et partit pour combattre.

Cependant le vénérable Nârâyana, qui connaît le passé, l'avenir et le présent, dit en souriant au fils de Vinatâ[1], venu sur un simple désir : Hé, volatile! sais-tu que sous ma forme un tisserand, monté sur un Garouda de bois, aime la fille d'un roi? — Dieu, répondit celui-ci, je connais toute cette affaire. Que devons-nous donc faire maintenant? — Aujourd'hui, dit le vénérable, le tisserand, décidé à mourir, a fait un vœu et est sorti pour combattre. Atteint par les flèches des plus vaillants guerriers, il trouvera sûrement la mort. Quand il sera tué, tous les gens diront qu'un grand nombre de guerriers se sont réunis et ont abattu Vâsoudéva et Garouda. Après cela le monde ne nous

cherche à les dévorer. Telle est la manière dont les Hindous expliquent le phénomène des éclipses. La tête de l'asoura, ou Râhou, est le nœud ascendant ou la tête du dragon, et son corps, sous le nom de Kétou, est le nœud descendant ou la queue du dragon.

[1] Garouda. Vinatâ était femme de Kasyapa.

adorera plus. Va donc vite et passe dans ce Garouda de bois. Moi, j'entrerai dans le corps du tisserand, afin qu'il tue les ennemis. Par le massacre des ennemis notre grandeur augmentera.

Après que Garouda eut répondu oui, le vénérable Nârâyana passa dans le corps du tisserand. Puis, par la majesté du vénérable, le tisserand qui se tenait dans l'air, portant pour marques distinctives la conque, le disque, la massue et l'arc, en un instant et comme par un jeu, rendit faibles tous les plus braves guerriers. Ensuite le roi, entouré de son armée, les vainquit dans une bataille et les tua. Et le bruit se répandit dans le monde qu'il avait tué tous les ennemis, grâce à ce qu'il avait Vichnou pour gendre.

Lorsque le tisserand vit les ennemis tués, il descendit des airs le cœur très-content. Quand le ministre du roi et les habitants de la ville virent le tisserand leur concitoyen, ils lui demandèrent ce que c'était, et celui-ci raconta depuis le commencement toute l'histoire de ce qui s'était passé. Puis le roi, qui avait acquis de la gloire en tuant les ennemis, eut soudain le cœur épris d'affection pour le tisserand; il lui donna solennellement en présence de tout le monde la princesse en mariage, et lui fit présent d'un pays. Le tisserand, avec la princesse, passa le temps à jouir des plaisirs sensuels, qui sont de cinq espèces et constituent l'essence du monde des vivants.

Voilà pourquoi l'on dit :

Brahmâ lui-même ne trouve pas le bout d'une tromperie bien cachée. Un tisserand, sous la forme de Vichnou, jouit de la fille d'un roi.

Après que Karataka eut entendu cela, il dit : Mon cher, c'est vrai; mais cependant j'ai une grande crainte, car Sandjîvaka est intelligent et le lion est redoutable. Par conséquent tu n'es pas assez fort pour désunir l'un de l'autre. Damanaka répondit : Le faible même est fort. Car on dit :

Par la ruse on peut faire ce qui n'est pas possible par la force. Avec une chaîne d'or la femelle d'un corbeau fit mourir un serpent noir [1].

Comment cela? dit Karataka. Damanaka dit :

VII. — LE CORBEAU, SA FEMELLE, LE CHACAL ET LE SERPENT.

Il y a dans une contrée un grand figuier. Deux corbeaux, mâle et femelle, avaient établi leur demeure sur cet arbre et y habitaient. Or, à l'époque de leur reproduction, un serpent noir sortait d'un creux de l'arbre et mangeait toujours leurs petits. Ils allèrent donc de désespoir vers un chacal, leur ami chéri, qui demeurait à la racine d'un autre arbre, et lui dirent : Mon cher, quand pareille chose arrive, que devons-nous faire? Tant y a que ce méchant serpent noir sort d'un creux de l'arbre et mange nos petits. Indique-nous donc un moyen de nous préserver de cela.

Celui qui a un champ au bord d'une rivière et une femme ayant commerce avec un autre homme, et dans la maison duquel demeurent des serpents, comment aurait-il la tranquillité d'esprit?

Et en outre :

Habiter dans une maison où il y a des serpents, c'est la mort sans aucun doute; celui près du village duquel demeure un serpent n'est pas sûr de vivre.

Nous aussi, qui demeurons là, nous sommes chaque jour incertains de vivre.

Le chacal répondit : Il ne faut pas vous faire le moindre cha-

---

[1] Krichnasarpa ou kâlasarpa (*Coluber Nâga*), espèce de serpents noirs et venimeux très-commune dans l'Inde.

grin en ce qui vous concerne. Assurément ce glouton ne peut pas être tué sans une ruse. Et l'on dit :

On ne remporte pas sur un ennemi une victoire avec les armes comme avec une ruse : celui qui est rusé, quoique de petite taille, n'est pas vaincu par des héros.

Et ainsi :

Après avoir mangé beaucoup de poissons, gros, petits et moyens, une grue mourut par excès de gloutonnerie, sous l'étreinte d'une écrevisse.

Comment cela? dirent les deux corbeaux. Le chacal dit :

VIII. — LA GRUE ET L'ÉCREVISSE.

Il y avait dans un endroit d'une forêt un grand étang peuplé de divers poissons, et une grue, qui avait là sa demeure, était devenue vieille et incapable de tuer les poissons. Donc, le gosier amaigri par la faim, elle se mit sur le bord de cet étang et pleura, arrosant le sol de ruisseaux de larmes pareilles à une quantité de perles. Se tenant sur une patte comme sur une tige, le cou courbé, la coquine de grue trompait les sots poissons, qui la prenaient pour un lotus. Or une écrevisse, accompagnée de divers animaux aquatiques, s'approcha, et, affligée de la douleur de la grue, elle lui dit avec respect : Mon amie, pourquoi aujourd'hui ne t'occupes-tu pas à chercher ta nourriture, et ne fais-tu que pousser des soupirs pleins de larmes? — Mon enfant, répondit la grue, ce que tu as remarqué est la vérité. Je me nourris de poisson; mais j'ai renoncé aux désirs, et maintenant je me laisse mourir de faim. Aussi je ne mange pas les poissons, même quand ils viennent auprès de moi. Lorsque l'écrevisse eut entendu cela, elle dit : Mon amie, quel est le motif de cette renonciation aux désirs? — Mon enfant, répondit la grue, je suis née et j'ai grandi près de cet étang. J'ai appris qu'une absence de pluie de douze années est sur le point d'avoir lieu. — De qui l'as-tu appris? dit l'écrevisse. — De la bouche d'un astrologue, répondit la grue, car Sanaistchara[1], Bhauma[2] et Soukra[3] fendront le char de Rohinî[4] et passeront à travers. Et Varâhamihira[5] a dit :

Si le fils du Soleil[6] fend le char de Rohinî dans ce monde, alors pendant douze ans Mâdhava[7] ne répand pas la pluie sur la terre.

Et ainsi :

Quand le char de Rohinî est brisé, la terre, comme si elle avait commis une faute, est toute couverte de cendres et d'ossements et accomplit pour ainsi dire la pénitence du kâpâlika[8].

Et ainsi :

Si le fils du Soleil, Roudhira[9] ou Kétou[10] fend le char de Rohinî, que dirai-je? Que le monde entier sera détruit dans une mer funeste.

Et ainsi :

Si la Lune s'arrête au milieu du char de Rohinî, les hommes, sans asile, vont n'importe où, mangeant des enfants cuits et buvant de l'eau de pots brûlés par le Soleil[11].

[1] La planète Saturne.
[2] La planète Mars.
[3] La planète Vénus.
[4] Astérisme lunaire, contenant cinq étoiles, $\alpha, \beta, \gamma, \delta, \varepsilon$ du Taureau, et figuré par un char avec des roues.
[5] Célèbre astronome qui vivait vers le vi^e siècle de notre ère.
[6] La planète Saturne.
[7] Nom de Vichnou.
[8] Allusion à l'état des religieux qui suivent le culte de Siva, lesquels sont couverts de cendres et portent un collier ou une ceinture de crânes humains.
[9] La planète Mars.
[10] Nom d'une planète, la neuvième.
[11] Selon les astrologues hindous, le monde est menacé d'une grande calamité lorsqu'une planète s'approche du char de Rohinî.

Ainsi, cet étang a très-peu d'eau, il sera vite à sec. Quand il sera desséché, ceux avec qui j'ai grandi et toujours joué périront tous par le manque d'eau. Je n'ai pas la force de voir leur séparation d'avec moi: voilà pourquoi je jeûne ainsi jusqu'à ce que mort s'ensuive. Maintenant tous les animaux aquatiques qui sont dans de petites pièces d'eau sont portés par leurs parents dans de grands lacs, et quelques-uns, comme le crocodile, l'alligator, le dauphin, l'éléphant d'eau et autres, y vont eux-mêmes. Mais les animaux aquatiques qui sont dans cet étang sont sans souci. Ce qui est cause surtout que je pleure, c'est qu'ici il n'échappera pas même seulement une semence.

Quand l'écrevisse eut entendu cela, elle rapporta aux autres animaux aquatiques ces paroles de la grue, et ceux-ci, poissons, tortues et autres, le cœur saisi de crainte et d'effroi, allèrent tous vers la grue et lui demandèrent : Mon amie, est-il quelque moyen de nous sauver? — Il y a, répondit la grue, pas très-loin de ce lac, un grand étang qui a beaucoup d'eau et qui est embelli de quantité de lotus. Cet étang, quand même Pardjanya[1] reste vingt-quatre ans sans répandre de pluie, ne sèche pas. Si donc quelqu'un monte sur mon dos, je le porterai là. Or les animaux aquatiques eurent confiance en elle et l'entourèrent de tous côtés en disant : Père, oncle, frère, moi d'abord! moi d'abord! La méchante grue les faisait monter sur son dos l'un après l'autre, allait vers un grand rocher situé pas bien loin de l'étang, les jetait dessus et les mangeait suivant son bon plaisir. Elle retournait à l'étang, touchait continuellement les cœurs des animaux aquatiques en rapportant de fausses nouvelles, et se procurait ainsi sa subsistance. Un jour l'écrevisse lui dit : Mon amie, c'est avec moi que tu as eu le premier entretien d'amitié:

---

[1] Nom d'Indra, dieu de la pluie.

par conséquent, pourquoi me laisses-tu et emportes-tu les autres ? Sauve-moi donc la vie aujourd'hui. La méchante grue, lorsqu'elle entendit cela, pensa : Je suis dégoûtée de chair de poisson ; aujourd'hui donc je me servirai de cette écrevisse comme d'assaisonnement. Oui, dit-elle, et elle fit monter l'écrevisse sur son dos et se mit en route vers le rocher de supplice. L'écrevisse vit de loin une montagne d'ossements sur le rocher ; elle reconnut les arêtes de poisson et demanda à la grue : Mon amie, à quelle distance est cet étang ? Es-tu bien fatiguée par mon poids ? Dis donc. — C'est un sot animal aquatique, pensa la grue, il n'est pas fort sur la terre ferme ; et, tout en pensant ainsi, elle répondit en souriant : Écrevisse, comment y aurait-il un autre étang ? C'est ma subsistance. Rappelle donc maintenant en ta mémoire ta divinité tutélaire : je vais te jeter aussi sur ce roc et te manger. Pendant qu'elle disait cela, son cou tendre et blanc comme une tige de lotus fut saisi et serré par les pinces de l'écrevisse, et elle mourut. L'écrevisse prit ensuite le cou de la grue et retourna tout doucement à l'étang. Puis tous les animaux aquatiques lui demandèrent : Hé, écrevisse ! pourquoi es-tu revenue ? S'est-il montré quelque présage ? Et ton oncle n'est pas venu ; pourquoi donc tarde-t-il ? Nous sommes tous chagrins et nous regardons s'il vient. Lorsqu'ils eurent ainsi parlé, l'écrevisse dit en riant : Sots que vous êtes ! ce menteur a trompé tous les poissons, les a jetés pas bien loin d'ici sur un roc, et les a mangés. Aussi, comme il me restait encore à vivre, j'ai reconnu l'intention de ce traître et j'ai apporté son cou. N'ayons donc aucune crainte ; maintenant tous les animaux aquatiques seront heureux.

Voilà pourquoi je dis :

Après avoir mangé beaucoup de poissons, gros, petits et moyens, une grue mourut par excès de gloutonnerie, sous l'étreinte d'une écrevisse.

Mon cher, dit le corbeau, dis donc comment ce méchant serpent trouvera la mort. — Va, répondit le chacal, dans une ville où réside un roi. Là, prends la chaîne d'or ou le collier de perles de quelque riche sans soin, ministre du roi ou autre, et jette-la dans le creux de l'arbre. De cette façon le serpent sera facilement tué.

Le corbeau et sa femelle prirent aussitôt leur vol et arrivèrent dans une ville. La femelle du corbeau alla ensuite dans un jardin, et, comme elle regardait, le gynécée d'un roi jouait dans l'eau et avait déposé près de l'eau des chaînes d'or, des colliers de perles, des vêtements et des parures. La femelle du corbeau prit une chaîne d'or et s'en alla vers son arbre. Puis les serviteurs du gynécée et les eunuques, voyant emporter cette chaîne, prirent des bâtons et coururent vite après. La femelle du corbeau jeta la chaîne d'or dans le trou du serpent et s'arrêta beaucoup plus loin. Lorsque les serviteurs du roi furent montés sur l'arbre et virent ce trou, le serpent noir était là, le chaperon étendu. Ils le tuèrent à coups de bâtons, prirent la chaîne d'or et allèrent où ils voulurent. Le couple de corbeaux, après cela, vécut heureux dans sa demeure.

Voilà pourquoi je dis :

Par la ruse on peut faire ce qui n'est pas possible par la force. Avec une chaîne d'or la femelle d'un corbeau fit mourir un serpent noir.

Et ainsi :

Un ennemi faible même, que les hommes, aveugles d'orgueil, méprisent par insouciance, bien que d'abord il ait été facile à détruire devient ensuite indestructible comme la maladie.

Ainsi il n'y a rien ici-bas dont ceux qui sont intelligents ne viennent à bout. Et l'on dit :

Celui qui a de l'intelligence a de la force; mais le sot, d'où lui viendrait la force? Dans une forêt, un lion fou d'orgueil fut tué par un lièvre.

Comment cela? dit Karataka. Damanaka dit :

IX. — LE LION ET LE LIÈVRE.

Au milieu d'une forêt habitait un lion nommé Bhâsouraka [1]. Or ce lion, par suite de sa force excessive, ne cessait de tuer continuellement beaucoup de daims, de lièvres et d'autres animaux. Un jour tous les animaux de la forêt, daims, sangliers, buffles, gayals, lièvres, et cetera, se réunirent, allèrent vers lui et dirent : Seigneur, à quoi bon ce massacre inutile de tous les animaux, puisque même avec un seul animal vous êtes rassasié? Faites donc une convention avec nous. A partir d'aujourd'hui, vous pouvez rester ici en repos, et chaque jour un animal viendra, suivant l'ordre d'espèce, pour être mangé par vous. De cette façon vous aurez néanmoins sans peine votre subsistance, et d'un autre côté nous ne serons pas exterminés. C'est là le devoir d'un roi, suivez-le donc. Et l'on dit :

Celui qui jouit de la royauté peu à peu et d'une manière profitable, comme le sage de l'élixir de vie, arrivera à la plus grande prospérité.

Un sol même âpre, quand il est remué selon le précepte et avec accompagnement de charmes, donne du fruit comme l'arani [2] donne du feu.

La protection accordée aux sujets est un excellent moyen d'augmenter son trésor de ciel; l'oppression amène la perte de la vertu, le crime et l'infamie.

Un roi, comme un vacher, doit tirer peu à peu le lait de la richesse de

---

[1] Le héros.

[2] Instrument composé de deux morceaux de bois que l'on frotte ensemble pour en tirer du feu. On fait, avec le samî (*Acacia Suma*), une pièce cubique ayant une petite ouverture dans la partie supérieure, où l'on introduit un morceau d'aswattha (*Ficus religiosa*), que tirent alternativement deux personnes. Les brâhmanes se servent de cet instrument dans les sacrifices.

ses sujets, pareils à des vaches, en les gardant et en les nourrissant; qu'il subsiste d'une manière convenable.

Le souverain qui tue follement ses sujets comme des chèvres se satisfait une première fois, mais nullement une seconde fois.

Qu'un prince qui désire du fruit s'applique à soigner les hommes avec l'eau des présents, de la considération, et cetera, comme un jardinier ses jeunes pousses.

La lampe appelée roi, tout en tirant des sujets l'huile de la richesse, n'est vue par personne, à cause des qualités brillantes qui sont en elle.

On trait une vache dans le temps convenable, et on la soigne; il en est de même des sujets : on arrose et on récolte la plante qui donne des fleurs et des fruits.

Une petite pousse née d'une semence, si elle est conservée avec soin, donne des fruits dans son temps; il en est de même du monde, quand il est bien gouverné.

Or, grain, pierres précieuses, breuvages divers et aussi toute autre chose qu'a un roi, lui viennent des sujets.

Les rois qui font du bien au monde grandissent en prospérité; quand ils ruinent le monde, ils vont à leur perte, sans aucun doute.

Lorsque Bhâsouraka eut entendu ce discours des animaux, il dit : Ah! ce que vous dites est vrai. Mais si, pendant que je resterai en repos ici, il ne me vient pas toujours un animal, alors je vous dévorerai certainement tous. Puis les animaux promirent que oui, et, tranquilles, ils coururent sans crainte çà et là dans la forêt. Mais chaque jour un d'eux venait à son tour; ou un vieux, ou un qui avait renoncé aux désirs de ce monde, ou un qui était dévoré de chagrin, ou un qui redoutait la perte de ses enfants et de sa femme, se présentait de parmi eux au milieu du jour, pour servir de pâture au lion. Or un jour, suivant l'ordre d'espèce, vint le tour du lièvre, et, bien qu'il ne le désirât pas, il fut envoyé par tous les animaux. Il alla très-lentement, dépassa le temps fixé, et, le cœur troublé, méditant un moyen de tuer le lion, il arriva à la fin du jour. Le lion, qui à cause du temps dépassé avait le gosier amaigri par la faim, était saisi de colère; il léchait les coins de sa gueule et pensait : Ah! demain matin il faut que je ne laisse pas un seul animal dans la forêt. Pendant qu'il réfléchissait ainsi, le lièvre, marchant très-lentement, s'inclina et s'arrêta devant lui. Or, quand le lion vit cet animal qui arrivait tard et qui en outre était plus petit que les autres animaux, il fut enflammé de colère et lui dit en menaçant : Hé, misérable lièvre! toi qui es chétif, tu viens pourtant seul, et encore tu dépasses le temps fixé. A cause de cette injure, après que je t'aurai tué, j'exterminerai demain matin tous les animaux. Le lièvre s'inclina et dit humblement : Seigneur, ce n'est pas ma faute ni celle des autres animaux. Écoutez donc le motif. — Fais-le vite connaître, dit le lion, avant d'être entre mes dents. — Seigneur, répondit le lièvre, tous les animaux, sachant qu'aujourd'hui, suivant l'ordre d'espèce, c'était mon tour, à moi le plus petit, m'ont en conséquence envoyé avec cinq lièvres. Puis en chemin, comme je venais, un autre grand lion est sorti d'une caverne, et m'a dit : Hé! où allez-vous? Rappelez en votre mémoire votre divinité tutélaire. Alors j'ai répondu : Nous allons, en vertu d'une convention, auprès de notre maître, le lion Bhâsouraka, pour lui servir de pâture. Ensuite il a dit : Si c'est ainsi, eh bien, cette forêt m'appartient; il faut que tous les animaux fassent aussi une convention avec moi. Ce Bhâsouraka ressemble à un voleur. Mais s'il est roi en ces lieux, laisse donc ici les quatre lièvres comme otages, va le chercher et reviens bien vite, afin que celui de nous deux qui par sa force sera roi mange tous les animaux. Puis sur son ordre je suis venu auprès de Sa Seigneurie. C'est là le motif pour lequel j'ai dépassé le temps fixé. Maintenant c'est à Sa Seigneurie d'ordonner.

Lorsque Bhâsouraka eut entendu cela, il dit : Mon cher, si c'est ainsi, montre-moi donc vite ce voleur de lion, afin que je décharge sur lui ma colère contre les animaux et que je revienne à moi-même. Et l'on dit :

Terre, ami et or sont les trois choses pour lesquelles on fait la guerre : s'il n'y a pas une seule de ces choses, il ne faut nullement la faire.

Là où il n'y a pas beaucoup de profit, là où il n'y a pas une victoire, celui qui est intelligent n'entreprendra ni ne fera la guerre.

Seigneur, dit le lièvre, cela est vrai. C'est à cause de leur terre et pour un outrage que les guerriers combattent. Mais ce lion habite une forteresse, et s'il sort de la forteresse il nous arrête. Ensuite, quand il reste dans une forteresse, un ennemi est difficile à vaincre. Et l'on dit :

Ce que les rois ne peuvent faire ni avec mille éléphants ni avec cent mille chevaux s'exécute au moyen d'une seule forteresse.

Un seul archer même, sur un rempart, résiste à cent : c'est pour cela que les hommes habiles dans la science de la politique recommandent la forteresse.

Jadis, d'après le conseil de Vrihaspati[1] et par crainte d'Hiranyakasipou[2], Sakra[3] bâtit une forteresse au moyen de l'habileté de Viswakarman[4].

Et il accorda cette grâce : Que le roi qui possède une forteresse soit victorieux; qu'il y ait donc sur la terre des forteresses par milliers.

Comme un serpent qui n'a pas de dents et un éléphant qui n'a pas d'exsudation de rut, ainsi un roi qui est sans forteresse devient facile à soumettre pour tout le monde.

Quand Bhâsouraka eut entendu cela, il dit : Mon cher, quoique ce voleur demeure dans une forteresse, montre-le-moi, que je le tue. Car on dit :

Celui qui ne détruit pas un ennemi et une maladie dès qu'ils se montrent, est, quelque fort qu'il soit, tué par eux quand ils ont grandi.

---

[1] Voy. page 2, note 2.

[2] Daitya ou ennemi des dieux qui fut tué par Vichnou. Ce fut pour le détruire que le dieu s'incarna sous la forme de Narasinha ou l'homme-lion.

[3] Voy. page 5, note.

[4] Fils de Brahmâ et architecte des dieux. Il préside aux arts.

Mais celui qui, après avoir considéré sa propre force, se livre à l'emportement de la fierté, peut, même seul, tuer ses ennemis, comme le descendant de Bhrigou[1] tua les kchatriyas[2].

C'est vrai, dit le lièvre; cependant j'ai vu qu'il est fort. Il n'est donc pas convenable que Sa Seigneurie aille sans connaître sa force. Car on dit :

Celui qui, ne connaissant pas sa propre force ni celle de l'ennemi, s'empresse de marcher en face, va à sa perte comme la sauterelle dans le feu.

Celui qui, bien que fort, va pour tuer un ennemi d'une force supérieure, s'en revient humble comme un éléphant qui a les dents brisées.

Hé! dit Bhâsouraka, que t'importe cela? Montre-moi ce lion, quoiqu'il demeure dans une forteresse. — Si c'est ainsi, répondit le lièvre, que Sa Seigneurie vienne donc. Après avoir dit cela, il partit devant, et, arrivé à un puits, il dit à Bhâsouraka : Seigneur, qui est capable de résister à votre courage? Car, dès qu'il vous a vu seulement de loin, ce voleur est entré dans sa forteresse. Venez donc, que je vous le montre.

Lorsque Bhâsouraka eut entendu cela, il dit : Mon cher, montre-moi vite la forteresse. Ensuite le lièvre lui montra le puits. Le sot lion, quand il vit au milieu du puits son image dans l'eau, poussa un rugissement; puis par l'écho de ce rugissement un cri deux fois plus fort s'éleva du puits. En entendant ce cri, Bhâsouraka pensa : Ce lion est très-fort; il se jeta sur lui et perdit la vie. Le lièvre eut le cœur content; il réjouit tous les animaux, fut comblé par eux de louanges, et vécut heureux dans la forêt.

---

[1] Parasourâma. Il passe pour avoir détruit presque entièrement la race des kchatriyas, à une époque très-ancienne. On le regarde comme une incarnation de Vichnou.

[2] Hommes de la seconde classe ou caste guerrière.

Voilà pourquoi je dis :

Celui qui a de l'intelligence a de la force; mais le sot, d'où lui viendrait la force? Dans une forêt, un lion fou d'orgueil fut tué par un lièvre.

Si donc tu me le dis, j'irai là et, par la force de mon intelligence, je les désunirai. — Mon cher, répondit Karataka, si c'est ainsi, que le bonheur t'accompagne en chemin! Puisse la chose se faire selon ton désir!

Puis lorsque Damanaka vit Pingalaka séparé de Sandjîvaka, il profita de l'occasion, s'inclina et s'assit devant lui. Pingalaka lui dit : Mon cher, pourquoi y a-t-il longtemps que je ne t'ai vu? — Sa Majesté, répondit Damanaka, n'a point besoin de nous; c'est pour cela que je ne viens pas. Cependant, comme je vois la ruine des affaires du roi, mon cœur est tourmenté, et par inquiétude je suis venu de moi-même pour parler. Car on dit :

Qu'une chose soit agréable ou odieuse, heureuse ou malheureuse, on doit, même sans être interrogé, la dire à celui dont on ne désire pas la ruine.

Quand Pingalaka entendit ces paroles de Damanaka dites à dessein, il demanda : Que veux-tu dire? Parle donc. — Sire, répondit le chacal, ce Sandjîvaka a des intentions malveillantes contre Votre Majesté. Comme j'ai gagné sa confiance, il m'a dit en secret : Hé, Damanaka! j'ai vu la force et la faiblesse de ce Pingalaka. Je le tuerai donc, j'exercerai la souveraineté sur tous les animaux, et je te ferai ministre.

Lorsque Pingalaka entendit ces paroles terribles et pareilles au plus grand coup de foudre, il fut stupéfait et ne dit pas un seul mot. Damanaka, en le voyant dans cet état, pensa : Il est pourtant attaché d'affection à Sandjîvaka. Aussi avec ce ministre le roi trouvera certainement sa ruine. Et l'on dit :

Quand un roi fait un ministre seul maître dans son royaume, l'orgueil s'empare de ce ministre par suite de l'éblouissement qu'il éprouve, et par suite de l'orgueil il est chagrin de la condition de serviteur; dès qu'il est chagrin, le désir de l'indépendance entre dans son cœur; puis par le désir de l'indépendance il attente à la vie du souverain.

Que convient-il donc de faire ici?

Pingalaka, après avoir en quelque sorte repris connaissance, dit au chacal : Damanaka, Sandjîvaka est cependant un serviteur qui m'est aussi cher que la vie. Comment peut-il avoir des intentions malveillantes contre moi? — Majesté, répondit Damanaka, serviteur, non serviteur, cela peut s'entendre de bien des manières. Et l'on dit :

Il n'y a pas un homme qui ne désire la puissance des rois; partout ce sont les faibles seulement qui servent le souverain.

Mon cher, dit Pingalaka, mes sentiments envers lui ne changent cependant pas. Et certes on dit ceci avec raison :

Qui n'aime pas son corps, quand même ce corps est vicié par une foule de maladies? Lors même qu'il offense, celui qui nous est cher nous est toujours cher.

De là justement ce mal, répondit Damanaka. Et l'on dit :

L'homme sur lequel le souverain jette le plus les yeux, qu'il soit de basse ou de haute naissance, est le vase de la Fortune.

D'ailleurs, à cause de quelle excellente qualité le roi garde-t-il auprès de lui Sandjîvaka, bien qu'il n'ait aucun mérite? Mais, Majesté, si vous pensez : il est de grande taille, avec lui je tuerai mes ennemis: cela ne peut pas se faire avec lui, car il est mangeur d'herbe, tandis que les ennemis de Votre Majesté sont mangeurs de viande. Par conséquent la destruction de vos ennemis ne peut avoir lieu par son assistance. Il faut donc l'accuser et le tuer.

Pingalaka dit :

Celui dont on a dit auparavant dans une assemblée : il a du mérite, on ne doit pas l'accuser, si l'on craint de détruire son aveu.

De plus, je lui ai donné protection par la parole. Par conséquent comment pourrai-je moi-même le tuer? Sandjîvaka est donc de toute façon mon ami; je n'ai aucun ressentiment contre lui. Et l'on dit :

Ce Daitya[1] qui tient de moi sa puissance ne doit pas périr par moi. L'arbre vénéneux même que l'on a fait croître, il n'est pas convenable de le couper soi-même.

Et ainsi :

Il ne faut pas dès le commencement accorder son affection à ceux qui ne sont pas affectionnés; ou bien, si on la donne, il faut l'entretenir chaque jour. Renverser après avoir élevé, cela engendre la honte; on n'a rien à craindre de la chute de ce qui est à terre.

Et ainsi :

Celui qui est bon envers ceux qui lui font du bien, quel mérite a-t-il dans sa bonté? Celui qui est bon envers ceux qui lui font du mal, celui-là est appelé bon par les gens de bien.

Par conséquent, lors même qu'il aurait des intentions malveillantes, je ne dois pas faire acte d'hostilité contre lui. — Sire, dit Damanaka, ce n'est pas le devoir d'un roi de pardonner même à celui qui a des intentions malveillantes. Et l'on dit :

Celui qui ne tue pas un serviteur aussi riche que lui, aussi puissant que lui, intelligent, résolu et s'emparant de la moitié de la souveraineté, est tué.

En outre, par suite de votre amitié avec lui vous avez négligé

---

[1] Nom des enfants de Diti, une des femmes de Kasyapa. Les Daityas sont les ennemis des dieux, et les Titans de la mythologie hindoue.

tous les devoirs de roi. Par suite de votre négligence des devoirs de roi, tous vos serviteurs n'ont plus d'attachement pour vous. Car Sandjîvaka est un mangeur d'herbe; vous et vos sujets vous êtes mangeurs de viande. Votre naturel même, si vous persistez dans cette conduite, paraît comme détourné du meurtre. Comment donc, si vous ne prenez aucune peine, vos sujets mangeront-ils de la viande? En conséquence tous vos serviteurs mangeurs de viande vous abandonneront, vous qui n'en avez pas, et ils iront dans une autre forêt. Ensuite vous vous perdrez par votre liaison avec ce taureau, et vous n'irez plus jamais à la chasse. Et l'on dit :

Tels sont les serviteurs qui le servent et tels sont ceux qu'il aime. tel devient l'homme : cela n'est jamais douteux.

Et ainsi :

De l'eau qui est sur un fer chaud on ne connaît pas seulement le nom; cette même eau, quand elle repose sur la feuille du lotus brille sous forme de perle; lorsque sous l'étoile Swâti [1] elle tombe dans le ventre d'une huître à perle de l'Océan, elle devient perle : ordinairement, la plus haute, la moyenne ou la plus basse qualité résulte de la société que l'on fréquente.

Et ainsi :

Par la faute de la fréquentation des méchants les bons changent : à cause de sa liaison avec Douryodhana [2], Bhîchma [3] alla voler une vache.

Pour cette raison les gens respectables évitent toute liaison avec les gens méprisables. Et l'on dit :

Il ne faut pas donner asile à celui dont on ne connaît pas le caractère. Par la faute d'une puce Mandavisarpinî fut tué.

---

[1] L'étoile Arcturus.
[2] L'aîné des princes Kauravas.
[3] Oncle de Pandou et de Dhritarâchtra et grand-oncle des princes Pândavas et des princes Kauravas.

Comment cela? dit Pingalaka. Le chacal dit :

X. — LE POU ET LA PUCE.

Un roi avait dans un certain endroit un beau lit. Dans ce lit, au milieu d'une paire de draps très-blancs, habitait un pou blanc nommé Mandavisarpinî[1]. Ce pou passait agréablement le temps à savourer le sang du roi. Un jour une puce nommée Agnimoukha[2], qui errait, vint là dans le lit. Lorsque le pou la vit, il dit avec un air triste : Hé, Agnimoukha ! comment se fait-il que tu viennes dans ce lieu, où tu ne dois pas venir? Va-t'en donc vite, pendant que personne ne sait encore que tu es ici. — Vénérable, répondit la puce, même à un méchant, quand il vient dans la maison, il n'est pas convenable de parler ainsi. Et l'on dit :

Viens, approche, assieds-toi sur ce siége, pourquoi ne t'ai-je pas vu depuis longtemps? Comment te portes-tu? Tu es très-faible, bonheur à toi! Je suis joyeux de te voir. Voilà ce qui convient toujours aux gens de bien, lorsqu'un homme, même de basse condition, vient dans leur maison; c'est là, disent les légistes, le devoir des maîtres de maison, devoir facile et qui donne le ciel.

De plus, j'ai goûté diverses espèces de sang de beaucoup d'hommes; ce sang, par la faute de la nourriture, avait une saveur salée, piquante, amère, astringente, ou acide; mais jamais je n'ai goûté un sang doux. Si donc tu m'en fais la grâce, je me donnerai du plaisir avec la langue en goûtant le sang doux de ce roi, qui s'est produit dans son corps par suite de la consommation de mets assaisonnés à différentes sauces, de breuvages, de sirops et de friandises. Et l'on dit :

Pour un malheureux ou pour un roi le plaisir de la langue est, dit-on,

---

[1] *Qui rampe lentement.*
[2] *Qui a une bouche de feu.*

égal : ce plaisir seul est réputé comme la meilleure chose ; pour lui l'homme se donne de la peine.

Et ainsi :

S'il n'y avait pas dans le monde un acte qui donnât le plaisir de la langue, alors personne ne serait serviteur ni n'obéirait à quelqu'un.

En outre :

Si un homme dit un mensonge, s'il honore celui qui ne doit pas être honoré, et s'il va en pays étranger, tout cela c'est pour son ventre.

Je dois donc, moi ton hôte tourmenté par la faim, te demander de la nourriture. Il n'est pas convenable que toi seul tu te nourrisses du sang de ce roi.

Lorsque Mandavisarpinî eut entendu cela, il dit : Ô puce ! je goûterai le sang de ce roi quand il sera tombé dans le sommeil ; puis tu le goûteras à ton tour, Agnimoukha légère. Si donc tu veux boire le sang avec moi, reste ; goûte ce sang si désiré. — Vénérable, répondit la puce, je ferai ainsi. Si tu ne goûtes pas le premier le sang du roi, que la malédiction de Vrihaspati[1] tombe sur moi.

Tandis qu'ils parlaient ainsi l'un avec l'autre, le roi se mit au lit et s'assoupit. Mais la puce, dans l'ardeur excessive de sa gourmandise, mordit le roi pendant qu'il était encore éveillé. Et certes on dit ceci avec raison :

Le naturel ne peut être changé par des conseils : l'eau, même très-chaude, redevient froide.

Si le feu était froid, si la lune avait la propriété de brûler, alors ici-bas le naturel des mortels pourrait être changé.

Le roi, comme s'il avait été piqué par une pointe d'aiguille, quitta le lit et se leva à l'instant. Holà ! que l'on cherche ! Dans

---

[1] Voy. page 2, note 2.

cette couverture il y a sûrement une puce ou un pou, car j'ai été mordu. Puis les serviteurs du gynécée qui étaient là étendirent vite la couverture et regardèrent avec une vue perçante. Cependant la puce, par sa très-grande légèreté, se glissa au bout de la couche. Mandavisarpinî, caché dans les plis de la couverture, fut aperçu par les serviteurs, et tué.

Voilà pourquoi je dis :

Il ne faut pas donner asile à celui dont on ne connaît pas le caractère. Par la faute d'une puce Mandavisarpinî fut tué.

Puisque vous savez cela, il faut que vous le fassiez mourir; sinon, il vous tuera. Et l'on dit :

Celui qui abandonne ses proches et fait des étrangers ses proches trouve la mort comme le roi Kakoudrouma.

Comment cela? dit Pingalaka. Damanaka dit :

XI. — LE CHACAL DEVENU BLEU.

Dans un endroit d'une forêt demeurait un chacal nommé Tchandarava[1]. Un jour ce chacal, saisi par la faim et poussé par l'avidité, entra dans une ville. Les chiens qui habitaient la ville, le voyant courir de tous côtés, se mirent à le dévorer avec les pointes de leurs dents aiguës. Comme ils le dévoraient, le chacal, par crainte pour sa vie, entra dans la maison d'un teinturier, qui était proche. Or il y avait là, tout préparé, un grand vase plein de teinture d'indigo. Poursuivi par les chiens, le chacal y tomba, et quand il en sortit il était devenu tout bleu d'indigo. Puis tous les chiens, qui ne connaissaient pas cette espèce de chacal, s'en allèrent du côté où bon leur sembla. Tchandarava profita de cette occasion et se mit en

---

[1] *Qui a un cri féroce.*

route vers la forêt. La couleur d'indigo ne le quitta jamais. Et l'on dit :

L'enduit dur [1], le fou, les femmes et l'écrevisse ont la même ténacité, ainsi que les poissons, l'indigo et l'ivrogne.

Lorsqu'ils virent cet animal extraordinaire, aussi éclatant que le poison pareil au tamâla [2] qui est dans la gorge de Hara [3], tous les animaux qui habitaient la forêt, lions, tigres, panthères, loups et autres, eurent l'esprit troublé de crainte; ils se sauvèrent de tous côtés, et dirent : Ah! cet animal extraordinaire est venu on ne sait d'où. On ne voit pas quelle est sa manière d'agir ni quelle est sa force. Allons-nous-en donc plus loin. Et l'on dit :

Que le sage, s'il désire son bonheur, ne se fie pas à celui dont il ne connaît ni la manière d'agir, ni la race, ni la force.

Tchandarava, quand il les vit troublés de crainte, dit ceci : Hé, hé, animaux! pourquoi, à ma vue, vous en allez-vous ainsi épouvantés? Ne craignez rien. Aujourd'hui Brahmâ [4] lui-même m'a appelé et m'a dit : Puisque parmi les animaux il n'y a pas de roi, je te sacre aujourd'hui souverain de tous les animaux, sous le nom de Kakoudrouma [5]. Va donc sur la terre et protége-les tous. Ensuite je suis venu ici. En conséquence tous les animaux doivent demeurer toujours à l'ombre de mon parasol. Moi roi nommé Kakoudrouma, je suis devenu le roi des animaux dans les trois mondes.

Lorsqu'ils eurent entendu cela, les animaux, le lion à leur

---

[1] *Vadjralépa*, espèce de mortier composé de chaux, de sable, d'huile et de coton.
[2] Arbre à fleurs noires, *Xanthocymus pictorius*.
[3] Voy. page 11, note 1. Le poison auquel il est fait allusion ici est le kâlakoûta, qui fut avalé par le dieu Siva.
[4] Voy. page 1, note 2.
[5] Qui a l'arbre des insignes de la royauté.

tête, l'entourèrent en disant : Seigneur maître, ordonnez. Puis il donna au lion la charge de ministre, au tigre la garde du lit, à la panthère la direction du bétel, à l'éléphant l'emploi de portier, au singe celui de porte-parasol. Quant à ceux de son espèce, il n'échangea pas même une parole avec eux : tous les chacals furent chassés à coups de griffes. Pendant qu'il exerçait ainsi la royauté, le lion et les autres bêtes tuaient des animaux et les jetaient devant lui : il en faisait le partage et en donnait à tous selon le devoir du maître. Comme le temps se passait ainsi, un jour qu'il était dans l'assemblée il entendit dans le lointain le bruit d'une troupe de chacals qui hurlaient. Quand il entendit ce cri, il se leva les poils hérissés sur le corps et les yeux remplis de larmes de joie, et se mit à hurler à haute voix. Lorsque le lion et les autres animaux entendirent ce haut cri, ils pensèrent : C'est un chacal; ils restèrent un instant la face baissée de honte, et se dirent les uns aux autres : Hé! nous avons été conduits par ce misérable chacal; tuons-le donc! tuons-le! Quand le chacal entendit cela, il voulut fuir, et, quoique le lieu ne fût pas convenable, il fut mis en pièces par le lion et les autres animaux, et il mourut.

Voilà pourquoi je dis :

Celui qui abandonne ses proches et fait des étrangers ses proches trouve la mort comme le roi Kakoudrouma.

Lorsque Pingalaka eut entendu cela, il dit : Hé, Damanaka! quelle preuve certaine aurai-je de ce que Sandjivaka a de mauvaises intentions contre moi? — Majesté, répondit le chacal, aujourd'hui, devant moi, il a pris cette résolution : Demain matin je tuerai Pingalaka. Relativement à cela voici la preuve certaine. Demain matin, au moment où l'occasion se présentera, la face et les yeux rouges, les lèvres tremblantes, la vue fixée sur les points de l'espace, et assis à une place qui ne convient pas, il vous regardera avec un coup d'œil méchant. Puisque vous savez cela, il faut faire ce qui est convenable.

Après avoir ainsi parlé, Damanaka s'inclina devant le lion et s'en alla vers Sandjîvaka. Sandjîvaka, le voyant venir à pas lents et avec un air triste, lui dit avec respect : Ô ami ! sois le bienvenu. Il y a longtemps que je ne t'ai vu. Es-tu heureux ? Parle donc, afin que je te donne, à toi mon hôte, même ce que l'on n'est pas obligé de donner. Car on dit :

Ceux-là sont heureux, ceux-là sont sages, ceux-là sont distingués ici-bas sur la terre, dans la maison desquels des gens amis viennent en vue d'un objet quelconque.

Hé ! dit Damanaka, comment le bonheur existerait-il pour le serviteur ? Et l'on dit :

Une prospérité due à autrui, un esprit toujours inquiet et la défiance même pour sa propre vie, tel est le partage de ceux qui sont serviteurs d'un roi.

Et ainsi :

Vois ce que font les serviteurs qui cherchent la richesse au moyen du service : les insensés perdent jusqu'à la liberté de leur corps.

En outre :

D'abord la naissance même est une cause d'affliction, puis la pauvreté perpétuelle, et avec cela la vie gagnée au moyen de l'état de serviteur. Ah ! suite continue de souffrances !

Il en est cinq que Vyâsa[1] appelle morts, bien qu'ils vivent : le pauvre, le malade, le sot, l'exilé et celui qui est toujours serviteur.

Par zèle il ne mange pas à sa volonté, il s'éveille sans avoir dormi, il ne dit pas un mot sans crainte : le serviteur vit-il là encore ?

Ceux qui appellent l'état de serviteur un métier de chien parlent faussement ici : le chien agit suivant sa volonté, le serviteur par l'ordre d'autrui.

[1] Saint personnage et compilateur célèbre.

La terre pour lit, la continence, la maigreur et la faible nourriture sont communes au serviteur et à l'ascète; ce qui les distingue, c'est le péché et la vertu.

Le froid, la chaleur et autres souffrances qu'endure le serviteur servent peu à lui procurer la richesse s'il ne renonce pas à la vertu.

A quoi bon un modaka[1], quoique doux, bien fait, bien arrosé et agréable, si on l'acquiert par l'état de serviteur?

Mais, dit Sandjîvaka, que veux-tu dire? — Ami, répondit Damanaka, il ne convient pas à des ministres de violer le secret d'une délibération. Car on dit :

Celui qui, quand il est revêtu de la charge de ministre, viole le secret de la délibération du maître, celui-là, pour avoir détruit le projet du roi, ira de lui-même dans l'enfer.

Le ministre qui viole le secret d'un roi le tue sans arme, a dit Nârada[2].

Cependant comme je suis lié à toi par les liens de l'affection, je viole le secret d'une délibération, parce que sur ma parole tu es entré avec confiance ici dans la maison du roi. Et l'on dit :

Quand, pour s'être lié à quelqu'un, un homme trouve la mort n'importe comment, le meurtre de cet homme est l'ouvrage de l'autre : c'est Manou[3] qui a dit cette parole.

Donc, Pingalaka a de mauvaises intentions envers toi, et il a dit aujourd'hui devant moi entre quatre oreilles : Demain matin je tuerai Sandjîvaka et je rassasierai longtemps tous les animaux de ma suite. Puis je lui ai dit : Seigneur, il n'est pas convenable d'acquérir sa subsistance en faisant du mal à un ami. Car on dit :

Même après s'être rendu coupable du meurtre d'un brâhmane, on se

---

[1] Espèce de confiture ou de friandise.
[2] Voy. page 35, note 3.
[3] Voy. page 2, note 1.

purifie par la pénitence; le meurtre d'un ami ne s'expie en aucune façon par la pénitence accomplie pour cela.

Ensuite il m'a dit avec colère : Hé, malintentionné ! Sandjîvaka n'est qu'un mangeur d'herbe, et nous sommes mangeurs de viande. Par conséquent il existe entre nous une inimitié naturelle. Comment donc puis-je souffrir un ennemi auprès de moi ? Pour cette raison il faut le faire mourir par la douceur et autres moyens, et ce ne sera pas un crime de l'avoir tué. Et l'on dit :

Le sage doit faire mourir un ennemi qui même lui a donné sa fille : ce n'est pas un crime de tuer celui contre lequel on ne peut se servir d'autres moyens.

Que le guerrier qui en vient aux mains dans le combat ne considère pas ce qu'on doit faire ou ne pas faire. Dhrichtadyoumna fut jadis, pendant qu'il dormait, tué par le fils de Drona[1].

En conséquence, dès que j'ai su sa résolution, je suis venu ici auprès de toi. Maintenant je ne suis pas coupable de trahison. Je t'ai fait connaître une délibération très-secrète : fais donc ce qui bon te semble.

Lorsque Sandjîvaka eut entendu ce discours du chacal, discours aussi terrible qu'un coup de foudre, il perdit un moment connaissance : puis, quand il eut repris ses sens, il dit avec indifférence : Ah ! on dit ceci avec raison :

Les femmes sont généralement faciles à obtenir pour les méchants, un roi est sans affection, la richesse suit l'avare, et le nuage répand la pluie sur la montagne et l'Océan.

Je suis dans les bonnes grâces du roi : le sot qui pense ainsi doit être reconnu pour un taureau qui a perdu les cornes.

Mieux vaut la forêt, mieux vaut la mendicité, mieux vaut gagner sa vie

---

[1] Dhrichtadyoumna, l'un des héros du *Mahâbhârata*, fils de Droupada, roi de Pantchâla, et frère de Draupadî, fut surpris et tué par Aswatthâman, fils de Drona qu'il avait immolé sur le champ de bataille.

à porter des fardeaux, mieux vaut la maladie, pour les hommes, que la prospérité due à une charge.

Ainsi j'ai mal fait de contracter amitié avec lui. Car on dit :

Entre deux personnes dont la richesse est égale, entre deux personnes dont la race est égale, il peut y avoir amitié et mariage, mais pas entre fort et faible.

Et ainsi :

Les daims recherchent la société des daims; les bœufs, celle des bœufs; les chevaux, celle des chevaux; les sots, celle des sots, et les sages, celle des sages : c'est la ressemblance des vertus et des vices qui constitue l'amitié.

Si donc je vais vers lui et que je cherche à me le rendre favorable, il ne m'accordera cependant pas ses bonnes grâces. Car on dit :

Celui qui se met en colère pour un motif, celui-là assurément s'adoucit dès que ce motif n'existe plus; mais celui qui sans cause conçoit une inimitié, comment pourra-t-on l'apaiser?

Ah! on dit ceci avec raison :

Ceux même qui sont dévoués, qui rendent service, qui s'appliquent à travailler pour le bien d'autrui, qui connaissent les règles de l'état de serviteur, qui n'ont pas de méchanceté, ont dans leur cœur troublé cette inquiétude continuelle : cela ira-t-il bien ou non? Aussi le service d'un maître de la terre est, comme celui du maître des eaux [1], toujours accompagné de crainte.

Et ainsi :

Un bienfait même de la part de gens dont les sentiments sont affectueux devient odieux dans ce monde; de la part d'autres personnes, une injure manifeste même engendre l'affection. Comme il est difficile de saisir l'esprit changeant des rois, le devoir de serviteur a des mystères très-profonds, et ne pourrait être rempli même par des ascètes.

[1] C'est-à-dire l'Océan.

Je vois bien que Pingalaka est excité contre moi par d'autres qui sont auprès de lui et qui ne peuvent supporter la faveur dont je jouis. Voilà pourquoi il parle ainsi, quoique je sois innocent. Et l'on dit :

> Les serviteurs ne supportent pas, ici-bas, la faveur que le maître témoigne à un autre ; comme les femmes d'un seul homme, ils deviennent ennemis furieux par les bienfaits même.

Et cela arrive aussi parce que, quand des gens de mérite sont là auprès, il n'y a pas de faveur pour ceux qui sont dépourvus de qualités. Et l'on dit :

> Les qualités des gens de mérite sont éclipsées par celui qui a plus de mérite : dans la nuit la flamme de la lampe a de l'éclat, mais non pas quand le soleil est levé.

Ô ami ! dit Damanaka, si c'est ainsi, alors tu n'as rien à craindre. Quoique excité à la colère par ces méchants, il reviendra à la bonté par l'effet de ton éloquence. — Oh ! répondit Sandjîvaka, ce que tu dis n'est pas vrai. Il n'est pas possible de se maintenir au milieu des méchants, même quand ils n'ont pas d'importance ; ils emploient un autre moyen et tuent assurément. Car on dit :

> Plusieurs vils savants, vivant tous de tromperie, peuvent faire du mal le bien, comme le corbeau et les autres à l'égard du chameau.

Comment cela ? dit Damanaka. Sandjîvaka dit :

XII. — LE LION, LE CORBEAU, LE TIGRE, LE CHACAL ET LE CHAMEAU.

Dans un endroit d'une forêt habitait un lion nommé Madotkata[1], et il avait pour serviteurs un tigre, un corbeau et un

---

[1] *Furieux d'orgueil.*

chacal. Or un jour qu'ils couraient çà et là, ils virent un chameau nommé Krathanaka[1], qui s'était écarté d'une caravane. Puis le lion dit : Ah! cet animal est extraordinaire. Que l'on s'informe donc si c'est un animal de forêt ou un animal de village. Lorsque le corbeau entendit cela, il dit : Ô maître! c'est un animal de village appelé chameau, espèce de créature que vous pouvez manger. Par conséquent tuez-le. — Je ne tue pas un hôte, répondit le lion. Et l'on dit :

> Celui qui tue même un ennemi venu dans sa maison avec confiance et sans crainte commet un crime égal au meurtre de cent brâhmanes.

Ainsi, qu'on lui assure protection et qu'on l'amène auprès de moi, afin que je lui demande le motif de sa venue.

Ensuite ils exhortèrent tous le chameau à avoir confiance, lui assurèrent protection et l'amenèrent auprès de Madotkata. Il s'inclina et s'assit. Puis le lion le questionna, et le chameau lui raconta toute son histoire à partir du moment où il s'était écarté de la caravane. Après cela le lion dit : Hé, Krathanaka! ne va plus au village et ne te donne plus le mal de porter des fardeaux. Reste donc sans crainte avec moi ici dans la forêt, et mange les pointes d'herbe semblables à des émeraudes. — Oui, dit le chameau; et il demeura avec plaisir au milieu d'eux, se promenant et pensant qu'il n'avait rien à craindre de nulle part.

Or un jour un combat eut lieu entre Madotkata et un grand éléphant de la forêt. Là, les coups des dents de l'éléphant pareilles à une massue firent du mal au lion. Souffrant comme il était, peu s'en fallut qu'il ne perdît la vie, et par suite de la faiblesse de son corps il ne pouvait aller nulle part ni même faire un pas. Le corbeau et les autres, à cause de sa faiblesse, furent

---

[1] Nom d'une espèce blanche d'*Agallochum*.

tous pris de la faim et eurent un grand chagrin. Mais le lion leur dit : Hé! cherchez quelque part quelque animal, afin que, malgré cet état dans lequel je suis, je le tue et vous procure votre nourriture. Puis ils se mirent tous quatre à courir çà et là. Comme ils ne voyaient rien, alors le corbeau et le chacal délibérèrent l'un avec l'autre. Hé, corbeau! dit le chacal, à quoi sert-il de courir beaucoup de tous côtés, puisque Krathanaka est là confiant en notre maître? Tuons-le donc, et nous ferons subsister toute la suite. — Hé! répondit le corbeau, ce que tu dis est juste; mais le maître lui a assuré protection, par conséquent il ne peut être tué. — Hé, corbeau! dit le chacal, j'adresserai des remontrances au maître, et je ferai de telle sorte qu'il le tuera. Restez donc ici jusqu'à ce que je sois allé à la maison, que j'aie pris l'ordre du maître et que je revienne.

Lorsqu'il eut ainsi parlé, il s'en alla vite vers le lion, et, arrivé près du lion, il dit : Maître, nous voici revenus après avoir parcouru toute la forêt; mais nous n'avons trouvé aucun animal. Que devons-nous donc faire maintenant? A cause de la faim, nous n'avons pas la force de faire même un seul pas, et Sa Majesté a besoin d'une bonne nourriture. Si donc Sa Majesté l'ordonne, alors avec la chair de Krathanaka elle pratiquera aujourd'hui un traitement convenable.

Quand le lion entendit ces horribles paroles du chacal, il dit avec colère : Fi! fi! vil méchant! Si tu parles encore ainsi, je te tuerai à l'instant même. Puisque je lui ai assuré protection, comment puis-je moi-même le faire mourir? Et l'on dit :

Ni le don d'une vache, ni le don d'une terre, ni le don d'aliments, ne sont aussi excellents que ce que les sages appellent ici-bas le plus grand entre tous les dons, le don de la protection.

D'un côté tous les sacrifices accomplis avec les meilleurs présents, de l'autre la conservation de la vie d'une créature effrayée par la peur.

Lorsque le chacal eut entendu cela, il dit : Maître, si après avoir assuré protection vous tuez, alors vous commettez un crime. Mais si Krathanaka, par dévouement pour Sa Majesté, donne sa propre vie, il n'y a pas là de crime. Si donc il s'offre de lui-même pour la mort, il faut le tuer; ou bien il faut faire mourir un d'entre nous; car Sa Majesté, qui a besoin d'une bonne nourriture, mourra si sa faim n'est pas apaisée. A quoi donc nous sert notre vie, si nous ne la perdons pas pour le maître? S'il arrive à Sa Majesté quelque chose de fâcheux, alors nous devons même entrer derrière elle dans le feu. Et l'on dit :

L'homme qui dans la famille est le chef, il faut faire tous ses efforts pour le conserver; s'il périt, la famille aussi est anéantie : quand le moyeu est brisé, les roues ne vont plus.

Quand Madotkata eut entendu cela, il dit : Si c'est ainsi, fais donc ce qui te plaît.

Après que le chacal eut entendu cela, il s'en alla vite et dit à tous ses compagnons : Hé! hé! le maître est dans un état grave; il a maintenant la vie au bout du nez. Par conséquent à quoi bon courir de côté et d'autre? Sans lui qui nous protégera dans cette forêt? Allons donc, et à ce maître qui s'en va dans l'autre monde par la maladie de la faim faisons présent de notre propre corps, afin de payer notre dette pour sa bonté. Et l'on dit :

Le serviteur dont le maître éprouve un malheur sous ses yeux et tandis qu'il vit, va dans l'enfer.

Aussitôt ils allèrent tous, les yeux pleins de larmes, s'inclinèrent devant Madotkata, et s'assirent. Lorsque Madotkata les vit, il dit : Hé! avez-vous attrapé ou vu quelque animal? Puis du milieu d'eux le corbeau répondit : Maître, nous avons pourtant couru partout de côté et d'autre ; mais nous n'avons ni attrapé ni vu aucun animal. Ainsi donc, pour aujourd'hui, que le maître me mange et conserve la vie. Par ce moyen Sa Majesté se ranimera, et moi je gagnerai le ciel. Car on dit :

> Le serviteur dévoué qui sacrifie sa vie pour son maître obtient la félicité suprême, exempte de vieillesse et de mort.

Lorsque le chacal eut entendu cela, il dit : Hé ! tu as un très-petit corps. En te mangeant, le maître n'aura cependant pas même de quoi se faire vivre. De plus il en résultera du mal. Et l'on dit :

> La chair de corbeau est laissée par le chien ; elle est en petite quantité et maigre : à quoi bon aussi manger une chose avec laquelle on ne se rassasie pas ?

Ainsi, tu as montré ton dévouement envers le maître, et acquitté ta dette pour la nourriture qu'il t'a donnée. Tu as en outre acquis une bonne renommée dans les deux mondes. Avance donc, afin que moi aussi j'adresse des représentations au maître.

Après que cela fut fait, le chacal s'inclina respectueusement, et dit : Maître, conservez aujourd'hui votre vie au moyen de mon corps, et faites-moi gagner les deux mondes. Car on dit :

> La vie des serviteurs appartient toujours au maître, puisqu'il l'a acquise à prix d'argent ; aussi n'est-ce pas un crime que de la prendre.

Lorsque le tigre eut entendu cela, il dit : Hé ! tu as bien parlé ; mais toi aussi tu as un très-petit corps, et comme tu es de même race, vu que tu es armé de griffes, tu ne dois pas être mangé. Et l'on dit :

> Que le sage ne mange pas ce qu'il ne faut pas manger, le souffle fût-il

même remonté dans sa gorge, surtout quand cela aussi est peu de chose et fait perdre les deux mondes.

Ainsi tu as montré ta noblesse. Et certes on dit ceci avec raison :

C'est pour cela que les rois prennent des gens de bonne famille, car au commencement, au milieu et à la fin, ceux-ci ne changent pas.

Avance donc, afin que moi aussi je gagne la faveur de mon maître.

Après que cela fut fait, le tigre s'inclina et dit à Madotkata : Maître, prenez aujourd'hui ma vie pour votre subsistance. Qu'une demeure éternelle me soit donnée dans le ciel; que la plus grande gloire s'étende pour moi sur la terre. Il ne faut donc pas ici montrer d'hésitation. Et l'on dit :

Les serviteurs complaisants qui sont morts pour leur maître ont une demeure éternelle dans le ciel et de la gloire sur la terre.

Lorsque Krathanaka eut entendu cela, il pensa : Ils ont pourtant dit de belles paroles, et le maître n'en a pas fait mourir même un seul. En conséquence je vais, moi aussi, adresser des représentations opportunes, afin que tous trois ils apprécient ce que j'aurai dit.

Cette résolution prise, il dit : Hé! tu as bien parlé; mais toi pareillement tu es armé de griffes. Par conséquent, comment le maître peut-il te manger toi aussi. Et l'on dit :

Si quelqu'un, seulement par la pensée, médite de mauvaises choses contre ceux de sa race, ces choses mêmes lui arrivent dans ce monde et dans l'autre.

Retire-toi donc, que j'adresse des représentations au maître.

Après que cela fut fait, Krathanaka s'avança, s'inclina et dit : Maître, ceux-ci ne doivent cependant pas être mangés par vous.

Prenez donc ma vie pour subsister, afin que je gagne les deux mondes. Car on dit :

Ni même ceux qui célèbrent des sacrifices ni les ascètes ne parviennent à cet état auquel arrivent les excellents serviteurs qui sacrifient leur vie pour leur maître.

Lorsque Krathanaka eut ainsi parlé, le tigre et le chacal, avec la permission du lion, lui déchirèrent le ventre; le corbeau lui arracha les yeux, et il perdit la vie. Ensuite il fut dévoré par tous ces vils savants.

Voilà pourquoi je dis :

Plusieurs vils savants, vivant tous de tromperie, peuvent faire du mal le bien, comme le corbeau et les autres à l'égard du chameau.

Après avoir raconté cette histoire, Sandjivaka dit encore à Damanaka : Ainsi, mon cher, je vois bien que ton roi a un vil entourage et qu'il ne doit pas être servi par d'honnêtes gens. Car on dit :

Auprès d'un roi qui a un entourage impur, un sage ne brille pas; il est comme un canard qui marche en compagnie de vautours.

Et ainsi :

Un roi même qui ressemble à un vautour doit être honoré s'il a des conseillers pareils à des cygnes, et un roi même qui ressemble à un cygne doit être abandonné s'il a des conseillers pareils à des vautours.

Il a sûrement été irrité contre moi par quelque méchant. Voilà pourquoi il parle ainsi. Et certes c'est ce qui a lieu. Et l'on dit :

Les hauteurs de la montagne même sont minées et usées par l'eau molle; à plus forte raison les cœurs tendres des hommes le sont aussi par les murmures que font entendre à l'oreille ceux qui savent fomenter la discorde.

Et, brisé par le poison distillé dans l'oreille, que ne fait pas le sot genre humain? Il embrasse jusqu'à l'état de mendiant bouddhiste et boit même de la liqueur spiritueuse dans un crâne d'homme[1].

Et certes on dit ceci avec raison :

Quoique foulé aux pieds, quoique frappé avec un bâton solide, le serpent tue, dit-on, celui qu'il touche avec sa dent. Toute différente est la manière d'agir de l'homme méchant et cruel : il touche l'un à l'oreille et tue l'autre complétement.

Et ainsi :

Ah! vraiment, manière de tuer qui est le contraire de celle du serpent : il s'attache à l'oreille de l'un, et l'autre perd la vie.

Puisque cela a tourné ainsi, que faut-il donc faire? Je te le demande parce que tu es un ami. — Tout ce qu'il y a de convenable pour toi, répondit Damanaka, c'est d'aller dans un autre pays et de ne pas servir un si mauvais maître. Car on dit :

On prescrit l'abandon d'un précepteur spirituel même, s'il est orgueilleux, s'il ignore ce que l'on doit faire et ce que l'on ne doit pas faire, et s'il suit un mauvais chemin.

Pendant que le maître est en colère contre moi, dit Sandjivaka, il n'est pas possible que je m'en aille, et pour ceux qui s'en vont ailleurs il n'y a pas de bonheur. Car on dit :

Après avoir commis une offense grave et s'en être allé loin, un sage ne dort pas : l'homme intelligent a les bras longs ; avec eux il fait du mal à celui qui lui a fait du mal.

Ainsi je n'ai pas d'autre moyen de salut que le combat. Et l'on dit :

Ni par la fréquentation des lieux de pèlerinage, ni par la pénitence, ni

---

[1] Allusion au culte de Siva.

par cent riches présents, ceux qui désirent le ciel n'arrivent à ces mondes où vont en un instant les braves dans le combat qui sacrifient vertueusement leur vie.

S'ils meurent, ils acquièrent le bonheur éternel ; s'ils vivent, la plus grande gloire : ainsi appartiennent aux héros ces deux avantages très-difficiles à obtenir.

Deux hommes, dans ce monde, fendent le cercle du soleil : le religieux mendiant qui se livre à la méditation et le héros qui est tué par devant dans le combat.

Le sang qui coule sur le front d'un héros et entre dans sa bouche est pareil au breuvage soma [1], et offert selon le précepte dans le sacrifice du combat.

Le fruit que l'on obtient par des sacrifices accompagnés d'offrandes de beurre clarifié, conformément à la règle et selon le précepte sur les aumônes, suivis d'honneurs rendus à une foule de respectables brâhmanes, de nombreux et beaux présents, et bien célébrés ; par le séjour dans les vénérables lieux de pèlerinage et dans les ermitages, par les offrandes dans le feu, par l'accomplissement du tchândrâyana [2] et autres observances, ce fruit est obtenu à l'instant par les hommes braves tués dans le combat.

Lorsque Damanaka eut entendu cela, il pensa : Ce coquin, on le voit, est décidé à combattre. Aussi, si jamais il attaque le maître avec ses cornes pointues, il en résultera un grand mal. Je vais donc de nouveau l'avertir avec mon intelligence, et faire en sorte qu'il aille dans un autre pays. Puis il dit : Hé, ami !

---

[1] Jus de l'*Asclepias acida* ou *Sarcostemma viminalis*. C'est un breuvage que l'on offre et que l'on boit dans les sacrifices. L'offrande du soma est une des parties essentielles du cérémonial religieux prescrit par les Védas.

[2] Pénitence lunaire. Il existe plusieurs espèces de tchândrâyanas ; mais voici celle que l'on pratique le plus ordinairement. Le pénitent mange quinze bouchées le jour de la pleine lune, et diminue sa nourriture d'une bouchée par jour pendant la quinzaine qui suit, de sorte qu'il jeûne le quinzième jour. Dans la quinzaine qui suit la nouvelle lune, il augmente au contraire sa nourriture d'une bouchée chaque jour, en commençant par une bouchée, de sorte que, le quinzième jour, il mange quinze bouchées.

tu as bien parlé; mais quel combat peut-il y avoir entre maître
et serviteur? Et l'on dit :

A la vue d'un ennemi fort il faut assurément veiller à sa propre défense,
et les forts doivent montrer de l'éclat comme la lune d'automne.

Et en outre :

Celui qui, sans connaître la force de l'ennemi, commence les hostilités,
éprouve un affront comme l'Océan de la part du tittibha [1].

Comment cela? dit Sandjîvaka. Damanaka raconta :

XIII. — LE TITTIBHA ET LA MER.

Dans une contrée au bord de la mer habitait un couple de
tittibhas. Là, dans le cours du temps, la femelle arriva à la
saison de procréer et conçut. Puis quand elle fut près de
pondre, elle dit au tittibha : Hé, chéri! voici le moment de ma
ponte; cherchons donc un endroit où il n'y ait aucun malheur
à craindre, afin que je m'y délivre de mes œufs. — Ma chère,
répondit le tittibha, ce lieu, voisin de la mer, est charmant : par
conséquent c'est ici même qu'il faut pondre. — Ici, dit la femelle,
le jour de la pleine lune, le flux de la mer vient; il entraîne
même les grands éléphants en rut. Cherchons donc au loin
ailleurs un endroit.

Lorsque le tittibha entendit cela, il dit en souriant : Ma
chère, ce que tu dis n'est pas juste. Quelle est la mesure de
l'Océan, pour qu'il fasse du mal à ma progéniture? N'as-tu pas
entendu :

Quel est l'homme stupide qui entre volontairement dans le feu, lorsqu'il
intercepte la route des habitants de l'air, qu'il n'a plus de fumée et qu'il
inspire toujours un grand effroi?

[1] *Parra Jacana* ou *Parra Goensis*, *Tringa Goensis*.

Qui donc, désireux de voir le monde de Yama[1], réveille le lion quand il dort, pareil au dieu de la mort, après s'être fatigué à déchirer les protubérances du front de l'éléphant en rut[2]?

Qui va dans la demeure de Yama et, de lui-même, ordonne sans crainte au dieu de la mort : Prends ma vie, si tu as quelque puissance?

Quand le vent du matin est mêlé avec une petite gelée et glacial, quel homme, s'il connaît les qualités et les défauts des choses, se sert de l'eau pour éloigner le froid?

Sois donc tranquille et ponds tes œufs ici même. Et l'on dit :

Si une mère a un fils qui, par crainte d'être vaincu, abandonne sa demeure, elle est appelée femme stérile par les sages.

Et ainsi :

Qu'il ne vive pas, celui qui vit quoique consumé par la douleur d'un affront; puisse-t-il ne pas être né, lui qui cause de l'affliction à sa mère!

Comme le tittibha parlait ainsi et se moquait d'elle, la femelle, qui connaissait sa force réelle, dit : Ceci est vrai et aussi très-juste :

A quoi bon ce fier langage? Tu deviendras ridicule aux yeux du monde, ô roi des oiseaux! Ici-bas, ce qui cause de la surprise, c'est qu'un lièvre prenne des bouchées d'éléphant.

Que peut faire l'Océan? répondit le tittibha.

Lorsque l'Océan entendit cela, il pensa : Ah! voyez l'orgueil de ce chétif oiseau! Et certes on dit ceci avec raison :

Qui peut apaiser l'orgueil que quelqu'un a conçu dans son cœur? Le tittibha dort les pattes en l'air par crainte d'une rupture du ciel.

---

[1] Voy. page 1, note 2.
[2] Il s'agit ici des grosseurs qui surviennent aux tempes de l'éléphant au moment du rut, et d'où s'échappe une liqueur noirâtre.

Aussi, ne serait-ce que par curiosité, il faut que je voie jusqu'où va sa force. Que me fera-t-il si j'emporte ses œufs? L'Océan s'arrêta à cette pensée; puis aussitôt après la ponte, et pendant que la femelle du tittibha était allée chercher sa subsistance, il emporta les œufs sous la feinte apparence du flux. Lorsque la femelle fut revenue et qu'elle vit le nid vide, elle dit, en se lamentant, au tittibha : Ô sot! je t'avais déjà dit que les œufs seraient détruits par le flux de la mer, et que par conséquent il fallait nous en aller plus loin; mais, devenu orgueilleux par sottise, tu ne suis pas mes conseils. Et certes on dit ceci avec raison :

Celui qui, ici-bas, ne suit pas les conseils d'amis bienveillants périt comme la sotte tortue qui tomba d'un morceau de bois.

Comment cela? dit le tittibha. La femelle dit :

XIV. — LA TORTUE ET LES DEUX CYGNES.

Il y avait dans un étang une tortue nommée Kambougrîva[1]. Deux amis de cette tortue, nommés Sankata[2] et Vikata[3], de l'espèce des cygnes, avaient conçu pour elle la plus grande affection. Toujours ils venaient sur le bord de l'étang, racontaient avec elle beaucoup d'histoires de dévarchis[4], de brahmarchis[5] et de râdjarchis[6], et, à l'heure du coucher du soleil, ils regagnaient leur nid. Mais dans le cours du temps, par suite du manque de pluie, cet étang se dessécha peu à peu. Affligés de ce malheur, les deux cygnes dirent : Ô amie! cet étang n'est plus que de la

---

[1] *Qui a le cou tacheté.*
[2] *Petit.*
[3] *Grand.*
[4] Richis ou saints personnages célestes.
[5] Richis de l'ordre brâhmanique.
[6] Richis de la caste royale ou guerrière.

bourbe. Comment donc existeras-tu? L'inquiétude est dans notre cœur. Lorsque Kambougrîva entendit cela, elle dit : Hé! il n'y a pas pour moi possibilité de vivre sans eau. Cependant imaginons un moyen. Et l'on dit :

Pour un ami et pour un parent, le sage fait toujours des efforts énergiques quand des malheurs arrivent : c'est Manou[1] qui a dit ces paroles.

Apportez donc quelque chose, une corde solide, un petit morceau de bois, et cetera, et cherchez un étang qui ait beaucoup d'eau. Ensuite je tiendrai par le milieu le morceau de bois avec mes dents; vous deux, prenez-le par les deux bouts, et menez-moi à cet étang. — Ô amie! répondirent les deux cygnes, nous le ferons; mais il faut que tu observes le vœu de silence; sinon, tu tomberas du morceau de bois, puis tu seras mise en pièces. — Certainement, dit la tortue, je fais vœu de garder le silence à partir de maintenant jusqu'à ce que par un voyage à travers les airs je sois arrivée à cet étang.

On fit ainsi. Kambougrîva, pendant le trajet, aperçut une ville qui se trouvait au-dessous d'elle. Les habitants de cette ville, la voyant ainsi portée, dirent avec étonnement : Ah! quelque chose qui a la forme d'une roue est porté par deux oiseaux! Voyez, voyez! Mais Kambougrîva, lorsqu'elle entendit leur rumeur, parla. Elle voulut dire : Hé! qu'est-ce que cette rumeur? Elle n'avait prononcé que la moitié de ces paroles, quand elle tomba, et fut mise en morceaux par les habitants de la ville.

Voilà pourquoi je dis :

Celui qui, ici-bas, ne suit pas les conseils d'amis bienveillants périt comme la sotte tortue qui tomba d'un morceau de bois.

[1] Voy. page 2, note 1.

Et la femelle du tittibha dit encore :

Anâgatavidhâtri et Pratyoutpannamati virent tous deux s'accroître leur bonheur; Yadbhavichya périt.

Comment cela? dit le tittibha. La femelle raconta :

XV. — LES TROIS POISSONS.

Dans un étang habitaient trois poissons : Anâgatavidhâtri [1], Pratyoutpannamati [2] et Yadbhavichya [3]. Or un jour des pêcheurs qui vinrent virent cet étang et dirent : Ah! cet étang a beaucoup de poissons, et jamais nous n'y avons cherché. Cependant pour aujourd'hui nous avons de quoi subsister, et nous sommes à la brune. Il est donc décidé que nous viendrons ici demain matin.

Lorsque Anâgatavidhâtri eut entendu ces paroles des pêcheurs pareilles à un coup de foudre, il appela tous les poissons et dit ceci : Ah! vous avez entendu ce que les pêcheurs ont dit. Allons donc pendant la nuit dans quelque étang voisin. Et l'on dit :

Les faibles doivent fuir devant un ennemi fort ou se réfugier dans une forteresse : il n'y a pas pour eux d'autre moyen de salut.

Assurément ces pêcheurs viendront ici au matin et détruiront les poissons. C'est ma conviction. Il n'est donc pas bon de rester ici maintenant, même un instant. Et l'on dit :

Les sages qui trouvent même ailleurs un refuge agréable ne voient ni la ruine de leur pays ni la destruction de leur race.

Quand Pratyoutpannamati eut entendu cela, il dit : Ah! tu

---

[1] *Qui pourvoit à l'avenir*, prévoyant.
[2] *Qui a de la présence d'esprit.*
[3] *Qui attend ce qui arrivera*, fataliste.

dis vrai. Moi aussi je le désire. Allons-nous-en donc ailleurs.
Et l'on dit :

Effrayés par la crainte du pays étranger, employant toutes sortes de
ruses, et sans courage, les corbeaux, les poltrons et les daims meurent
dans leur pays[1].

Et en outre :

Celui pour qui il y a partout un refuge, pourquoi se laisse-t-il périr par
attachement pour son pays? C'est le puits de mon père : en disant cela,
les lâches boivent de l'eau saumâtre.

Quand Yadbhavichya entendit cela, il rit tout haut et dit :
Ah! ce que vous avez avisé tous deux n'est pas bon, car, sur
une simple parole de ces pêcheurs, est-il convenable d'abandonner cet étang dont nos pères ont hérité de leurs aïeux? Si
nous devons perdre la vie, nous mourrons même après nous en
être allés ailleurs. Et l'on dit :

Les desseins des serpents et des méchants, qui vivent des défauts[2] d'autrui, ne s'accomplissent pas : c'est à cause de cela que ce monde existe[3].

Ainsi je n'irai pas. Quant à vous, vous ferez ce qui bon vous
semble.

Lorsque Anâgatavidhâtri et Pratyoutpannamati connurent sa
résolution, ils s'en allèrent avec leur suite. Le lendemain matin,
l'étang fut visité avec des filets par les pêcheurs, et tous les poissons de cet étang furent pris avec Yadbhavichya.

Voilà pourquoi je dis :

Anâgatavidhâtri et Pratyoutpannamati virent tous deux s'accroître leur
bonheur; Yadbhavichya périt.

---

[1] Ce sloka est une variante d'une citation qui se trouve plus haut, page 9.

[2] Le mot *tchhidra*, que j'essaye de traduire de mon mieux, a ici le double sens
de *trou* et de *défaut, côté faible*.

[3] Variante d'un sloka déjà cité à la page 40.

Après que le tittibha eut entendu cela, il dit : Ma chère, me crois-tu pareil à Yadbhavichya? Vois donc ma force, car avec mon bec je dessécherai ce méchant Océan. — Ah! dit la femelle, quelle guerre peux-tu avoir avec l'Océan? Ainsi il n'est pas convenable de faire la guerre contre lui. Et l'on dit :

Aux hommes sans force leur colère cause leur malheur : un pot ardent outre mesure brûle principalement ses propres parois.

Le fou qui fait courir les grands chevaux périt par sa propre faute; la lumière allumée ne fait certainement pas à sa volonté un combustible des sauterelles.

Ma chère, dit le tittibha, ne parle pas ainsi. Ceux qui possèdent la force du courage, lors même qu'ils sont très-petits, vainquent les grands. Et l'on dit :

Ceux qui sont impétueux vont en face de l'ennemi quand il est dans toute la plénitude de sa force, comme maintenant encore Râhou[1] se présente en face de la lune.

Et ainsi :

Quoique l'éléphant en rut, des tempes duquel dégoutte un liquide noir, le surpasse en force, le lion lui met la patte sur la tête.

Et en outre :

Lors même que le soleil est dans l'enfance, ses rayons tombent sur les montagnes : pour ceux qui sont nés avec de l'énergie, à quoi sert l'âge?

Et ainsi :

L'éléphant est très-gros, et il obéit à l'aiguillon : est-ce que l'aiguillon est de la taille de l'éléphant? Quand la lampe brûle, l'obscurité s'évanouit : est-ce que l'obscurité est aussi petite que la lampe? Frappées par la foudre, les montagnes tombent : est-ce que la montagne est de la même grandeur que la foudre? Celui dont l'énergie brille est fort; quelle confiance avoir en ce qui est grand?

---

[1] Voy. page 62, note 2.

Ainsi avec ce bec j'amènerai toute son eau à l'état de terre sèche. — Hé, mon cher! dit la femelle, cet Océan où la Djâhnavî[1], après avoir reçu neuf cents rivières, se jette constamment ainsi que le Sindhou[2], cet Océan qui se remplit de dix-huit cents rivières, comment donc avec un bec qui porte une goutte d'eau le dessécheras-tu? Par conséquent à quoi bon des paroles auxquelles on ne peut ajouter foi? — Ma chère, répondit le tittibha :

L'absence de découragement est la racine de la prospérité; mon bec est pareil au fer; les jours et les nuits sont longs : l'Océan ne se desséchera-t-il pas?

Et ainsi :

La supériorité est difficile à acquérir tant que l'homme ne fait pas acte de courage : quand il s'est élevé au-dessus de la Balance, le soleil est vainqueur des multitudes de nuages même[3].

S'il faut nécessairement que tu fasses la guerre avec l'Océan, dit la femelle, appelle donc les autres oiseaux aussi, et fais-la en société d'amis. Car on dit :

L'association de plusieurs, quand même ils sont faibles, donne de la force : avec des herbes est tressée la corde au moyen de laquelle l'éléphant même est attaché.

Et ainsi :

Un moineau femelle, un grimpereau, une mouche et une grenouille

---

[1] Djâhnavî (*fille de Djahnou*), nom du Gange personnifié. Suivant une légende, Djahnou, saint personnage, ayant été troublé dans ses dévotions par le Gange, but toutes les eaux de ce fleuve; mais il les rendit, à la prière de Bhaguiratha, et fut dès lors considéré comme le père du Gange.

[2] L'Indus.

[3] La saison des pluies finit en septembre, quand le soleil entre dans la Balance.

firent périr un éléphant au moyen d'une guerre faite en grande compagnie.

Comment cela ? dit le tittibha. La femelle dit :

XVI. — LE MOINEAU, LE GRIMPEREAU, LA MOUCHE, LA GRENOUILLE ET L'ÉLÉPHANT.

Dans un endroit d'une forêt habitaient deux moineaux, mâle et femelle, qui avaient fait leur nid sur un arbre tamâla[1]. Dans le cours du temps ils eurent de la progéniture. Un jour un éléphant sauvage en rut, tourmenté par la chaleur et cherchant de l'ombre, vint à ce tamâla; puis, dans l'excès de sa fureur, il tira avec le bout de sa trompe la branche de cet arbre sur laquelle les moineaux demeuraient, et la brisa. Par la rupture de cette branche tous les œufs de la femelle du moineau furent cassés, et peu s'en fallut que les deux moineaux ne perdissent la vie. La femelle, chagrine de la destruction de ses œufs, fit des lamentations et ne trouva plus de plaisir. Cependant un oiseau appelé grimpereau, son très-grand ami, entendit ses plaintes, et, affligé de sa douleur, il vint auprès d'elle et lui dit : Vénérable, à quoi bon les lamentations inutiles ? Car on dit :

Les sages ne pleurent pas ce qui est détruit, ce qui est mort, ce qui est perdu, car c'est cela, dit-on, qui fait la différence des sages et des fous.

Et ainsi :

Les êtres ne doivent pas être pleurés ici-bas; le sot qui les pleure trouve chagrin sur chagrin et endure deux maux.

Et en outre :

Comme le mort jouit sans le désirer du flegme des larmes versées par

---

[1] Voy. page 83, note 2.

les parents, il ne faut par conséquent pas pleurer, mais on doit célébrer les rites funéraires autant qu'on peut.

C'est vrai, dit la femelle du moineau; mais pourquoi ce méchant éléphant a-t-il par fureur détruit ma progéniture? Si donc tu es véritablement mon ami, médite un moyen de faire mourir ce vil éléphant, afin que, par la mise à exécution de ce moyen, le chagrin que j'ai de la perte de ma progéniture s'en aille. Et l'on dit :

L'homme qui a récompensé celui qui l'a assisté dans l'infortune et celui qui s'est moqué de lui dans les situations difficiles, est né pour la seconde fois, je crois.

Tu dis vrai, répondit le grimpereau. Et l'on dit :

Celui-là est un ami, qui l'est dans l'infortune, fût-il même né dans une autre caste; dans la prospérité, tout individu peut être l'ami de toutes les créatures.

Et ainsi :

Celui-là est un ami, qui l'est dans l'infortune; celui-là est un fils, qui procure le pardon; celui-là est un serviteur, qui connaît son devoir; celle-là est une épouse, qui donne le bonheur.

Vois donc la force de mon intelligence. Mais de plus j'ai aussi pour amie une mouche nommée Vînâravâ[1]. Je vais aller vers elle et l'appeler, afin que ce vil et méchant éléphant soit tué.

Puis il alla avec la femelle du moineau vers la mouche, et dit : Ma chère, cette femelle de moineau mon amie a été outragée par un méchant éléphant, qui lui a cassé ses œufs. Je cherche un moyen de le faire mourir; veuille donc me prêter

---

[1] *Qui résonne comme la vînâ.*

assistance. — Mon cher, répondit la mouche, qu'est-il besoin de paroles en cette affaire? Car on dit :

C'est en vue de la réciprocité que l'on oblige des amis; mais ce que l'on doit faire pour l'ami d'un ami, les amis ne le font-ils pas?

Cela est vrai; mais moi aussi j'ai un excellent ami, une grenouille nommée Méghanâda [1]. Nous l'appellerons aussi et nous agirons comme il convient. Et l'on dit :

Les conseils imaginés par ceux qui sont bons, vertueux, qui connaissent les saintes Écritures, qui sont intelligents et sages, ne sont en aucune façon douteux.

Puis ils allèrent tous trois auprès de Méghanâda, et lui racontèrent toute l'affaire. Qu'est-ce, dit celle-ci, que ce misérable éléphant en face d'une grande compagnie en colère? Il faut donc exécuter mon conseil. Toi, mouche, va et au milieu du jour fais à l'oreille de cet éléphant furieux un bruit pareil au son de la vînâ [2], afin qu'il ferme les yeux et recherche avec ardeur le plaisir des oreilles. Ensuite le grimpereau lui crèvera les yeux avec son bec. Devenu aveugle et tourmenté par la soif, il entendra mon cri pendant que je serai sur le bord d'une fosse avec ma suite, et, pensant que c'est un étang, il s'approchera. Puis, quand il sera arrivé à la fosse, il tombera et périra. Il faut agir ainsi d'ensemble, de façon que notre inimitié soit couronnée de succès.

Après que cela fut fait, l'éléphant en rut ferma les yeux de plaisir au chant de la mouche; il eut les yeux détruits par le grimpereau, et comme, au milieu du jour, il errait tourmenté par la soif et suivait le cri de la grenouille, il arriva à une grande fosse, y tomba et mourut.

[1] *Qui retentit comme un nuage.*
[2] Voy. page 25, note 1.

Voilà pourquoi je dis :

Un moineau femelle, un grimpereau, une mouche et une grenouille firent périr un éléphant au moyen d'une guerre faite en grande compagnie.

Ma chère, dit le tittibha, qu'il en soit ainsi! Avec l'aide de tous mes amis je dessécherai l'Océan. Cette résolution prise, il convoqua tous les oiseaux, grues, sârasas[1], cygnes, paons, et cetera, et dit : Hé! l'Océan m'a outragé en me ravissant mes œufs. Méditons donc un moyen de le dessécher.

Ensuite tous les oiseaux délibérèrent ensemble, et dirent : Nous ne sommes pas capables de dessécher l'Océan. Par conséquent, à quoi bon se fatiguer en vain? Et l'on dit :

Le faible qui, fou d'orgueil, va contre un ennemi très-grand, pour combattre, revient comme un éléphant qui a les dents brisées.

Le fils de Vinatâ[2] est notre souverain : faisons-lui donc connaître tout cet affront, afin que, irrité de l'outrage commis envers son espèce, il tombe dans le désespoir. Mais si dans cette circonstance il montre de la fierté, de cette façon même il n'y a pas de mal. Car on dit :

Quand on a conté sa peine à un ami dont le cœur n'est pas dissimulé, à un serviteur vertueux, à une épouse complaisante, à un maître puissant, on est heureux[3].

Après que cela fut fait, tous les oiseaux, avec la figure triste et les yeux pleins de larmes, allèrent, en poussant un cri d'affliction, vers le fils de Vinatâ, et se mirent à sangloter : Ah! profanation! profanation! L'Océan vient d'emporter les œufs du vertueux tittibha, bien que tu sois notre maître. Par consé-

---

[1] Espèce de grue ou de héron, *Ardea Sibirica*. *Ardea Antigone*.
[2] Voy. page 63, note.
[3] Stance déjà citée; voy. page 24.

quent la race des oiseaux est perdue maintenant. D'autres aussi la tueront selon leur bon plaisir, comme l'Océan. Et l'on dit :

Quand il a vu la mauvaise action de l'un, l'autre aussi en fait une : le monde est imitateur, le monde ne vise pas à ce qui est excellent.

Et ainsi :

Les sujets qui ont à souffrir des fripons, des voleurs, des coquins, des brigands et autres gens de même espèce, et aussi de la fourberie, de la fraude et autres choses pareilles, doivent être protégés.

Et en outre :

Un roi qui protége ses sujets a pour lui la sixième partie de leur vertu; mais il y a un sixième de leur iniquité pour celui qui ne les protége pas.

Le feu né de l'ardeur de la souffrance des sujets ne cesse qu'après avoir consumé la fortune, la famille et la vie du roi.

Un roi est le parent de ceux qui sont sans parents, un roi est l'œil de ceux qui n'ont pas d'yeux, un roi est le père et la mère de tous ceux qui se conduisent honnêtement.

Qu'un prince qui désire du fruit s'applique à soigner les hommes avec l'eau des présents, de la considération, et cetera, comme un jardinier, ses jeunes pousses.

Une petite pousse née d'une semence, si elle est conservée avec soin, donne des fruits dans son temps: il en est de même du monde, quand il est bien gouverné.

Or, grain, pierres précieuses, véhicules de diverses espèces et aussi toute autre chose qu'a un roi, cela lui vient des sujets [1].

Après avoir entendu cela, Garouda [2], affligé de la douleur du tittibha et saisi de colère, pensa : Ah! ces oiseaux disent vrai. Aussi nous irons aujourd'hui dessécher cet Océan. Pendant qu'il réfléchissait ainsi, un messager de Vichnou [3] vint à lui et dit :

---

[1] Ce sloka et les deux qui précèdent ont été déjà cités plus haut, page 72.
[2] Voy. page 58, note 1.
[3] Voy. page 55, note 3.

Hé, Garouda ! le vénérable Nârâyana[1] m'envoie auprès de toi
te dire que le vénérable ira à Amarâvatî[2] pour affaire des
dieux. Viens donc vite.

Quand Garouda eut entendu cela, il lui dit avec arrogance :
Ô messager ! que fera le vénérable d'un méprisable serviteur
comme moi ? Va donc et dis-lui qu'il prenne un autre serviteur
à ma place pour le porter. Tu diras au vénérable que je le salue.
— Ô fils de Vinatâ ! répondit le messager, jamais tu n'as dit au
vénérable rien de pareil. Parle donc. le vénérable t'a-t-il fait
quelque affront ? — L'Océan, dit Garouda, qui est la demeure
du vénérable, a ravi les œufs de mon serviteur le tittibha. En
conséquence, si le vénérable ne le punit pas, je ne suis plus son
serviteur : c'est ma résolution ; tu la diras. Va donc bien vite
auprès du vénérable.

Puis, lorsque par la bouche du messager le vénérable sut que
le fils de Vinatâ était irrité par affection, il pensa : La colère du
fils de Vinatâ est juste. Aussi j'irai moi-même l'exhorter et je
l'amènerai avec respect. Et l'on dit :

Qu'il ne méprise pas un serviteur dévoué, capable et de bonne famille
et qu'il le chérisse toujours comme un fils, celui qui désire le bonheur pour
lui-même.

Et en outre :

Un roi, lors même qu'il est content de ses serviteurs. ne leur donne que
de l'estime ; mais ceux-ci. quand ils sont estimés de lui. rendent service aux
dépens de leur vie même[3].

Après avoir ainsi réfléchi, il alla vite à Roukmapoura[4] auprès

---

[1] Voy. page 60, note 1.
[2] *Qui renferme les immortels*, ville des dieux et résidence d'Indra.
[3] Variante d'un sloka déjà cité à la page 23.
[4] *La ville d'or*.

du fils de Vinatâ. Le fils de Vinatâ, quand il vit le vénérable venir à sa maison, baissa modestement le visage, s'inclina et dit : Vénérable, vois! l'Océan, fier de ce qu'il est la demeure, a ravi les œufs de mon serviteur et m'a traité avec mépris. Par crainte du vénérable, j'ai tardé; sinon, je l'amènerais aujourd'hui même à l'état de terre ferme. Car on dit :

Une action qui cause de l'avilissement ou de l'affliction dans le cœur du maître, un serviteur bien né ne la fait jamais, dût-il même perdre la vie.

Lorsque le vénérable eut entendu cela, il dit : Ô fils de Vinatâ! tu as dit vrai. Car on dit :

Comme la punition qu'engendre la faute d'un serviteur vient du maître, la honte même qui en résulte est pour lui et non pas tant pour le serviteur.

Viens donc, que nous prenions les œufs à l'Océan, que nous les donnions au tittibha et que nous allions à Amarapourî[1].

Après que cela fut fait, le vénérable dit à l'Océan, en le menaçant et en mettant une flèche enflammée à son arc : Hé, méchant! donne les œufs au tittibha; sinon, je te réduirai à l'état de terre ferme. L'Océan, effrayé, donna les œufs au tittibha, et le tittibha les remit à son épouse.

Voilà pourquoi je dis :

Celui qui, sans connaître la force de l'ennemi, commence les hostilités, éprouve un affront comme l'Océan de la part du tittibha.

Lorsque Sandjîvaka eut entendu cela, il demanda encore à Damanaka : Ô ami! comment reconnaîtrai-je qu'il a de mauvaises intentions? Depuis si longtemps il me regarde avec une affection et une faveur de plus en plus grandes! jamais je n'ai

---

[1] *Ville des immortels*, ou Amarâvati.

vu de changement en lui. Dis-le-moi donc, afin que, pour ma propre conservation, je tâche de le tuer. — Mon cher, répondit Damanaka, qu'y a-t-il là à reconnaître? Voici ce qui t'en assurera. Si, quand il te verra, il a les yeux rouges, s'il a un froncement de sourcil en forme de trident et s'il lèche les coins de sa gueule, alors il a de mauvaises intentions; autrement, il est favorablement disposé. Permets-moi donc de m'en aller, je retourne à ma demeure, et toi tu feras en sorte que la délibération ne soit pas découverte. Si, dès le commencement de la nuit, tu peux t'en aller, alors il faut abandonner le pays. De cette façon tu dois te sauver par la douceur, par la dissension, par la corruption, par le châtiment, et cetera. Car on dit :

Que le sage préserve sa vie même au prix de son fils et de sa femme, car en conservant leurs jours les vivants retrouvent tout.

Et ainsi :

Si l'on est malheureux, qu'on se sauve par n'importe quel moyen, bon ou mauvais; si l'on est puissant, qu'on pratique la vertu.

Le sot qui a recours à l'artifice quand il s'agit du sacrifice de la vie, des richesses et autres choses, perd la vie; quand il l'a perdue, le reste aussi est perdu pour lui.

Après avoir ainsi parlé, Damanaka alla auprès de Karataka. Karataka, lorsqu'il le vit, dit : Mon cher, qu'as-tu fait en allant là? Damanaka répondit : Je n'ai fait que semer une semence de politique; pour la suite, cela dépend de l'ordre du destin. Et l'on dit :

Quand même le destin est contraire, il faut qu'ici-bas le sage fasse ce qu'il doit faire, afin qu'il soit exempt de faute et que son esprit reste ferme.

Dis donc, reprit Karataka, quelle semence de politique as-tu semée? Damanaka répondit : Je les ai, par des propos mensongers, brouillés l'un avec l'autre à tel point que tu ne les verras plus délibérer ensemble. — Ah! dit Karataka, tu n'as pas bien fait, car tu as jeté dans une mer de colère ces deux êtres qui avaient le cœur plein d'une tendre affection l'un pour l'autre, et vivaient heureux. Et l'on dit :

L'homme qui pousse dans la voie du malheur un homme heureux et sans embarras sera certainement malheureux dans toutes ses renaissances.

En outre, que tu n'éprouves de plaisir qu'à semer la discorde, cela non plus n'est pas convenable; car tout le monde est capable de faire le mal, mais non de faire le bien. Et l'on dit :

L'homme vil sait assurément détruire l'œuvre d'autrui, mais non l'achever : le vent a la force de faire tomber l'arbre, mais non de le relever.

Hé! dit Damanaka, tu ne connais pas la science de la politique; voilà pourquoi tu parles ainsi. Et l'on dit :

Celui qui désire son bien ne doit pas dédaigner un ennemi qui s'élève; car, des hommes éminents l'ont dit plus d'une fois, la maladie et l'ennemi se ressemblent et cherchent tous deux à grandir [1].

Sandjîvaka est devenu notre ennemi, puisqu'il nous a pris la place de ministre. Et l'on dit :

Celui qui, ici-bas, veut s'emparer de la position dont un autre a hérité de ses ancêtres est son ennemi naturel; il faut l'exterminer, quand même on a de l'amitié pour lui.

Dès que, sans être ami ni ennemi, je l'ai amené par une promesse de sûreté, il m'a fait tomber de la place de ministre. Et certes on dit ceci avec raison :

Si l'homme de bien donne au méchant l'entrée dans le lieu qu'il occupe, alors celui-ci, dès qu'il veut, est par lui-même fort pour le perdre. Par con-

---

[1] La même idée est exprimée dans le dernier sloka de la page 74.

séquent les hommes de grande intelligence ne doivent pas donner place aux gens vils : un galant même peut devenir maître de maison, dit ici un proverbe.

A cause de cela, j'ai machiné contre lui ce moyen de le faire périr, afin qu'il abandonne le pays ou qu'il meure. Et cela, personne excepté toi ne le saura. C'est donc une bonne chose que je fais pour notre propre intérêt. Car on dit :

Rendant son cœur sans pitié et sa voix pareille au jus de la canne à sucre, on ne doit pas montrer là d'hésitation, et il faut tuer celui qui fait du mal.

En outre, si ce Sandjîvaka est tué, il nous servira de nourriture. Ainsi d'abord l'inimitié sera satisfaite ; de plus, nous aurons la place de ministre et nous serons rassasiés. Lors donc que ces trois avantages se rencontrent, pourquoi me fais-tu sottement des reproches ? Car on dit :

Le sage serait un sot s'il ne mangeait pas en faisant du mal à son ennemi et en accomplissant son désir, comme Tchatouraka dans la forêt.

Comment cela ? dit Karataka. Damanaka dit :

XVII. — LE LION, LE CHACAL, LE LOUP ET LE CHAMEAU.

Il y avait dans un endroit d'une forêt un lion nommé Vadjradanchtra[1]. Un chacal et un loup, nommés Tchatouraka[2] et Kravyamoukha[3], ses deux serviteurs, l'accompagnaient toujours et habitaient dans cette même forêt. Or un jour le lion trouva assise dans un massif de la forêt une chamelle qui, près de mettre bas, s'était, à cause des douleurs de la parturition, écartée

---

[1] Qui a des dents comme du diamant.
[2] Rusé.
[3] Qui a une gueule de viande, c'est-à-dire qui aime la viande.

de son troupeau. Lorsque, après l'avoir tuée, il lui fendit le ventre, un petit chameau vivant en sortit. Le lion se rassasia très-bien avec la chair de la chamelle: mais par bonté il emmena à sa demeure le jeune chameau abandonné, et lui dit : Mon cher, tu n'as à craindre la mort ni de ma part ni d'un autre non plus. Cours donc çà et là, selon ton bon plaisir, dans cette forêt, chéri de Tchatouraka et de Kravyamoukha. Comme tes oreilles ressemblent à des piques, Sankoukarna [1] sera ton nom.

Après que cela fut fait, ils passèrent tous quatre le temps à se promener dans le même lieu et à jouir mutuellement du plaisir de toutes sortes d'entretiens. Sankoukarna, dès qu'il eut atteint l'âge de l'adolescence, ne quitta pas le lion, même un instant. Mais un jour Vadjradanchtra se battit avec un éléphant en rut. Celui-ci, par la force que lui donnait sa fureur, lui cribla le corps de blessures à coups de défenses, au point que peu s'en fallut qu'il ne fût inévitablement tué. Comme ensuite, avec le corps déchiré de coups, il ne pouvait se remuer, alors, le gosier amaigri par la faim, il dit à ses serviteurs : Hé ! cherchez quelque animal, afin que, quoique je sois dans cette situation, je le tue, et que j'apaise ma faim et la vôtre.

Quand ils eurent entendu cela, ils coururent tous trois çà et là dans la forêt jusqu'à la brune; mais ils ne trouvèrent aucun animal. Or Tchatouraka pensa : Si ce Sankoukarna est tué, alors nous aurons tous de quoi nous rassasier pendant quelques jours; mais le maître, par amitié pour ce chameau et parce que celui-ci est sous sa protection, ne le fera pas mourir. Cependant par la force de mon intelligence j'instruirai le maître, et je ferai de telle sorte qu'il le tuera. Et l'on dit

Il n'est rien dans le monde d'indestructible, ni d'impossible à atteindre,

---

[1] *Qui a des oreilles comme des piques.*

ni d'impraticable pour l'intelligence des sages; par conséquent, qu'on fasse usage de l'intelligence.

Après avoir ainsi réfléchi, il dit ceci à Sankoukarna : Hé, Sankoukarna! le maître, faute d'une bonne nourriture, est pourtant tourmenté par la faim. Si nous n'avons plus de maître, notre perte à nous aussi arrive d'elle-même. En conséquence, je dirai un mot pour le bien du maître. Écoute donc. — Hé, mon cher! dit Sankoukarna, conte-moi cela bien vite, afin que sans balancer je fasse ce que tu diras. D'ailleurs, en agissant pour le bien du maître j'aurai fait cent bonnes œuvres. — Hé, mon cher! dit Tchatouraka, donne ton corps au maître, à la condition de le recouvrer double, de façon que tu aies un double corps et que, d'un autre côté, le maître ait de quoi subsister. Lorsque Sankoukarna eut entendu cela, il dit : Mon cher, si c'est ainsi, alors c'est bien mon intention. Que l'on dise donc au maître : Que cela soit fait. Mais dans cette affaire il faut demander Dharma[1] pour caution.

Cette résolution prise, ils allèrent tous auprès du lion. Puis Tchatouraka dit : Majesté, pas un animal n'a été pris aujourd'hui, et le vénérable soleil est couché. Si donc vous rendez au double le corps de Sankoukarna, avec Dharma pour caution, alors il donne son corps. — Si c'est ainsi, dit le lion, c'est très-beau. Que Dharma soit rendu caution de ce marché. Aussitôt après les paroles du lion, Sankoukarna eut le ventre déchiré par le loup et le chacal, et mourut. Ensuite Vadjradanchtra dit à Tchatouraka : Hé, Tchatouraka! je vais à la rivière, et, après m'être baigné et avoir fait mes dévotions, je reviens; jusque-là tu feras bonne garde ici. Après qu'il eut ainsi parlé, il alla à la rivière. Quand il fut parti, Tchatouraka

---

[1] Voy. page 50, note 2.

pensa : Comment pourrai-je avoir à manger à moi seul ce chameau ? Après avoir ainsi réfléchi, il dit à Kravyamoukha : Hé, Kravyamoukha ! tu es un affamé ; par conséquent, tant que le maître ne revient pas, mange de la chair de ce chameau. Je te déclarerai innocent devant le maître. Mais comme le loup, après avoir entendu cela, goûtait un peu de chair, Tchatouraka dit : Hé, hé, Kravyamoukha ! le maître vient. Laisse donc ce chameau et éloigne-toi, afin qu'il ne se doute pas qu'on en a mangé.

Après que cela fut fait, le lion arriva. Quand il regarda le chameau, celui-ci n'avait plus de cœur. Alors il fronça le sourcil et dit d'un ton très-sévère : Ah ! qui a fait de ce chameau un reste, que je le tue aussi ? Après ces paroles du lion, Kravyamoukha regarda la gueule de Tchatouraka, comme pour lui dire : Dis donc quelque chose, afin que j'aie la tranquillité. Mais Tchatouraka dit en riant : Hé ! après avoir devant moi mangé le cœur du chameau, maintenant tu regardes ma gueule. Goûte donc le fruit de l'arbre de ta mauvaise conduite. Après avoir entendu cela, Kravyamoukha, par crainte pour sa vie, alla dans un autre pays, pour ne plus revenir, et le lion resta là. Cependant le destin voulut que par ce chemin même vînt une grande caravane de chameaux, chargée de fardeaux. Au cou du chameau qui marchait en tête était attachée une grosse clochette. Le lion entendit le son de cette clochette, quoique de loin, et dit à Tchatouraka : Mon cher, tâche de savoir pourquoi l'on entend ce son effrayant, qui ne s'est pas encore fait entendre. A ces mots, Tchatouraka alla un peu dans l'intérieur de la forêt, revint vite auprès du lion, et dit vivement : Maître, allez-vous-en, allez-vous-en, si vous pouvez vous en aller. — Mon cher, dit le lion, pourquoi m'alarmes-tu ainsi ? Parle donc, qu'est-ce que c'est ? — Maître, répondit

Tchatouraka, c'est Dharmarâdja [1] qui est en colère contre vous. Puisque, dit-il, ce lion a tué mon chameau mal à propos, après m'avoir donné pour caution, je lui prendrai mille fois mon chameau. Après avoir décidé cela, il a pris un grand nombre de chameaux, a attaché une clochette au cou du chameau qui marche en tête, et menant avec lui les amis dévoués que tenait de ses aïeux le chameau qu'il ne fallait pas tuer, il vient pour exercer des représailles. Le lion, quand il vit tout cela de loin, laissa le chameau mort et disparut par crainte pour sa vie, et Tchatouraka mangea tout à son aise la chair du chameau.

Voilà pourquoi je dis :

Le sage serait un sot s'il ne mangeait pas en faisant du mal à son ennemi et en accomplissant son désir, comme Tchatouraka dans la forêt.

Lorsque Damanaka fut parti, Sandjîvaka réfléchit : Ah ! qu'ai-je fait d'avoir, moi mangeur d'herbe, accepté l'amitié d'un mangeur de viande ? Et certes on dit ceci avec raison :

L'homme qui va vers ce dont il ne faut pas approcher, et qui honore ceux qui ne doivent pas être honorés, reçoit la mort comme la mule conçoit un fœtus [2].

Que dois-je donc faire ? Où dois-je aller ? Comment aurai-je la tranquillité ? Ou bien dois-je suivre ce Pingalaka ? Peut-être m'épargnera-t-il si je me mets sous sa protection, et ne m'ôtera-t-il pas la vie. Car on dit :

Si ici-bas à ceux même qui s'efforcent d'atteindre à la vertu il survient quelquefois des infortunes par l'effet du destin, alors les sages doivent principalement régler leur conduite de manière à les alléger. Car dans ce monde tout entier est devenu célèbre ce proverbe : A ceux qui sont brûlés par le feu l'aspersion même avec le feu fait du bien.

[1] Nom de Yama.
[2] C'est-à-dire un fœtus qui lui donne la mort.

Et ainsi :

Et, dans le monde, les créatures obtiennent toujours le fruit mûr de leurs propres actions; lors même qu'elles font le bien, le bonheur et le malheur qu'elles ont gagnés dans une vie antérieure, et qui doivent leur arriver d'eux-mêmes, leur arrivent : il n'y a pas là motif de discussion.

D'ailleurs, si même je m'en vais autre part, je trouverai la mort auprès de quelque méchant animal carnassier. Il vaut donc mieux que ce soit par le lion. Et l'on dit :

Pour celui qui combat contre des puissants le malheur même est très-honorable; il est glorieux pour les éléphants de se briser les dents en déchirant la montagne.

Et ainsi :

En trouvant sa perte par le moyen d'un puissant, celui même qui est petit arrive à la gloire, comme l'abeille qui, avide d'exsudation, est tuée par l'oreille de l'éléphant.

Lorsqu'il eut pris cette résolution, il s'en alla tout doucement avec une démarche chancelante, et quand il vit la demeure du lion, il déclama : Ah! on dit ceci avec raison :

Pareille à une maison où sont cachés des serpents, à une forêt troublée par des animaux rapaces, à un lac ombragé de beaux lotus et rempli d'alligators, ici-bas la maison des rois, entourée d'une foule de gens méchants, menteurs, vils et méprisables, est traversée avec peine et avec crainte comme l'Océan.

Pendant qu'il récitait cela, il vit Pingalaka dans l'état décrit par Damanaka. Effrayé et resserrant son corps, il s'assit le plus loin possible, sans saluer. Pingalaka, de son côté, quand il le vit dans cette attitude, crut ce que lui avait dit Damanaka, et se jeta sur lui de colère. Cependant Sandjîvaka, dont le corps était déchiré par les griffes aiguës de Pingalaka, lui écorcha le ventre avec ses cornes recourbées en arrière, et se débarrassa de lui comme il put. Puis, voulant le tuer avec ses cornes, il se remit en position pour combattre. Lorsque Karataka vit ces deux ennemis pareils à des palâsas¹ en fleur et désireux de se tuer l'un l'autre, il dit avec reproche à Damanaka : Hé, fou! tu n'as pas bien fait d'engendrer l'inimitié entre eux deux, car tu as jeté le trouble dans toute cette forêt. Ainsi tu ne connais pas le principe essentiel de la politique. Et ceux qui connaissent la politique ont dit :

> Ceux qui, habiles en politique, arrangent, par l'amabilité et la douceur, des affaires qui ont pour résultat ordinaire la violence et le châtiment le plus grand, et dont on ne vient à bout qu'à force de peine, ceux-là sont des ministres ; mais ceux qui, contrairement à la règle, désirent obtenir de vains et faibles avantages par l'emploi du châtiment, ceux-là, par leur conduite impolitique, sont cause que la fortune du souverain est mise dans la balance².

Si donc le maître est blessé, alors qu'aura fait la sagesse de tes conseils ? Et que Sandjîvaka ne soit pas tué, est-ce cependant une chose impossible, puisqu'il faut risquer sa vie pour le tuer ? Ainsi, sot que tu es, comment peux-tu désirer la place de ministre ? Tu ne connais pas l'art de mener les choses à bonne fin par la douceur. Aussi c'est en vain que tu as ce désir, toi qui aimes le châtiment. Et l'on dit :

> La politique a pour commencement la douceur et pour fin le châtiment. a dit Swayambhou³ ; mais le châtiment est la pire de ces choses : par conséquent, que l'on s'abstienne du châtiment.

Et ainsi :

> Là où l'on peut réussir par la douceur, le sage ne doit pas employer le

---

¹ Palâsa, arbre à fleurs rouges, *Butea frondosa*.
² C'est-à-dire mise en danger.
³ Nom de Manou. Voy. page 2, note 1.

châtiment. Si la bile est apaisée par le sucre terré, qu'est-il besoin du concombre[1] ?

Et ainsi :

Les habiles en affaires doivent traiter une affaire d'abord par la douceur, car les actes accomplis par la douceur ne vont pas à la ruine.

Et en outre :

Ce n'est ni par la lune, ni par une herbe, ni par le soleil, ni par le feu, mais bien par la douceur, qu'est détruite l'affliction produite par l'ennemi.

Ainsi, que tu désires la place de ministre, cela non plus n'est pas convenable, puisque tu ne sais pas ce qu'est la condition de ministre. Car la délibération est de cinq espèces; c'est à savoir : le moyen d'entreprendre les actes, l'accroissement des biens humains, la distribution du lieu et du temps, la précaution prise contre l'infortune, et l'accomplissement de ce qu'on veut faire. Voici qu'il va arriver un malheur au maître ou au ministre, ou même à tous les deux. Si donc tu peux quelque chose, médite un moyen de prévenir ce malheur. Car c'est dans la réconciliation de ceux qui sont divisés que l'on éprouve l'intelligence des conseillers. Ignorant, tu es incapable de faire cela, parce que tu as l'intelligence à l'envers. Et l'on dit :

L'homme vil sait assurément détruire l'œuvre d'autrui, mais non l'achever : le rat a la force de faire tomber un panier à grain, mais non de le lever[2].

Mais ce n'est pas ta faute; c'est la faute du maître, qui ajoute foi aux paroles d'un sot comme toi. Et l'on dit :

---

[1] *Patola*, espèce de concombre, *Trichosanthes diœca*, ou *Luffa acutangula*. On l'emploie comme remède contre les maladies de la bile.
[2] Variante d'une stance déjà citée à la page 114.

Les rois qui suivent les gens vils et ne vont pas par le chemin qu'enseignent les sages, entrent dans un dédale d'infortunes d'où l'on ne sort que par des sentiers difficiles et qui est tout étroit.

Si donc tu deviens son ministre, alors personne autre qui soit honnête ne viendra auprès de lui. Et l'on dit :

On n'approche pas d'un roi, même plein de mérite, s'il a un mauvais ministre, de même que d'un étang dont l'eau est douce et claire, mais qui est infesté de méchants alligators.

Et ainsi, privé de serviteurs distingués, le maître sera perdu. Et l'on dit :

Quand les rois trouvent du plaisir avec des serviteurs qui tiennent toutes sortes de beaux discours, mais qui ne se servent pas bravement de l'arc, les ennemis trouvent du plaisir avec leur fortune.

Aussi à quoi bon un conseil à un fou comme toi ? Ce ne serait qu'un mal, non un bien. Et l'on dit :

Un bois inflexible ne se courbe pas; un rasoir n'a pas d'action sur une pierre. Considère Soûtchîmoukha : on n'enseigne pas celui qui ne veut pas être instruit.

Comment cela ? dit Damanaka. Karataka dit :

XVIII. — LES SINGES ET L'OISEAU.

Il y avait dans un endroit d'une montagne une troupe de singes. Un jour, dans la saison d'hiver, ces singes tremblaient de tout leur corps par suite d'un vent très-rude qui soufflait contre eux; ils étaient frappés par la chute d'une forte averse de pluie violente et de neige, et ne trouvaient aucun repos. Or quelques singes amassèrent des fruits de goundjâ[1], pareils à des étincelles de feu, se mirent tout autour et soufflèrent par désir

---

[1] Voy. page 52, note.

d'avoir du feu. Cependant un oiseau nommé Soûtchîmoukha[1], voyant la peine inutile qu'ils prenaient, dit : Hé! vous êtes tous des fous. Ce ne sont pas des étincelles de feu; ce sont des fruits de goundjà. Par conséquent, à quoi bon vous fatiguer en vain? Avec cela vous ne vous préserverez pas du froid. Cherchez donc quelque endroit de la forêt abrité contre le vent, ou une caverne, ou une grotte de montagne. Aujourd'hui encore se montrent de gros nuages. Alors un vieux singe d'entre ceux-ci lui dit : Hé, sot! qu'est-ce que cela te fait? Tais-toi donc. Et l'on dit :

Que celui qui a du jugement n'adresse pas la parole à quelqu'un souvent arrêté dans ses occupations, à un joueur qui a perdu, s'il désire son propre bonheur.

Et ainsi :

Le fou qui adresse la parole à un chasseur qui s'est donné une peine inutile, à un sot qui est dans le malheur, s'attire un affront.

Mais l'oiseau, sans faire cas de lui, répétait continuellement aux singes : Hé! à quoi bon une peine inutile? Et comme il ne cessait nullement de parler, un singe, en colère de s'être fatigué en vain, le prit par les ailes et le frappa contre un roc, et l'oiseau mourut.

Voilà pourquoi je dis :

Un bois inflexible ne se courbe pas; un rasoir n'a pas d'action sur une pierre. Considère Soûtchîmoukha : on n'enseigne pas celui qui ne veut pas être instruit.

Et ainsi :

En effet, un avis irrite les sots et ne les calme pas : le lait bu par des serpents ne fait qu'augmenter leur venin.

---

[1] Qui a le bec comme une aiguille.

Et en outre :

Il ne faut pas donner un avis à tout individu quel qu'il soit. Vois : un sot singe priva de maison celle qui avait une belle maison.

Comment cela? dit Damanaka. Karataka dit :

XIX. — LE PASSEREAU ET LE SINGE.

Il y avait dans un endroit d'une forêt un arbre samî[1]. Sur une branche pendante de cet arbre avait établi sa demeure et habitait un couple de passereaux des bois. Or un jour qu'ils étaient là agréablement, un nuage d'hiver se mit à répandre la pluie doucement sans cesser. Cependant un singe qui, frappé par le vent et l'averse, avait le corps hérissé, jouait de la vînâ des dents[2] et tremblait, vint au pied du samî et s'assit. Quand la femelle du passereau le vit dans cet état, elle lui dit : Hé, mon cher !

Pourvu de mains et de pieds, tu as l'aspect et la figure d'un homme : tu es brisé par le froid, sot ! pourquoi ne te construis-tu pas une maison?

Lorsque le singe entendit cela, il lui dit avec colère : Vile femelle, pourquoi n'observes-tu pas le silence ? Ah ! l'impudence qu'elle a ! Parce qu'elle possède une maison, elle se moque de moi. Car

La méchante femelle d'oiseau, la veuve qui parle en savante, ne craint rien en babillant : pourquoi donc ne la tué-je pas?

Après avoir ainsi parlé, il lui dit : Imbécile ! qu'as-tu besoin de t'inquiéter de moi? Et l'on dit :

Ici-bas un sage doit parler quand on le questionne avec confiance; parler sans être interrogé, c'est comme si l'on pleurait dans une forêt.

---

[1] Samî ou Saen (vulg.), *Mimosa albida*, *Acacia Suma*.
[2] C'est-à-dire dont les dents claquaient. Sur la vînâ, voy. page 25, note 1.

Bref, dès que ce singe fut interpellé par cette femelle fière de son nid, il grimpa sur le samî et brisa son nid en cent morceaux.

Voilà pourquoi je dis :

Il ne faut pas donner un avis à tout individu quel qu'il soit. Vois : un sot singe priva de maison celle qui avait une belle maison.

Ainsi, sot que tu es, quoique instruit par de respectables maîtres, tu n'as rien appris; ou plutôt ce n'est pas ta faute, car l'instruction profite et donne du mérite au bon, non au méchant. Et l'on dit :

Que fait le savoir s'il est placé en lieu non convenable? Il est comme une lampe posée dans une cruche couverte d'obscurité[1].

Aussi, comme tu as acquis un savoir inutile et que tu n'écoutes pas mes paroles, tu ne connais pas même ta propre tranquillité. Tu es donc sûrement un inférieurement né. Et l'on dit :

Ceux qui connaissent l'Écriture doivent savoir qu'il y a dans ce monde le fils né, le fils également né, le fils supérieurement né et le fils inférieurement né.

Le fils né a les mêmes qualités que la mère; le fils également né ressemble au père; le fils supérieurement né le surpasse; le fils inférieurement né est l'inférieur des inférieurs.

Et l'on dit : Râma[2] ne connaît pas la gazelle d'or[3]. Et en outre :

Il ne s'inquiète pas même de sa propre perte le méchant qui se réjouit

---

[1] Dont les parois sont opaques et ne laissent pas passer la lumière.

[2] Roi d'Ayodhyâ, que les Hindous honorent comme une incarnation de Vichnou. Il fit la conquête de Lankâ ou Ceylan. Ses exploits ont été célébrés par Valmîki, l'auteur du *Râmâyana*.

[3] Voy. ci-après, page 141, note 2.

du malheur d'autrui : souvent, au commencement d'une bataille, quand la tête périt le tronc danse.

Ah! on dit ceci avec raison :

Dharmabouddhi et Koubouddhi me sont tous deux connus : le fils, par son savoir inutile, fit tuer le père au moyen de la fumée.

Comment cela? dit Damanaka. Karataka dit :

XX. — L'HONNÊTE HOMME ET LE FRIPON.

Dans un endroit habitaient deux amis, Dharmabouddhi[1] et Pâpabouddhi[2]. Un jour Pâpabouddhi pensa : Je suis pourtant un sot et je suis affligé de pauvreté. Aussi j'irai en pays étranger; j'emmènerai ce Dharmabouddhi; avec son assistance j'acquerrai de la richesse, je le tromperai et je deviendrai heureux. Un autre jour, il dit à Dharmabouddhi : Hé, ami! dans la vieillesse, de quelle action de toi te souviendras-tu? N'ayant pas vu de pays étranger, quelle nouvelle raconteras-tu aux enfants? Et l'on dit :

Celui qui n'a pas connu en pays étrangers divers idiomes, costumes, et cetera, en parcourant la surface de la terre, n'a pas profité du fruit de la naissance.

Et ainsi :

L'homme n'acquiert pas complétement la science, la richesse ni l'art, tant qu'il ne parcourt pas gaiement la terre d'un pays à un autre pays.

Dharmabouddhi, dès qu'il eut entendu ces paroles de son ami, prit congé de ses aînés, et, au jour favorable, partit joyeux avec lui en pays étranger. Là, grâce à la capacité de Dharma-

[1] *Celui qui a des sentiments honnêtes.*
[2] *Celui qui a de mauvais sentiments.*

bouddhi, Pâpabouddhi aussi, en voyageant, acquit une plus grande richesse. Puis les deux amis, après avoir gagné une grande fortune, retournèrent chez eux avec joie et impatience. Car on dit :

Pour ceux qui ont acquis science, richesse et art, et qui demeurent en pays étranger, la distance même d'un krosa[1] est comme cent yodjanas[2].

Lorsque Pâpabouddhi fut près de sa demeure, il dit à Dharmabouddhi : Mon cher, il n'est pas convenable de rapporter toute cette richesse à la maison, car la famille et les parents en demanderont. Enfouissons-la donc quelque part ici dans l'épaisseur de la forêt, prenons-en une petite partie et entrons à la maison. Si besoin est, nous reviendrons ensemble et nous emporterons de ce lieu seulement ce qu'il nous faudra. Et l'on dit :

Que le sage ne fasse voir à personne sa richesse, si petite qu'elle soit, car à la vue de la richesse le cœur d'un ascète même est ému.

Et ainsi :

Comme la viande est mangée dans l'eau par les poissons, par les bêtes sauvages sur terre, et dans l'air par les oiseaux, ainsi le riche est mangé partout.

Quand Dharmabouddhi eut entendu cela, il dit : Mon cher, faisons donc ainsi. Après que cela fut fait, ils allèrent tous deux à leur maison et vécurent heureux. Mais un jour Pâpabouddhi alla pendant la nuit dans la forêt, prit tout le trésor, remplit le trou et retourna à sa demeure. Puis un autre jour il alla trouver Dharmabouddhi et lui dit : Ami, nous avons tous

---

[1] Ou kos, mesure de distance à peu près égale à deux milles anglais.
[2] Mesure de distance égale à quatre krosas. Suivant quelques calculs, le yodjana ne comprendrait que cinq milles, et même quatre milles et demi.

deux une nombreuse famille, et nous souffrons par manque
d'argent. Allons donc en cet endroit, et rapportons un peu
d'argent. — Mon cher, répondit Dharmabouddhi, faisons ainsi.
Mais lorsque tous deux fouillèrent ce lieu, ils virent le vase
vide. Cependant Pâpabouddhi dit, en se frappant la tête : Hé,
Dharmabouddhi! c'est toi assurément qui as pris cet argent,
et pas un autre, car le trou a été rempli. Donne-m'en donc
la moitié, ou je dénoncerai le vol au roi. — Hé, méchant! répondit Dharmabouddhi, ne parle pas ainsi. Je suis certainement *Dharmabouddhi*[1]; je ne fais pas le métier de voleur. Et
l'on dit :

> Ceux qui ont le cœur honnête regardent la femme d'autrui comme une
> mère, le bien d'un autre comme une motte de terre, tous les êtres comme
> eux-mêmes.

Se querellant ainsi, ils allèrent tous les deux à la cour de
justice et exposèrent le fait en s'accusant l'un l'autre. Et comme
les hommes préposés à l'administration de la justice les ren-
voyaient à l'ordalie, Pâpabouddhi dit : Ah! ce jugement n'est
pas juste. Et l'on dit :

> Dans un procès on cherche un écrit; en l'absence d'écrit, des témoins,
> et s'il n'y a pas de témoin, alors les sages prescrivent l'ordalie.

Ainsi dans cette affaire j'ai pour témoin la divinité d'un
arbre. Elle fera l'un ou l'autre de nous deux voleur ou honnête
homme.

Puis ils dirent tous : Hé! ton observation est juste. Car on dit :

> Quand un homme de la dernière condition même devient témoin dans
> un procès, l'ordalie n'est pas convenable; mais qu'est-ce quand c'est une
> divinité!

---

[1] Ici Dharmabouddhi fait allusion à la signification de son nom.

Ainsi, nous aussi, dans cette affaire, nous avons une grande curiosité. Demain matin vous viendrez avec nous là dans l'endroit de la forêt.

Cependant Pâpabouddhi alla à la maison et dit à son père : Père, cette grande somme d'argent a été volée par moi à Dharmabouddhi, et par un mot de toi elle arrivera à maturité pour nous[1]; autrement elle s'en ira avec ma vie. — Mon enfant, répondit le père, dis donc vite, afin que je parle et que je rende cette fortune assurée. — Père, dit Pâpabouddhi, il y a dans cet endroit-là un grand samî[2]. Cet arbre a un grand creux : entres-y tout de suite; puis demain matin, quand je ferai serment, tu diras que Dharmabouddhi est le voleur.

Cela fut fait. Le lendemain matin, Pâpabouddhi se baigna, mit un vêtement de dessus propre, et, accompagné de Dharmabouddhi, il alla avec les juges auprès du samî, et dit d'une voix forte :

Le Soleil et la Lune, l'Air et le Feu, le Ciel, la Terre, l'Eau, le Cœur et l'Esprit, le Jour et la Nuit, et les deux Crépuscules, et Dharma, connaissent la conduite de l'homme[3].

Vénérable divinité de la forêt, dis lequel de nous deux est le voleur.

Puis le père de Pâpabouddhi, qui était dans le creux du samî, dit : Hé! écoutez, écoutez! cet argent a été pris par Dharmabouddhi.

Après avoir entendu cela, tous les hommes du roi, avec des yeux grands ouverts d'étonnement, regardaient dans les livres

---

[1] C'est-à-dire : nous pourrons en jouir avec sécurité.
[2] Voy. page 125, note 1.
[3] Stance déjà citée à la page 49, avec une légère variante.

et cherchaient pour Dharmabouddhi une peine proportionnée au vol de l'argent, quand Dharmabouddhi entoura de matières combustibles le creux du samî, et y mit le feu. Lorsque cet arbre fut en flammes, le père de Pâpabouddhi, le corps à moitié brûlé, les yeux crevés, sortit du creux du samî en se lamentant d'une manière pitoyable. Alors tous lui demandèrent : Hé ! qu'est-ce ? A ces mots, il leur raconta toute la mauvaise action de Pâpabouddhi, et mourut. Puis les hommes du roi pendirent Pâpabouddhi à une branche du samî, louèrent Dharmabouddhi, et dirent : Ah ! on dit ceci avec raison :

Que le sage considère le moyen de réussir, et qu'il considère aussi le préjudice. Sous les yeux d'une sotte grue un ichneumon [1] tua des grues.

Comment cela ? dit Dharmabouddhi. Ils dirent :

XXI. — LA GRUE, LE SERPENT, L'ÉCREVISSE ET L'ICHNEUMON.

Il y avait dans un endroit d'une forêt un figuier sur lequel étaient beaucoup de grues. Dans un creux de cet arbre habitait un serpent noir [2]. Ce serpent passait toujours son temps à dévorer les petits des grues, avant même qu'ils eussent des ailes. Or une grue qui avait vu sa progéniture dévorée par lui, affligée de la perte de ses petits, était venue sur le bord d'un étang et restait là les yeux pleins de larmes et la face baissée. Une écrevisse la vit dans cette position, et lui dit : Mon amie, pourquoi pleures-tu ainsi aujourd'hui ? — Ma chère, répondit la grue, que ferai-je ? Je suis malheureuse. Mes petits et mes parents

---

[1] *Nakoula*, mangouste du Bengale, grand ichneumon, *Viverra Ichneumon*, *Viverra Mungo*.

[2] Voy. page 65, note.

ont été dévorés par un serpent, qui habite dans le creux d'un figuier. Affligée de ce malheur, je pleure. Dis-moi donc s'il y a quelque moyen de faire mourir ce serpent.

Lorsque l'écrevisse eut entendu cela, elle pensa : Cette grue est pourtant un ennemi naturel de ma race. Aussi je donnerai un conseil vrai et faux, de telle sorte que les autres grues aussi périssent. Et l'on dit :

En montrant une voix douce comme le beurre frais et un cœur sans pitié, on conseille si bien un ennemi qu'il meurt avec sa race.

Puis elle dit : Mon amie, si c'est ainsi, jette donc des morceaux de chair de poisson depuis l'entrée du trou d'un ichneumon jusqu'au creux d'arbre du serpent, afin que l'ichneumon aille par ce chemin et fasse mourir ce méchant serpent. Après que cela fut fait, l'ichneumon suivit les morceaux de chair de poisson, tua le serpent noir et dévora aussi peu à peu toutes les grues qui demeuraient sur l'arbre.

Voilà pourquoi nous disons :

Que le sage considère le moyen de réussir, et qu'il considère aussi le préjudice. Sous les yeux d'une sotte grue un ichneumon tua des grues.

Ce Pâpabouddhi a donc pensé au moyen de réussir, et non au préjudice; aussi c'est là le fruit qu'il a obtenu.

Voilà pourquoi je dis :

Dharmabouddhi et Koubouddhi me sont tous deux connus ; le fils, par son savoir inutile, fit tuer le père au moyen de la fumée.

De même, fou, toi aussi tu as pensé au moyen de réussir et non au préjudice. Tu n'es donc pas honnête. Tu es en cela absolument comme Pâpabouddhi. J'ai appris à te connaître par cela même que tu as mis en danger la vie du maître. Tu as manifesté de toi-même ta méchanceté et ta fourberie. Et certes on dit ceci avec raison :

Même en se donnant de la peine, qui verrait l'endroit par lequel les paons rendent leur nourriture, si, égayés par le bruit des nuages, ces fous ne dansaient pas?

Puisque tu mets le maître même dans cette situation, quel égard auras-tu donc pour quelqu'un de ma sorte? Pour cette raison tu ne dois pas rester près de moi. Et l'on dit :

Là où des rats mangent une balance d'un mille de fer, un faucon enlèverait un éléphant; s'il a enlevé un enfant, qu'y a-t-il en cela d'étonnant?

Comment cela? dit Damanaka. Karataka raconta :

XXII. — LE DÉPOSITAIRE INFIDÈLE.

Il y avait dans une ville un fils de marchand nommé Nandouka[1], et de plus dans le même endroit habitait un marchand nommé Lakchmana[2]. Cet homme, par suite de la perte de sa fortune, pensa à aller en pays étranger. Et l'on dit :

Celui qui a joui des plaisirs, autant qu'il le pouvait, dans un pays ou dans un endroit, et qui y demeure après avoir perdu sa fortune, est un homme méprisable.

Et ainsi :

Celui qui, là même où il s'est longtemps diverti autrefois avec orgueil, se plaint misérablement, est méprisé par les autres.

Dans sa maison était une balance, faite d'une pesante masse de fer et acquise par ses ancêtres. Il la mit en dépôt dans la maison du chef de corporation Nandouka, et partit en pays

---

[1] *Qui réjouit.*
[2] *Heureux.*

étranger. Puis, après avoir bien longtemps parcouru comme il le désirait le pays étranger, il revint dans sa ville, et dit au chef de corporation Nandouka : Hé, chef de corporation ! donne-moi la balance que je t'ai confiée. — Hé ! répondit celui-ci, elle n'existe plus; ta balance a été mangée par les rats. Lorsque Lakchmana entendit cela, il dit : Hé, Nandouka ! ce n'est pas ta faute si elle a été mangée par les rats. Tel est en vérité ce monde; il n'y a ici-bas rien d'éternel. Mais je vais aller à la rivière pour me baigner. Envoie donc avec moi ton enfant nommé Dhanadéva[1], que voici, pour porter les ustensiles de bain. Nandouka, qui, par la crainte que lui causait son vol, avait peur de Lakchmana, dit à son fils : Mon enfant, ton oncle Lakchmana, que voici, va aller à la rivière pour se baigner; va donc avec lui et prends les ustensiles de bain. Ah ! on dit ceci avec raison :

Aucun homme ne montre de complaisance ni d'attention envers quelqu'un, sans la crainte, la cupidité, ou un motif particulier.

Et ainsi :

Là où il y a des égards excessifs sans motif particulier, il faut avoir de la crainte, crainte qui amène à la fin la satisfaction.

Puis le fils de Nandouka prit les ustensiles de bain et partit joyeux avec Lakchmana. Après que cela fut fait, Lakchmana se baigna, jeta Dhanadéva, le fils de Nandouka, dans une caverne du bord de la rivière, en couvrit l'entrée avec une grosse pierre, et alla vite à la maison de Nandouka. Le marchand lui demanda : Hé, Lakchmana ! dis, où est mon enfant qui est allé avec toi à la rivière? Lakchmana répondit : Il a été enlevé du bord de la rivière par un faucon. — Menteur ! dit le marchand, est-ce que

---

[1] C'est-à-dire *dieu des richesses.*

nulle part un faucon peut ravir un enfant? Rends-moi donc mon fils; autrement j'en instruirai le roi. — Hé, homme véridique! répondit Lakchmana, un faucon n'emporte pas un enfant; de même les rats non plus ne mangent pas une balance faite d'une pesante masse de fer. Rends-moi donc ma balance, si tu veux ton fils.

Se querellant ainsi, ils allèrent tous les deux à la porte du roi, et là Nandouka dit à haute voix : Oh! une chose indigne, une chose indigne se passe! Mon enfant a été enlevé par ce voleur. Puis les juges dirent à Lakchmana : Hé! rends le fils du chef de corporation. — Que puis-je faire? répondit celui-ci; devant mes yeux il a été enlevé du bord de la rivière par un faucon. Lorsque les juges entendirent cela, ils dirent : Hé! tu ne dis pas la vérité. Est-ce qu'un faucon serait capable de ravir un enfant de quinze ans? Lakchmana répondit en riant : Hé, hé! écoutez ce que je dis :

> Là où des rats mangent une balance d'un mille de fer, un faucon enlèverait un éléphant; s'il a enlevé un enfant, qu'y a-t-il en cela d'étonnant?

Comment cela? dirent les juges. Et Lakchmana raconta toute l'histoire de la balance. Quand les juges l'eurent entendue, ils rirent de ce qu'avaient fait Nandouka et Lakchmana, les avertirent tous deux alternativement et leur donnèrent satisfaction au moyen de la restitution de la balance et de l'enfant.

Voilà pourquoi je dis :

> Là où des rats mangent une balance d'un mille de fer, un faucon enlèverait un éléphant; s'il a enlevé un enfant, qu'y a-t-il en cela d'étonnant?

Karataka ajouta : Sot! tu as fait cette situation à Pingalaka parce que tu ne peux supporter la faveur de Sandjîvaka. Ah! on dit ceci avec raison :

Généralement, ici-bas, les gens de basse naissance censurent toujours les gens de bonne famille; les malheureux, celui qui est aimé de la fortune; les avares, celui qui donne; les malhonnêtes gens, ceux qui sont honnêtes; les pauvres, celui qui est riche; les personnes affligées de laideur, celle qui a une jolie figure; les méchants, celui qui est vertueux, et les ignorants, l'homme savant en beaucoup de sciences.

Et ainsi :

Les savants sont odieux aux ignorants; les riches, aux pauvres; les gens pieux, aux impies; les femmes vertueuses, aux femmes libertines.

Pendant que les deux chacals parlaient ainsi, Sandjîvaka, après avoir combattu un instant avec Pingalaka, tomba à terre, tué par les coups des griffes aiguës du lion. Puis quand Pingalaka le vit mort, son cœur fut attendri par le souvenir de ses qualités, et il dit : Oh! méchant que je suis! en tuant Sandjîvaka j'ai mal fait, car il n'y a pas de plus grand crime que la perfidie. Et l'on dit :

Dans la perte d'un territoire ou dans la perte d'un sage serviteur est la perte d'un roi, dit-on; c'est à tort qu'on établit entre ces deux choses une similitude : un territoire même que l'on a perdu est facile à recouvrer, mais non les serviteurs.

En outre, j'ai élevé ce mangeur d'herbe à la dignité de ministre; après, je l'ai tué moi-même, et c'est encore une action plus criminelle que j'ai faite. Et l'on dit :

Ce Daitya qui tient de moi sa puissance ne doit pas périr par moi. L'arbre vénéneux même que l'on a fait croître, il n'est pas convenable de le couper soi-même[1].

---

[1] Sloka déjà cité; voy. page 78.

Et au milieu de l'assemblée je l'ai toujours loué. Que dirai-je donc devant d'autres qui honorent leurs amis d'un grand respect ? Et l'on dit :

Celui dont on a dit auparavant dans une assemblée : Il a du mérite, on ne doit pas l'accuser, si l'on craint de détruire son aveu [1].

Pendant qu'il se lamentait ainsi, Damanaka vint à lui et dit avec joie : Majesté, vous agissez d'une manière très-pusillanime en vous affligeant ainsi d'avoir tué un mangeur d'herbe malfaisant. Cela ne convient pas à des rois. Car on dit :

Un père, un frère, un fils, une épouse ou un ami, quand ils attentent à la vie, doivent être tués : il n'y a pas là de crime.

Et ainsi :

Un roi compatissant, un brâhmane qui mange de tout, une femme effrontée, un compagnon méchant, un serviteur désobéissant, un surintendant négligent et celui qui n'est pas reconnaissant doivent être abandonnés.

Et aussi :

Sincère et fausse, dure et aimable, cruelle et compatissante, avare et libérale, dépensant beaucoup et amassant une grande quantité de richesses, la politique d'un roi, comme une courtisane, se montre sous diverses formes.

Et aussi :

Quelqu'un qui n'opprime pas a beau être grand, il n'est pas vénéré : les hommes révèrent les serpents, mais non Garouda [2], le destructeur des serpents.

[1] Sloka cité, comme le précédent, à la page 78.
[2] Voy. page 58, note 1. Garouda est l'ennemi des serpents, auxquels il fait une guerre acharnée. Il extermina, dit-on, plusieurs fois les Nâgas, issus de Kasyapa et de Kadrou, une de ses femmes. Son inimitié contre cette race eut pour cause une querelle de sa mère Vinatà, autre femme de Kasyapa, avec Kadrou.

Et ainsi :

Tu as pleuré ceux qu'il ne faut pas pleurer, et tu profères des paroles de sagesse! Les sages ne pleurent ni les morts ni les vivants.

Après que le chacal lui eut adressé ces exhortations, Pingalaka cessa de regretter Sandjîvaka; il éleva Damanaka à la dignité de ministre, et régna lui-même heureusement.

LIVRE DEUXIÈME.

L'ACQUISITION DES AMIS.

Ici commence le deuxième livre, intitulé l'Acquisition des Amis; en voici le premier sloka[1] :

Ceux même qui sont sans moyens, s'ils sont sages, intelligents, instruits, font promptement leurs affaires, comme le corbeau, le rat, le daim et la tortue.

On raconte ce qui suit :

I. — LE CORBEAU, LE RAT, LA TORTUE ET LE DAIM.

Il est dans la contrée du Sud une ville appelée Mahilâropya[2]. Pas bien loin de cette ville il y avait un grand figuier très-haut, dont les fruits étaient mangés par divers oiseaux, dont le creux était rempli d'insectes, et dont l'ombre ranimait les voyageurs. Et certes on dit avec raison :

L'arbre à l'ombre duquel dorment les bêtes, dont les feuilles sont coupées tout autour par des quantités d'oiseaux, dont le creux est rempli d'insectes, dont le tronc est aimé des troupes de singes, dont les fleurs sont sucées avec confiance par les abeilles, mérite vraiment des éloges : avec toutes ses parties il donne la joie à une réunion de nombreuses créatures, comme un autre protecteur de la terre.

Or là habitait un corbeau nommé Laghoupatanaka[3]. Comme

---

[1] Voy. page 7, note 1.
[2] Voy. page 2, note 6 et note 7.
[3] Qui vole avec légèreté.

un jour il s'en allait vers la ville pour chercher sa subsistance et qu'il regardait, un chasseur très-noir de corps, avec les pieds crevassés, les cheveux hérissés, la figure d'un serviteur de Yama [1], et un filet à la main, se trouva en face de lui. Lorsque le corbeau le vit, il eut peur et pensa : Ah! ce méchant va maintenant vers le figuier, ma demeure. Par conséquent on ne sait pas si aujourd'hui il y aura ou non destruction des oiseaux qui habitent sur le figuier. Après avoir ainsi fait toute sorte de réflexions, il retourna aussitôt, alla au figuier, et dit à tous les oiseaux : Hé! voici un méchant chasseur qui vient avec un filet et des grains dans les mains. Il ne faut donc nullement se fier à lui. Quand il aura étendu le filet, il jettera des grains. Vous devrez tous voir dans ces grains quelque chose de pareil au poison kâlakoûta [2].

Pendant qu'il parlait ainsi, le chasseur vint là au pied du figuier, étendit le filet, jeta des grains pareils au sindouvâra [3], s'en alla pas bien loin et se cacha. Mais les oiseaux qui se trouvaient là, retenus par les paroles de Laghoupatanaka comme par un verrou, restèrent à regarder ces grains comme si c'étaient des bourgeons de poison hâlâhala. Cependant un roi des pigeons, nommé Tchitragrîva [4], courant çà et là avec une suite de mille serviteurs pour chercher de la subsistance, aperçut de loin ces grains. Bien que Laghoupatanaka s'efforçât de l'en empêcher, il vola par gourmandise pour les manger, et fut pris dans le filet avec sa suite. Et certes on dit ceci avec raison :

Aux sots qui se livrent à la gourmandise, comme aux poissons qui habitent au milieu des eaux, une mort inattendue arrive.

[1] Voy. page 1, note 2.
[2] Poison qui sortit de la mer lorsqu'elle fut barattée. Ce poison fut avalé par Siva, et, s'étant arrêté dans la gorge du dieu, il y imprima une tache noire et ineffaçable.
[3] Arbuste dont le nom vulgaire est Séduâri, *Vitex trifolia*, *Vitex negundo*.
[4] *Qui a le cou de différentes couleurs.*

Ou plutôt il en est ainsi par l'hostilité du destin. Il n'y avait pas de sa faute. Et l'on dit :

Comment le descendant de Poulastya[1] n'a-t-il pas reconnu un crime dans l'enlèvement de la femme d'un autre? Comment Râma n'a-t-il pas vu la non-existence de la gazelle d'or[2]? Et comment aussi avec les dés Youdhichthira[3] s'est-il ruiné inconsidérément? Ceux dont l'esprit est égaré par l'approche du malheur perdent ordinairement l'intelligence.

Et ainsi :

L'intelligence de ceux même qui sont grands, quand ils sont pris dans le filet de la mort et ont l'esprit troublé par le destin, va de travers.

Cependant le chasseur, dès qu'il les vit pris, accourut joyeux et avec un bâton levé, pour les tuer. Tchitragrîva, lorsqu'il reconnut qu'il était pris avec sa suite et vit venir le chasseur, dit aux pigeons : Ah! il ne faut pas avoir peur. Car on dit :

Celui qui, dans toutes les infortunes, ne perd pas l'esprit, arrive assurément à la fin de ces infortunes, par la force de son esprit.

Et ainsi :

Dans la prospérité et dans l'adversité ceux qui sont grands restent les mêmes : le soleil est rouge à son lever et rouge également à son coucher.

Enlevons-nous donc tous gaiement avec le filet; allons hors

---

[1] Râvana, souverain de Lankâ, ravisseur de Sîtâ, femme de Râma.

[2] Râma, exilé par son père, s'était retiré dans une forêt avec sa femme Sîtâ et son frère Lakchmana, lorsque Râvana vint enlever la princesse. Cet enlèvement eut lieu au moyen d'un stratagème. Un mauvais génie, nommé Marîtcha, se présenta devant Râma sous la forme d'une gazelle d'or. Râma se mit à la poursuite de cette gazelle, et laissa son frère auprès de sa femme. Marîtcha, blessé par Râma, poussa un cri et imita la voix de ce prince. Pendant que Lakchmana volait au secours de son frère, dont il croyait les jours menacés, Sîtâ, restée seule, fut enlevée par Râvana et emportée à travers les airs.

[3] L'aîné des cinq princes Pândavas, fils de Kountî et de Pandou, suivant les uns, et selon d'autres, de Yama ou Dharma. Il joua, dit-on, et perdit ses États, ses quatre frères et sa femme Draupadî.

de sa vue, et délivrons-nous. Autrement, si, troublés par la crainte, vous ne prenez pas gaiement votre vol, alors vous trouverez la mort. Et l'on dit :

Des fils même longs et minces, s'ils sont nombreux et égaux, résistent toujours par leur grand nombre à beaucoup d'efforts : il en est de même des bons.

Cela fut fait : ils s'en allèrent à travers les airs, emportant le filet du chasseur. Le chasseur courut sur terre après eux; puis il leva les yeux en l'air et récita ce sloka[1] :

Sans qu'ils se donnent pour ainsi dire de peine, ce à quoi pensent les gens vertueux s'accomplit pour eux. Voyez! en s'envolant les pigeons échappent aux méchants.

Ou plutôt :

Ces oiseaux s'en vont lestement et emportent le filet; mais quand ils se disputeront, ils s'abattront, cela n'est pas douteux.

Laghoupatanaka cessa de chercher sa subsistance et les suivit par derrière, curieux de voir ce qui arriverait. Or le chasseur, quand il vit les pigeons hors de portée de vue, s'en retourna désespéré, en récitant ce sloka :

Ce qui ne doit pas arriver n'arrive pas, et ce qui doit arriver arrive, même sans que l'on fasse aucun effort : une chose même qui est dans la paume de la main se perd, si elle ne doit pas exister.

Et ainsi :

Quand le destin est contraire, si d'une façon quelconque on acquiert quelque bien, alors ce bien s'en va en emportant autre chose encore, comme le trésor Sankha[2].

Il faut donc renoncer au désir de la chair d'oiseau, puisque

---

[1] Voy. page 7, note 1.
[2] Nom d'un des neuf trésors de Kouvéra, dieu des richesses.

mon filet même, qui me servait comme moyen de faire vivre ma famille, est perdu.

Lorsque Tchitragrîva vit que le chasseur avait disparu, il dit aux pigeons : Hé! ce méchant chasseur s'en est retourné. Allons donc tous résolûment dans la région au nord-est de la ville de Mahilâropya[1]. Là un rat nommé Hiranyaka[2], mon ami, coupera les rets à tous. Car on dit :

A tous les mortels, quand un malheur leur arrive, un autre qu'un ami ne donne pas assistance, ne fût-ce même que par des paroles.

Les pigeons, ainsi exhortés par Tchitragrîva, arrivèrent au trou d'Hiranyaka, qui était comme une forteresse. Hiranyaka, fourré dans son trou pareil à une forteresse et pourvu de mille ouvertures, vivait heureux, sans crainte d'aucune part. Et :

Prévoyant le danger à venir, le rat, savant en politique, habitait là un trou à cent ouvertures, qu'il avait fait.

Tchitragrîva alla à l'ouverture du trou pareil à une forteresse, et dit d'une voix forte : Hé, hé, ami Hiranyaka! viens, viens vite. Je suis dans une très-malheureuse situation. Quand Hiranyaka entendit cela, il resta caché dans son trou pareil à une forteresse, et dit : Hé, hé! qui es-tu? Pourquoi es-tu venu? Quelle est ta malheureuse situation? Dis. Lorsque Tchitragrîva entendit cela, il dit : Je suis le roi des pigeons nommé Tchitragrîva, ton ami. Viens donc vite; c'est pour un motif très-sérieux.

Quand le rat entendit cela, il sortit à la hâte, les poils du corps hérissés, le cœur joyeux et l'esprit résolu. Et certes on dit ceci avec raison :

Des amis qui ont de l'affection et réjouissent les yeux viennent toujours dans la demeure des maîtres de maison tranquilles.

[1] Voy. page 2, note 7.
[2] *Qui est d'or.*

Le lever du soleil, la possession de bétel, un récit de Bhâratî[1], une femme chérie et un bon ami sont des choses nouvelles tous les jours.

Et ainsi :

Celui dans la maison de qui des amis se réunissent constamment a dans le cœur une satisfaction à laquelle aucune joie n'est comparable.

Puis lorsqu'il vit Tchitragrîva pris dans le filet avec sa suite, Hiranyaka dit avec tristesse : Hé ! qu'est-ce ? — Hé ! répondit le pigeon, puisque tu le vois, pourquoi questionnes-tu ainsi ? Car on dit :

Par quel motif, par quel moyen, à quel moment, en quelle façon, de quelle espèce, dans quel espace de temps, dans quel lieu on fait une bonne ou une mauvaise action, par ce motif, par ce moyen, à ce moment, en cette façon, de cette espèce, dans cet espace de temps, dans ce lieu, cela vient par la puissance du destin.

Ainsi je suis tombé dans cette captivité par la gourmandise. Maintenant délivre-nous des rets; ne tarde pas.

Après avoir entendu cela, Hiranyaka dit : Ah ! on dit ceci avec raison :

D'une distance de cent yodjanas[2] plus la moitié, l'oiseau voit sa nourriture; mais par l'effet du destin il n'aperçoit pas le filet qui est à côté de lui.

Et ainsi :

Quand je vois le soleil et la lune tourmentés par Râhou[3], les éléphants, les serpents et les oiseaux captifs, et les sages dans l'indigence, ma pensée est : Ah ! le destin est puissant !

Et ainsi :

Les oiseaux même, qui parcourent les points les plus retirés des airs,

[1] Déesse de la parole.
[2] Voy. page 128, note 2.
[3] Voy. page 62, note 2.

tombent dans le malheur; les poissons sont pris par l'adresse des pêcheurs jusque dans l'Océan, dont l'eau n'a pas de fond. Qu'est-ce, ici-bas, que se mal conduire, et qu'est-ce que bien faire ? Quel avantage y a-t-il à acquérir une position ? Le destin étend le bras du malheur et nous saisit même de loin.

Après qu'il eut ainsi parlé, il se mit à couper les rets de Tchitragrîva. Non, dit Tchitragrîva, ne fais pas ainsi. Coupe d'abord les rets de mes serviteurs, ensuite les miens. Lorsque Hiranyaka entendit cela, il se fâcha et dit : Hé! ce que tu dis n'est pas convenable, car le serviteur vient après le maître. — Mon cher, répondit le pigeon, non, ne parle pas ainsi. Tous ces malheureux sont sous ma protection; ils ont même quitté un autre maître et sont venus avec moi. Comment donc ne leur témoignerais-je pas même ce peu d'égards ? Et l'on dit :

Quand un roi a toujours beaucoup d'égards pour ses serviteurs, ceux-ci, satisfaits, ne l'abandonnent jamais, lors même qu'il est sans fortune.

Et ainsi :

La confiance est la racine de la puissance; c'est grâce à elle que l'éléphant est chef de troupe : le lion, quoiqu'il règne sur les animaux, n'est pas entouré des animaux.

D'ailleurs il peut se faire que tu te casses les dents en coupant mes rets, ou bien que ce méchant chasseur arrive. Alors je tomberais certainement dans l'enfer. Et l'on dit :

Le maître qui peut être heureux quand d'honnêtes serviteurs sont dans la peine va dans l'enfer dans l'autre monde et est affligé ici-bas.

Après avoir entendu cela, Hiranyaka fut joyeux, et dit : Hé! je sais que c'est le devoir d'un roi; mais ce que j'ai fait était pour t'éprouver. Ainsi donc je couperai les rets à tous, et de cette manière tu seras entouré de beaucoup de pigeons. Et l'on dit :

Un roi qui a toujours de la compassion et de la libéralité pour ses serviteurs est digne de régner même sur les trois mondes[1].

Après avoir ainsi parlé et après avoir coupé les rets à tous, Hiranyaka dit à Tchitragrîva : Ami, va maintenant à ta demeure; si un malheur t'arrive encore, reviens. En disant ces mots, il le congédia et rentra dans sa forteresse. Tchitragrîva avec sa suite retourna à sa demeure. Et certes on dit ceci avec raison :

L'homme qui a des amis accomplit vraiment des choses difficiles à accomplir; c'est pourquoi il faut se faire des amis pareils à soi-même.

Le corbeau Laghoupatanaka, lorsqu'il vit Tchitragrîva ainsi délivré du filet, fut étonné et pensa : Ah! quelle intelligence a cet Hiranyaka! quelle force et quelle perfection de forteresse! Telle est donc la manière dont il délivre les oiseaux d'un filet! Et moi je ne me fie à personne et je suis léger. Pourtant je veux me faire de lui un ami. Et l'on dit :

Les sages, quand même ils sont dans l'abondance, doivent se faire des amis : le maître des rivières[2], quoique plein, attend le lever de la lune[3].

Après avoir ainsi réfléchi, il descendit de l'arbre, alla à l'ouverture du trou et appela Hiranyaka, en imitant la voix de Tchitragrîva : Viens, viens, hé Hiranyaka, viens! Quand Hiranyaka entendit cette voix, il pensa : Y a-t-il encore quelque autre pigeon resté dans le filet, qu'il m'appelle? Et il dit : Hé! qui es-tu? Le corbeau répondit : Je suis un corbeau nommé

---

[1] Le ciel, la terre et l'enfer.
[2] L'Océan.
[3] Allusion au phénomène de la marée au moment de la pleine lune.

Laghoupatanaka. Lorsque Hiranyaka entendit cela, il se cacha de son mieux, et dit : Mon cher, va-t'en vite de ce lieu. — Je viens près de toi pour une affaire importante, dit le corbeau; pourquoi donc ne veux-tu pas avoir une entrevue avec moi? Hiranyaka répondit : Je n'ai pas de motif pour avoir une entrevue avec toi. — Hé! dit le corbeau, comme j'ai vu Tchitragrîva délivré par toi de ses liens, j'ai conçu pour toi une grande affection. Ainsi, si jamais je suis pris dans un filet, je trouverai par toi délivrance. Fais donc amitié avec moi. — Ah! dit Hiranyaka, tu es le mangeur, je suis la proie. Par conséquent, quelle amitié peut-il exister entre toi et moi? Et l'on dit :

Entre deux personnes dont la richesse est égale, entre deux personnes dont la race est égale, il peut y avoir amitié et mariage, mais pas entre fort et faible[1].

Et ainsi :

Le fou qui a la sottise de se faire un ami qui n'est pas son égal, qui est inférieur ou supérieur à lui, devient ridicule aux yeux du monde.

Va-t'en donc. — Hé, Hiranyaka! dit le corbeau, me voici assis à la porte de ta forteresse. Si tu ne fais pas amitié avec moi, alors je m'ôterai la vie devant toi, ou bien je me laisserai mourir de faim. — Hé! dit Hiranyaka, comment puis-je faire amitié avec toi, mon vieil ennemi? Et l'on dit :

Avec un ennemi il ne faut pas conclure l'alliance même la plus étroite : l'eau, même très-chaude, éteint le feu.

Toi et moi, dit le corbeau, nous ne nous sommes pas même vus : comment serions-nous ennemis? Pourquoi donc dis-tu une chose déplacée? — L'inimitié, répondit Hiranyaka, est de deux

---

[1] Ce sloka est déjà cité dans le livre I, page 88.

sortes, naturelle et accidentelle. Eh bien, tu es notre ennemi naturel. Car on dit :

L'inimitié accidentelle est bientôt détruite par des qualités accidentelles; sans le sacrifice de la vie, l'inimitié naturelle ne finit pas.

Hé! dit le corbeau, je désire entendre quel est le caractère des deux sortes d'inimitié. Dis-le-moi donc. — Hé! répondit Hiranyaka, l'inimitié accidentelle cesse par un motif; ainsi elle s'en va à cause d'un bienfait qui l'égale. L'inimitié naturelle, au contraire, ne s'en va en aucune façon. Ainsi, par exemple, entre les ichneumons et les serpents, entre les animaux herbivores et ceux qui sont armés de griffes, entre l'eau et le feu, entre les dieux et les démons, entre chiens et chats, entre les femmes d'un même mari, entre riches et pauvres, entre lions et éléphants, entre chasseurs et daims, entre les gens de bonne conduite et les gens vicieux, entre les femmes vertueuses et les femmes libertines, entre ignorants et savants, entre les bons et les méchants, il existe une éternelle inimitié. Et si aucun n'est tué par un autre pour quelque motif, néanmoins ils se rendent la vie triste. — Hé! dit le corbeau, cela n'a pas de raison. Écoute mes paroles :

Pour un motif on devient ami, pour un motif on devient ennemi; aussi le sage doit-il contracter à la fois l'amitié et l'inimitié.

En conséquence, entre avec moi en liaison et en devoir d'ami. Hiranyaka dit : Quelle liaison puis-je avoir avec toi? Hé! écoute la quintessence de la politique :

Celui qui veut se réconcilier avec un ami, lorsque celui-ci s'est montré une fois méchant, reçoit la mort comme la mule qui conçoit un fœtus[1].

---

[1] Voy. livre I, page 119 et note 2.

LIVRE DEUXIÈME. 149

Et si l'on se dit : Je suis bon, personne ne me fera souffrir d'inimitié, cela n'est pas non plus vrai. Et l'on dit :

Un lion a ôté à Pânini[1], l'auteur de la grammaire, une vie qui était chère; un éléphant a écrasé lestement le sage Djaimini[2], le créateur de la Mîmânsâ; un makara[3] a tué, sur le bord de la mer, Pingala[4], qui possédait la connaissance des mètres poétiques. Que signifie le mérite pour les bêtes, qui ont l'esprit enveloppé des ténèbres de l'ignorance, et ont de très-grandes colères?

Cela est vrai, dit le corbeau; cependant écoute :

Chez les hommes, l'amitié naît des bons offices; chez les bêtes et les oiseaux, d'un motif particulier; chez les sots, de la crainte et de la cupidité; chez les bons, de la simple vue.

Et ainsi :

Pareil à une cruche d'argile, le méchant est facile à diviser et difficile à unir; mais le bon, pareil à une cruche d'or, est difficile à diviser et facile à unir[5].

Et en outre :

De même que, dans la canne à sucre, à partir de l'extrémité, de nœud en nœud graduellement le jus devient meilleur, ainsi est l'amitié des bons; mais celle des méchants est le contraire.

Et ainsi :

Grande au commencement et diminuant par degrés, petite d'abord et

---

[1] Sage et grammairien qui vécut à une époque très-ancienne. Il est le père de la grammaire sanscrite.

[2] Saint personnage célèbre, qui fonda l'école de philosophie appelée Mîmânsâ.

[3] Animal fabuleux, monstre marin que l'on confond ordinairement avec le crocodile et le requin.

[4] Personnage fabuleux auquel on attribue un traité de prosodie.

[5] Les mots que je rends par *facile à diviser et difficile à unir*, et par *difficile à diviser et facile à unir*, signifient, par rapport à un vase d'argile : qui est facile à briser et dont on rejoint difficilement les morceaux; que l'on brise avec peine et que l'on raccommode avec facilité.

augmentant plus tard, l'amitié des méchants et celle des bons diffèrent comme l'ombre de la première moitié du jour et celle de la seconde.

Je suis bon assurément; en outre je te délivre de toute crainte par des serments et autres promesses. — Je n'ai pas de confiance en tes serments, répondit Hiranyaka. Car on dit :

Il ne faut pas se fier à un ennemi, quand même il s'est réconcilié par des serments : on raconte qu'après avoir fait un serment Sakra tua Vritra [1].

Et ainsi :

Sans la confiance, un ennemi d'entre les dieux même n'a pas de succès : ce fut par suite de la confiance de Diti que l'enfant qu'elle portait dans son sein fut déchiré par le maître des dieux [2].

Et en outre :

Aussi, ici-bas, le sage qui désire pour lui prospérité, longue vie et bonheur, ne doit pas se fier même à Vrihaspati [3].

Et ainsi :

Même par la plus petite ouverture un ennemi pénètre au dedans, et il détruit ensuite peu à peu, comme un lac un radeau.

Et aussi :

Il ne faut pas se fier à celui qui se défie; il ne faut pas non plus se fier à celui qui a confiance. Le danger qui naît de la confiance détruit jusqu'aux racines.

Et ainsi :

Le faible même, quand il se défie, n'est pas tué par les plus forts, et les forts même, quand ils se fient, sont bientôt tués par les faibles [4].

[1] Variante d'un sloka déjà cité dans le livre I, page 28.
[2] Sloka cité dans le livre I, page 28.
[3] Répétition d'un sloka du livre I, page 28.
[4] Variante d'un sloka cité dans le livre I, page 28.

Et encore :

Trois choses sont établies dans les recueils de politique : la pratique du bien, dans celui de Vichnougoupta[1] ; l'acquisition des amis, dans celui du fils de Bhrigou[2], et, dans celui de Vrihaspati[3], la défiance.

Et ainsi :

Même avec une grande fortune, celui qui se lie à des ennemis et à des femmes qui n'ont pas d'affection trouve par là la fin de sa vie.

Lorsque Laghoupatanaka eut entendu cela, il ne sut que répondre, et pensa : Ah ! quelle haute intelligence il a en matière de politique ! Et vraiment, à cause de cela même je tiens à être son ami. Puis il dit : Hé, Hiranyaka !

Les bons deviennent amis en faisant sept pas ensemble, disent les hommes savants ; par conséquent, toi qui as acquis mon amitié, écoute ce que je vais dire.

Tout en restant dans cette forteresse, tu te livreras avec moi continuellement et toujours à la conversation et à des entretiens sur le bien et le mal, si tu te défies ainsi.

Après avoir entendu cela, Hiranyaka pensa : Ce Laghoupatanaka se montre habile parleur et véridique ; il est donc convenable de faire amitié avec lui. Il y aura de beaux et éloquents entretiens. Et il dit : Si c'est ainsi, eh bien je consens à être ton ami. Mais tu ne mettras jamais le pied dans ma forteresse. Et l'on dit :

D'abord l'ennemi, très-timide, se glisse tout doucement à terre ; puis il s'abandonne à la licence, comme la main d'un galant sur les femmes.

---

[1] Ou Tchânakya. Voy. page 2, note 5.
[2] Soukra. Voy. page 2, note 3.
[3] Voy. page 2, note 2.

Quand le corbeau eut entendu cela, il dit : Mon cher, si c'est ainsi, eh bien soit !

Dès lors ils ne cessèrent tous les deux de jouir du plaisir d'entretiens éloquents; ils passèrent le temps à se rendre service l'un à l'autre. Laghoupatanaka apportait des morceaux de viande bien propres pour Hiranyaka, et Hiranyaka apportait d'excellents grains et d'autres aliments exquis pour Laghoupatanaka. Et certes cela convenait pour tous deux. Et l'on dit :

Donner, recevoir, raconter un secret, questionner, manger et faire manger, voilà six sortes de marques d'affection.

Et ainsi :

Sans service rendu, personne n'a d'affection en aucune manière, car c'est à cause de l'offrande du sacrifice que les dieux donnent ce que l'on désire.

Et aussi :

L'affection existe dans le monde tant qu'un présent est donné : le veau, quand il voit qu'il n'y a plus de lait, abandonne sa mère.

Voyez la vertu du don! aussitôt il fait naître la confiance; par sa puissance un ennemi même devient un ami à l'instant.

Et ainsi :

Je crois vraiment qu'à l'animal même privé de jugement un don est plus cher que son petit même : car voyez, la femelle du buffle, quand on ne lui donnerait que du sédiment d'huile, donne toujours tout son lait lors même qu'elle a un petit.

Bref :

Le rat et le corbeau conçurent une affection sans bornes, inséparable comme l'ongle et la chair, et devinrent très-grands amis.

Ainsi le rat, touché des bons offices du corbeau, devint si confiant que, fourré entre ses ailes, il jouissait toujours du plaisir de la conversation avec lui. Mais un jour le corbeau vint les yeux pleins de larmes, et dit au rat : Hé, Hiranyaka ! j'ai

maintenant de l'aversion pour ce pays; aussi m'en irai-je ailleurs.
— Mon cher, dit Hiranyaka, quel est le motif de ton aversion?
— Mon cher, répondit le corbeau, écoute. Dans ce pays-ci, par un prodigieux manque de pluie, une famine est venue. Par suite de la disette les gens sont tourmentés de la faim : personne ne donne même seulement les restes de nourriture. En outre, dans chaque maison il y a des filets tendus par les gens affamés pour prendre les oiseaux. Moi aussi j'ai été pris dans un filet, et je m'en suis à peine retiré la vie sauve. C'est là le motif de mon aversion. — Mais, dit Hiranyaka, où t'en vas-tu? — Dans la région du Sud, répondit le corbeau, il y a au milieu d'une épaisse forêt un vaste étang. Là j'ai un très-grand ami, plus grand ami même que toi, une tortue nommée Mantharaka[1], et elle me donnera des morceaux de chair de poisson. Je les mangerai et je passerai le temps dans le plaisir d'entretiens éloquents avec elle. Je ne veux pas voir ici la destruction des oiseaux par les filets. Et l'on dit :

Quand un pays est frappé de sécheresse et que l'herbe est morte, heureux sont ceux, mon enfant, qui ne voient pas la ruine du pays et la destruction de la race.

Et ainsi :

Sagesse et royauté ne sont certainement jamais égales : un roi est vénéré dans son pays, le sage est vénéré partout.

Si c'est ainsi, dit Hiranyaka, alors moi aussi j'irai là avec toi, car moi aussi j'ai une grande affliction. — Hé! dit le corbeau, quelle affliction as-tu? Raconte-moi cela. — Hé, ami! répondit Hiranyaka, il y en a long à dire. A ce sujet, quand nous serons allés là, je te raconterai tout en détail. — Cependant, dit le corbeau, moi je vais dans les airs, toi tu marches

---

[1] Lent.

sur la terre; comment donc peux-tu venir avec moi? — Si tu as l'intention de sauver ma vie, répondit le rat, alors tu me feras monter sur ton dos et tu me conduiras là. Je ne puis pas aller autrement. Lorsque le corbeau entendit cela, il dit avec joie : Si c'est ainsi, alors je serai heureux de te porter longtemps. Je connais les huit sortes de vol, à commencer par le vol ensemble. Et l'on dit :

> Le vol ensemble, le vol en avant, le grand vol, le vol en bas, la roue, le vol oblique, le vol haut, et le huitième vol, appelé léger.

Monte donc sur mon dos, afin que je te conduise avec facilité à cet étang.

Cela fut fait. Hiranyaka monta à l'instant même sur le corbeau. Celui-ci l'emporta et partit au vol appelé vol ensemble; puis il alla tout doucement avec lui vers l'étang.

Cependant, quand Mantharaka, qui connaissait le lieu et le temps, aperçut de loin Laghoupatanaka avec le rat sur son dos, elle pensa : Ce corbeau n'est pas ordinaire, et elle entra vite dans l'eau. Laghoupatanaka, après avoir déposé Hiranyaka dans le creux d'un arbre qui était au bord de l'étang, monta lui-même au haut d'une branche, et dit d'une voix forte : Hé, Mantharaka, Mantharaka, viens, viens! Moi ton ami le corbeau nommé Laghoupatanaka, j'arrive après longtemps, le cœur attristé de regret. Viens donc et embrasse-moi. Car on dit :

> A quoi bon le sandal avec le camphre, et à quoi bon les froids clairs de lune? Tout cela ne vaut pas la seizième partie du corps d'un ami.

Et ainsi :

> Qui a créé cette ambroisie, ce couple de syllabes : *Ami*, protection contre les malheurs et remède contre la souffrance du chagrin?

Lorsqu'elle eut entendu cela et qu'elle eut mieux reconnu le corbeau, Mantharaka sortit vite de l'eau, les poils du corps hérissés et les yeux pleins de larmes de joie, et elle dit : Viens, viens, ami, embrasse-moi ! Après si longtemps, je ne te reconnaissais pas. Voilà pourquoi je suis entrée dans l'eau. Et l'on dit :

> Avec celui dont on ne connaît pas la force, ni la famille, ni la conduite, il ne faut pas faire de liaison, a dit Vrihaspati [1].

Après que la tortue eut ainsi parlé, Laghoupatanaka descendit de l'arbre et l'embrassa. Et certes on dit ceci avec raison :

> A quoi bon des torrents d'ambroisie pour y laver son corps ? L'embrassement d'un ami après longtemps n'a pas de prix.

Quand ils se furent ainsi embrassés tous deux, les poils du corps hérissés de joie, ils s'assirent sous l'arbre et se racontèrent l'un à l'autre l'histoire de leurs aventures. Hiranyaka aussi salua Mantharaka, et s'assit auprès du corbeau. Mantharaka le regarda et dit à Laghoupatanaka : Qui est ce rat, et pourquoi, bien qu'il soit ta pâture, l'as-tu fait monter sur ton dos et l'as-tu amené ici ? Cela ne doit pas avoir un motif de peu d'importance. Lorsque Laghoupatanaka eut entendu cela, il dit : Hé ! ce rat, nommé Hiranyaka, est mon ami et en quelque sorte ma seconde vie. Bref :

> De même que les gouttes d'eau du nuage, de même que les étoiles au ciel, de même que les grains de sable sont sans nombre, ainsi les qualités de ce généreux sont innombrables. Tombé dans un très-grand désespoir, il vient près de toi.

Quelle est la cause de son désespoir ? dit Mantharaka. — Je l'ai questionné là-bas, dit le corbeau ; mais il a répondu : Il y en a long à dire : quand je serai là, je raconterai cela. Il ne

---

[1] Voy. page 2, note 2.

me l'a pas conté à moi non plus. Mon cher Hiranyaka, fais-nous donc maintenant connaître à tous les deux la cause de ton désespoir.

Hiranyaka raconta :

II. — HISTOIRE D'HIRANYAKA.

Il y a dans la contrée du Sud une ville appelée Mahilâropya [1]. Pas très-loin de cette ville est un couvent du vénérable Maheswara [2]. Là habitait un religieux mendiant, nommé Tâmratchoûda [3]. Ce religieux mendiait dans la ville; il recevait beaucoup d'aliments préparés, revenait au couvent et prenait sa nourriture. Il mettait là le reste des aumônes dans un pot à aumônes, et pendait ce pot à une cheville, et ensuite il dormait. Le matin, il donnait ces aliments aux travailleurs, et ordonnait là dans la maison du dieu le nettoiement, l'enduit avec la bouse de vache, l'embellissement et autres travaux. Mais un jour mes serviteurs me dirent : Maître, dans le couvent de Tâmratchoûda il y a toujours une grande quantité d'aliments préparés pendue à une cheville. Nous ne pouvons pas les manger; mais pour le maître il n'est rien d'inaccessible. A quoi donc sert-il de rôder ailleurs? Aujourd'hui allons là et mangeons tant qu'il nous plaira, par ta grâce. A quoi bon nous fatiguer inutilement ailleurs?

Après avoir entendu cela, j'allai à l'instant même à ce couvent, entouré de toute la troupe, et d'un saut je montai dans le pot à aumônes. Là je donnai pour nourriture à mes serviteurs d'excellents mets de riz cuit, et après je mangeai moi-même.

---

[1] Voy. page 2, notes 6 et 7.
[2] Voy. page 31, note 1.
[3] *Coq*, littéralement : qui a une crête de la couleur du cuivre.

Lorsque nous fûmes tous rassasiés, nous retournâmes à notre demeure. Je mangeais ainsi toujours ces aliments avec ma suite. Le religieux mendiant gardait autant qu'il le pouvait; mais quand il était tombé dans le sommeil, alors je montais là et je faisais mon affaire. Un jour il apporta pour se garder contre moi un grand bambou fendu. Tout en dormant il frappait, par crainte de moi, avec ce bambou sur le pot à aumônes, et moi, par crainte des coups, je me retirai sans même avoir mangé des aliments. Je passai ainsi, pendant toute la nuit, le temps à lutter avec lui. Mais un autre jour un religieux mendiant nommé Vrihatsphik[1], son ami, qui voyageait en pèlerinage vers les lieux saints, vint comme hôte dans le couvent. Dès que Tâmratchoûda le vit, il se leva suivant la règle pour lui rendre honneur, lui témoigna respect et s'acquitta des devoirs de l'hospitalité. Puis, dans la nuit, les deux religieux, couchés ensemble sur un lit, se mirent à parler de la vertu. Mais pendant les entretiens éloquents de Vrihatsphik, Tâmratchoûda, dont l'esprit était distrait par la crainte qu'il avait de moi, frappant avec le bambou fendu sur le pot à aumônes, lui donnait des réponses vides de sens et ne lui racontait rien. Alors l'hôte se mit en très-grande colère et lui dit : Hé, Tâmratchoûda! je vois bien que tu n'es pas un ami; voilà pourquoi tu n'as pas de plaisir à parler avec moi. Aussi maintenant, quoiqu'il soit nuit, je vais quitter ton couvent et m'en aller ailleurs. Car on dit :

Viens, approche, assieds-toi sur ce siége; pourquoi ne t'ai-je pas vu depuis longtemps? Comment te portes-tu? Tu es très-faible, bonheur à toi! Je suis joyeux de te voir : on doit toujours aller le cœur sans crainte dans la demeure de ceux qui réjouissent ainsi les hôtes avec affection et respect[2].

[1] *Qui a de larges fesses.*
[2] Pour la première moitié de cette stance, voy. livre I, page 80.

Et ainsi :

Là où le maître de maison, en voyant un hôte, regarde au ciel ou à terre, ceux qui vont dans cette maison sont des taureaux sans cornes [1].

Et en outre :

Là où on ne se lève pas de son siège, où il n'y a ni paroles douces ni entretiens sur le bien et le mal, on ne va pas dans la demeure de celui-là.

Tu es enorgueilli par la seule possession d'un couvent. Alors où est l'affection d'ami? Tu ne sais pas que sous le déguisement de la vie de couvent on gagne l'enfer. Et l'on dit :

Si tu veux aller en enfer, exerce les fonctions de prêtre de famille pendant un an. Que faut-il autre chose? Le soin d'un couvent pendant trois jours.

Ainsi, fou, tu es fier d'une chose dont on doit s'affliger.

Après avoir entendu cela, Tâmratchoûda, le cœur saisi de crainte, lui dit : Vénérable, ne parle pas ainsi. Je n'ai nulle part un ami pareil à toi. Écoute donc le motif pour lequel la conversation languit. Ce méchant rat saute et grimpe au pot à aumônes, bien que ce pot soit placé dans un endroit très-élevé, et il mange le reste d'aliments qui s'y trouve. A cause du manque de ces aliments, on ne fait dans la maison du dieu ni nettoiement ni autres travaux. Aussi, pour effrayer le rat, je frappe à chaque instant avec ce bambou sur le pot à aumônes. Il n'y a pas d'autre motif. Mais vois ce qu'il y a de merveilleux dans ce méchant : il surpasse même les chats, les singes, et cetera, par son saut. — Mais, dit Vrihatsphik, lui connaît-on un trou dans quelque endroit? — Vénérable, répondit Tâmratchoûda, je ne sais pas au juste. — Assurément, dit Vrihatsphik,

---

[1] C'est-à-dire de pauvres êtres.

son trou est sur un trésor: c'est le feu du trésor qui le fait sauter. Car on dit :

Le feu que donne la richesse augmente l'éclat des vivants; mais, avec la jouissance de cette richesse, la libéralité accompagnée des œuvres fait plus encore.

Et ainsi :

Ce n'est pas sans motif que la femme de brâhmane Sândilî[1] échange du sésame mondé contre de l'autre, car il doit y avoir à cela une cause.

Comment cela? dit Tâmratchoûda. Vrihatsphik dit :

III. — LA FEMME QUI ÉCHANGE DU SÉSAME MONDÉ CONTRE DU SÉSAME NON MONDÉ.

Il y a dans un endroit une ville dévote, Sandjatara. Là un jour, dans la saison des pluies[2], pour apaiser la souffrance que m'avaient causée les nuages, j'allai à la maison d'un brâhmane et je demandai une toute petite place pour moi; puis, après cette demande, traité avec honneur, je restai là avec satisfaction, vénérant ma divinité protectrice. Or un jour au matin, comme j'étais éveillé, j'entendis en prêtant attention la conversation du brâhmane et de la brâhmanî. Là le brâhmane dit : Brâhmanî, demain matin le soleil entrera dans sa marche vers le nord[3], et il en résultera d'innombrables aumônes. Aussi, pour en recevoir, je vais aller vite dans un autre village. Toi, tu donneras en l'honneur du vénérable soleil du sésame à un brâh-

---

[1] C'est-à-dire appartenant à une famille de brâhmanes issue d'un saint personnage nommé Sandila.
[2] Saison qui comprend deux mois, srâvana (juillet-août) et bhâdra (août-septembre) suivant les uns, et, selon d'autres, bhâdra et âswina (septembre-octobre).
[3] *Outtarâyana.* On appelle ainsi le mouvement apparent du soleil vers le nord de l'équateur, le solstice d'été.

manc. Mais quand la brâhmanî entendit cela, elle le gourmanda en termes très-durs, et dit : Affligé de pauvreté, d'où as-tu de quoi nourrir un brâhmane? N'as-tu donc pas honte de parler ainsi? Et aussi, depuis que le bout de ta main m'a touchée[1], je n'ai même jamais eu aucun plaisir; je n'ai reçu ni friandise à goûter, ni parure pour les mains, les pieds, les oreilles, le cou, et cetera.

Lorsqu'il eut entendu cela, le brâhmane, quoique saisi de crainte, dit tout doucement : Brâhmanî, il n'est pas convenable de dire cela. Et l'on dit :

Une bouchée même, pourquoi n'en donne-t-on pas la moitié aux pauvres? Quand et à qui sera en partage une fortune selon son désir?

Et ainsi :

L'avantage que les riches acquièrent, dit-on, avec une grande fortune, le pauvre peut l'obtenir avec un kâkinî[2] : ainsi l'avons-nous appris.

Et ainsi :

Celui qui donne, si petit qu'il soit, est respectable; mais non pas l'avare, quelque grand qu'il soit par la richesse. Le puits dans lequel est une eau douce donne la joie au monde; l'Océan, non.

Et ainsi :

A quoi bon le faux nom de roi des rois pour ceux qui n'ont pas la grandeur de la libéralité? Les sages vénèrent, non pas le gardien des trésors[3], mais Maheswara[4].

Le roi des éléphants, amaigri par l'exsudation continuelle du rut, est vanté; l'âne, qui n'a pas d'exsudation et qui est gras, est méprisé[5].

---

[1] Allusion à la cérémonie du mariage.
[2] Cauri ou coquillage employé comme monnaie.
[3] Kouvéra, dieu des richesses.
[4] Voy. page 31, note 1.
[5] Il y a dans ce sloka un jeu de mots que le français ne saurait rendre. *Dâna*, «exsudation du rut», signifie aussi «don, générosité».

Quoique très-beau, quoique bien rond, le plateau de balance descend quand rien n'est mis sur l'autre plateau; mais, quoique courbe, quoique percé, le bout du fléau monte quand quelque chose est mis sur ce plateau.

Et ainsi :

Tout en ne donnant que de l'eau, le nuage devient l'ami du monde entier; mais le soleil qui toujours étend ses rayons, on ne peut le regarder [1].

Sachant cela, ceux même qui sont affligés de pauvreté doivent donner moins que très-peu, en temps et à personne convenables. Car on dit :

Une personne digne, une grande confiance et un don fait en lieu et temps convenables par des gens judicieux, cela suffit pour l'éternité.

Et quelques-uns ont dit ainsi :

Il ne faut pas avoir trop de désir, mais qu'on ne renonce pas au désir. A celui qui est dominé par un désir excessif il vient une crête sur la tête.

Comment cela? dit la brâhmanî. Le brâhmane raconta :

IV. — LE CHASSEUR, LE SANGLIER ET LE CHACAL.

Il y avait dans une contrée de forêts un barbare. Cet homme se mit en route vers la forêt pour chasser. Or, chemin faisant, il rencontra un gros sanglier, pareil au sommet du mont Andjana. Dès qu'il le vit, il le frappa avec une flèche aiguë qu'il avait ramenée jusqu'à son oreille. L'animal, furieux, fendit le ventre au barbare avec la pointe de ses défenses, qui brillaient comme la jeune lune, et celui-ci tomba mort sur le sol. Puis, après avoir tué le chasseur, le sanglier aussi mourut par la douleur seule de la blessure que la flèche lui avait faite. Ce-

---

[1] Encore un jeu de mots sur *kara*, «main» et «rayon», et sur *mitra*, «ami» et «soleil».

pendant un chacal dont la mort était proche, et qui errait çà et là souffrant du manque de nourriture, vint en ce lieu. Quand il vit le sanglier et le barbare morts tous deux, il pensa avec joie : Oh! le destin m'est favorable; c'est pour cela que je trouve cette nourriture inattendue. Et certes on dit ceci avec raison :

Même sans que les hommes fassent aucun effort, le bonheur et le malheur leur arrivent comme fruit produit par une autre vie et assigné par le destin.

Et ainsi :

On jouit du fruit d'une bonne ou d'une mauvaise action dans le lieu, dans le temps et à l'âge où elle a été faite.

Je mangerai donc de telle façon que j'aurai de la subsistance pour plusieurs jours. Ainsi je vais manger seulement cette corde à boyau qui est au bout de l'arc. Et l'on dit :

Il faut jouir peu à peu de la richesse qu'on a acquise. comme les sages usent de l'élixir de vie; jamais follement.

Après avoir conçu cette résolution en lui-même, il prit au milieu de sa gueule le bout fendu de l'arc, et se mit à manger la corde. Puis, quand la corde fut coupée, le bout de l'arc, déchirant la région du palais, lui sortit par la tête comme une crête. Par l'effet de la souffrance il mourut à l'instant.

Voilà pourquoi je dis :

Il ne faut pas avoir trop de désir, mais qu'on ne renonce pas au désir. A celui qui est dominé par un désir excessif il vient une crête sur la tête.

Puis le brâhmane continua : Brâhmanî, n'as-tu pas entendu :

Durée de la vie, œuvres, fortune, science et mort, ces cinq choses sont créées pour l'être animé pendant qu'il est encore dans le ventre de sa mère?

Après qu'il lui eut fait cette leçon, la brâhmanî dit : Hé!

mon cher, si c'est ainsi, j'ai à la maison une petite provision de sésame. Alors je vais le monder, et je nourrirai le brâhmane avec du sésame pilé.

Lorsque le brâhmane eut entendu ces paroles de sa femme, il alla dans un autre village. La brâhmanî frotta avec de l'eau chaude le sésame qu'il y avait à la maison, le monda, et l'exposa à la chaleur du soleil. Cependant, tandis qu'elle était distraite par les travaux du ménage, un chien pissa au milieu du sésame. Puis, lorsqu'elle vit cela, elle pensa : Ah ! voyez l'adresse du destin quand il est contraire, puisqu'il rend même ce sésame non mangeable. Je vais donc, avec ce sésame, aller chez quelqu'un et demander du non mondé pour du mondé. De cette façon tout le monde en donnera. Elle mit ensuite le sésame dans un van, et, allant de maison en maison, elle dit : Hé ! prenez du sésame mondé en échange de sésame non mondé. Or dans une maison où j'étais entré pour mendier, elle entra aussi avec son sésame pour faire échange, et prononça les paroles que je viens de citer. La maîtresse de cette maison prit avec plaisir le sésame mondé en échange de sésame non mondé. Après que cela fut fait, son mari arriva. Ma chère, lui dit-il, qu'est-ce ? — J'ai, raconta-t-elle, pris du bon sésame mondé en échange de sésame non mondé. Il réfléchit, et dit : A qui appartenait ce sésame ? Alors son fils Kâmandakî répondit : A la femme de brâhmane Sândilî. — Ma chère, dit le mari, elle est très-adroite et habile en affaires; par conséquent il faut jeter ce sésame. Car

> Ce n'est pas sans motif que la femme de brâhmane Sândilî échange du sésame mondé contre de l'autre, car il doit y avoir à cela une cause.

Ainsi, cela est certain, la force qu'a ce rat pour sauter provient du feu d'un trésor.

Après avoir ainsi parlé, Vrihatsphik ajouta : Mais connaît-on le chemin par lequel il vient et s'en va? — Vénérable, répondit Tâmratchoûda, on le connaît, car il ne vient pas seul; mais, entouré d'une troupe innombrable, rôdant çà et là devant mes yeux, il vient et s'en va avec tout son monde. — Y a-t-il ici une bêche? dit Vrihatsphik. — Oui, répondit Tâmratchoûda, il y a cette pioche toute en fer. — Eh bien, dit l'hôte, tu t'éveilleras avec moi au point du jour, afin que nous allions tous deux suivre ses traces sur le sol que ses pattes ont rencontré.

Lorsque j'eus entendu ces paroles de ce méchant pareilles à un coup de foudre, je pensai : Ah! je suis perdu! car ses discours dénotent un dessein. Assurément, de même qu'il connaît le trésor, le méchant connaîtra aussi ma forteresse. Cela se voit par son intention. Et l'on dit :

Même quand ils ont vu un homme une seule fois, les sages connaissent sa force : même sans autre balance que la main, les experts reconnaissent le poids d'un pala [1].

Et ainsi :

Le désir seul indique longtemps d'avance la destinée future des hommes, car le bonheur ou l'affliction a son origine dans un autre corps. Le jeune paon qui n'a pas encore la marque de la queue est reconnu à cela même qu'il s'éloigne de l'étang à reculons.

Puis, le cœur saisi de crainte, j'abandonnai le chemin de la forteresse et je pris une autre route avec ma suite. Pendant que je marchais devant, un gros chat vint à ma rencontre, et quand il vit la troupe de rats, il se précipita au milieu d'elle. Les rats me reprochèrent que j'allais par un mauvais chemin,

---

[1] Poids d'or ou d'argent.

et ceux d'entre eux qui n'avaient pas été tués, inondant la terre de sang, entrèrent dans la forteresse. Et certes on dit ceci avec raison :

Après qu'il a coupé la corde, jeté bas le piége, rompu de force le filet, qu'il est parti loin de la forêt, autour de laquelle se dresse comme une touffe de cheveux une ceinture de flammes, et qu'il a sauté lestement hors de la portée des flèches des chasseurs, le daim, en courant, tombe dans un puits. Quand le destin est contraire, que peut faire le courage ?

Et ainsi :

Le pauvre cyprin, quoique échappé de la main rude du pêcheur, tombe de nouveau dans le filet, et, retombé du filet, il est avalé par la grue : ah ! avec le destin contraire, comment pourrait-il se sauver du malheur ?

Et d'un autre côté :

Un rat, après avoir fait un trou, tombe de lui-même pendant la nuit dans la gueule d'un serpent, qui, serré dans un panier, a perdu tout espoir et dont les organes des sens languissent par suite de la faim : rassasié de la chair du rat, le serpent s'en va vite par ce chemin. Demeurez fermes, car le destin est la cause de la prospérité et de la ruine des hommes.

Ainsi je m'en allai tout seul ailleurs; les autres entrèrent sottement là dans la forteresse. Cependant le méchant religieux mendiant, voyant le sol taché de gouttes de sang, vint par le chemin même de la forteresse, et y arriva. Il se mit ensuite à creuser avec la pioche, et en creusant il trouva le trésor sur lequel j'avais toujours demeuré et par le feu duquel j'allais dans l'endroit même le plus inaccessible. Puis le religieux mendiant, le cœur joyeux, dit à Tâmratchoûda : Hé, vénérable ! dors maintenant sans crainte : c'est par le feu de ce trésor que ce rat te tient éveillé. Après avoir ainsi parlé, il prit le trésor et s'en alla vers le couvent. Et moi, lorsque j'allai là, je ne pus pas même regarder ce lieu désagréable et inspirant la tristesse.

Comment aurais-je la tranquillité du cœur? Avec cette pensée, le jour se passa pour moi dans une grande affliction. Quand le soleil fut couché, quoique triste et sans courage, j'entrai dans le couvent avec ma suite. Mais lorsque Tâmratchoûda entendit le bruit de mon entourage, il se mit de nouveau à frapper sur le pot à aumônes avec le bambou fendu. Alors Vrihatsphik dit : Ami, pourquoi aujourd'hui encore ne dors-tu pas sans crainte? — Vénérable, répondit Tâmratchoûda, le méchant rat est revenu avec sa suite, assurément. Par crainte de lui, je frappe avec le bambou fendu sur le pot à aumônes. Puis l'hôte dit en riant : Ami, n'aie pas peur. Son courage pour sauter s'en est allé avec sa richesse. Il en est ainsi de toutes les créatures également. Et l'on dit :

Qu'un mortel énergique subjugue toujours les hommes, qu'il parle avec arrogance, tout cela est le fruit de la richesse.

Après que j'eus entendu cela, je fus saisi de colère, et je sautai de mon mieux vers le pot à aumônes; mais je ne pus l'atteindre, et je tombai à terre. Quand mon ennemi vit cela, il dit en riant à Tâmratchoûda : Hé! vois, vois la chose étonnante! Et l'on dit :

Avec la richesse, tout homme est fort; celui qui est riche est savant. Vois ce rat qui est pauvre, il est devenu égal à ceux de son espèce.

Dors donc sans plus avoir aucune crainte. Ce qui le faisait sauter est dans nos mains. Et certes on dit ceci avec raison :

Comme un serpent qui n'a pas de dents et un éléphant qui n'a pas d'exsudation de rut, ainsi celui qui n'a pas de fortune ici-bas n'est homme que de nom [1].

Lorsque j'eus entendu cela, je pensai dans mon cœur : Ce

---

[1] La première moitié de ce sloka se trouve dans le livre I, page 74.

que dit mon ennemi est vrai. Je n'ai plus la force de sauter seulement à la hauteur d'un doigt. Fi de la vie d'un homme qui est pauvre! Et l'on dit :

> Toutes les œuvres d'un homme qui est pauvre et peu intelligent se perdent comme les petits ruisseaux dans la saison des chaleurs.
>
> De même que ce qu'on appelle orge stérile, de même que le sésame de forêt n'ont que le nom, mais ne sont rien en réalité; de même, les hommes qui sont pauvres.
>
> Chez l'homme de bien même, quand il est pauvre, les autres qualités ne brillent pas : la fortune met en lumière les qualités, comme le soleil éclaire tout ce qui existe.
>
> Un homme pauvre par condition naturelle n'est pas affligé dans le monde autant que celui qui, après avoir acquis des richesses, les perd alors qu'il est heureux.
>
> De même qu'un arbre sec, creusé par les vers et brûlé de tous côtés par le feu, un être pauvre n'a pas un excellent fruit.
>
> Il faut toujours craindre la pauvreté, qui est impuissante. Quand même le pauvre vient pour rendre service, on le regarde comme un chien.
>
> A mesure qu'ils naissent, les désirs des pauvres fondent là même dans leurs cœurs, comme les seins d'une femme veuve.
>
> Même à la clarté du jour, celui qui est continuellement enveloppé des ténèbres de la pauvreté a beau se tenir en face; malgré la peine qu'il se donne, il n'est vu de personne ici-bas.

Après m'être ainsi lamenté, découragé et voyant mon trésor devenu un oreiller, j'allai dans ma forteresse au point du jour. Puis mes serviteurs, tout en marchant, se dirent les uns aux autres : Ah! celui-là est incapable de nous remplir le ventre. Si nous le suivons, il ne nous arrivera que malheurs avec les chats et autres animaux. Par conséquent, à quoi bon le révérer? Car on dit :

> Un maître de qui on n'a pas du profit, mais seulement des malheurs, doit être laissé loin, surtout par ceux qui vivent du métier des armes.

Après que j'eus ainsi entendu leurs discours en chemin, j'entrai dans ma forteresse, et comme aucun ne s'approchait devant moi, je pensai : Ah! fi de cette pauvreté! Et certes on dit ceci avec raison :

Mort est l'homme pauvre, mort l'accouplement sans enfants, mort le srâddha[1] sans brâhmane versé dans l'étude des Védas[2], mort le sacrifice sans présents.

Les oiseaux abandonnent l'arbre qui a perdu ses fruits; les grues, l'étang desséché; les abeilles abandonnent la fleur fanée; les daims, la lisière de forêt brûlée; les courtisanes abandonnent l'homme pauvre; les serviteurs, le roi déchu. Tout le monde aime à chercher son profit : qui est l'ami d'un autre?

Pendant que je réfléchissais ainsi, mes serviteurs entrèrent au service de mes ennemis, et ceux-ci, quand ils me virent seul et sans force, me molestèrent. Lorsque je fus seul, je tombai dans le sommeil de la méditation, et je pensai encore : Cette nuit j'irai seul dans la demeure de ce méchant ascète; là, je déchirerai peu à peu la corbeille au trésor placée sous l'oreiller, et quand le religieux sera tombé dans le sommeil, j'apporterai ce trésor dans ma forteresse, afin d'avoir de nouveau, par la puissance de la richesse, la souveraineté comme auparavant. Et l'on dit :

Les hommes se tourmentent au plus haut point l'esprit avec cent désirs; quand ils ne peuvent les accomplir, ils sont comme des veuves chastes.

La pauvreté est pour les mortels une affliction qui engendre le plus grand mépris, car, quoique vivants, ils sont regardés, par les leurs même, comme morts.

Demeure des malheurs, celui qui est perpétuellement souillé de la pauvreté devient le réceptacle de la misère et le plus grand objet de mépris.

---

[1] Cérémonie funèbre en l'honneur des mânes. Le srâddha consiste le plus souvent en offrandes consacrées aux dieux et aux mânes, et en présents donnés aux brâhmanes et aux parents qui assistent à la cérémonie. Il y a plusieurs espèces de srâddhas. (Voy. *Lois de Manou*, III, 122 et suiv.)

[2] Voy. page 1, note 2.

Les parents de celui qui n'a pas de kapardakas [1] sont honteux et cachent leur parenté avec lui : ses amis deviennent des ennemis.

La pauvreté, chez les mortels, c'est la nullité incarnée, c'est la demeure des maux, c'est une sorte de mort.

Comme l'ordure de la corne des pieds des chèvres et des ânes et la poussière d'un balai, comme l'ombre d'un lit projetée par une lampe, l'homme pauvre est rejeté par les hommes.

On a besoin quelque part de faire usage de l'argile même, quand elle est bien pure; mais l'homme pauvre ici-bas n'est utile à rien.

Le pauvre qui, même avec l'intention de donner, vient dans la maison des riches, est regardé comme un mendiant. Fi de la pauvreté, vraiment, pour les mortels!

Puis, si en enlevant le trésor je trouve la mort, cela sera encore heureux. Et l'on dit :

Quand un homme, après s'être vu enlever sa richesse, sauve sa vie, ses ancêtres même n'acceptent pas plein le creux des deux mains d'eau offerte par lui.

Et ainsi :

Celui qui pour une vache, pour un brâhmane, et quand on lui enlève sa femme ou sa richesse, perd la vie dans un combat, gagne les mondes éternels [2].

Après avoir pris cette résolution, j'allai là dans la nuit, et lorsque j'eus fait un grand trou dans la corbeille du religieux mendiant, qui dormait, ce méchant ascète s'éveilla; puis il me frappa sur la tête d'un coup du bambou fendu, et peu s'en fallut que je ne fusse tué. Et l'on dit :

L'homme obtient ce qu'il doit acquérir; un dieu même ne peut outrepasser cela; aussi je ne m'afflige pas, je n'ai pas d'étonnement : ce qui est à nous n'est pas à d'autres.

---

[1] Petit coquillage employé comme monnaie; cauri.
[2] Variante d'un sloka cité dans le livre I, page 62.

Comment cela? demandèrent le corbeau et la tortue. Hiranyaka raconta :

V. — AVENTURES DE PRÂPTAVYAMARTHA.

Il y avait dans une ville un marchand nommé Sâgaradatta[1]. Son fils acheta un livre qui se vendait cent roupies, et dans ce livre était écrit :

L'homme obtient ce qu'il doit acquérir; un dieu même ne peut outrepasser cela; aussi je ne m'afflige pas, je n'ai pas d'étonnement : ce qui est à nous n'est pas à d'autres.

Quand Sâgaradatta vit cela, il demanda à son fils : Fils, à quel prix as-tu acheté ce livre? — Père, répondit-il, cent roupies. Lorsque Sâgaradatta entendit cela, il dit : Fi de la sottise! tu achètes cent roupies un livre dans lequel il n'y a d'écrit que les vers d'une seule strophe! Avec cette intelligence-là, comment acquerras-tu du bien? Aussi à partir d'aujourd'hui tu n'entreras pas dans ma maison.

Après avoir été ainsi gourmandé, le fils fut chassé de la maison. A cause de cet affront il s'en alla loin en pays étranger, arriva dans une ville, et y resta. Puis au bout de quelques jours, un habitant de cette ville lui demanda : D'où es-tu venu et comment t'appelles-tu? Il répondit : L'homme obtient ce qu'il doit acquérir. Questionné par un autre, il répondit la même chose. A quiconque le questionnait ainsi, il donnait la même réponse, et de cette façon il devint très-connu dans la ville sous le nom de Prâptavyamartha[2]. Or la fille du roi, nommée Tchandravatî[3], jeune et belle, visitait la ville en compagnie d'une

---

[1] *Donné par l'Océan.*

[2] *Ce nom est composé des deux premiers mots de la strophe qui forme le sujet du récit :* prâptavyam artham, *« ce qu'il doit acquérir ».*

[3] *Belle comme la lune.*

amie, un jour de grande fête, et là un prince très-beau et charmant se présenta comme par hasard à sa vue. Au moment même où elle le vit, elle fut frappée par les flèches de fleurs du dieu qui a un poisson sur sa bannière [1], et elle dit à son amie : Hé, amie! les jours de la jeunesse deviennent pourtant pour moi inutiles. Mon père ne me donne en mariage à personne. Il faut donc que tu fasses en sorte que j'aie aujourd'hui une entrevue avec ce prince. Après avoir entendu cela, l'amie alla vite auprès de lui, et dit : Hé! je suis envoyée vers toi par Tchandravatî, et elle te fait dire : Pour t'avoir vu, je suis réduite par l'Amour au dernier état. Si donc tu ne viens pas promptement auprès de moi, alors ce sera ma mort. Lorsque le prince eut entendu cela, il répondit : S'il faut nécessairement que j'y aille, dis donc par quel moyen je pourrai entrer. Puis l'amie dit : Tu monteras là dans la nuit au moyen d'une forte courroie qui pendra du haut du palais. — Si telle est ta résolution, répondit le prince, alors je ferai ainsi.

Après que cela fut décidé, l'amie retourna auprès de Tchandravatî. Mais quand la nuit fut venue, le prince pensa dans son cœur : Ah! c'est un grand crime. Et l'on dit :

L'homme qui, dans le monde, a commerce avec la fille d'un précepteur spirituel, l'épouse d'un ami, la femme d'un maître ou d'un serviteur, est appelé meurtrier de brâhmane.

Et en outre :

Il ne faut pas commettre une action par laquelle on acquiert le déshonneur, par laquelle on descend dans l'enfer, et par laquelle on est privé du ciel.

Après avoir ainsi honnêtement réfléchi, il n'alla pas auprès de la princesse. Mais Prâptavyamartha, en se promenant,

---

[1] Voy. page 57, note 1.

vit dans la nuit sur le côté du palais une courroie qui pendait. La curiosité s'empara de son cœur; il saisit la courroie et grimpa. La princesse, qui avait l'esprit plein de confiance et croyait qu'il était bien le prince, lui donna bain, aliments, boissons, vêtements et autres marques d'honneur, se mit au lit avec lui, et, les membres en horripilation par l'effet du plaisir que lui causait le contact de son corps, elle dit : Mon cher, amoureuse de toi pour t'avoir seulement vu, je me suis donnée à toi; je n'aurai pas même en pensée d'autre époux que toi. Pourquoi donc ne parles-tu pas avec moi? Alors il dit : L'homme obtient ce qu'il doit acquérir. Lorsqu'il eut dit ces mots, la princesse reconnut que c'était un autre; elle le fit sortir du palais et le renvoya. Mais il alla dans un temple de Danda[1] et s'y endormit. Or un bourreau s'était donné là rendez-vous avec une femme libertine. En arrivant il vit Prâptavyamartha qui dormait déjà, et, pour garder son secret, il lui dit : Qui es-tu? Celui-ci répondit : L'homme obtient ce qu'il doit acquérir. Après que le bourreau eut entendu cela, il dit : Ce temple est désert; va dans ma maison et dors dans mon lit. Prâptavyamartha y consentit, et, contre son intention, il se coucha dans un autre lit. Or la fille adulte de ce bourreau, nommée Vinayavatî[2], jeune et belle, laquelle aimait un homme et lui avait donné rendez-vous, était couchée dans ce lit. Quand elle vit venir Prâptavyamartha, trompée dans la nuit par l'obscurité la plus profonde, elle pensa : C'est bien mon amant; elle se leva, lui fit donner des aliments, des vêtements et autres marques d'honneur, et se fit épouser suivant le mode de mariage Gândharva[3]. Étant avec lui sur le lit, elle lui dit avec un visage épanoui

---

[1] Nom de Yama.
[2] *Qui a une bonne conduite.*
[3] Voy. page 59, note 2.

comme un lotus : Pourquoi aujourd'hui aussi ne parles-tu pas confidemment avec moi? Il répondit : L'homme obtient ce qu'il doit acquérir. Lorsqu'elle entendit cela, elle pensa : Quand on agit inconsidérément, tel est le fruit qui en mûrit. Après avoir ainsi réfléchi, cette fille chagrine lui fit des reproches et le chassa. Comme il allait par la grande route, arriva à grand son d'instruments de musique un fiancé nommé Varakîrti[1], qui habitait dans un autre pays. Prâptavyamartha se mit à marcher avec le cortége. Mais tandis que, le moment fixé par les astrologues étant proche, la fille de marchand, en habits de noce et de fête, se tenait sur l'estrade d'un porche décoré, à la porte de la maison du marchand, laquelle était près de la route royale, un éléphant en rut, après avoir tué celui qui le montait, vint en ce lieu même et effraya le monde par les cris des gens qui fuyaient. A la vue de cet éléphant, tous ceux qui accompagnaient le fiancé se sauvèrent avec le fiancé épouvanté et se dispersèrent de tous côtés. Mais à ce moment, voyant la jeune fille toute seule, avec des yeux qui roulaient de frayeur, Prâptavyamartha lui dit : N'aie pas peur, je te protége. Il la rassura par son courage, la prit de la main droite et menaça très-hardiment l'éléphant avec de dures paroles. Lorsque ensuite, d'une manière ou d'autre, par l'effet du destin, l'éléphant se fut éloigné, Varakîrti avec ses parents et amis arriva après que le moment fixé par les astrologues fut passé. Alors la mariée était là à la main d'un autre. Quand Varakîrti vit cela, il dit : Hé, beau-père! tu as mal fait de donner la jeune fille à un autre après me l'avoir donnée. — Hé! répondit celui-ci, moi aussi je me suis sauvé par crainte de l'éléphant; j'arrive avec vous et je ne sais pas ce qui s'est passé. Après qu'il eut dit cela, il se

---

[1] *Qui a l'éclat d'un fiancé.*

mit à questionner sa fille : Mon enfant, tu n'as pas fait une belle chose. Dis-moi donc quelle est cette aventure. Elle répondit : Comme celui-ci m'a sauvée du risque de la vie, personne que lui, tant que je vivrai, n'obtiendra ma main.

Au milieu de cette mésaventure la nuit se passa. Mais le matin il se fit un grand rassemblement de gens; la fille du roi apprit cette aventure et vint en ce lieu. La chose allant d'une oreille à une autre, la fille du bourreau la sut et vint là également. Puis le roi lui-même, informé de ce grand rassemblement de monde, vint là en personne, et dit à Pràptavyamartha : Hé! raconte avec confiance ce que c'est que cette aventure. Celui-ci dit : L'homme obtient ce qu'il doit acquérir. Alors la princesse se souvint et dit : Un dieu même ne peut outrepasser cela. Puis la fille du bourreau dit : Aussi je ne m'afflige pas, je n'ai pas d'étonnement. La fille du marchand, quand elle entendit cette histoire de tout le monde, dit : Ce qui est à nous n'est pas à d'autres. Ensuite le roi leur accorda à tous protection, et lorsqu'il eut appris de chacun séparément cette histoire et qu'il connut la vérité, il donna très-respectueusement à Pràptavyamartha sa fille, avec mille villages, des revenus royaux, des scribes et une suite, et, lui disant : Tu es mon fils, il le sacra prince héritier du trône au su de toute la ville. Le bourreau aussi donna sa fille à Pràptavyamartha, et lui offrit suivant ses moyens, pour l'honorer, des vêtements, des présents et autres choses. Puis Pràptavyamartha fit venir dans cette ville, avec tous les honneurs, ses père et mère entourés de toute leur famille; il vécut heureux avec sa race, et jouit de toutes sortes de plaisirs.

Voilà pourquoi je dis :

L'homme obtient ce qu'il doit acquérir; un dieu même ne peut outrepasser cela; aussi je ne m'afflige pas, je n'ai pas d'étonnement : ce qui est à nous n'est pas à d'autres.

Hiranyaka continua : Lors donc que j'eus éprouvé toutes ces joies et ces peines, je tombai dans la plus grande tristesse, et je fus amené auprès de toi par cet ami. Telle est la cause de mon désespoir. — Mon cher, dit Mantharaka, il est sans aucun doute un ami, lui qui, bien qu'amaigri par la faim, t'a ainsi fait monter sur son dos, t'a apporté ici et ne t'a pas mangé en route, toi son ennemi naturel et fait pour lui servir de pâture. Et l'on dit :

Celui dont le cœur ne change jamais dans la richesse est un ami, et en tout temps il est le meilleur ami que l'on puisse acquérir.

C'est à ces signes, disent les sages, que sur cette terre on distingue sûrement les amis, comme on éprouve le feu du sacrifice.

Celui qui est un ami quand le temps de l'adversité est venu est véritablement un ami; mais lorsque le temps de la prospérité est venu, le méchant même est un ami.

Aussi j'ai maintenant confiance en son amitié, car c'est une amitié contraire à la politique, qui est contractée par des animaux aquatiques et de terre ferme avec un corbeau. Et certes on dit ceci avec raison :

Personne n'est beaucoup l'ami ni l'ennemi de quelqu'un; c'est par un acte hostile envers un ami que l'ennemi se fait voir et reconnaître.

Sois donc le bienvenu ! Demeure ici auprès de l'étang comme dans ta maison. Et de ce que tu as perdu ta fortune et que tu habites en pays étranger, il ne faut pas à ce sujet te faire de chagrin. Et l'on dit :

L'ombre d'un nuage, l'amitié d'un méchant, les aliments préparés, les femmes, la jeunesse et les richesses sont des choses dont on ne peut jouir que quelque temps.

A cause de cela les sages, qui sont maîtres d'eux-mêmes, ne désirent pas la richesse. Et l'on dit :

Quand l'homme va à la mort, des richesses bien entassées, bien conservées comme la vie dans son corps, nulle part séparées de lui, solides, chéries, ne vont pas cinq pas avec lui.

Et en outre :

Comme la viande est mangée dans l'eau par les poissons, par les bêtes sauvages sur terre, et dans l'air par les oiseaux, ainsi le riche est mangé partout [1].

Et ainsi :

Du riche même innocent le roi fait un criminel; le pauvre, quand même il est coupable, est partout à l'abri de la tyrannie.

Peine pour acquérir les richesses et pour les conserver quand elles sont acquises, peine dans le gain, peine dans la dépense : fi! les richesses ne contiennent qu'affliction [2] !

Avec la centième partie seulement de la peine qu'endure l'homme insensé qui poursuit la richesse, celui qui cherche la délivrance obtiendrait la délivrance.

En outre il ne faut pas te désespérer parce que tu habites en pays étranger. Et l'on dit :

Pour celui qui est brave et intelligent, qu'appelle-t-on pays natal ou qu'appelle-t-on pays étranger? Le pays où il entre, il s'en rend maître par la force de son bras. Lorsque, sans autres armes que ses dents, ses griffes et sa queue, le lion pénètre dans une forêt, il y étanche sa soif avec le sang du roi des éléphants qu'il a tué.

Lors même qu'il est pauvre et qu'il va en pays étranger, celui qui est sage ne s'afflige nullement. Et l'on dit :

Sagesse et royauté ne sont certainement jamais égales : un roi est vénéré dans son pays, le sage est vénéré partout [3].

---

[1] Sloka déjà cité dans le livre I, page 128.
[2] Répétition d'un sloka qui se trouve dans le livre I, page 41.
[3] Ce sloka est déjà cité plus haut, page 153.

Tu es un trésor de sagesse et tu ne ressembles pas aux hommes vulgaires. Et certes :

La Fortune cherche elle-même, pour demeurer auprès de lui, le héros qui est courageux, actif, qui connaît la conduite des affaires, qui ne s'adonne pas aux vices, qui est reconnaissant et constant dans l'amitié.

D'ailleurs la richesse, même acquise, se perd par le manque d'œuvres. Ainsi cette richesse a été à toi tant de jours; elle ne t'appartient plus et tu n'en as pas seulement une heure la jouissance; et si elle revenait d'elle-même, elle te serait ravie par le destin. Car on dit :

Quand on a acquis des richesses on n'en obtient vraiment pas la jouissance, tout comme le sot Somilaka, après qu'il eut été dans la grande forêt.

Comment cela? dit Hiranyaka. Mantharaka raconta :

VI. — HISTOIRE DU TISSERAND SOMILAKA.

Dans un endroit habitait un tisserand nommé Somilaka. Cet homme fabriquait sans cesse des vêtements de diverses étoffes de couleur ornées de dessins, et dignes d'un roi; mais en sus de la nourriture et de l'habillement il ne gagnait pas la plus petite somme d'argent; tandis que la plupart des autres tisserands de cet endroit, qui étaient habiles dans la fabrication de vêtements grossiers, possédaient une grande fortune. Or, en les regardant, Somilaka dit à sa femme : Ma chère, vois ces fabricants d'étoffes grossières, ils sont riches en biens et en or. Aussi cet endroit m'est insupportable. Allons-nous-en donc ailleurs pour gagner quelque chose. — Hé! mon très-cher, répondit-elle, ce que tu dis là est faux. qu'on devient riche quand on s'en va ailleurs, et qu'on ne le devient pas dans son pays. Car on dit :

Si les oiseaux s'envolent dans l'air et s'abattent sur la terre, néanmoins ils n'obtiennent rien qui ne soit donné.

Et ainsi :

Ce qui ne doit pas arriver n'arrive pas, et ce qui doit arriver arrive, même sans que l'on fasse aucun effort : une chose même qui est dans la paume de la main se perd, si elle ne doit pas exister[1].

De même qu'entre mille vaches le veau trouve sa mère, de même l'action faite dans une vie antérieure retrouve son auteur.

Et en outre :

L'homme va-t-il par cent mille chemins, son action vile le suit ; il en est de même de l'action de l'homme généreux.

Et encore :

De même que l'ombre et le soleil sont toujours liés ensemble, ainsi l'action et l'auteur sont enchaînés l'un à l'autre.

Reste donc ici et sois laborieux. — Ma chère, dit le tisserand, ce que tu dis n'est pas juste. Sans effort l'action ne porte pas de fruit. Et l'on dit :

De même qu'avec une seule main on ne fait pas un nœud, de même, est-il dit, sans effort il n'y a pas de fruit de l'action.

Et ainsi :

Vois ! à l'heure du repas, sans l'effort de la main la nourriture gagnée par le moyen de l'action n'entrerait nullement dans la bouche.

Et de plus :

C'est par l'effort que les affaires réussissent, non par les souhaits : les daims n'entrent pas dans la gueule du lion endormi.

---

[1] Stance citée plus haut, page 142.

Et encore :

Si, quand il agit selon sa force, l'action ne lui donne pas de réussite, alors il ne mérite pas de reproches, l'homme au courage duquel le destin fait obstacle.

Ainsi il faut nécessairement que j'aille en pays étranger.

Cette résolution prise, le tisserand alla à la ville de Vardhamâna[1], et, après qu'il y eut resté trois ans et qu'il eut gagné trois cents souvarnas[2], il se remit en route vers sa maison. Or comme à moitié chemin il passait dans une grande forêt, le vénérable soleil se coucha. Par crainte des bêtes féroces, Somilaka grimpa sur le tronc d'un très-gros figuier, et pendant qu'il dormait, au milieu de la nuit, il entendit en songe deux hommes de figure effrayante qui parlaient entre eux. Alors l'un dit : Hé, Kartri[3]! tu sais bien que ce Somilaka ne peut posséder rien de plus que la nourriture et le vêtement. En conséquence tu ne dois jamais rien lui accorder. Pourquoi donc lui as-tu donné trois cents souvarnas? — Hé, Karman! répondit l'autre, je dois nécessairement donner à ceux qui sont actifs le fruit qui répond à leurs efforts. Mais il dépend de toi de changer cela; par conséquent enlève-les. Lorsque le tisserand, après avoir entendu cela, s'éveilla et regarda la bourse aux souvarnas, il vit qu'elle était vide. Alors il se fit des reproches et pensa : Ah! qu'est-ce? Une richesse péniblement gagnée s'en est allée, comme en se jouant, je ne sais où. Ainsi je me suis fatigué en vain, je n'ai rien. Comment montrerai-je mon visage devant ma femme et mes

---

[1] Voy. page 33, note 1.

[2] Poids d'or équivalant à 11 grammes 664 milligrammes, ou, suivant certains calculs, à 17 grammes 616 milligrammes. Le souvarna était à la fois une monnaie et une mesure de poids.

[3] Kartri, *faiseur*; Karman, *œuvre, action*. Le premier est la personnification de l'activité de l'homme dans la vie présente; le second personnifie les œuvres accomplies dans une vie antérieure ou, en d'autres termes, la destinée.

amis? Après avoir fait ces réflexions, il retourna dans la même ville, et quand il eut gagné là en une seule année cinq cents souvarnas, il se remit en route vers sa demeure. Lorsqu'il fut arrivé à moitié chemin et qu'il se trouva de nouveau au milieu de la forêt, le vénérable soleil se coucha. Mais, par crainte de perdre les souvarnas, quoique très-fatigué, Somilaka ne se reposa pas; ne désirant que sa maison, il marcha vite. Cependant il entendit deux hommes à l'air dur, tout à fait semblables aux premiers, qui venaient derrière lui et parlaient entre eux. Alors l'un dit : Hé, Kartri! pourquoi as-tu donné cinq cents souvarnas à ce Somilaka? Ne sais-tu donc pas qu'il ne peut gagner rien de plus que la nourriture et le vêtement? — Hé, Karman! répondit l'autre, je dois nécessairement donner aux hommes actifs. Il dépend de toi de changer cela: pourquoi donc me fais-tu des reproches? Lorsque Somilaka, après avoir entendu cela, examina sa bourse, il n'y avait plus un souvarna. Alors Somilaka éprouva le plus profond chagrin. Ah! je suis perdu! dit-il. Il tomba dans le plus grand désespoir, et pensa : Ah! que me sert-il de vivre, puisque je n'ai pas d'argent? Je vais donc me pendre ici à un figuier et mettre fin à ma vie. Cette résolution prise, il fit une corde de darbha [1], attacha un lacet à son cou, et s'approcha d'une branche. Lorsque, après avoir lié son cou à cette branche, il allait se jeter en bas, un homme qui était dans les airs dit : Hé, hé, Somilaka! ne fais pas ainsi acte de violence. C'est moi qui t'ai enlevé ton argent; je ne permets pas que tu aies même un varâtaka [2] de plus que la nourriture et le vêtement. Va donc vers ta maison. Au reste je suis satisfait de ton emportement. En conséquence, demande quelque

---

[1] Ou kousa, *Poa cynosuroides*, espèce d'herbe dont on se sert dans les sacrifices et les cérémonies religieuses.

[2] Ou cauri. Voy. page 21, note 3.

faveur que tu désires. — Si c'est ainsi, dit Somilaka, alors donne-moi beaucoup de richesses. — Hé! répondit l'homme, que feras-tu d'une richesse dont tu ne peux jouir? Car au delà de la nourriture et du vêtement il n'y a pas pour toi de jouissance. Et l'on dit :

Que fait-on d'une fortune qui, comme une femme mariée, appartient à un seul, qui n'est pas commune à tous, comme une courtisane, et dont ne jouissent pas les passants?

Hé! dit Somilaka, bien que je ne doive pas jouir de cette richesse, puisse-t-elle cependant m'arriver! Car on dit :

Quoique avare, quoique de basse origine et toujours fui par les honnêtes gens, l'homme qui a un amas de richesses est vénéré par le monde.

Et ainsi :

Lâches et bien attachés, je les ai regardés quinze ans, ma chère, pour voir s'ils tombaient ou ne tombaient pas.

Comment cela? dit l'homme. Somilaka dit :

VII. — LES DEUX CHACALS POURSUIVANT UN TAUREAU.

Dans un endroit habitait un grand taureau nommé Tîkchnavrichana[1]. Ce taureau, dans l'excès de son ardeur amoureuse, abandonna son troupeau et devint habitant de la forêt, déchirant les bords de la rivière avec ses cornes et mangeant selon son bon plaisir les pointes d'herbes pareilles à des émeraudes. Or dans cette même forêt habitait un chacal nommé Pralobhaka[2]. Un jour ce chacal était assis agréablement avec sa femelle sur un banc de sable de la rivière. Cependant Tîkchnavrichana descendit sur ce même banc de sable pour boire de

---

[1] *Qui a les testicules ardents.*
[2] *Avide.*

l'eau. Alors la femelle du chacal vit ses testicules pendants, et elle dit à son mâle : Maître, vois comme ce taureau a deux morceaux de chair qui pendent. Ainsi ils tomberont dans un instant ou dans trois heures. Sachant cela, tu dois le suivre. — Ma chère, répondit le chacal, on ne sait pas si jamais ils tomberont ou non. Pourquoi donc m'ordonnes-tu de me fatiguer en vain? Cependant, restant ici, je mangerai avec toi les rats qui viennent pour boire, car c'est leur chemin; mais si je te quitte et que je suive ce taureau, alors un autre viendra et habitera ce lieu. Il n'est donc pas convenable de faire cela. Et l'on dit :

Celui qui abandonne le certain et recherche l'incertain perd le certain, et l'incertain est perdu aussi pour lui.

Hé! dit la femelle du chacal, tu es un pauvre misérable; quoi que tu obtiennes, tu en es content. Et l'on dit :

Une petite rivière est facile à remplir, un trou de souris est facile à remplir, un misérable est aisément satisfait et se contente même de peu[1].

Aussi un homme de mérite doit toujours être actif. Et l'on dit :

Là où il y a entreprise d'efforts, là où il y a absence de paresse, là, par l'union de la sagesse et de la force, le bonheur est entier, assurément.

Qu'on ne pense pas : C'est le destin, et qu'on ne cesse pas de faire ses efforts; sans effort on ne tire pas d'huile des grains même de sésame.

Et en outre :

Si ici-bas l'homme paresseux est très-satisfait même avec peu de chose, une simple raie portée dans ses comptes réjouit son cœur.

Et ce que tu dis : Ils tomberont ou ne tomberont pas, cela n'est pas non plus convenable. Et l'on dit :

Les hommes résolus sont dignes de louange; celui qui a une haute

---

[1] Sloka déjà cité dans le livre I, page 14.

fierté est vanté : qu'est le tchâtaka[1], ce misérable à qui Indra[2] apporte de l'eau?

D'ailleurs je suis maintenant excessivement dégoûtée de la viande de rat, et ces deux morceaux de chair paraissent près de tomber. Il faut donc absolument ne pas faire autrement.

Lorsque le chacal eut entendu cela, il quitta l'endroit où il prenait des rats, et suivit Tikchnavrichana. Et certes on dit ceci avec raison :

L'homme est ici-bas maître lui-même dans toutes ses actions, tant qu'il n'est pas dompté par l'aiguillon des discours d'une femme et n'est pas tenu de force.

Et ainsi :

Il regarde ce qui n'est pas faisable comme faisable, il regarde ce qui est inaccessible comme d'un accès facile, il regarde ce qui n'est pas mangeable comme mangeable, l'homme que la parole d'une femme fait marcher.

Il passa ainsi un long temps à courir çà et là avec sa femelle derrière le taureau, et les deux testicules ne tombèrent pas. Puis de désespoir, à la quinzième année, le chacal dit à sa femelle :

Lâches et bien attachés, je les ai regardés quinze ans, ma chère, pour voir s'ils tombaient ou ne tombaient pas.

Ainsi plus tard même ils ne tomberont pas. Retournons à la chasse aux rats.

Voilà pourquoi je dis :

Lâches et bien attachés, je les ai regardés quinze ans, ma chère, pour voir s'ils tombaient ou ne tombaient pas.

---

[1] Espèce de coucou, *Cuculus melanoleucus*, *Cuculus radiatus*. Selon la croyance indienne, cet oiseau se nourrit de la pluie.

[2] Voy. page 1, note 2.

Ainsi vraiment tout riche est digne d'envie. En conséquence donne-moi beaucoup de richesses. — Si c'est ainsi, dit l'homme, retourne à la ville de Vardhamâna. Là demeurent deux fils de marchand : l'un est Dhanagoupta [1], l'autre Oupabhouktadhana [2]. Puis quand tu connaîtras leur caractère à tous deux, tu choisiras et tu demanderas à être l'un ou l'autre. Si tu veux une richesse que l'on conserve et qu'on ne mange pas, alors je te ferai Dhanagoupta; ou bien si tu veux une richesse que l'on donne et dont on doit jouir, je te ferai Oupabhouktadhana. Après avoir ainsi parlé, il disparut. Somilaka, le cœur saisi d'étonnement, retourna à la ville de Vardhamâna. Puis au moment du crépuscule, accablé de fatigue, il arriva comme il put à cette ville, et, demandant la maison de Dhanagoupta, il la trouva avec peine et y entra après le coucher du soleil. Mais injurié par Dhanagoupta, qui était avec sa femme et ses fils, il pénétra de force dans la cour de la maison, et s'assit. Puis à l'heure de manger on lui donna pour nourriture ce qui restait du repas. Ensuite lorsque, après avoir mangé, il se fut couché là même, et qu'au milieu de la nuit il regardait, les deux mêmes hommes tenaient conseil ensemble. Alors l'un dit : Hé, Kartri ! pourquoi as-tu fait faire à ce Dhanagoupta une dépense excessive ? Car il a donné à manger à Somilaka. En cela tu as mal fait. — Hé, Karman ! répondit l'autre, ce n'est pas ma faute, car je dois donner gain et profit à celui qui est actif. Mais il dépend de toi de changer cela. Or Dhanagoupta, quand il se leva, souffrit du choléra spasmodique et resta un moment abattu par la maladie; puis, le deuxième jour, il jeûna à cause de cette maladie. Somilaka sortit dès le matin de la maison de Dhanagoupta, et alla à la maison d'Oupabhouktadhana. Celui-ci le reçut en se

---

[1] *Celui qui conserve ses richesses.*
[2] *Celui qui jouit de ses richesses.*

levant de son siége et en lui témoignant les autres marques de respect ; il lui donna, pour l'honorer, des aliments et des vêtements, et Somilaka, monté sur un bon lit, coucha dans sa maison même. Puis au milieu de la nuit, comme il regardait, les deux mêmes hommes tenaient conseil ensemble. Alors l'un dit : Hé, Kartri ! aujourd'hui cet Oupabhouktadhana, en traitant Somilaka avec honneur, a fait beaucoup de dépense. Comment donc se libérera-t-il ? Car tout cela, il l'a tiré de la maison d'un marchand. — Hé. Karman ! répondit l'autre, c'est mon devoir ; mais il dépend de toi de changer cela. Or, au matin, un homme du roi vint avec une grosse somme d'argent provenant de la faveur du roi, et la remit tout entière à Oupabhouktadhana. Lorsque Somilaka vit cela, il pensa : Ah ! quoiqu'il n'ait rien amassé, cet Oupabhouktadhana vaut mieux que cet avare Dhanagoupta. Car on dit :

Les Védas[1] ont pour fruit l'offrande du feu ; la science sacrée a pour fruit une conduite morale ; l'épouse a pour fruit le plaisir de l'amour et les fils ; la richesse a pour fruit le don et la jouissance.

Que le vénérable Vidhâtri[2] me fasse donc possesseur d'une richesse que l'on donne et dont on jouit ; je ne veux pas de la condition de Dhanagoupta. Après avoir entendu cela, Karman et Kartri le firent tel, et disparurent.

Voilà pourquoi je dis :

Quand on a acquis des richesses on n'en obtient vraiment pas la jouissance, tout comme le sot Somilaka après qu'il eut été dans la grande forêt.

Ainsi, mon cher Hiranyaka, sachant cela, tu ne dois pas te faire de chagrin pour des richesses. Car une richesse que l'on

---

[1]. Voy. page 1, note 2.
[2] Nom de Brahmâ. Ce mot s'emploie aussi pour désigner le destin.

possède même et dont on ne peut jouir doit être considérée comme non possédée. Et l'on dit :

Si nous sommes riches avec des richesses enfouies dans la maison, ne sommes-nous pas riches de ces mêmes richesses dans la pauvreté ?

Et ainsi :

La libéralité est la conservation des richesses acquises, comme le canal conserve les eaux amassées dans le ventre de l'étang.

Et en outre :

Il faut donner, il faut jouir, il ne faut pas faire amas de richesses : vois ! ici-bas d'autres prennent la richesse amassée des abeilles.

Et ainsi :

Le don, la jouissance et la perte sont les trois voies de la richesse ; pour celui qui ne donne pas et ne jouit pas est la troisième voie.

Sachant cela, un sage ne doit pas acquérir des richesses pour avoir faim, car cela cause de l'affliction. Et l'on dit :

Les sots qui ici-bas éprouvent du plaisir au milieu des richesses et autres choses, ceux-là, pendant la chaleur de l'été, recherchent le feu pour avoir du froid.

Pour cette raison l'homme de bien doit toujours être content. Et l'on dit :

Les serpents boivent l'air, et ils ne sont pas faibles ; avec des herbes sèches, les éléphants sauvages deviennent forts ; avec des racines, des fruits, les ascètes les plus distingués vivent : le contentement est certes la plus grande richesse de l'homme.

Comment ceux qui sont avides de richesses et qui courent çà et là pourraient-ils avoir le bonheur de ceux qui ont l'esprit tranquille et qui sont rassasiés par l'ambroisie du contentement ?

Pour ceux qui boivent le contentement comme un nectar, le plus grand bonheur ; mais affliction continuelle pour les hommes qui ne sont pas satisfaits.

Chez celui dont l'esprit est troublé, tous les sens aussi sont troublés : quand le soleil est caché par les nuages, les rayons sont cachés.

Les grands richis[1] à l'esprit tranquille appellent le contentement fin du désir. Les richesses ne font pas cesser le désir, de même que des gouttes de feu ne font pas cesser la soif.

On blâme même ce qui n'est pas blâmable, on loue hautement ce qui n'est pas louable : pour la richesse, que ne font vraiment pas les mortels ?

Le désir des richesses n'apporte pas le bonheur même à celui qui les désire pour faire le bien : il vaut mieux éviter le contact d'un bourbier et s'en éloigner que d'y faire ses ablutions.

Il n'est pas de trésor égal à l'aumône, et il n'est pas sur terre de plus grand ennemi que la cupidité; il n'est pas non plus d'ornement pareil à la vertu, il n'est pas de richesse égale au contentement.

La plus grande forme de la pauvreté est le peu de richesse en connaissance : Siva[2], qui a pour tout bien un vieux taureau, est cependant le maître suprême.

Pourquoi donc te crois-tu malheureux ?

Toujours l'homme respectable, quand même il tombe, tombe comme une balle; mais le sot tombe comme tombe une boule d'argile.

Sachant cela, mon cher, tu dois montrer du contentement.

Après avoir entendu le discours de Mantharaka, le corbeau dit : Mon cher, ce que dit Mantharaka, il faut que tu te le graves dans l'esprit. Et certes on dit ceci avec raison :

Roi, on trouve facilement des hommes qui flattent toujours; mais il est difficile de trouver un homme qui dise une chose désagréable et bonne, et un homme qui l'écoute.

Ceux d'entre les hommes, ici-bas, qui disent des choses désagréables mais bonnes, ceux-là s'appellent vraiment des amis; les autres n'en ont que le nom.

Or pendant qu'ils causaient ainsi, un daim nommé Tchi-

---

[1] *Maharchis*, nom d'une classe de saints personnages.
[2] Voy. page 42, note 1. Ce dieu est représenté monté sur un taureau.

trânga¹, épouvanté par des chasseurs, entra dans l'étang. Effaré en le voyant venir, Laghoupatanaka monta sur l'arbre; Hiranyaka se cacha dans une touffe de roseaux qui était proche; Mantharaka se réfugia dans l'eau. Mais lorsque Laghoupatanaka eut bien reconnu le daim, il dit à Mantharaka : Viens, viens, amie Mantharaka; c'est un daim tourmenté par la soif qui est venu ici et est entré dans l'étang. C'est lui qui fait ce bruit, non un homme. Quand Mantharaka entendit cela, elle dit ces paroles convenables pour le lieu et le temps : Hé, Laghoupatanaka ! ce daim, comme on le voit, souffle fort, il a les yeux hagards et regarde derrière lui. Ainsi il n'est pas tourmenté par la soif. Il est sûrement épouvanté par des chasseurs. Vois donc si des chasseurs le suivent ou non. Et l'on dit :

L'homme effrayé respire fort et sans discontinuer, il regarde de tous côtés et ne trouve de satisfaction nulle part.

Lorsque Tchitrânga eut entendu cela, il dit : Hé, Mantharaka ! tu as bien reconnu la cause de ma frayeur. Je me suis sauvé des coups de flèches des chasseurs, et je suis arrivé ici avec peine. Mais mon troupeau sera tué par ces chasseurs. Je viens chercher un asile; montre-moi donc un endroit inaccessible aux méchants chasseurs. Après avoir entendu cela, Mantharaka dit : Hé, Tchitrânga ! écoute une règle de politique. Et l'on dit :

Il y a deux moyens ici-bas, dit-on, par lesquels on échappe à la vue de l'ennemi : l'un est dans le mouvement des mains, le second résulte de la vitesse des pieds.

Va donc vite dans l'épaisse forêt, tandis que ces méchants chasseurs n'arrivent pas encore.

Cependant Laghoupatanaka s'approcha lestement, et dit : Hé,

---

¹ *Qui a le corps moucheté.*

Mantharaka! ces chasseurs s'en sont allés vers leur maison, portant beaucoup de morceaux de viande de daim. Ainsi, Tchitrânga, sors de l'eau sans crainte. Ensuite ils devinrent tous quatre amis, et ils passaient agréablement le temps à jouir d'entretiens éloquents dans des réunions à l'étang, à l'heure de midi, sous l'ombre des arbres. Et certes on dit ceci avec raison :

Les sages dont le corps est en horripilation quand ils goûtent la saveur de beaux discours trouvent le plaisir même sans commerce avec une femme.

Celui qui n'amasse pas des trésors de belles paroles, quel présent donnera-t-il dans les sacrifices accompagnés de louanges?

Et ainsi :

Celui qui ne saisit pas un mot dit une fois ou ne le reproduit pas lui-même, et qui n'a pas un écrin [1], comment ferait-il de beaux discours?

Mais un jour, à l'heure de la réunion, Tchitrânga ne vint pas. Alors les trois autres furent inquiets et se dirent entre eux : Ah! pourquoi notre ami n'est-il pas venu aujourd'hui? A-t-il été tué dans quelque endroit par des lions ou d'autres bêtes, ou par des chasseurs? ou bien est-il tombé dans le feu d'un incendie de forêt, ou au fond d'un trou, par désir d'herbe nouvelle? Et certes on dit ceci avec raison :

Lorsqu'un ami va seulement dans le jardin de sa maison, on craint par affection qu'il ne lui arrive du mal; à plus forte raison quand il est au milieu d'une forêt, où il y a évidemment à redouter beaucoup de dangers.

Puis Mantharaka dit au corbeau : Hé, Laghoupatanaka! moi et Hiranyaka nous sommes tous deux incapables d'aller à sa recherche, à cause de la lenteur de notre marche. Va donc dans la forêt, et cherche si tu le vois quelque part vivant. Laghoupatanaka, après avoir entendu cela, n'était pas encore allé bien

---

[1] C'est-à-dire une collection de belles phrases, de pensées spirituelles, etc.

loin de l'étang, que Tchitrânga était là, sur le bord d'un petit étang, pris dans un piége. Le corbeau, quand il le vit, eut le cœur accablé de chagrin, et lui dit : Mon cher, qu'est-ce? Tchitrânga aussi, lorsqu'il aperçut le corbeau, eut le cœur très-triste. Et certes cela devait être. Car on dit :

Même quand elle s'est ralentie ou s'est éteinte, à la vue d'un ami la violence de la douleur redevient ordinairement plus grande chez les vivants.

Lorsque ensuite il eut fini de pleurer, il dit à Laghoupatanaka : Hé, ami! c'est ma mort qui a lieu maintenant; cependant il arrive cela de bon que je t'ai vu. Et l'on dit :

Quand à l'heure de la mort on voit un ami, cela fait plaisir à deux, au survivant et au mort.

Tu me pardonneras donc tout ce que j'ai pu dire par fâcherie d'amitié dans nos belles conversations, et tu diras la même chose de ma part à Hiranyaka et à Mantharaka. Et l'on dit :

Si par ignorance ou même sciemment j'ai dit une mauvaise parole, vous me la pardonnerez tous deux et vous montrerez un cœur adonné à l'affection.

Lorsque Laghoupatanaka eut entendu cela, il dit : Mon cher, il ne faut pas avoir de crainte quand il existe des amis comme nous. Ainsi je vais prendre Hiranyaka, et je reviens bien vite. Au reste, ceux qui sont hommes de mérite ne se troublent pas dans le malheur. Après avoir ainsi parlé et encouragé Tchitrânga, Laghoupatanaka alla là où étaient Hiranyaka et Mantharaka, et raconta tout au long la chute de Tchitrânga dans les rets. Puis il fit monter sur son dos Hiranyaka, qui était décidé à délivrer Tchitrânga des rets, et retourna auprès de Tchitrânga. Celui-ci, quand il vit le rat, fut un peu rattaché à l'espoir de vivre, et dit avec tristesse : Hé, ami! on dit ceci avec raison :

Pour se sauver du malheur, les sages doivent se faire des amis purs; quiconque ici-bas n'a pas d'amis ne surmonte pas le malheur.

Mon cher, dit Hiranyaka, tu connais pourtant la science de la politique et tu as une habile intelligence : comment donc es-tu tombé dans ce piége? — Hé! répondit Tchitrânga, ce n'est pas le moment de discuter. Pendant que le méchant chasseur n'arrive pas encore, coupe donc bien vite ces rets qui retiennent mes pieds. Quand Hiranyaka entendit cela, il rit et dit : Mon cher, bien que je sois arrivé, crains-tu encore le chasseur? Il m'est venu un grand dégoût pour la science, à cause de ce que même des savants en science politique comme toi tombent dans cette situation. Voilà pourquoi je te questionne. — Mon cher, dit le daim, par les actes d'une vie antérieure l'intelligence même est détruite. Car on dit :

Le Destin écrit sur notre front une ligne composée d'une rangée de lettres : le plus savant même, avec son intelligence, ne peut l'effacer.

Pendant qu'ils parlaient ainsi tous deux, Mantharaka, dont le cœur était affligé du malheur de l'ami, vint tout lentement vers ce lieu. Lorsque Laghoupatanaka la vit venir, il dit : Ah! voilà une mauvaise chose qui arrive. — Est-ce que le chasseur vient? dit Hiranyaka. Le corbeau répondit : Ne parlons pas maintenant du chasseur. Voici Mantharaka qui vient. Elle fait une imprudence : elle est cause que nous aussi nous courrons sûrement risque d'être tués. Car, si le méchant chasseur vient, quant à moi je m'envolerai dans les airs, tandis que toi tu entreras dans un trou et tu te sauveras; Tchitrânga aussi s'en ira vite dans l'intérieur de la forêt. Mais cette bête aquatique, que fera-t-elle ici sur le sec? Cette pensée m'inquiète.

Cependant Mantharaka arriva. Ma chère, dit Hiranyaka, tu n'as pas bien fait de venir ici. Retourne-t'en donc bien vite tandis que le chasseur n'arrive pas encore. — Mon cher, dit Mantharaka, que ferai-je? Je ne puis rester là et supporter la brûlure du feu du malheur d'un ami. Voilà pourquoi je suis venue ici. Et certes on dit ceci avec raison :

Qui supporterait la séparation d'avec les personnes qui lui sont chères, et la perte de ses richesses, si la société de gens amis, pareille au plus grand remède, n'existait pas?

Et aussi :

Mieux vaut perdre la vie que d'être séparé de pareils à vous : on retrouve la vie dans une autre naissance, on ne retrouve pas des êtres comme vous.

Pendant qu'elle parlait ainsi, arriva le chasseur, l'arc à la main. Lorsque le rat le vit, il coupa à l'instant les rets de corde à boyau qui retenaient le daim. Aussitôt Tchitrânga se mit vite à fuir; Laghoupatanaka monta sur un arbre; Hiranyaka entra dans un trou qui était proche. Mais le chasseur, dont le cœur était affligé de la fuite du daim, et qui s'était fatigué en vain, quand il vit Mantharaka marcher très-lentement sur le sol, pensa : Quoique ce daim m'ait été ravi par Dhâtri[1], cependant j'obtiens cette tortue pour nourriture. Ainsi aujourd'hui, avec sa chair, ma famille se nourrira complètement. Car on dit :

Qu'on s'envole dans l'air, qu'on marche sur le sol, qu'on coure par toute la terre, rien ne vient qui ne soit donné[2].

Après avoir ainsi réfléchi, il enveloppa la tortue de darbha[3], l'attacha à son arc, la mit sur son épaule, et s'en alla vers sa

---

[1] Voy. page 25, note 2.
[2] Voy. plus haut, page 178, la même pensée exprimée en d'autres termes.
[3] Voy. page 180, note 1.

maison. Cependant Hiranyaka, lorsqu'il la vit emporter, fut accablé de chagrin et se lamenta : Malheur! ô malheur!

Je ne suis pas encore arrivé à la fin d'un malheur, comme au rivage de l'Océan, qu'un second me survient : dans les côtés faibles les maux se multiplient.

Tant qu'on n'a pas trébuché, on va agréablement sur un chemin uni; mais quand on a trébuché, c'est raboteux à chaque pas.

Et :

Un arc courbe, un ami honnête et une épouse qui ne se laisse pas abattre dans le malheur sont difficiles à trouver de bonne souche.

Ni en une mère, ni en une épouse, ni en un frère, ni en un fils, les hommes n'ont une confiance telle qu'en un ami fidèle.

Si pourtant le destin ici-bas ne m'avait fait perdre que mes richesses! Pourquoi donc m'a-t-il ravi aussi un ami qui était le repos pour moi, fatigué de la route? Je pourrai avoir un autre ami; mais il ne sera pas pareil à Mantharaka. Car on dit :

La conversation sans désagréments, la communication d'un secret et la délivrance du malheur sont les trois fruits de l'amitié.

Ainsi après elle je n'aurai pas d'autre ami. Pourquoi donc Vidhâtri[1] fait-il pleuvoir continuellement sur moi les flèches du malheur? Pourquoi d'abord seulement la perte de mes richesses, puis la défection de ma suite, puis l'abandon de mon pays, puis la séparation d'avec mon ami? Mais certes cela est conforme à la loi qui régit la vie de toutes les créatures. Car on dit :

Le corps est toujours proche de sa destruction, le bonheur est fragile et ne dure qu'un instant, les liaisons sont accompagnées des séparations, chez tous les vivants.

[1] Voy. page 185, note 2.

Et ainsi :

Sur celui qui est blessé les coups tombent sans cesse; quand la nourriture manque, l'ardeur d'estomac se manifeste; dans le malheur les inimitiés se montrent; dans les côtés faibles les maux se multiplient.

Ah! quelqu'un a dit avec raison :

Qui a créé ce joyau, ce couple de syllabes : *Ami*, protection quand vient le danger, et vase d'affection et de confiance[1] ?

Cependant Tchitrânga et Laghoupatanaka arrivèrent là en sanglotant. Mais Hiranyaka dit : Ah! à quoi bon se lamenter inutilement? Tant que Mantharaka n'est pas emportée hors de vue, pensons donc à un moyen de la délivrer. Car on dit :

Celui qui, lorsqu'il est tombé dans un malheur, se contente de se plaindre follement, ne fait qu'accroître son malheur et n'en trouve pas la fin.
Le seul remède contre le malheur, disent les savants en politique, c'est de s'efforcer d'y mettre fin, et d'éviter le découragement.

Et en outre :

Quand on délibère pour bien conserver un profit passé et pour acquérir un profit à venir, et pour se délivrer si l'on est tombé dans le malheur, c'est la meilleure délibération.

Après avoir entendu cela, le corbeau dit : Hé! si c'est ainsi, faisons donc ce que je vais dire. Que Tchitrânga aille sur le chemin du chasseur, qu'il s'approche de quelque petit étang et tombe sur le bord de cet étang, comme s'il était sans vie. Moi, je monterai sur sa tête et je la piquerai à petits coups de bec, afin que le méchant chasseur, le croyant mort et se fiant à mes coups de bec, jette Mantharaka à terre et accoure pour le daim. Pendant ce temps tu briseras les liens de darbha, afin que Mantharaka entre au plus vite dans l'étang. — Hé! dit Tchitrânga,

[1] Variante d'un sloka cité plus haut, page 154.

c'est un excellent avis que tu as trouvé. Assurément Mantharaka doit être considérée comme délivrée. Et l'on dit :

> Un effort de l'esprit peut faire connaître si une chose réussira ou ne réussira pas; chez tous les êtres, c'est le sage qui sait cela le premier, et pas un autre.

Faisons donc ainsi. Après que cela fut fait, le chasseur vit Tchitrânga avec le corbeau sur le bord d'un petit étang proche de son chemin, comme il avait été dit. Dès qu'il l'aperçut, il eut le cœur joyeux et pensa : Sûrement ce pauvre daim, avec ce qui lui restait de vie, a coupé les rets, et aussitôt après être entré comme il a pu dans cette forêt, il est mort de la souffrance que lui ont causée les rets. Cette tortue est en mon pouvoir, car elle est bien attachée. Je vais néanmoins prendre ce daim aussi. Lorsqu'il eut fait ces réflexions, il jeta la tortue à terre et courut vers le daim. Cependant Hiranyaka, avec des coups de ses dents pareilles au diamant, mit en morceaux l'enveloppe de darbha. Mantharaka sortit du milieu de l'herbe et entra dans le petit étang qui était proche. Tchitrânga, avant que le chasseur fût arrivé, se leva sur pied et s'enfuit avec le corbeau. Cependant, quand le chasseur, surpris et découragé, revint et regarda, la tortue aussi s'en était allée. Alors il s'assit là et récita ce sloka :

> Quoique tombé dans les rets, ce grand daim m'a été pourtant ravi par toi, et cette tortue aussi, qui était prise, est certainement perdue par ton ordre. Amaigri par la faim, j'erre dans cette forêt sans mes enfants et sans ma femme. Et toute autre chose que tu n'as pas faite, ô destin ! fais-la : à celle-là aussi je suis préparé.

Après s'être ainsi livré à toutes sortes de lamentations, il s'en alla à sa maison. Puis quand le chasseur fut bien loin, le corbeau, la tortue, le daim et le rat, au comble de la joie, s'embrassèrent tous les uns les autres, et, se regardant comme nés une seconde fois, ils revinrent à l'étang, et passèrent très-agréablement le temps à se livrer au plaisir d'entretiens éloquents. Sachant cela, le sage doit s'acquérir des amis et ne pas agir avec hypocrisie envers un ami. Car on dit :

Celui qui se fait des amis ici-bas et n'agit pas avec fourberie ne trouve avec eux sa perte en aucune façon.

LIVRE TROISIÈME.

LA GUERRE DES CORBEAUX ET DES HIBOUX.

Ici commence le troisième livre, intitulé : la Guerre des Corbeaux et des Hiboux; en voici le premier sloka[1] :

Qu'on ne se fie pas à un ennemi précédemment combattu, même quand il est devenu ami. Vois la caverne pleine de hiboux consumée par le feu qu'y mirent les corbeaux.

On raconte ce qui suit :

I. — LES CORBEAUX ET LES HIBOUX.

Il est dans la contrée du Sud une ville appelée Mahilâropya[2]. Il y avait près de cette ville un figuier garni de beaucoup de branches et couvert d'un feuillage très-épais. Et là habitait un roi des corbeaux, nommé Méghavarna[3], avec une nombreuse suite de corbeaux. Il y avait construit une forteresse et y passait le temps avec ses serviteurs. De même habitait aussi, dans une caverne de montagne qui lui servait de forteresse, un roi des hiboux, nommé Arimardana[4], avec une suite innombrable de hiboux. Et il venait la nuit et rôdait toujours tout autour du figuier. Le roi des hiboux, dominé par une vieille inimitié,

---

[1] Voy. page 7, note 1.
[2] Voy. page 2, note 6 et note 7.
[3] *Qui est de la couleur des nuages.*
[4] *Qui écrase les ennemis.*

tuait tout corbeau qu'il attrapait, et s'en allait. De cette façon, par ses attaques continuelles, il dépeupla peu à peu entièrement de corbeaux la forteresse de ce figuier. Et certes il en arrive ainsi. Car on dit :

Celui qui est indolent et ne fait pas attention à son ennemi et à une maladie qui s'étendent à volonté, en devient peu à peu la victime.

Et ainsi :

Celui qui ne détruit pas un ennemi et une maladie dès qu'ils se montrent, quelque fort qu'il soit, en devient plus tard la victime[1].

Mais un jour le roi des corbeaux convoqua tous les ministres corbeaux, et dit : Hé! notre fier et persévérant ennemi vient toujours, à l'approche de la nuit, pareil au dieu de la mort, et détruit notre race. Comment donc lui résister? Nous ne voyons certes pas pendant la nuit, et le jour nous ne découvrons pas sa forteresse pour y aller et l'attaquer. Dans cette situation, lequel de ces moyens convient-il donc d'employer : la paix, la guerre, la marche, la défensive, le recours à une protection, ou la duplicité? Réfléchissez à cela et dites vite. Alors ils dirent : Sa Majesté a bien parlé en faisant cette question. Et l'on dit :

Même sans être questionné, un ministre doit dire ici-bas quelque chose; mais quand il est questionné, il doit dire ce qui est vrai et bon, que cela plaise ou ne plaise pas.

Celui qui, lorsqu'on le questionne, ne donne pas un bon avis dont le résultat cause de la satisfaction, celui-là, quand même il est bon conseiller et agréable parleur, n'est regardé que comme un ennemi.

En conséquence il faut nous retirer à part et délibérer, ô roi! afin de prendre là-dessus une décision et aussi d'agir.

Puis Méghavarna se mit à questionner un à un ses cinq mi-

---

[1] Variante d'un sloka cité dans le livre I, page 74.

nistres héréditaires, nommés Oudjdjîvin [1], Sandjîvin [2], Anoudjîvin [3], Pradjîvin [4] et Tchiradjîvin [5]. Il questionna donc d'abord parmi eux Oudjdjivin : Mon cher, dans cette situation, que penses-tu ? — Roi, dit celui-ci, avec celui qui est fort il ne faut pas faire la guerre : il est fort et il attaque au moment favorable. Car on dit :

La prospérité ne s'éloigne pas de ceux qui s'inclinent devant le plus fort et qui attaquent au moment favorable, de même que les rivières ne rétrogradent pas.

Et ainsi :

Il faut abandonner celui qui est honnête et respectable; celui qui a quantité de frères, qui est fort et a remporté beaucoup de victoires, est un ennemi avec qui on doit faire la paix.

Il faut faire la paix même avec le méchant, si l'on voit risque de la vie, car, lorsque la vie est sauvée, tout est sauvé.

Comme il a été vainqueur dans beaucoup de batailles, à cause de cela surtout il faut faire la paix avec lui. Et l'on dit :

Quand celui qui a été vainqueur dans beaucoup de batailles fait alliance avec un autre, ce dernier, par la force de celui-là, soumet promptement ses ennemis.

Il faut désirer la paix même avec un égal; la victoire dans la bataille est douteuse, et l'on ne doit rien faire qui offre des risques, a dit Vrihaspati [6].

La victoire dans la bataille est douteuse pour les hommes qui combattent ici-bas; par conséquent il ne faut combattre qu'après avoir eu recours au troisième moyen.

---

[1] *Qui revit.*
[2] *Qui vit avec.*
[3] *Qui vit après*, c'est-à-dire subordonné.
[4] *Qui vit avant.*
[5] *Qui vit longtemps.*
[6] Voy. page 2, note 2.

Celui qui par orgueil ne fait pas la paix, et qui a été plus d'une fois battu même par son égal, est comme un pot de terre non cuite qui se heurte contre un autre; il cause la perte de tous deux.

Combattre avec le fort cause la mort au faible; comme une pierre qui a brisé un pot, le fort reste debout.

Et en outre :

Terre, ami et or sont les trois fruits de la guerre : s'il n'y a pas une seule de ces choses, il ne faut pas faire la guerre[1].

En fouillant un trou de rat plein de fragments de pierres, le lion brise ses griffes ou a pour profit un rat.

Aussi, là où il n'y a pas de profit, mais seulement une guerre nuisible, il ne faut pas soi-même engendrer la guerre ni la faire en aucune façon.

Attaqué par un plus fort, que l'on fasse comme le roseau, si l'on désire une prospérité qui ne tombe pas; mais qu'on ne fasse jamais comme le serpent.

Car celui qui fait comme le roseau parvient à un grand bonheur; celui qui fait comme le serpent ne mérite que la mort.

Que le sage se resserre comme la tortue et supporte même les coups; mais lorsque le moment est venu, qu'il se dresse comme un serpent noir[2].

Quand on est tombé dans une guerre survenue, qu'on y mette fin par la conciliation; comme la victoire est inconstante, qu'on ne s'élance pas avec précipitation.

Et ainsi :

Il n'y a pas d'exemple qui prouve qu'on doive combattre avec celui qui est fort, car le nuage ne vient jamais contre le vent.

Oudjdjivin conseilla ainsi la conciliation et la paix. Mais après avoir entendu cela, le roi dit à Sandjîvin : Mon cher, je désire entendre aussi ton avis. — Majesté, dit celui-ci, il ne

---

[1] Variante d'un sloka cité dans le livre I, page 74.
[2] Voy. page 65, note.

me semble pas bon que l'on fasse la paix avec un ennemi. Car on dit :

Avec un ennemi il ne faut pas conclure l'alliance même la plus étroite : l'eau, même très-chaude, éteint le feu [1].

Et en outre il est cruel, excessivement avide et injuste. Par conséquent vous devez surtout ne pas faire la paix avec lui. Car on dit :

Il ne faut nullement faire alliance avec celui qui n'a ni loyauté ni justice : même étroitement uni, il change bientôt de dispositions par l'effet de sa méchanceté.

A cause de cela il faut faire la guerre avec lui : c'est mon avis. Car on dit :

Un ennemi cruel, avide, indolent, déloyal, négligent, craintif, léger, sot et dédaignant de combattre, est facile à détruire.

De plus, nous avons été maltraités par lui. Si donc nous parlons de paix, il n'en montrera encore que plus de fureur. Et l'on dit :

Avec un ennemi contre lequel on doit employer le quatrième moyen, la conciliation est un tort : quel est le sage qui verse de l'eau sur quelqu'un atteint d'une fièvre accompagnée de transpiration ?

Les paroles de conciliation enflamment au contraire un ennemi furieux, comme des gouttes d'eau jetées vivement dans du beurre ardent.

Et dire que l'ennemi est fort, cela n'a pas non plus de raison. Car on dit :

Un faible qui a du courage et de l'énergie tue un ennemi qui est fort, de même que le lion obtient l'empire sur l'éléphant.

Il faut détruire par la ruse les ennemis qu'on ne peut détruire par la force, comme Bhîma [2], sous la forme d'une femme, tua les Kîtchakas.

[1] Répétition d'un sloka cité dans le livre II, page 147.
[2] Le second des princes Pândavas, fils de Kountî et de Pandou, selon les uns, de

Et ainsi :

Les ennemis se soumettent à un roi impitoyable comme au dieu de la mort, car les ennemis estiment pareil à un brin d'herbe un souverain compatissant.

Celui qui par sa force ne détruit pas une force puissante à quoi est-il bon, cet être né inutilement, ce ravisseur de la jeunesse de sa mère?

La Fortune qui n'a pas les membres barbouillés du safran du sang de l'ennemi, quelque belle qu'elle soit, ne donne pas la joie du cœur à ceux qui sont intelligents.

Quel éloge mérite la vie du souverain dont le territoire n'est pas arrosé du sang des ennemis et des larmes de leurs femmes?

Sandjîvin conseilla ainsi la guerre. Mais, après avoir entendu cela, le roi questionna Anoudjîvin : Mon cher, toi aussi fais connaître ton avis. — Majesté, dit celui-ci, ce méchant est excessivement fort et pervers. Par conséquent avec lui la paix et la guerre ne sont pas bonnes; la marche seule conviendrait. Car on dit :

Avec celui qui est fier de sa force, méchant et pervers, ce n'est ni la paix ni la guerre, mais seulement la marche, que l'on approuve.

Il y a deux sortes de marche : l'une est la défense de celui qui a peur; l'autre est la marche de celui qui veut vaincre, et s'appelle attaque.

C'est en kârtika[1] ou en tchaitra[2], et non à une autre époque, que l'on approuve, pour celui qui veut vaincre et qui est très-brave, la marche dans le pays de l'ennemi.

Toutes les saisons sont bonnes pour donner l'attaque, quand l'ennemi est dans le malheur et a des côtés faibles.

Après avoir mis sa ville en bon état de défense avec des braves fidèles et très-forts, qu'il aille ensuite dans le pays de l'ennemi, auparavant sondé par des espions.

Vâyou, suivant les autres. Ce passage fait allusion à la manière dont il s'introduisit dans le camp des Kitchakas, déguisé en danseuse.

[1] Octobre-novembre.
[2] Mars-avril.

Celui qui, sans connaître d'approvisionnements, d'armée alliée, d'eau, d'herbe, va dans le pays de l'ennemi, ne revient plus dans son propre pays.

En conséquence il est convenable pour vous de faire retraite. De plus, ni guerre ni paix avec ce méchant, qui est fort. D'ailleurs les sages font retraite en considération d'un motif particulier. Car on dit :

Si le bélier recule, c'est pour attaquer; le lion même se contracte de colère pour s'élancer. Renfermant l'inimitié dans leur cœur et délibérant en secret, les sages, quand ils méditent quelque chose, supportent tout.

Et en outre :

Celui qui, à la vue d'un ennemi fort, quitte son pays, celui-là, s'il vit, redevient possesseur de la terre comme Youdhichthira [1].

Le faible qui montre de l'orgueil et combat avec un plus fort accomplit le désir de celui-ci et la ruine de sa propre famille.

Par conséquent, lorsqu'on est attaqué par un fort, c'est le moment de la retraite, et non de la paix ni de la guerre.

Anoudjivin conseilla ainsi la retraite. Mais après avoir entendu ses paroles, le roi dit à Pradjivin : Mon cher, toi aussi dis ton avis. — Majesté, répliqua celui-ci, la paix, la guerre, la marche, toutes trois, ne me semblent pas à propos, et la défensive principalement me paraît bonne. Car on dit :

Le crocodile, quand il a atteint sa demeure, dompte un gros éléphant même; écarté de sa demeure, il est vaincu même par un chien.

Et en outre :

Celui qui est attaqué par un fort, qu'il ait soin de rester dans une forteresse, qu'il y demeure et qu'il appelle ses alliés pour qu'ils le délivrent.

---

[1] Youdhichthira, après avoir vaincu les Kauravas, remonta sur le trône et eut un long règne. Voir, sur ce personnage, page 141, note 3.

L'homme qui, en apprenant l'arrivée de l'ennemi, a le cœur saisi de crainte et abandonne sa demeure, n'y habite plus de nouveau.

Comme un serpent qui n'a pas de dents et un éléphant qui n'a pas d'exsudation de rut, ainsi un roi qui est sans demeure est facile à atteindre pour tout le monde[1].

Un seul homme même, s'il reste à sa place, peut combattre contre cent; aussi, quand même les ennemis sont forts, qu'il n'abandonne pas sa place.

Fais donc une citadelle forte, garnie de bons guerriers et d'une armée alliée, entourée de murs et de fossés, et munie d'armes et d'autres choses.

Reste toujours au milieu de cette forteresse, résolu à combattre; si tu vis, tu obtiendras l'extrémité de la terre, ou si tu meurs, tu iras au ciel.

Et en outre :

Les faibles même, réunis en un seul lieu, ne sont pas tués par celui qui est fort, de même que les plantes serrées les unes contre les autres ne sont pas renversées par un vent contraire.

Un arbre isolé, quoique grand, solidement planté de tous les côtés, peut être renversé violemment par le vent.

Mais les arbres qui sont rassemblés, solidement plantés de tous les côtés, ne sont pas abattus par un vent impétueux, parce qu'ils sont réunis en un seul lieu.

Ainsi les ennemis regardent un seul homme, quand même il a de la bravoure, comme aisé à vaincre, et lui font du mal ensuite.

L'avis de Pradjîvin fut ainsi ce qu'on appelle la défensive. Après avoir entendu cela, le roi dit à Tchiradjîvin : Mon cher, toi aussi dis ton avis. — Majesté, dit celui-ci, entre les six moyens le recours à une protection me semble le meilleur. Il faut donc employer ce moyen. Car on dit :

Sans aide, quoique puissant, que fera celui qui est fort? Quand il n'y a pas de vent, le feu qui brûle s'éteint de lui-même.

---

[1] Variante d'un sloka cité dans le livre I, page 74. Voy. aussi livre II, page 166.

L'union est la meilleure chose pour les hommes, et surtout avec un ami :
privés de leur pellicule, les grains de riz ne poussent pas.

Par conséquent il faut que vous restiez ici, et que vous recherchiez la protection de quelque fort qui apporte remède à votre malheur. Mais si vous quittez votre demeure et si vous vous en allez ailleurs, alors personne ne vous prêtera assistance, même seulement avec une parole. Car on dit :

Le vent est le compagnon du feu qui brûle les forêts, et il éteint une lampe : qui a de l'amitié pour le faible?

Cependant il n'est pas absolument nécessaire que l'on cherche la protection d'un fort seulement; la protection des faibles même est une sauvegarde. Car on dit :

Comme un bambou réuni avec d'autres, bien serré, entouré de bambous, ne peut être brisé, ainsi en est-il d'un roi même faible.

Mais si l'on a la protection du plus grand, alors que dire? Et l'on dit :

Pour qui l'union avec un grand homme n'est-elle pas une cause d'élévation? Sur une feuille de lotus, l'eau acquiert l'éclat de la perle.

Ainsi, excepté le recours à une protection il n'y a aucun remède. Il faut donc chercher une protection : c'est mon avis.

Tel fut le conseil de Tchiradjîvin. Mais après qu'on eut ainsi parlé, Méghavarna s'inclina devant l'ancien ministre de son père, nommé Sthiradjîvin [1], lequel était vieux et avait lu tous les ouvrages de politique, et il lui dit : Père, si j'ai interrogé ceux-ci jusqu'à présent, bien que tu sois ici, c'est pour examiner la question, afin que, ayant tout entendu, tu dises ce qu'il convient de faire. Indique-moi donc ce qui est convenable. — Mon

---

[1] *Qui vit avec force,* c'est-à-dire dont la vie dure.

enfant, dit celui-ci, tous ces ministres ont parlé d'après les traités de politique. Tout cela est bon quand c'est approprié à son temps; mais c'est le moment de la duplicité. Car on dit :

Qu'on se tienne toujours avec défiance, en paix comme en guerre, et qu'on ait recours à la duplicité contre un ennemi méchant et très-fort.

Ainsi l'ennemi est facilement détruit par ceux dont il se défie, s'ils excitent sa cupidité et lui inspirent de la confiance. Et l'on dit :

Les sages fortifient quelquefois l'ennemi même qu'ils veulent faire périr : augmenté par la mélasse, le flegme est aisément détruit par cet accroissement.

Et ainsi :

L'homme qui est franc envers les femmes, un ennemi, un mauvais ami, et surtout envers les prostituées, ne vit pas.

Envers les dieux, les brâhmanes, et envers son précepteur spirituel aussi, il faut agir avec franchise; avec le reste il faut avoir recours à la duplicité.

La franchise est toujours excellente chez les ascètes qui se livrent à la méditation, mais pas chez les gens qui désirent la fortune, ni surtout chez les rois.

Si donc vous avez recours à la duplicité, cela ira bien pour vous. L'ennemi, adonné à la cupidité, ne vous chassera pas. Au reste, si vous voyez en lui quelque côté faible, vous irez et vous le tuerez. — Père, dit Méghavarna, je ne connais pas sa retraite; comment donc reconnaîtrai-je son côté faible? — Mon enfant, répondit Sthiradjîvin, je découvrirai non-seulement sa demeure, mais aussi son côté faible, au moyen d'espions. Et l'on dit :

Les vaches voient par l'odeur; les brâhmanes voient par les Védas [1]; les rois voient par les espions; les autres hommes, par les yeux.

---

[1] Voy. page 1, note 2.

Et l'on dit ainsi à ce sujet :

Un roi qui, par des espions secrets, connaît les familiers de son côté à lui et surtout du côté de l'ennemi, n'éprouve pas d'infortune.

Père, dit Méghavarna, qu'appelle-t-on familiers, et quel en est le nombre? Et de quelle sorte sont les espions secrets? Apprends-moi tout cela. Sthiradjîvin répondit : A ce sujet le vénérable Nârada[1] a dit au roi Youdhichthira[2] : Du côté de l'ennemi il y a dix-huit familiers; de son côté à soi, quinze. Il faut connaître chacun d'eux au moyen de trois espions secrets. Quand on les connaît, on est maître de son côté à soi et du côté de l'ennemi. Et le sage Nârada a dit à ce sujet à Youdhichthira :

Connais-tu, oui ou non, chacun par trois espions inconnus, les dix-huit familiers chez les autres et les quinze de ton côté à toi?

Par le mot *familier* on désigne ici celui qui est chargé d'une fonction. Si donc un de ces familiers est méprisable, alors il cause la perte du souverain; et s'il est excellent, alors il sert à l'élévation du roi. C'est à savoir, du côté de l'ennemi : le ministre, le prêtre de la famille, le général, le prince royal, le portier, l'intendant du gynécée, celui qui donne les ordres, celui qui organise les réunions, celui qui place, celui qui indique, celui qui conduit, le compagnon, le surintendant des chevaux, le surintendant des éléphants, le surintendant du trésor, le gouverneur de la forteresse, le serviteur favori et le garde des forêts. Par leur trahison on vient bientôt à bout de l'ennemi. Et de son côté à soi, c'est à savoir : la reine mère, la reine, le serviteur du gynécée, le jardinier, le garde du lit, le surintendant

---

[1] Voy. page 35, note 3.
[2] Voy. page 141, note 3.

des espions, l'astrologue, le médecin, celui qui porte l'eau, le porteur de bétel, le précepteur, le garde du corps, le quartier-maître, le porte-parasol et la courtisane. Par le moyen de leur inimitié, on a la ruine de son côté à soi. Et par conséquent :

> Le médecin, l'astrologue et le précepteur sont les meilleurs espions de son côté à soi, de même que les montreurs de serpents et les hommes ivres savent tout chez les ennemis.

Père, dit Méghavarna, pour quel motif existe-t-il une si mortelle inimitié entre tous les corbeaux et les hiboux? — Mon enfant, répondit Sthiradjîvin, un jour jadis tous les oiseaux, cygnes, grues, perroquets, kokilas [1], paons, tchâtakas [2], hiboux, pigeons, colombes, perdrix francolines, geais bleus, vautours, alouettes, karâyikâs [3], syâmâs [4], grimpereaux, pouchkaras [5] et autres, s'assemblèrent et se mirent à délibérer avec inquiétude : Ah! le fils de Vinatâ [6] est pourtant notre roi, et, attaché à Vâsoudéva [7], il n'a aucun souci de nous. Par conséquent, à quoi bon ce souverain inutile qui ne nous protége pas, nous qui sommes inquiétés par les filets des chasseurs et par d'autres malheurs? Car on dit :

> On doit servir seulement quiconque renouvelle sans trouble tout ce qui périt, comme fait le soleil à la lune.

Mais tout autre souverain ne l'est que de nom. Et l'on dit :

> Même par des serviteurs honnêtes et sans bassesse, qui ont, comme les

---

[1] Ou koïl, coucou noir, *Cuculus Indicus*.
[2] Voy. page 183, note 1.
[3] Petite espèce de grues.
[4] Petit oiseau à plumage noir, *Turdus macrourus*.
[5] Grue indienne.
[6] Voy. page 63, note.
[7] Voy. page 58, note 2.

poissons, des yeux aussi lumineux que ceux des dieux, un roi stupide est promptement conduit à sa perte.

Celui qui ne protége pas les créatures tremblantes de peur et toujours tourmentées par les ennemis est sans aucun doute, sous la forme d'un roi, le dieu de la mort.

Que l'homme sage abandonne, comme un bateau brisé sur l'eau, un précepteur spirituel qui n'explique pas, un prêtre de famille qui n'étudie pas, un roi qui ne protége pas, une épouse qui parle durement, un vacher qui aime le village et un barbier qui aime la forêt.

Réfléchissons à cela et faisons roi des oiseaux quelque autre volatile.

Ensuite ils dirent tous, en regardant un hibou qui avait de belles formes : Que ce hibou soit notre roi. Que l'on apporte donc toutes les choses essentielles et convenables pour le sacre des rois. Puis après que de l'eau de différents lieux saints eut été apportée; qu'une quantité de cent huit racines, tchakrânkitâ, sahadévi [1] et autres, eut été amassée; qu'un trône eut été dressé; qu'un globe de la terre eut été fait, sur lequel étaient peintes les mers et les montagnes des sept îles [2]; après qu'une peau de tigre eut été étendue; que des vases d'or eurent été remplis de cinq rameaux, de fleurs et de grains; que les objets d'heureux présage, miroir et cetera, eurent été apprêtés; tandis que les brâhmanes les plus versés dans la pratique des Védas [3], les premiers entre les chanteurs de louanges, récitaient continuellement; que des jeunes filles chantaient les principaux chants de bénédiction; après qu'un plat de grains, composé de

---

[1] Arbrisseau qui produit une graine odorante, Priyangou.

[2] Ou dwipas, nom donné par les Hindous aux sept grandes divisions du monde, tel qu'il leur était connu. Les sept dwipas étaient, selon eux, autant de zones qui s'étendaient autour du mont Mérou; ces dwipas étaient séparés les uns des autres par un océan.

[3] Voy. page 1, note 2.

moutarde blanche, de grain frit, de gorotchanâ [1], et orné de fleurs, de coquillages, et cetera, eut été préalablement préparé; lorsque la purification des armes et autres cérémonies furent accomplies; pendant que les instruments qui annoncent le bonheur résonnaient; au moment où le hibou, pour être sacré, s'asseyait sur le trône dressé au milieu d'un portique orné de bouse de vache et autres choses, un corbeau, annonçant son entrée par un horrible croassement, vint de quelque part dans l'assemblée. Ah! pensa-t-il, que signifie cette grande fête dans laquelle sont réunis tous les oiseaux? Les oiseaux, quand ils le virent, se dirent entre eux : Ah! voilà le plus adroit des oiseaux, le corbeau, qui se fait entendre. Et l'on dit :

Parmi les hommes, le barbier est rusé; parmi les oiseaux, le corbeau; parmi les animaux qui ont des dents, le chacal; et parmi les ascètes, le mendiant blanc [2].

Il faut donc prendre aussi son avis. Et l'on dit :

Les plans de conduite médités de beaucoup de manières, avec beaucoup de sages, et bien pesés et examinés, ne se perdent en aucune façon.

Le corbeau s'approcha et leur dit : Hé! que signifient cette nombreuse réunion de monde et cette grande fête extraordinaire? — Hé! dirent les oiseaux, il n'y a pas de roi des oiseaux. En conséquence tous les oiseaux sont en train de sacrer ce hibou roi de tous les volatiles. Donne donc aussi ton avis. Tu es arrivé à propos. Mais le corbeau dit en riant : Ah! cela n'est pas convenable, que, quand il existe des oiseaux éminents, le paon, le cygne, le kokila [3], le tchakravâka [4], le perroquet, le

---

[1] Voy. page 23, note 3.
[2] *Swêtavâsas*, religieux mendiant, vêtu de blanc.
[3] Voy. page 208, note 1.
[4] Espèce de canard rougeâtre, *Anas casarca*.

canard, le hârîtaka ¹, le sârasa ² et autres, on sacre ce hibou au hideux visage. Aussi ce n'est pas mon avis. Car

Nez crochu, yeux de travers, air méchant et désagréable, tel est son visage quand il n'est pas en colère; comment est ce visage lorsqu'il est en fureur?

Si nous faisons roi le hibou, affreux par nature, très-cruel, méchant et désagréable, quelle prospérité aurons-nous?

D'ailleurs, quand le fils de Vinatâ ³ est notre souverain, pourquoi ce hibou est-il fait roi? Eût-il même des qualités, néanmoins, puisque nous avons un souverain, il ne serait pas bon d'en faire encore un autre. Car on dit :

Un seul et puissant roi est une cause de bien pour la terre, de même qu'à la fin d'un âge beaucoup de soleils causent ici-bas du malheur ⁴.

Et puis, par le nom seul de ce souverain, vous deviendrez invincibles pour les ennemis. Et l'on dit :

En se servant seulement du nom de ceux qui sont éminents et en se faisant un maître, ceux qui sont abjects ont le bonheur devant eux à l'instant même.

Et ainsi :

Par le nom des grands on arrive au comble de la prospérité : au moyen du nom de la lune, les lièvres vécurent heureux dans leurs demeures.

---

¹ Ou hârita, pigeon vert, *Columba hariala*.
² Voy. page 109, note 1.
³ Voy. page 63, note.
⁴ Selon le *Vichnou-Pourâna*, à la fin d'un kalpa, sept soleils mettent l'univers en feu. Le kalpa, ou période de destruction et de renouvellement du monde, est, suivant la croyance la plus répandue dans l'Inde, la durée d'un jour et d'une nuit de Brahmâ, ou 4,320,000,000 d'années des mortels, qui se terminent par l'anéantissement de toute la création. La notion du kalpa est commune au Brahmanisme et au Bouddhisme. Sur les diverses espèces de kalpas et sur leur durée, on peut consulter un Mémoire de M. Abel Rémusat (*Journal des Savants*, année 1831, p. 716 et suiv.) et un travail publié par M. Schmidt dans les *Mémoires de l'Académie de Saint-Pétersbourg*, t. II, p. 58 et suivantes.

Comment cela? demandèrent les oiseaux. Le corbeau raconta :

II. — LES ÉLÉPHANTS ET LES LIÈVRES.

Dans un endroit d'une forêt habitait un grand éléphant, roi d'une troupe, nommé Tchatourdanta [1]. Là, une fois, eut lieu pendant de nombreuses années une grande sécheresse, par laquelle les étangs, les pièces d'eau, les marécages et les lacs devinrent tous secs. Or tous les éléphants dirent au roi des éléphants : Majesté, les jeunes éléphants souffrent de la soif; quelques-uns sont comme morts, et d'autres, morts. Cherchons donc une pièce d'eau où ils reviennent à la santé en buvant de l'eau. Puis Tchatourdanta envoya dans les huit régions [2] du monde, pour chercher de l'eau, des serviteurs pleins de vélocité et d'ardeur. Ceux qui étaient allés du côté de l'est virent un lac, appelé Tchandrasara [3], orné de cygnes, de canards et autres oiseaux aquatiques, et embelli d'arbres qui pliaient sous une masse de fleurs et de fruits. Lorsqu'ils l'eurent vu, ils s'en retournèrent joyeux, s'inclinèrent devant leur souverain, et lui dirent : Il y a dans une contrée solitaire, au milieu de la terre ferme, un grand lac toujours plein d'eau du Gange souterrain [4]. Allons-y donc. Cela fait, après avoir marché cinq nuits ils arrivèrent au lac. Là ils se baignèrent tant qu'ils voulurent dans cette eau, et en sortirent à l'heure du coucher du soleil. Autour de ce lac, il y avait dans la terre très-molle d'innombrables trous de lièvres, et tous ces trous furent détruits par

---

[1] *Qui a quatre dents.*

[2] Les points cardinaux : est, sud-est, sud, sud-ouest, ouest, nord-ouest, nord, nord-est.

[3] *Lac de la lune.*

[4] Suivant la croyance des Hindous, le Gange coule à la fois au ciel, sur la terre et aux enfers.

les éléphants, qui couraient de côté et d'autre. Là beaucoup de lièvres eurent les pattes, la tête et le cou brisés; quelques-uns moururent, et d'autres ne conservèrent qu'un reste de vie. Lorsque la troupe d'éléphants fut partie, tous les lièvres dont les demeures avaient été pilées par les pieds des éléphants, quelques-uns avec les pattes cassées, d'autres avec le corps brisé, inondés de sang, d'autres dont les petits avaient été tués, s'assemblèrent avec anxiété, les yeux pleins de larmes, et tinrent conseil ensemble : Ah! nous sommes perdus! Cette troupe d'éléphants viendra toujours, car il n'y a pas d'eau ailleurs. Par conséquent, nous périrons tous. Car on dit :

L'éléphant tue en ne faisant même que toucher; le serpent, en ne faisant même que flairer; un roi tue, même en souriant; le méchant, même en témoignant du respect.

Méditons donc un moyen d'empêcher cela.

Alors les uns dirent : Abandonnons le pays et allons-nous-en. Car on dit :

Qu'on abandonne l'individu pour la famille; pour le village, qu'on abandonne la famille; qu'on abandonne le village pour le pays, et la terre pour soi-même.

Qu'un roi abandonne, dans l'intérêt de sa personne, sans hésiter, un pays même prospère, donnant toujours des fruits et produisant quantité de bétail.

Ensuite d'autres dirent: Hé! ce lieu, que nos pères tenaient de leurs aïeux, ne peut pas être abandonné avec précipitation. Cherchons donc un moyen d'effrayer les éléphants, afin que, si le destin le veut, ils ne viennent plus du tout. Car on dit :

Un serpent même qui n'a pas de venin doit déployer un grand chaperon; qu'il y ait du venin ou qu'il n'y en ait pas, le gonflement du chaperon inspire la terreur[1].

[1] Sloka déjà cité dans le livre I, page 62.

Puis d'autres dirent : Si c'est ainsi, il y a un grand moyen de leur faire peur, de manière qu'ils ne viennent pas, et ce moyen de terreur dépend d'un messager adroit : c'est que notre souverain, le lièvre nommé Vidjayadatta[1], habite dans le disque de la lune [2]. Qu'on envoie donc un faux messager auprès du roi de la troupe. Et il faudra dire : La lune te fait défendre de venir à ce lac, car mes serviteurs habitent autour de ce lac. Quand on lui aura ainsi parlé en termes auxquels il pourra ajouter foi, peut-être cessera-t-il.

Ensuite d'autres dirent : Si c'est ainsi, il y a ici un lièvre nommé Lambakarna[3]; il est habile à composer un discours et sait ce qu'un messager a à faire. Qu'on l'envoie là vers le lac. Car on dit :

Celui qui a de l'extérieur, qui n'est pas cupide, qui est éloquent, qui a beaucoup de science et qui dédaigne de s'inquiéter de l'ennemi, est un bon serviteur pour un roi.

Et en outre :

Si quelqu'un s'adresse à un portier de palais, sot, cupide et surtout menteur, son affaire ne réussit pas.

Cherchons donc si, sur ce que nous dirons, il ira.

Puis d'autres dirent : Ah! c'est bien parlé. Il n'y a pas d'autre moyen de sauver notre vie. Faisons cela. Que l'on cherche Lambakarna et qu'on l'envoie.

Après que cela fut fait, Lambakarna s'en alla vers l'éléphant, et, voyant aller à l'étang le roi des éléphants entouré de milliers de chefs de troupe, il pensa : Une entrevue de ceux de notre espèce avec celui-là est impossible, parce que, comme on dit,

---

[1] *Donné par la victoire.*
[2] Les Hindous prennent les taches de la lune pour des lièvres.
[3] *Qui a de longues oreilles.*

l'éléphant tue en ne faisant même que toucher. Aussi il faut absolument que je me montre à lui dans un lieu imprenable. Après avoir ainsi réfléchi, il monta sur une butte très-élevée et inaccessible, et dit au roi de la troupe : Hé, hé, méchant éléphant! pourquoi viens-tu ainsi par amusement et sans crainte ici au lac d'autrui? Retire-toi donc. L'éléphant, lorsqu'il eut entendu cela, fut étonné et dit : Hé! qui es-tu? Lambakarna répondit : Je suis le lièvre nommé Vidjayadatta, qui habite dans le disque de la lune. Maintenant je suis envoyé auprès de toi comme messager par le vénérable Tchandramas[1]. Tu sais sûrement qu'on ne doit pas faire de mal à un envoyé qui dit ce qu'il convient de dire, car les envoyés sont la bouche de tous les rois. Et l'on dit :

Lors même que les épées sont tirées et qu'un grand nombre d'amis ont été tués, des envoyés, disant même de dures paroles, ne doivent pas être mis à mort par un roi.

Moi que voici, je te dis par ordre de Tchandra[2] : Comment est-il possible que des créatures, sans considérer la différence entre elles-mêmes et les autres, fassent, autant qu'elles peuvent, injure à autrui? Car on dit :

Celui qui, sans examiner sa force et sa faiblesse et celles des ennemis, se met follement à l'œuvre, celui-là désire le malheur.

Après avoir entendu cela, comme on pouvait ajouter foi à ces paroles, l'éléphant dit : Hé, lièvre! dis donc l'ordre du vénérable Tchandra, afin qu'il soit promptement exécuté. — Le jour passé, répondit Lambakarna, en venant avec ta troupe, tu as tué quantité de lièvres. Ne sais-tu donc pas que, comme ce

---

[1] Ou Tchandra, dieu de la lune.
[2] Voy. page 1, note 2.

sont mes serviteurs, je suis appelé du nom de Sasânka[1], avec crainte, dans le monde? Par conséquent, si tu veux vivre, alors il ne faut pas que, même par besoin, tu reviennes à ce lac. Tel est mon ordre : à quoi bon beaucoup parler? Si tu ne cesses pas cette manière d'agir, tu en éprouveras de ma part un grand mal. Si tu cesses à partir du jour d'aujourd'hui, il y aura pour toi une grande distinction, car ton corps engraissera par ma lumière, et tu te promèneras à ton aise avec ta suite dans cette forêt, faisant ce que tu voudras. Autrement, j'arrêterai mes rayons; tu auras le corps brûlé par la chaleur, et tu périras avec ta suite. Lorsque le roi des éléphants eut entendu cela, il réfléchit longtemps, le cœur très-ému, et dit : Mon cher, il est vrai que j'ai offensé le vénérable Tchandramas. Maintenant je ne lui ferai pas de résistance. Montre-moi donc vite le chemin, que j'aille demander pardon au vénérable. — Viens seul, dit le lièvre, que je te le montre. — Mais, dit l'éléphant, où est maintenant le vénérable souverain Tchandra? — Assurément, répondit le lièvre, il est maintenant ici dans le lac, et il est venu pour consoler ceux d'entre les lièvres écrasés par ta troupe qui ont survécu. Quant à moi, je suis envoyé auprès de toi. — Hé! dit l'éléphant, si c'est ainsi, montre-moi donc le souverain, que je m'incline devant lui et que je m'en aille ailleurs. — Hé! dit le lièvre, viens avec moi, toi tout seul, afin d'avoir une entrevue avec lui. Après que cela fut fait, le lièvre l'emmena quand vint la nuit, le plaça sur le bord du lac, et lui montra le disque de la lune au milieu de l'eau. Et il dit : Voici notre souverain; il est au milieu de l'eau, plongé dans la méditation. Salue-le sans qu'il te voie, et va-t'en vite;

---

[1] Nom de Tchandra, dieu de la lune. Les Hindous, comme on l'a vu plus haut, prennent les taches de la lune pour des lièvres : voilà pourquoi ils l'appellent Sasânka (*qui est tacheté de lièvres*).

sinon, parce que tu l'auras interrompu dans sa méditation, il se mettra encore dans une grande colère contre toi. Puis l'éléphant bareta, et étendit dans l'eau sa trompe, pareille à un bâton. Mais, par suite de l'agitation de l'eau, le disque de la lune tournoya çà et là comme s'il eût été monté sur une roue, et l'éléphant vit mille lunes. Alors Vidjayadatta, faisant au mieux l'affligé, se retourna et dit au roi des éléphants : Majesté, hélas! hélas! tu as doublement irrité Tchandra. — Pour quel motif, dit l'éléphant, le vénérable Tchandra est-il en colère contre moi? — Parce que, répondit Vidjayadatta, tu as touché cette eau. Puis le roi des éléphants, lorsqu'il eut entendu cela, rabattit ses oreilles, salua avec la tête baissée vers la terre [1], et demanda pardon au vénérable Tchandramas. Et s'adressant de nouveau à Vidjayadatta, il dit : Mon cher, il faut prier de ma part le vénérable Tchandra de m'être favorable en toutes choses sans exception; et moi, je ne reviendrai plus ici. Ensuite l'éléphant s'inclina devant lui le cœur tremblant de crainte, et se mit en route pour s'en retourner; et, à partir de ce jour, les lièvres avec leur entourage vécurent heureux dans leurs demeures.

Voilà pourquoi je dis :

Par le nom des grands on arrive au comble de la prospérité : au moyen du nom de la lune, les lièvres vécurent heureux dans leurs demeures.

En outre, celui qui désire vivre ne doit pas donner la souveraineté à qui est méchant, fainéant, lâche, vicieux, ingrat, questionneur et babillard par caractère. Et l'on dit :

Appliqués à la recherche du droit, jadis un lièvre et Kapindjala prirent un méchant pour juge, et périrent tous deux.

---

[1] Ce geste, dit M. Benfey, paraît exprimer que celui qui l'exécute est bien éloigné de la pensée qu'on lui suppose.

Comment cela? dirent les oiseaux. Le corbeau dit :

III. — LE CHAT, LE MOINEAU ET LE LIÈVRE.

Dans un endroit d'une forêt, je demeurais moi-même autrefois sur un grand figuier. Sur cet arbre, au-dessous de moi, habitait dans un creux un moineau nommé Kapindjala[1]. Or nous arrivions toujours à l'heure du coucher du soleil, nous passions tous deux le temps à nous livrer à une foule d'éloquents entretiens, à réciter les anciennes histoires des dévarchis, des râdjarchis et des brahmarchis[2], à raconter les nombreuses merveilles que nous avions vues dans nos voyages, et nous éprouvions le plus grand plaisir. Mais un jour Kapindjala, pour chercher sa subsistance, alla avec d'autres moineaux dans un endroit où il y avait beaucoup de riz mûr. Puis comme, même à l'heure de la nuit, il ne venait pas, le cœur plein d'inquiétude et affligé de son absence, je pensais : Ah! pourquoi Kapindjala n'est-il pas venu aujourd'hui? L'a-t-on pris dans un filet, ou bien a-t-il été tué par quelqu'un? Assurément, s'il était en bonne santé il ne resterait pas sans moi. Pendant que je faisais ces réflexions, bien des jours se passèrent. Puis un jour un lièvre nommé Sîghraga[3] vint, à l'heure du coucher du soleil, et entra dans le creux de l'arbre, et comme je désespérais de Kapindjala, je ne l'en empêchai pas. Mais un autre jour Kapindjala, devenu bien gras d'avoir mangé du riz, se rappela sa demeure et y revint. Et certes on dit ceci avec raison :

Il n'est pas pour les mortels, même dans le ciel, un bonheur pareil à celui qu'il y a pour eux, même quand ils sont pauvres, dans leur pays, dans leur ville, dans leur maison.

[1] *Perdrix francoline.*
[2] Voy. page 100, notes 4, 5 et 6.
[3] *Qui va vite.*

Mais le moineau, lorsqu'il vit le lièvre dans le creux du figuier, dit d'un ton de reproche : Hé, lièvre ! tu n'as pas fait une belle chose d'entrer dans ma demeure. Va-t'en donc vite. — Sot ! répondit le lièvre, cette maison n'est pas à toi, mais bien à moi. Pourquoi donc dis-tu faussement d'injurieuses paroles ? Retire-toi vite ; sinon, tu mourras. — Si c'est ainsi, dit le moineau, alors il faut interroger les voisins. Car on dit :

Pour un étang, un puits, une pièce d'eau, une maison et un jardin, c'est sur la foi des voisins que l'on juge, a dit Manou[1].

Et ainsi :

Dans les contestations au sujet d'une maison, d'un champ, et quand un procès a lieu pour un puits, un jardin, une terre, c'est le voisin qui fait foi.

Sot ! dit le lièvre, est-ce que tu n'as pas appris le texte de loi qui dit :

Si quelqu'un a possédé ostensiblement un champ ou autre chose pendant dix ans, alors c'est la possession qui est la preuve, et non un témoin ni un écrit ?

De même, sot que tu es, tu n'as pas appris l'opinion de Nârada[2] :

Pour les hommes, la preuve est une possession de dix années ; pour les oiseaux et les quadrupèdes, c'est le temps qu'ils ont demeuré.

Ainsi cette maison m'appartient d'après la loi, elle n'est pas à toi. — Hé ! dit Kapindjala, si tu prends le code pour autorité, viens donc avec moi, afin que nous consultions un jurisconsulte. Celui auquel il donnera la maison d'après la loi, que celui-là la prenne. Après que cela fut fait, ils partirent pour poursuivre

---

[1] Voy. page 2, note 1.
[2] Voy. page 35, note 3.

leur procès. Et je pensai : Qu'en arrivera-t-il ? Il faut que je voie ce procès. Puis par curiosité je partis aussi derrière eux. Ils n'étaient pas encore bien loin, quand le lièvre demanda à Kapindjala : Mon cher, qui donc examinera notre affaire ? — Ce sera assurément, répondit le moineau, le chat nommé Dadhikarna[1] ; il est dans une île du vénérable Gange, lequel fait entendre un murmure produit par le choc des flots agités de ses eaux soulevées par un vent fort ; il se livre constamment aux austérités, aux observances, aux actes méritoires, à la méditation, et il a de la compassion envers tous les êtres.

Mais le lièvre, quand il le vit, eut le cœur tremblant de crainte, et il reprit : Non, pas ce méchant ! Et l'on dit :

Il ne faut pas se fier à l'homme méprisable qui feint les austérités ; on voit dans les lieux de pèlerinage des ascètes qui font profession d'étrangler.

Cependant le chat sauvage nommé Dadhikarna, ayant appris la contestation qu'ils avaient, alla, afin de leur inspirer confiance, au bord d'une rivière proche de la route, et, tenant une poignée de kousa[2], avec douze marques sur le front, un œil fermé, les bras en l'air, touchant la terre avec la moitié d'un pied, la face tournée vers le soleil, il fit cette instruction morale : Ah ! ce monde est insipide, la vie est fragile, l'union avec ceux que l'on aime est pareille à un songe, l'entourage de la famille est comme une illusion des sens. Ainsi il n'y a pas d'autre voie de salut que la vertu. Car on dit :

Les corps sont périssables, la richesse ne nous appartient pas en propre, la mort est toujours proche : il faut s'attacher à la vertu.

Celui pour qui les jours viennent et s'en vont sans vertu est comme un soufflet de forgeron ; quoiqu'il respire, il ne vit pas.

---

[1] *Qui a les oreilles blanches comme le lait caillé.*
[2] Voy. page 180, note 1.

Et ainsi :

La queue d'un chien ne couvre pas les parties honteuses et ne chasse pas les taons ni les moustiques ; comme elle, le savoir sans la vertu est inutile.

Ceux qui n'ont pas la vertu pour mobile de leurs actions sont comme les insectes parmi les grains, comme les putois parmi les oiseaux, comme les moustiques parmi les mortels.

La fleur et le fruit valent mieux que l'arbre ; le beurre vaut mieux, dit-on, que le lait ; l'huile vaut mieux que le tourteau, et la vertu vaut mieux que l'homme.

Créés seulement pour faire de l'urine et des excréments et pour manger, les hommes qui n'ont pas de vertu pour le bien des autres sont comme des bêtes.

Les savants en politique vantent la fermeté dans toutes les actions : quand la vertu rencontre beaucoup d'obstacles, sa marche est accélérée.

La vertu s'expose brièvement ; hommes ! à quoi bon être prolixe ? Pour celui qui est vertueux, faire du bien aux autres ; pour le méchant, faire du mal à autrui.

Écoutez ce qui constitue l'essence de la vertu, et quand vous l'aurez entendu, méditez-le : Ce qui est contraire à soi-même, qu'on ne le fasse pas aux autres.

Lorsque le lièvre eut entendu cette instruction morale du chat, il dit : Hé, hé, Kapindjala ! voici au bord de la rivière l'ascète qui enseigne la vertu ; interrogeons-le donc. — Assurément, dit Kapindjala, par sa nature il est notre ennemi. Tenons-nous donc à distance et interrogeons-le. Il pourrait quelquefois se faire qu'il y eût un défaut dans ses observances. Puis, se tenant à distance, ils dirent : Hé, hé, ascète qui enseignes la justice ! nous avons une contestation ; donne-nous donc une décision selon les livres de lois. Celui qui alléguera de mauvaises raisons, tu le mangeras. — Mes chers, dit le chat, ne parlez pas ainsi. J'ai quitté le chemin par lequel on tombe en enfer. Ne faire de mal à personne est le chemin de la vertu. Car on dit :

Comme l'innocence est appelée la première vertu par les gens de bien.

il faut pour cette raison épargner même les poux, les puces, les taons et cetera.

Celui qui fait du mal à des êtres même nuisibles est sans pitié ; il va dans l'affreux enfer : à plus forte raison, celui qui fait du mal à des êtres qui sont bons.

Ceux même qui tuent des animaux dans le sacrifice sont stupides et ne connaissent pas le véritable sens de la sainte Écriture. Là il est dit en vérité : Il faut sacrifier avec des *adjas*. Là on appelle *adjas* des riz de trois ans ou de sept ans, et qui ne se reproduisent plus[1]. Et l'on dit :

Si, après avoir coupé des arbres, tué des animaux, fait un bourbier de sang, on va dans le ciel, qui va dans l'enfer ?

Je ne vous mangerai donc pas ; seulement je déciderai qui a gagné et qui a perdu. Mais je suis vieux, et je n'entends pas bien de loin la teneur de vos discours. Sachant cela, tenez-vous près de moi et expliquez votre affaire devant moi, afin que je connaisse la vérité du procès et qu'en prononçant la sentence je ne perde pas le ciel. Car on dit :

L'homme qui, soit par orgueil, soit par cupidité, soit par colère ou par crainte, prononce un jugement faux, va dans l'enfer.

Il tue cinq, celui qui ment pour un animal ; il tue dix, celui qui ment pour une vache ; il tue cent, celui qui ment pour une jeune fille ; mille, celui qui ment pour un homme.

Celui qui, assis au milieu de la cour, ne parle pas clairement, doit, à cause de cela, être laissé loin, ou bien il faut que l'affaire dise d'elle-même la vérité.

Par conséquent soyez confiants, et exposez clairement votre affaire près de mes oreilles.

---

[1] Le texte joue sur le mot *adja*, qui signifie aussi *bouc*.

Bref le méchant leur inspira promptement à tous deux tant de confiance, qu'ils se mirent sous ses flancs. Mais ensuite il saisit en même temps l'un avec le bout de sa patte, et l'autre avec ses dents pareilles à une scie; puis ils perdirent la vie et furent mangés.

Voilà pourquoi je dis :

Appliqués à la recherche du droit, jadis un lièvre et Kapindjala prirent un méchant pour juge, et périrent tous deux.

Vous aussi, en prenant pour roi ce méchant hibou, comme vous êtes aveugles la nuit, vous irez par le chemin du lièvre et de Kapindjala. Sachant cela, il faut faire dès à présent ce qui est convenable.

Lorsque les oiseaux eurent entendu ce discours du corbeau, ils dirent : Il a bien parlé, et, ajoutant : Nous nous assemblerons de nouveau et nous délibérerons sur le choix d'un roi, ils s'en allèrent tous comme bon leur sembla. Il ne resta que le hibou, assis sur le trône et prêt pour le sacre, avec la krikâlikâ. Et il dit : Qui, qui est là? Hé, hé! pourquoi ne fait-on pas encore mon sacre aujourd'hui? Quand la krikâlikâ entendit ces mots, elle dit : Mon cher, c'est le corbeau qui a mis cet empêchement à ton sacre, et tous les oiseaux s'en sont allés chacun du côté où bon lui semblait. Ce corbeau seulement est resté, je ne sais pour quel motif. Lève-toi donc vite, pour que je te conduise à ta demeure. Après avoir entendu cela, le hibou dit avec chagrin au corbeau : Hé, hé, méchant! quel mal t'ai-je fait, que tu m'as empêché d'être sacré roi? Aussi à partir d'aujourd'hui est née entre nous deux une inimitié qui se transmettra à nos descendants. Et l'on dit :

Ce qui est percé de flèches se cicatrise, ce qui est coupé par le sabre se cicatrise ; un mot injurieux excite la haine, la blessure faite par la parole ne se cicatrise pas.

Lorsqu'il eut ainsi parlé, il s'en alla avec la krikâlikâ à sa demeure. Puis le corbeau, troublé par la crainte, pensa : Ah! je me suis attiré sans raison une inimitié. Pourquoi ai-je ainsi parlé ? Car on dit :

Quand quelqu'un ici-bas a proféré une parole qui n'a pas de raison, qui ne connaît ni le lieu ni le temps, qui n'a pas la force de se retenir, qui est désagréable et l'avilit lui-même, cette parole n'est pas une parole, elle est un poison.

Et ainsi :

Lors même qu'il est fort, un homme sage ne se fait pas de son plein gré un ennemi d'un autre ; car quel homme sensé mangerait du poison sans motif, en pensant : J'ai un médecin ?
Un homme sage ne doit nullement dire du mal d'un autre dans une réunion ; quand même il est vrai, un mot qui cause du déplaisir ne doit pas être dit.
Celui qui ne fait une chose qu'après l'avoir délibérée plus d'une fois avec des amis fidèles, et bien méditée lui-même dans son esprit, celui-là est sage assurément, celui-là est un vase de prospérité et de gloire.

Après avoir ainsi réfléchi, le corbeau aussi s'en alla. Depuis lors il existe entre les hiboux et nous une inimitié héréditaire.
Père, dit Méghavarna, dans cette conjoncture que devons-nous faire ? — Mon enfant, répondit Sthiradjîvin, même dans cette conjoncture il est un grand projet autre que les six moyens. Adoptant ce projet, j'irai moi-même pour vaincre les hiboux. Je tromperai les ennemis et je les tuerai. Car on dit :

Ceux qui ont beaucoup d'intelligence et de sagesse peuvent tromper ceux qui sont fiers de leur force, comme firent des voleurs à un brâhmane pour une chèvre.

Comment cela? dit Méghavarna. Sthiradjîvin dit :

IV. — LE BRÂHMANE ET LES VOLEURS.

Dans un endroit habitait un brâhmane nommé Mitrasarman [1], qui avait fait serment d'entretenir le feu du sacrifice. Un jour, dans le mois de mâgha [2], qu'un vent doux soufflait, que le ciel était couvert de nuages et que Pardjanya [3] répandait tout doucement la pluie, il alla à un autre village pour demander une chèvre. Il demanda à quelqu'un qui faisait faire des sacrifices : Hé, dispensateur de sacrifices! je célébrerai un sacrifice à la nouvelle lune qui vient; donne-moi donc une chèvre. Celui-ci lui donna une chèvre grasse, telle que la prescrivent les livres sacrés. Le brâhmane, après l'avoir laissée aller çà et là et l'avoir reconnue bonne, la prit sur son épaule et se mit vite en route vers sa ville. Or, pendant qu'il allait son chemin, trois voleurs dont le gosier était amaigri par la faim le rencontrèrent. Voyant sur son épaule une chèvre si grasse, ils se dirent entre eux : Ah! si nous mangeons cette chèvre, la pluie froide d'aujourd'hui ne sera rien. Trompons-le donc, prenons la chèvre et faisons-nous-en un moyen de préservation contre le froid. Puis l'un d'eux changea son vêtement, alla par un chemin détourné à la rencontre de l'entreteneur de feu sacré, et lui dit : Hé, hé, sot sacrificateur! pourquoi fais-tu ainsi une chose ridicule et odieuse aux hommes, que tu portes sur l'épaule ce chien impur? Car on dit :

Le chien, les balayures et le tchândâla [4], même attouchement, dit-on, et particulièrement l'âne et le chameau : qu'on ne les touche donc pas.

---

[1] *Qui a le bonheur de Mitra.*
[2] Janvier-février.
[3] Voy. page 68, note.
[4] Voy. page 42, note 3.

Ensuite le brâhmane fut saisi de colère, et dit : Ah! es-tu aveugle, que tu fais d'une chèvre un chien? — Brâhmane, répondit le voleur, il ne faut pas te mettre en colère; va comme il te plaît. Puis quand le brâhmane eut parcouru une certaine étendue de chemin, le second voleur vint à sa rencontre, et lui dit : Hé, brâhmane! hélas! hélas! quoique ce veau mort te soit cher, il n'est cependant pas convenable de le mettre sur l'épaule. Car on dit :

Que l'insensé qui touche un animal, ou même un homme mort, se purifie avec les cinq choses provenant de la vache [1], et par le tchândrâyana [2].

Ensuite le brâhmane dit avec colère : Hé! es-tu aveugle, que tu appelles une chèvre un veau mort? — Vénérable, répondit le voleur, ne te mets pas en colère, j'ai dit cela par ignorance; fais donc ce qu'il te plaît. Puis quand le brâhmane fut entré un peu dans la forêt, le troisième voleur, portant un autre vêtement, vint à sa rencontre et lui dit : Hé! cela n'est pas convenable, que tu portes un âne sur l'épaule; jette-le donc. Et l'on dit :

A l'homme qui touche un âne sciemment ou même à son insu il est prescrit de se baigner avec son vêtement, pour détruire sa faute.

Laisse-le donc là pendant que personne autre ne te voit.

Alors le brâhmane crut que la chèvre était un âne; saisi de crainte, il la jeta à terre et s'enfuit vers sa maison. Puis les trois voleurs se réunirent, prirent la chèvre et se mirent à manger selon leur bon plaisir.

---

[1] *Pantchagavya*, liqueur dont on se sert pour se purifier. Elle est composée, comme son nom l'indique, de cinq substances qui procèdent du corps de la vache, c'est-à-dire le lait, le caillé, le beurre liquéfié, la bouse et l'urine de cet animal, mêlés ensemble.

[2] Voy. page 97, note 2.

Voilà pourquoi je dis :

Ceux qui ont beaucoup d'intelligence et de sagesse peuvent tromper ceux qui sont fiers de leur force, comme firent des voleurs à un brâhmane pour une chèvre.

Et certes on dit ceci avec raison :

Il n'est ici-bas personne qui n'ait été trompé par la soumission de serviteurs nouveaux, par le langage d'un hôte, par les pleurs d'une courtisane, par la foule de paroles des gens fourbes.

En outre, il n'est pas bon d'être en inimitié même avec des faibles, s'ils sont nombreux. Et l'on dit :

Il ne faut pas lutter avec un grand nombre, car ceux qui sont nombreux sont difficiles à vaincre : des fourmis mangèrent un grand serpent, bien qu'il se tortillât.

Comment cela? dit Méghavarna. Sthiradjîvin raconta :

V. — LE SERPENT ET LES FOURMIS.

Il y avait dans une fourmilière un grand serpent noir[1] nommé Atidarpa[2]. Ce serpent abandonna un jour le chemin ordinaire de son trou et chercha à sortir par un autre passage étroit. En sortant, à cause de sa grosseur et de la petitesse de l'ouverture, il se fit, par la volonté du destin, une blessure au corps. Puis il fut entouré de tous côtés et tourmenté par les fourmis, qui suivaient l'odeur du sang de la blessure. Il en tua quelques-unes et en blessa quelques autres. Mais, vu leur grand nombre, Atidarpa fut couvert d'une foule de larges blessures, eut tout le corps déchiré par les fourmis, et mourut.

[1] Voy. page 65, note.
[2] *Très-orgueilleux.*

Voilà pourquoi je dis :

Il ne faut pas lutter avec un grand nombre, car ceux qui sont nombreux sont difficiles à vaincre : des fourmis mangèrent un grand serpent, bien qu'il se tortillât.

Ainsi j'ai ici quelque chose à dire. Considérez cela et faites comme j'aurai dit. — Ordonne, dit Méghavarna, on fera comme tu l'ordonneras, et pas autrement. — Mon enfant, dit Sthiradjîvin, écoutez donc quel cinquième moyen j'ai médité, laissant de côté la conciliation et les autres. Traitez-moi comme si j'étais devenu un ennemi, menacez-moi en termes très-durs, barbouillez-moi avec du sang ramassé, de façon que les espions de l'ennemi ajoutent foi à cela; jetez-moi en bas de ce figuier, allez-vous-en au mont Richyamoûka [1], et restez-y avec votre suite jusqu'à ce que j'aie inspiré de la confiance à tous les ennemis par une manière d'agir très-bienveillante, que je me sois fait d'eux des amis, et qu'ayant atteint mon but et connaissant le milieu de la forteresse, je les tue pendant le jour, tandis qu'ils ne voient pas clair. Je sais très-bien qu'autrement il n'y a pas de succès pour nous, car cette forteresse, qui n'a pas de sortie, servira seulement à les faire tuer. Car on dit :

Les hommes savants en politique appellent forteresse ce qui a une sortie; ce qui n'a pas de sortie est une prison sous l'apparence de forteresse.

Mais il ne faut pas que vous ayez de pitié pour moi. Et l'on dit :

Quand la guerre a lieu, un prince doit regarder comme du bois sec des serviteurs même qu'il aime comme sa vie, qu'il protége et qu'il chérit.

[1] Montagne située dans le Dékhan.

Et ainsi :

Qu'il conserve toujours ses serviteurs comme sa vie, qu'il les nourrisse comme son corps, pour un seul jour où a lieu la rencontre de l'ennemi.

Par conséquent, il ne faut pas que vous m'empêchiez dans cette affaire.

Après avoir ainsi parlé, il commença à se quereller sans sujet avec Méghavarna. Puis les autres serviteurs du roi, quand ils virent Sthiradjîvin parler sans retenue, voulurent le tuer. Méghavarna leur dit : Ah! cessez! Je châtierai bien moi-même ce méchant partisan de l'ennemi. Lorsqu'il eut dit ces mots, il monta sur Sthiradjîvin, lui donna de légers coups de bec, l'arrosa de sang ramassé, et s'en alla avec sa suite au mont Richyamoûka, que son ministre lui avait indiqué.

Cependant la krikâlikâ, qui était espion de l'ennemi, rapporta au roi des hiboux tout le malheur du ministre de Méghavarna. Votre ennemi, dit-elle, maintenant épouvanté, s'en est allé quelque part avec sa suite. Le roi des hiboux, après avoir entendu cela, partit, à l'heure du coucher du soleil, avec ses ministres et ses serviteurs, pour détruire les corbeaux, et il dit : Hâtons-nous! hâtons-nous! un ennemi qui a peur et qui cherche à fuir est une chose que l'on obtient par ses bonnes actions. Et l'on dit :

Celui qui, à l'approche de l'ennemi, montre d'abord un côté faible et cherche en outre un refuge, est, dans son trouble, facile à soumettre pour les serviteurs d'un roi.

Parlant ainsi, il entoura de tous côtés le bas du figuier, et demeura là. Comme on ne voyait pas un corbeau, Arimardana, monté sur le bout d'une branche, le cœur joyeux, et loué par les bardes, dit à ses serviteurs : Ah! cherchez leur chemin; par quelle route les corbeaux ont-ils disparu? Avant donc qu'ils se réfugient dans une forteresse, je vais les poursuivre et les tuer. Et l'on dit :

Celui qui veut vaincre doit tuer l'ennemi, lors même qu'il n'a pour abri qu'une clôture, et à plus forte raison quand il s'est réfugié dans une forteresse pourvue de tout le nécessaire.

Or en cette occurrence Sthiradjîvin pensa : Si nos ennemis s'en vont comme ils sont venus, sans connaître mon aventure, alors je n'ai rien fait. Et l'on dit :

Ne pas commencer les choses est le premier signe d'intelligence, mener à fin ce qui est commencé est le second signe d'intelligence.

Il vaut donc mieux ne pas commencer que de détruire ce qui est commencé. En conséquence, je vais leur faire entendre un cri et me montrer. Après avoir ainsi réfléchi, il poussa de faibles cris à plusieurs reprises. Entendant ces cris, tous les hiboux vinrent pour le tuer. Mais il dit : Ah ! je suis le ministre de Méghavarna, nommé Sthiradjîvin. C'est Méghavarna lui-même qui m'a mis dans un pareil état. Faites donc savoir à votre maître que j'ai beaucoup à m'entretenir avec lui.

Lorsque les siens lui eurent rapporté cela, le roi des hiboux, saisi d'étonnement, alla à l'instant même auprès de Sthiradjîvin, et dit : Hé, hé ! pourquoi es-tu dans cet état ? Raconte cela. — Majesté, répondit Sthiradjîvin, écoutez pourquoi je suis dans cette situation. Le jour passé, ce méchant Méghavarna, par affliction à cause des nombreux corbeaux tués par vous, pris de chagrin et saisi de colère contre vous, s'était mis en route pour combattre. Alors je dis : Maître, il n'est pas convenable pour vous de marcher à cause de cela. Ils sont forts, et nous sommes faibles. Et l'on dit :

Que le faible, s'il désire la prospérité, ne souhaite pas, même dans son cœur, la guerre avec celui qui est très-fort; car, comme celui qui est excessivement fort n'est pas tué, celui qui agit comme la sauterelle périt évidemment.

Il est donc convenable de lui donner des présents et de faire la paix avec lui. Et l'on dit :

Le sage, quand il voit un ennemi fort, doit donner même tout ce qu'il possède pour conserver la vie; lorsque la vie est conservée, la richesse revient.

Après qu'il eut entendu cela, il fut irrité contre moi par des méchants, et, me soupçonnant d'être de votre parti, il me mit dans cet état. Ainsi vos pieds sont maintenant mon refuge. A quoi bon un long récit? Dès que je pourrai marcher, je vous conduirai dans sa demeure et je causerai la perte de tous les corbeaux [1].

Quand Arimardana eut entendu cela, il tint conseil avec ses ministres, qui lui venaient par héritage de son père et de son grand-père. Or il avait cinq ministres, savoir : Raktâkcha [2], Kroûrâkcha [3], Dîptâkcha [4], Vakranâsa [5] et Prâkârakarna [6]. Alors il questionna d'abord Raktâkcha : Mon cher, voici maintenant que le ministre de l'ennemi est tombé entre mes mains; que faut-il donc faire? — Majesté, répondit Raktâkcha, qu'y a-t-il là à réfléchir? Il faut le tuer sans délibérer. Car

Un ennemi faible doit être tué avant qu'il devienne fort; quand il a acquis toute sa force, il devient ensuite difficile à vaincre.

En outre, il y a dans le monde un dicton : Si la Fortune

---

[1] Ce trait rappelle l'histoire de Zopyre.
[2] *Qui a les yeux rouges.*
[3] *Qui a les yeux méchants.*
[4] *Qui a les yeux flamboyants.*
[5] *Qui a le nez crochu.*
[6] *Qui a les oreilles comme un mur.*

est venue d'elle-même et qu'on la néglige, elle maudit. Et l'on dit :

Quand le temps se présente une fois à l'homme qui le désire, il est difficile à retrouver pour cet homme lorsqu'il veut faire l'œuvre.

Et l'on entend raconter ce qui suit :

Vois le bûcher allumé et mon chaperon brisé[1] : l'amitié renouée après avoir été rompue n'augmente pas en affection.

Comment cela? dit Arimardana. Raktâkcha raconta :

VI. — LE BRÂHMANE ET LE SERPENT.

Il y avait dans un endroit un brâhmane nommé Haridatta[2]. Il exerçait l'agriculture, et le temps se passait toujours pour lui sans profit. Or un jour, à la fin des heures chaudes, ce brâhmane, souffrant de la chaleur, s'endormit au milieu de son champ, à l'ombre d'un arbre. Il aperçut, pas bien loin de là, étendu sur une fourmilière un serpent redoutable, qui avait un chaperon énorme et dilaté, et il pensa : C'est sûrement la divinité du champ, et jamais je ne lui ai rendu hommage. Voilà pourquoi mon travail de culture est sans profit. Aussi je vais lui rendre hommage aujourd'hui. Après avoir ainsi réfléchi, il demanda du lait quelque part, le versa dans une coupe, alla près de la fourmilière, et dit : Ô protecteur du champ! pendant si longtemps je n'ai pas su que tu demeurais ici. C'est pour cela que je ne t'ai pas rendu hommage; maintenant donc pardonne-moi. Après avoir dit ces mots et offert le lait, il alla vers sa maison. Puis le lendemain matin, quand il vint voir, il aperçut un dinar[3] dans la coupe. Il venait ainsi seul tous les jours donner

---

[1] Voy. page 19, note 1.

[2] *Donné par Hari.*

[3] L'emploi du mot *dînâra* dans la langue sanscrite ne paraît pas remonter à une

du lait au serpent, et chaque fois il ramassait un dinar. Mais un jour le brâhmane chargea son fils de porter le lait à la fourmilière, et alla dans un village. Le fils porta là le lait, le déposa et retourna à la maison. Le jour suivant, il alla à la fourmilière, aperçut un dinar, le prit, et pensa : Assurément cette fourmilière est pleine de dinars d'or[1] ; aussi je tuerai le serpent et je prendrai tout en une seule fois. Après avoir fait cette réflexion, le lendemain, en donnant le lait, le fils du brâhmane frappa le serpent à la tête avec un bâton. Alors le serpent, qui, on ne sait comment, par la volonté du destin, n'avait pas perdu la vie, le mordit de colère avec ses dents piquantes et venimeuses, si bien qu'il mourut à l'instant. Puis ses proches élevèrent un bûcher pas bien loin du champ, et firent ses funérailles. Le lendemain son père revint. Lorsqu'il eut appris de ses proches la cause de la mort de son fils, il jugea que cela devait être ainsi, et il dit :

Si quelqu'un n'accueille pas avec bonté les êtres qui viennent se mettre sous sa protection, les richesses qu'il possède sont perdues pour lui, comme les cygnes dans la forêt de lotus.

Comment cela? dirent les gens. Le brâhmane raconta :

VII. — LE ROI ET LES OISEAUX.

Il y avait dans une ville un roi nommé Tchitraratha[2]. Il possédait un lac appelé Padmasaras[3] et bien gardé par des

---

époque très-ancienne. Ce mot est d'origine occidentale, comme l'a démontré Prinsep. Le *dinâra*, monnaie d'or, rappelle le *denarius* des Romains. Chez les Arabes, la pièce d'or est appelée *dinar*.

[1] L'indication d'un trésor par la présence d'un serpent est une superstition commune dans l'Inde.

[2] *Qui a des chars de diverses couleurs.*

[3] *Lac de lotus.*

soldats. Sur ce lac étaient beaucoup de cygnes d'or. Tous les six mois ils laissaient chacun une queue. Mais un gros oiseau d'or vint à ce lac, et ils lui dirent : Tu ne dois pas demeurer au milieu de nous, parce que nous avons obtenu la possession de ce lac en donnant chacun une queue au bout de six mois. Et ainsi, bref, on se querella mutuellement. L'oiseau se mit sous la protection du roi, et dit : Majesté, ces oiseaux parlent ainsi : Que nous fera le roi? Nous ne permettons à personne d'habiter ici. J'ai répondu : Ce que vous dites n'est pas bien; j'irai en instruire le roi. Les choses étant ainsi, c'est à Sa Majesté de décider. Puis le roi dit à ses serviteurs : Hé, hé! allez, tuez tous les oiseaux, et apportez-les vite. Dès que le roi eut donné cet ordre, les serviteurs se mirent en route. Mais, voyant les gens du roi avec des bâtons dans les mains, un vieil oiseau dit alors : Hé, amis! voilà qu'un malheur nous arrive. En conséquence il faut nous envoler tous vite d'un commun accord. Et ils firent ainsi.

Voilà pourquoi je dis :

Si quelqu'un n'accueille pas avec bonté les êtres qui viennent se mettre sous sa protection, les richesses qu'il possède sont perdues pour lui, comme les cygnes dans la forêt de lotus.

Après avoir ainsi parlé, le brâhmane, dès le matin, prit du lait, retourna à la fourmilière et loua le serpent à haute voix. Alors le serpent resta longtemps caché à l'entrée de la fourmilière, et dit au brâhmane : Tu viens ici par cupidité, laissant de côté même le chagrin de la mort de ton fils. A partir d'à présent l'amitié entre toi et moi n'est pas convenable. Ton fils, par folie de jeunesse, m'a frappé; je l'ai mordu. Comment puis-je oublier le coup de bâton, et comment peux-tu oublier le chagrin et la douleur de la perte de ton fils? Lorsqu'il eut dit ces mots, il lui donna une perle de collier d'un grand prix, et s'en alla ; puis, ajoutant : Tu ne reviendras plus, il se cacha dans son trou. Le brâhmane prit la perle, et alla à sa maison en blâmant l'idée de son fils.

Voilà pourquoi je dis :

Vois le bûcher allumé et mon chaperon brisé : l'amitié renouée après avoir été rompue n'augmente pas en affection.

Ainsi, s'il est tué, grâce à cet effort vous régnerez sans embarras.

Après avoir entendu ce discours de Raktâkcha, Arimardana questionna Kroûrâkcha : Mais toi, mon cher, que penses-tu ? — Majesté, répondit celui-ci, c'est cruel ce qu'il a dit, car on ne tue pas quelqu'un qui vient demander protection. Ce récit est vraiment bien :

On raconte qu'un pigeon à qui un ennemi vint demander protection l'honora comme il convient et l'invita à manger sa chair.

Comment cela? dit Arimardana. Kroûrâkcha raconta :

VIII. — LES DEUX PIGEONS ET L'OISELEUR.

Un affreux oiseleur, cruel et pareil au dieu de la mort pour les vivants, courait çà et là dans une grande forêt.

Il n'avait ni ami, ni allié, ni parent; tous l'avaient abandonné, à cause de son horrible métier.

Et certes :

Ceux qui sont malfaisants, méchants, et qui font périr les vivants, inspirent l'effroi aux créatures, comme les serpents.

Avec une cage, un filet et un bâton, il allait toujours dans la forêt, faisant du mal à tous les animaux.

Un jour, comme il errait dans la forêt, une femelle de pigeon tomba dans ses mains; il la jeta dans la cage.

Mais, pendant qu'il était dans la forêt, tous les points de l'espace devinrent noirs de nuages, et il y eut une grande pluie d'orage comme à l'heure de la destruction du monde.

Puis, le cœur rempli de crainte, tremblant sans cesse et cherchant un abri, il alla vers un arbre.

Comme il vit pendant une heure le ciel clair étoilé, il s'approcha de l'arbre et il dit : Qui que ce soit qui demeure ici, je viens lui demander protection; qu'il me sauve, car je suis brisé par le froid et mort de faim.

Or dans le tronc de cet arbre était un pigeon qui habitait là depuis bien longtemps, et qui, privé de sa compagne, se lamentait, plein d'affliction :

Il y a eu une grande pluie d'orage, et ma bien-aimée ne vient pas; sans elle, ma maison est vide aujourd'hui pour moi.

Celui qui a une épouse comme elle, vertueuse, fidèle et ne pensant qu'au bien de son mari, est un homme heureux sur terre.

Ce n'est pas la maison qui est la maison, dit-on : la maîtresse de maison est appelée la maison, car une maison sans maîtresse de maison est estimée pareille à une forêt.

Quand la femelle du pigeon, qui était dans la cage, entendit les paroles pleines de tristesse de son époux, elle fut remplie de joie et dit ces mots :

Celle-là ne doit pas être regardée comme une épouse, qui ne fait pas la joie de son mari; quand un mari est content des femmes, tous les dieux sont contents.

Comme une plante rampante brûlée avec toutes ses fleurs par un incendie de forêt, qu'elle soit réduite en cendres la femme qui ne fait pas la joie de son mari.

Un père donne avec mesure; un frère, avec mesure; un fils, avec mesure; quelle est celle qui ne vénère pas l'époux qui donne sans mesure?

Et elle ajouta :

Écoute attentivement, bien-aimé, un bon conseil que je vais te donner : même aux dépens de ta vie tu dois toujours protéger celui qui vient te demander asile.

Cet oiseleur est ici étendu, cherchant un refuge dans ta demeure, il souffre du froid et souffre de la faim; rends-lui les honneurs.

Et l'on entend dire :

Quand quelqu'un n'honore pas autant qu'il le peut l'hôte qui vient le soir, celui-ci lui donne ses mauvaises actions et lui ravit ses bonnes œuvres.

Et ne montre pas de haine contre lui parce qu'il a pris ta compagne : j'ai été prise par mes propres actions, liens de ma conduite antérieure.

Car

Pauvreté, maladie, chagrin, captivité et malheur, tels sont les fruits que les vivants recueillent de leurs propres fautes.

Laisse donc de côté la haine qu'a fait naître en toi ma captivité: applique ton esprit à la vertu, et honore cet homme suivant le précepte.

Après avoir entendu ces paroles vertueuses de sa femelle, le pigeon s'approcha humblement et dit à l'oiseleur :

Mon cher, sois le bienvenu; dis, que puis-je faire pour toi? Il ne faut pas t'affliger, tu es dans ta maison.

Lorsque l'oiseleur eut entendu ces paroles de l'oiseau, il lui répondit : Pigeon, vraiment j'ai froid, préserve-moi du froid.

Le pigeon alla chercher un charbon, fit tomber du feu et l'alluma ensuite promptement dans des feuilles sèches.

Puis quand il l'eut bien allumé, il dit à ce réfugié : Chauffe ici tes membres avec confiance et sans crainte; mais je n'ai aucune chose avec laquelle je puisse apaiser ta faim.

Tel en nourrit mille; un autre, cent; un autre, dix; mais moi, qui n'ai pas fait de bonnes œuvres et qui suis pauvre, j'ai de la peine à me nourrir moi-même.

Celui qui ne peut pas donner de la nourriture même à un seul hôte, quel profit a-t-il à habiter dans une maison où il y a beaucoup d'afflictions?

Aussi j'arrangerai ce corps qui vit dans la douleur, de telle sorte que, quand viendra un mendiant, je ne dirai plus : Il n'y a rien.

Il se blâma en vérité lui-même, mais non l'oiseleur, et il dit : Je te rassasierai, attends une heure.

Après avoir ainsi parlé, le vertueux pigeon, avec un cœur joyeux, fit le tour du feu et y entra comme dans sa maison.

Puis quand l'oiseleur vit le pigeon tombé dans le feu, il fut vivement saisi de compassion, et dit ces mots :

L'homme qui fait le mal ne s'aime assurément pas lui-même, car il recueille lui-même le fruit du mal qu'il a fait lui-même.

Moi qui suis méchant et qui ai toujours été adonné au mal, je tomberai dans l'horrible enfer; il n'y a pas de doute à cela.

Vraiment, à moi, méchant que je suis, le généreux pigeon qui me donne sa chair m'a bien montré l'exemple.

A partir d'aujourd'hui je dessécherai mon corps privé de toute jouissance, comme un tout petit ruisseau dans la saison des chaleurs.

Endurant le froid, le vent, l'ardeur du soleil, le corps amaigri, et couvert de saleté, je pratiquerai le plus grand devoir religieux avec diverses espèces de jeûne.

Ensuite l'oiseleur brisa son bâton, son dard, son filet et sa cage, et lâcha la pauvre femelle du pigeon.

Puis, mise en liberté par l'oiseleur, la femelle du pigeon, lorsqu'elle vit son époux tombé dans le feu, se lamenta, désolée et le cœur rempli de chagrin :

Maître, je n'ai que faire aujourd'hui de la vie, sans toi : pour une pauvre femme abandonnée, quel profit y a-t-il à vivre?

La fierté du cœur, le sentiment de soi-même, le respect de famille envers des parents, l'autorité sur les esclaves et les serviteurs, tout est détruit par le veuvage.

Après s'être ainsi beaucoup lamentée pitoyablement et pleine d'affliction, la fidèle épouse entra dans le feu très-ardent.

Puis, portant des vêtements célestes et ornée de parures célestes, la femelle du pigeon vit son époux sur un char divin.

Et celui-ci, qui avait pris un corps divin, dit convenablement : Ah! tu as bien fait de me suivre, ô belle!

Il y a trente-cinq millions de poils sur le corps de l'homme : la femme qui suit son mari habitera pendant autant d'années dans le ciel.

Le dieu pigeon jouit tous les jours du plaisir du coucher du soleil, et sa femelle, du ciel solaire du pigeon : cela fut la conséquence de leur mérite antérieur.

Transporté de joie, l'oiseleur entra ensuite dans la forêt épaisse; il cessa de faire du mal aux animaux et montra la plus grande indifférence pour ce monde.

Voyant là un incendie de forêt, il y entra libre de tout désir, et, ses péchés consumés, il acquit le bonheur du ciel.

Voilà pourquoi je dis :

On raconte qu'un pigeon à qui un ennemi vint demander protection l'honora comme il convient et l'invita à manger sa chair.

Après avoir entendu cela, Arimardana demanda à Dîptâkcha : Dans cette situation, que penses-tu? — Majesté, répondit celui-ci, il ne faut pas le tuer. Car

Celle qui a toujours peur de moi me serre aujourd'hui contre elle. Ô toi qui me fais plaisir, bonheur à toi! prends ce qui m'appartient.

Et le voleur dit :

Je ne vois rien à te prendre; s'il y a jamais quelque chose à prendre, je reviendrai encore si elle ne te serre pas contre elle.

Quelle est, demanda Arimardana, celle qui ne serre pas contre elle, et quel est ce voleur? Je désire entendre cela tout au long. Dîptâkcha raconta :

IX. — LE MARCHAND, SA FEMME ET LE VOLEUR.

Il y avait dans une ville un vieux marchand nommé Kâmâtoura[1]. Cet homme, dont la femme était morte, devint éperdument amoureux; il épousa la fille d'un marchand pauvre, et donna pour cela beaucoup d'argent. Mais elle, accablée de chagrin, ne pouvait pas même voir le vieux marchand. Et ceci est bien vrai :

La place blanche que forment les cheveux sur la tête est le plus grand sujet de mépris envers les hommes; les jeunes femmes l'évitent comme un puits de tchândâla[2], auquel est attaché un morceau d'os, et elles s'en vont bien loin.

Et ainsi :

Le corps est courbé, la démarche affaissée, et les dents sont perdues; la

---

[1] *Malade d'amour.*

[2] Voy. page 42, note 3. Aux puits des tchândâlas, dit Galanos dans sa traduction de Bhartrihari, page 55, est attaché un os d'âne ou de cheval, qui sert à les distinguer des autres puits.

vue tombe, la beauté est détruite et la bouche salive; les parents ne font pas ce qu'on dit, la femme ne veut pas écouter : fi, hélas! un fils même méprise l'homme accablé par la vieillesse.

Or un jour, comme elle était avec lui sur le même lit, le visage tourné d'un autre côté, un voleur entra dans la maison. Lorsqu'elle aperçut ce voleur, elle fut troublée par la frayeur et serra fortement son mari dans ses bras, tout vieux qu'il était. Celui-ci, qui d'étonnement avait tous les poils du corps hérissés, pensa : Ah! pourquoi me serre-t-elle aujourd'hui contre elle? En regardant adroitement il aperçut le voleur dans un coin de la maison, et il fit cette réflexion : Assurément, c'est par peur de ce voleur qu'elle me serre dans ses bras. Voyant cela, il dit au voleur :

Celle qui a toujours peur de moi me serre aujourd'hui contre elle. Ô toi qui me fais plaisir, bonheur à toi! prends ce qui m'appartient.

Quand le voleur entendit cela, il dit :

Je ne vois rien que je puisse te prendre; s'il y a jamais quelque chose à prendre, je reviendrai encore si elle ne te serre pas contre elle.

Ainsi on pense très-bien d'un voleur même, s'il rend service; à plus forte raison, de quelqu'un qui vient demander protection. En outre, ce corbeau, maltraité par nos ennemis, servira à nous rendre forts et à nous montrer leur trou. Par ce motif il ne faut pas le tuer.

Après avoir entendu cela, Arimardana demanda à un autre ministre, Vakranâsa : Mon cher, maintenant, dans cette situation, que faut-il faire? — Majesté, répondit celui-ci, il ne faut pas le tuer. Car

Des ennemis même font du bien en se disputant entre eux : un voleur sauva la vie à un brâhmane, et un râkchasa [1] sauva une paire de vaches.

[1] Voy. page 19, note 2.

Comment cela? dit Arimardana. Vakranâsa raconta :

X. — LE BRÂHMANE, LE VOLEUR ET LE RÂKCHASA.

Il y avait dans un endroit un pauvre brâhmane nommé Drona. Il n'avait pour tout bien que les aumônes qu'il recevait: il était toujours privé de la jouissance de beaux vêtements, d'onguents, de parfums, de guirlandes, de parures, de bétel et autres choses; il était couvert de longs cheveux, de barbe, d'ongles et de poils, et avait le corps desséché par le froid, la chaleur, le vent, la pluie, et cetera. Quelqu'un qui faisait célébrer un sacrifice lui donna par compassion une paire de petites génisses, et le brâhmane, dès leur jeunesse, les éleva avec du beurre clarifié, de l'huile, de l'herbe et autres choses, qu'il mendiait, et les nourrit bien. Un voleur les vit et pensa aussitôt : J'enlèverai à ce brâhmane cette paire de vaches. Après avoir décidé cela, il prit une corde et partit dans la nuit. Lorsqu'il fut à moitié chemin, il aperçut un être qui avait une rangée de dents séparées et aiguës, la paroi du nez relevée, des yeux saillants et bordés de rouge, des lignes de muscles entassés les uns sur les autres, des membres tortus, des joues sèches, une barbe, des cheveux et un corps bruns comme Agni [1], à qui l'on offre beaucoup de sacrifices. Dès qu'il l'eut aperçu, le voleur, quoique saisi d'une très-grande crainte, lui dit : Qui es-tu? L'autre répondit : Je suis Satyavatchana [2], un brahmarâkchasa [3]; toi aussi dis qui tu es. Le voleur dit : Je suis Kroûrakarman [4], un voleur; je suis parti pour voler une paire de vaches à un pauvre brâhmane. Alors le râkchasa conçut de la confiance, et il dit : Mon

---

[1] Voy. page 1, note 2.
[2] *Qui dit la vérité.*
[3] Démon ou génie malfaisant de l'ordre brâhmanique.
[4] *Qui commet des cruautés.*

cher, je ne fais jamais que le sixième repas[1]; par conséquent je mangerai ce brâhmane aujourd'hui. Ainsi cela se trouve bien, nous avons tous deux justement le même but. Puis ils allèrent là tous deux, et se tinrent dans un endroit retiré, épiant le moment favorable. Lorsque Drona fut endormi, le voleur, voyant le râkchasa s'avancer pour manger le brâhmane, dit : Mon cher, cela n'est pas convenable, car il faut que j'enlève la paire de vaches; après cela, tu mangeras le brâhmane. Le râkchasa répondit : Le brâhmane pourrait bien être réveillé par le beuglement des vaches; alors mon entreprise échouerait. Le voleur dit : Mais si, pendant que tu t'approcheras pour le manger, il te survient seulement un obstacle, alors moi non plus je ne pourrai pas enlever la paire de vaches. Il faut donc que d'abord j'enlève la paire de vaches; après cela, tu mangeras le brâhmane. Tandis qu'ils discutaient ainsi par égoïsme, une querelle s'éleva entre eux, et le brâhmane fut réveillé par leurs cris. Puis le voleur lui dit : Brâhmane, ce râkchasa veut te manger. Le râkchasa aussi dit : Brâhmane, ce voleur veut t'enlever ta paire de vaches. Lorsque le brâhmane entendit cela, il se leva, prit ses précautions, et sauva sa personne du râkchasa en récitant des prières à sa divinité protectrice, et sa paire de vaches du voleur en brandissant un bâton.

Voilà pourquoi je dis :

Des ennemis même font du bien en se disputant entre eux : un voleur sauva la vie à un brâhmane, et un râkchasa sauva une paire de vaches.

Après avoir réfléchi sur les paroles de Vakranâsa, Arimardana demanda aussi à Prâkârakarna : Dis, que penses-tu là-dessus? — Majesté, répondit celui-ci, il ne faut pas tuer ce corbeau, car si nous lui laissons la vie, peut-être le temps

---

[1] C'est-à-dire un seul repas en trois jours.

se passera-t-il agréablement dans une affection réciproque. Et l'on dit :

Les êtres qui ne gardent pas les secrets l'un de l'autre périssent, comme le serpent de la fourmilière et celui du ventre.

Comment cela ? dit Arimardana. Prâkârakarna raconta :

XI. — LES DEUX SERPENTS.

Il y avait dans une ville un roi nommé Dévasakti[1]. Son fils dépérissait chaque jour, membre par membre, à cause d'un serpent qui demeurait dans son corps comme dans une fourmilière. Quoique le prince fût traité avec beaucoup de soins par de bons médecins et qu'on employât les médicaments prescrits par les meilleurs livres, il n'obtenait pas la santé. Alors il s'en alla de désespoir en pays étranger. Après s'être livré à la mendicité dans une ville, il passait son temps dans un grand temple. Or en cette ville était un roi nommé Bali, qui avait deux filles dans l'âge de la jeunesse. Tous les jours au lever du soleil, celles-ci venaient aux pieds de leur père et le saluaient. Là l'une dit : Soyez victorieux, grand roi par la grâce de qui on reçoit toute joie ! Mais la seconde dit : Jouissez de ce qui vous est destiné, grand roi ! Lorsque le roi entendit cela, il se mit en colère, et dit : Hé, ministres ! donnez pour femme à un étranger cette fille qui dit de mauvaises paroles, afin qu'elle jouisse aussi de ce qui lui est destiné. Les ministres répondirent oui, et la jeune fille, avec une petite suite, fut donnée par eux au prince qui demeurait dans le temple. Elle accepta, le cœur joyeux, cet époux comme sa destinée, et, l'emmenant avec elle, elle alla dans un autre pays. Puis, dans un endroit de la ville assez éloigné, au bord d'un étang, elle chargea le prince de la garde

---

[1] *Qui a la puissance d'un dieu.*

de leur demeure, et partit elle-même avec sa suite pour acheter du beurre clarifié, de l'huile, du sel, du riz et autres choses. Mais, quand elle revint après avoir fait ses achats, le prince dormait, la tête posée sur une fourmilière, et de sa bouche sortait un serpent à chaperon [1], qui se nourrissait d'air. Et sur cette même fourmilière était aussi un autre serpent, qui était sorti. Ces deux serpents, en se voyant l'un l'autre, avaient les yeux rouges de colère, et celui qui était sur la fourmilière dit : Hé, hé, méchant ! pourquoi tourmentes-tu ainsi un prince dont tout le corps est beau ? Le serpent qui était dans la bouche répondit : Hé, hé ! toi aussi, méchant, pourquoi as-tu, au milieu de cette fourmilière, souillé ces deux pots pleins d'or ? Ils découvrirent ainsi réciproquement leurs secrets. Le serpent qui était sur la fourmilière reprit : Hé, méchant ! personne ne connaît-il ce remède contre toi, à savoir que tu péris au moyen d'un breuvage de graine de cumin, de kandjikâ [2] en fleur et de moutarde noire ? Puis le serpent qui demeurait dans le ventre dit : Contre toi aussi personne ne sait-il ce remède, à savoir qu'au moyen d'huile chaude ou d'eau bouillante tu péris ? Et de cette façon la princesse, cachée dans des branchages, entendit la conversation par laquelle ils divulguaient réciproquement leurs secrets; et elle fit cela. Après avoir délivré son mari d'infirmité et de maladie, et trouvé un très-grand trésor, elle retourna dans son pays. Honorée de son père, de sa mère et de ses proches, et ayant obtenu la jouissance qui lui était destinée, elle vécut heureuse.

Voilà pourquoi je dis :

Les êtres qui ne gardent pas les secrets l'un de l'autre périssent, comme le serpent de la fourmilière et celui du ventre.

[1] Voy. page 19, note 1.
[2] Plante, *Siphonanthus Indica*.

Après avoir entendu cela, Arimardana lui-même fut aussi de cet avis. Quand Raktâkcha vit que l'on agissait ainsi, il se moqua intérieurement et reprit : Hélas! hélas! vous avez perdu le souverain par un mauvais conseil. Et l'on dit :

Là où ceux qui ne sont pas honorables sont honorés et où l'on méprise ceux qui sont honorables, là naissent trois choses : la famine, la mort, la terreur.

Et ainsi :

Lors même que le mal a été fait devant ses yeux, un sot est apaisé par de douces paroles : un charron porta sur sa tête sa femme avec le galant de celle-ci.

Comment cela? dirent les ministres. Raktâkcha raconta :

XII. — LE CHARRON, SA FEMME ET LE GALANT.

Il y avait dans un endroit un charron nommé Vîradhara[1]. Il avait une femme, Kâmadaminî[2]. Cette femme était libertine, et les gens disaient du mal d'elle. Le charron voulut l'éprouver, et il pensa en lui-même : Comment la mettrai-je à l'épreuve? Car on dit :

Si le feu pouvait être froid, la lune, chaude, et le méchant, bon, alors les femmes aussi pourraient être vertueuses.

Je sais que, selon le dire du monde, elle n'est pas honnête. Et l'on dit :

Ce qui n'est ni vu ni entendu dans les Védas[3] ni dans les livres, ce monde sait tout cela, ainsi que ce qui est dans l'œuf de Brahmâ[4].

---

[1] *Qui porte un homme.*
[2] *Qui dompte l'amour.*
[3] Voy. page 1, note 2.
[4] Voy. page 56, note 3.

LIVRE TROISIÈME. 247

Après avoir ainsi réfléchi, il dit à sa femme : Ma chère, demain matin j'irai dans un autre village. Là, quelques jours se passeront. Il faut donc que tu me fasses quelques bonnes provisions de voyage. Celle-ci, lorsqu'elle eut entendu ces paroles, laissa, le cœur joyeux et pleine d'impatience, tout ce qu'elle avait à faire, et prépara du riz cuit avec beaucoup de beurre et de sucre. Et certes on dit ceci avec raison :

Dans un jour sombre, dans une épaisse obscurité, quand le nuage répand la pluie, dans une grande forêt et autres lieux, et quand son mari est en pays étranger, la femme lascive éprouve le plus grand bonheur[1].

Puis le charron se leva au point du jour et sortit de sa maison. Sa femme, lorsqu'elle le vit parti, fit sa toilette avec un visage riant et passa la journée comme elle put. Ensuite elle alla chez son galant, qu'elle connaissait d'ancienne date, et elle lui dit : Mon méchant mari est allé dans un autre village. Tu viendras donc dans notre maison dès que les gens dormiront. Après que cela fut fait, le charron, qui avait passé la journée dans la forêt, rentra le soir dans sa maison par une autre porte, et se cacha sous le lit. Cependant Dévadatta[2] vint et s'assit là sur le lit. Le charron, lorsqu'il le vit, eut le cœur saisi de colère et pensa : Vais-je me lever et le tuer, ou bien vais-je leur donner la mort à tous deux quand ils seront endormis par suite de leurs ébats ? Mais pourtant je veux voir ce qu'elle fait et entendre sa conversation avec lui. Sur ces entrefaites, la femme ferma la porte de la maison et monta sur le lit. Mais pendant qu'elle y montait, son pied toucha le corps du charron. Puis elle pensa : Assurément ce doit être ce méchant charron, qui veut m'éprouver. Aussi je saurai jouer un tour de femme. Pendant qu'elle ré-

---

[1] Variante d'une stance du livre I, page 46.
[2] Voy. page 46, note 5.

fléchissait ainsi, Dévadatta devint impatient de la toucher. Mais elle joignit les mains et dit : Ô toi qui as de nobles sentiments, tu ne dois pas toucher mon corps, car je suis fidèle à mon mari et très-vertueuse. Sinon, je te donnerai ma malédiction et je te réduirai en cendres. — Si c'est ainsi, dit le galant, pourquoi donc m'as-tu appelé? — Hé! répondit-elle, écoute avec attention. Aujourd'hui, au matin, je suis allée au temple de Tchandikâ[1], pour voir la déesse. Là tout à coup une voix s'est élevée dans l'air : Ma fille, que vais-je faire? Tu as de la dévotion pour moi; néanmoins dans l'espace de six mois tu deviendras veuve par ordre du destin. Alors j'ai dit : Vénérable, de même que tu connais le malheur, de même tu en sais aussi le remède. Est-il donc un moyen par lequel mon mari puisse vivre cent ans? Ensuite la déesse a dit : Oui, il y en a un, et ce remède dépend de toi. Lorsque j'ai entendu cela, j'ai dit : Déesse, si c'est aux dépens de ma vie, indique-moi ce que j'ai à faire, afin que je le fasse. Puis la déesse a dit : Si aujourd'hui tu montes sur le même lit avec un autre homme et que tu le serres dans tes bras, alors la mort subite qui est destinée à ton mari atteindra cet homme, et ton mari, au contraire, vivra cent ans. C'est pour cela que je t'ai demandé. Fais donc ce que tu veux, car ce qu'a dit la déesse n'aura pas lieu autrement, j'en suis sûre. Ensuite le galant, avec un visage sur lequel se manifestait un rire intérieur, agit conformément à cela. Et le sot charron, quand il eut entendu ces paroles de sa femme, sortit de dessous le lit, les poils du corps hérissés de joie, et lui dit : Bien, femme fidèle! bien, joie de la famille! Par suite des discours de méchantes gens mon cœur avait conçu des soupçons, et, pour t'éprouver, j'ai prétexté d'aller à un autre village et je me suis caché ici sous

---

[1] Voy. page 1, note 2.

le lit. Viens donc, embrasse-moi ! Tu es la première des femmes dévouées à leurs maris, puisque même dans les bras d'un autre tu gardes le vœu prescrit par la sainte Écriture. Tu agis ainsi pour prolonger ma vie et pour détourner de moi une mort soudaine. Après lui avoir ainsi parlé, il la serra affectueusement dans ses bras; il la mit sur son épaule, et dit aussi à Dévadatta : Ô toi qui as de nobles sentiments, c'est à cause de mes bonnes actions que tu es venu ici. Par ta grâce j'ai obtenu une vie de la durée de cent ans. Embrasse-moi donc toi aussi et monte sur mon épaule. En disant ces mots, il embrassa Dévadatta, bien que celui-ci ne voulût pas, et il le mit de force sur son épaule. Puis il dansa et dit : Ô toi qui portes la plus forte charge entre ceux qui soutiennent le poids des obligations imposées par la sainte Écriture, toi aussi tu m'as fait du bien, et autres choses pareilles; il le fit descendre de dessus son épaule, courut de tous côtés aux portes des maisons de ses parents, et cetera, et fit partout la peinture de la vertu de tous deux.

Voilà pourquoi je dis :

Lors même que le mal a été fait devant ses yeux, un sot est apaisé par de douces paroles : un charron porta sur sa tête sa femme avec le galant de celle-ci.

Ainsi nous sommes tout à fait détruits jusque dans la racine, et perdus. On dit vraiment ceci avec raison :

Les sages considèrent comme des ennemis sous l'apparence d'amis ceux qui rejettent un bon avis et recherchent le contraire.

Et ainsi :

D'excellentes choses même, quand on a des conseillers qui vont contre le lieu et le temps et ne sont pas sages, se perdent, comme les ténèbres au lever du soleil.

Puis, sans avoir égard aux paroles de Raktâkcha, les hiboux

relevèrent tous Sthiradjîvin et entreprirent de l'emmener dans leur forteresse. Or, pendant qu'on le conduisait, Sthiradjîvin dit : Majesté, à quoi sert-il de me faire ce bon accueil, à moi qui aujourd'hui ne puis rien faire et qui suis dans cet état? Comme je désire me jeter dans un feu ardent, veuillez donc me délivrer en me donnant un bûcher. Mais Raktâkcha, qui avait reconnu son intention secrète, dit : Pourquoi veux-tu te jeter dans le feu? — C'est, répondit-il, seulement à cause de vous que j'ai été mis dans ce malheureux état par Méghavarna. Aussi je désire, pour me venger des corbeaux, devenir hibou. Et lorsqu'il entendit cela, Raktâkcha, qui était expérimenté dans la politique des rois, dit : Mon cher, tu es artificieux et habile en paroles feintes. Ainsi, quand même tu irais dans une matrice de hibou, tu estimerais beaucoup ta matrice de corbeau. Et l'on raconte cette histoire :

Après avoir refusé pour époux le soleil, le nuage, le vent, le mont, une souris retourna à son espèce : il est difficile de dépasser son espèce.

Comment cela? dirent les ministres. Raktâkcha raconta :

XIII. — LA SOURIS MÉTAMORPHOSÉE EN FILLE.

Sur le bord du Gange, qui a de gros flots d'écume blanche produite par les allées et venues des poissons effrayés d'entendre le bruit de l'eau se heurtant contre la surface d'âpres rochers, il y a un lieu d'ermitages plein d'ascètes qui se consacrent entièrement à la pratique des œuvres de la prière, des austérités, de la pénitence, de l'étude des Védas[1], du jeûne et de la méditation; qui ne veulent prendre qu'un peu d'eau pure, qui mortifient leur corps en mangeant des raves, des fruits, du saivala[2],

---

[1] Voy. page 1, note 2.
[2] Plante aquatique, *Vallisneria octandra*.

et n'ont pour vêtement qu'un pagne fait d'écorce. Là était un chef de famille, nommé Yâdjnavalkya. Il s'était baigné dans la Djâhnavî [1] et commençait à se rincer la bouche, lorsqu'une souris, échappée du bec d'un faucon, lui tomba dans la paume de la main. Quand il la vit, il la mit sur une feuille de figuier, se baigna de nouveau, se rinça la bouche, accomplit la cérémonie d'expiation et autres actes purificatoires, fit de la souris une fille par la puissance de ses austérités, regagna avec elle son ermitage, et dit à sa femme, qui n'avait pas d'enfant : Ma chère, prends cette fille qui t'est née et élève-la avec soin. Puis la fille fut élevée, choyée et soignée par la femme de l'ascète jusqu'à ce qu'elle eût douze ans. Lorsque celle-ci la vit bonne à marier, elle dit à son mari : Ô mari ! ne vois-tu pas que le temps de marier notre fille est passé ? — Bien parlé ! répondit celui-ci. Et l'on dit :

Les femmes sont d'abord possédées par les dieux Soma[2], les Gandharvas[3] et Agni[4]; les hommes les possèdent après : c'est pour cela qu'elles sont sans tache.

Soma leur a donné l'éclat; les Gandharvas, une parole douce; Agni, une pureté complète : c'est pour cela que les femmes sont exemptes de souillure.

Quand elle n'a pas encore ses règles, la jeune fille est *gaurî*[5]; quand elle a ses règles, elle est *rohinî*[6]; quand elle n'a pas les signes de puberté et pas de seins, elle est *nagnikâ*[7].

Mais lorsque les signes de puberté sont venus, Soma possède la jeune fille; les Gandharvas sont dans ses seins, et Agni, dans ses règles.

---

[1] Voy. page 105, note 1.
[2] Soma ou Tchandra, dieu de la lune.
[3] Musiciens célestes qui font partie de la cour d'Indra.
[4] Voy. page 1, note 2.
[5] Ce mot signifie *blanche*.
[6] C'est-à-dire *rouge*.
[7] Littéralement : *nue*.

En conséquence, que l'on marie la jeune fille dès qu'elle a ses règles ; et quand la jeune fille a huit ans, le mariage est recommandé.

Les signes de puberté d'abord, puis les seins et aussi le plaisir de l'amour font perdre les mondes désirés, et la menstruation tue le père.

Mais dès que la jeune fille a ses règles, il lui est permis de prendre qui elle veut ; en conséquence, qu'on la marie avant qu'elle ait ses règles, a dit Manou Swayambhouva [1].

La jeune fille qui voit ses règles dans la maison de son père, sans être mariée, est une fille non mariable et abjecte, qu'on appelle *vrichali* [2].

Un père doit prendre une résolution et donner à des supérieurs, à des égaux ou à des inférieurs une fille qui a ses règles, afin de ne pas être en faute.

Par conséquent je la donnerai à un égal et non à un autre. Et l'on dit :

Entre deux personnes dont la richesse est égale, entre deux personnes dont la race est égale, il peut y avoir mariage et amitié, mais pas entre fort et faible [3].

Et ainsi :

Famille, moralité, existence d'un protecteur, savoir, fortune, beauté et âge, après avoir considéré ces sept qualités les sages doivent donner leur fille ; il ne faut pas s'inquiéter du reste.

Si donc cela lui plaît, alors j'appellerai le vénérable soleil et je la lui donnerai. — Quel mal y a-t-il à cela ? dit la femme ; fais-le. Puis l'ascète appela le soleil. Par la puissance de l'invocation au moyen des formules mystiques des Védas [4], le soleil vint à l'instant même et dit : Vénérable, pourquoi m'appelles-tu ? L'ascète répondit : Voici ma fille ; si elle te choisit, épouse-la donc. Après avoir ainsi parlé, il dit à sa fille : Ma fille, ce

---

[1] Voy. page 2, note 1.
[2] C'est, dit Wilson, une fille de douze ans.
[3] Sloka déjà cité dans le livre I, page 88, et dans le livre II, page 147.
[4] Voy. page 1, note 2.

vénérable soleil, qui éclaire les trois mondes, te plaît-il ? — Mon père, répondit la fille, il est trop brûlant; je n'en veux pas. Appelle donc quelque autre être plus éminent que lui. Lorsque l'ascète eut entendu ces paroles de sa fille, il dit au soleil : Vénérable, y a-t-il quelqu'un de supérieur à toi ? Le soleil répondit : Le nuage est supérieur à moi, car, couvert par lui, je deviens invisible. Puis l'ascète appela aussi le nuage, et dit à sa fille : Ma fille, je vais te donner à celui-ci. — Il est noir et froid, répondit-elle. Donne-moi donc à quelque autre être plus grand que lui. Puis l'ascète demanda aussi au nuage : Hé, hé, nuage ! y a-t-il quelqu'un de supérieur à toi ? Le nuage répondit : Le vent est supérieur à moi. Battu par le vent, je m'en vais en mille morceaux. Après que l'ascète eut entendu cela, il appela le vent, et dit : Ma fille, le vent que voici paraît être ce qu'il y a de mieux pour être ton mari. — Mon père, répondit-elle, il est trop variable. Fais donc venir quelqu'un de supérieur à lui. L'ascète dit : Vent, y a-t-il quelqu'un de supérieur à toi ? Le vent répondit : Le mont est supérieur à moi; car, tout fort que je suis, il m'arrête et me retient. Puis l'ascète appela le mont, et dit à sa fille : Ma fille, je vais te donner à celui-ci. — Mon père, répondit-elle, il est dur et roide. Donne-moi donc à un autre. L'ascète demanda au mont : Hé, roi des montagnes ! y a-t-il quelqu'un de supérieur à toi ? Le mont répondit : Les rats sont supérieurs à moi, eux qui par la force déchirent mon corps. Ensuite l'ascète appela un rat, le montra à sa fille, et dit : Ma fille, je vais te donner à celui-ci. Ce roi des rats te plaît-il ? Mais elle, quand elle le vit, pensa : Celui-là est de mon espèce, et, les poils du corps hérissés de joie, elle dit : Mon père, fais-moi souris et donne-moi à lui, afin que je remplisse les devoirs de maison prescrits pour mon espèce. Puis l'ascète, par la puissance de ses austérités, la fit souris et la donna au rat.

Voilà pourquoi je dis :

Après avoir refusé pour époux le soleil, le nuage, le vent, le mont, une souris retourna à son espèce : il est difficile de dépasser son espèce.

Mais, sans tenir aucun compte des paroles de Raktâkcha, ils emmenèrent Sthiradjîvin à leur forteresse pour la perte de leur race, et, pendant qu'on le conduisait, Sthiradjîvin rit en lui-même et pensa :

Celui qui, conseillant le bien de son maître, a dit : Qu'on le tue! celui-là seul entre tous ceux d'ici connaît le véritable objet de la science de la politique.

Ainsi, s'ils avaient fait ce qu'il a dit, il ne leur arriverait pas le moindre mal.

Puis, lorsqu'on fut arrivé à la porte de la forteresse, Arimardana dit : Hé, hé! donnez à ce Sthiradjîvin, qui nous veut du bien, une place comme il la désire. Quand Sthiradjîvin entendit cela, il pensa : Il faut pourtant que je médite un moyen de les faire périr. Ce moyen, je ne puis le trouver si je reste au milieu d'eux, car ils épieront attentivement mes gestes, et cetera. Par conséquent je demeurerai à la porte de la forteresse, et j'accomplirai mon dessein. Après avoir pris cette résolution, il dit au roi des hiboux : Majesté, ce que le roi a dit est bien; mais moi aussi je connais la politique, et je vous suis affectionné. Quoique je vous aime et que je sois honnête, il n'est cependant pas convenable que je demeure au milieu de la forteresse. Ainsi je resterai ici à la porte de la forteresse, et, purifiant mon corps avec la poussière de vos pieds pareils au lotus, je vous rendrai chaque jour mes hommages. Il lui fut répondu oui, et tous les jours les serviteurs du roi des hiboux préparèrent des aliments comme ils voulurent, et, par ordre du roi des hiboux, donnèrent pour nourriture à Sthiradjîvin d'excellente viande. Puis en quelques jours il devint fort comme un paon. Mais lorsque Raktâkcha vit que l'on nourrissait Sthiradjîvin, il fut surpris et dit aux ministres et au roi : Ah! les ministres sont fous, et vous aussi : c'est ma conviction. Et l'on dit :

D'abord moi seulement j'ai été fou, en second lieu l'oiseleur, puis le roi et le ministre : vraiment, tout un tas de fous.

Comment cela? dirent ceux-ci. Raktâkcha raconta :

XIV. — LE ROI ET L'OISEAU.

Il y avait dans un endroit d'une montagne un grand arbre, et là demeurait un oiseau nommé Simbhouka. Dans la fiente de cet oiseau naissait de l'or. Un jour un chasseur vint vers l'oiseau, et celui-ci fienta devant lui. Or quand il vit la fiente devenir de l'or au moment même où elle tombait, le chasseur fut étonné : Ah! depuis mon enfance il y a quatre-vingts ans que je fais métier de prendre des oiseaux, et jamais je n'ai vu de l'or dans la fiente d'oiseau. Après avoir ainsi pensé, il tendit là un filet, à l'arbre. Puis ce sot oiseau se percha là comme auparavant, le cœur confiant; et fut à l'instant même pris dans le filet. Le chasseur le retira du filet, le mit dans une cage et le porta à sa maison. Ensuite il pensa : Que ferai-je de cet oiseau dangereux? Si jamais quelqu'un sait qu'il est de cette espèce et en instruit le roi, alors assurément je courrai risque de la vie. Par conséquent j'offrirai moi-même l'oiseau au roi. Après qu'il eut fait ces réflexions, il agit ainsi. Le roi, quand il vit cet oiseau, ouvrit de grands yeux dans son visage pareil à un lotus: il éprouva la plus grande satisfaction, et dit : Holà, gardes! gardez cet oiseau avec soin, et donnez-lui à manger, à boire et le reste tant qu'il voudra. Mais un ministre dit : Pourquoi accepter cet oiseau uniquement par confiance en la parole d'un chasseur qu'il ne faut pas croire? Est-ce que jamais il naît de l'or dans la fiente d'oiseau? Qu'on délivre donc cet oiseau des liens de la cage. D'après le conseil du ministre, le roi fit lâcher l'oiseau. Celui-ci se percha sur l'arceau de la grande porte, fit une fiente d'or, et, après avoir récité le sloka : *D'abord moi seulement j'ai été fou,* il s'en alla heureusement par le chemin de l'air.

Voilà pourquoi je dis :

D'abord moi seulement j'ai été fou, en second lieu l'oiseleur, puis le roi et le ministre : vraiment, tout un tas de fous.

Mais ceux-ci, cette fois encore, par l'effet du destin contraire, ne tinrent pas compte des paroles de Raktâkcha, toutes bonnes qu'elles étaient, et continuèrent de nourrir Sthiradjîvin avec divers aliments, de la viande en abondance et autres choses. Puis Raktâkcha appela sa troupe et lui dit en secret : Ah! jusqu'ici notre souverain a possédé le bonheur et une forteresse. J'ai conseillé comme parle un ministre venu par héritage de famille. Réfugions-nous donc maintenant dans une autre forteresse de montagne. Car on dit :

Celui qui agit avec circonspection est heureux; celui-là éprouve du chagrin, qui n'agit pas avec circonspection. J'ai vieilli ici dans la forêt, jamais je n'ai entendu parler une caverne.

Comment cela? dirent-ils. Raktâkcha raconta :

XV. — LE LION ET LE CHACAL.

Dans un endroit d'une forêt habitait un lion nommé Kharanakhara[1]. Ce lion un jour, courant çà et là, le gosier amaigri par la faim, ne rencontra aucun animal. Puis, à l'heure du

[1] *Qui a des griffes aiguës.*

coucher du soleil, il arriva à une grande caverne de montagne, y entra, et pensa : Assurément quelque animal doit venir la nuit dans cette caverne; je vais donc m'y cacher. Cependant arriva le possesseur de cette caverne, un chacal nommé Dadhi-poutchtchha[1]. Comme il regardait, il aperçut une ligne de traces de pas de lion qui entrait dans la caverne et qui n'en sortait pas. Alors il pensa : Ah! je suis perdu! Il doit sûrement y avoir un lion dans cette caverne. Que vais-je donc faire? Comment m'en assurerai-je? Après avoir ainsi réfléchi, il se tint à l'entrée et se mit à crier : Holà, caverne! holà, caverne! Lorsqu'il eut dit ces mots, il se tut, et reprit de même : Hé! ne te souviens-tu pas que j'ai fait avec toi la convention que, quand je viens de dehors, je dois te parler, et que tu dois m'appeler? Si donc tu ne m'appelles pas, j'irai alors dans une seconde caverne, qui après m'appellera. Lorsque le lion entendit cela, il pensa : Sûrement cette caverne l'appelle toujours quand il vient; mais aujourd'hui elle ne dit rien, par peur de moi. Et certes on dit ceci avec raison :

Ceux qui sont saisis de frayeur ne peuvent faire agir ni mains ni pieds, et cetera; ils restent sans parole et ils éprouvent un tremblement excessif.

Je vais donc l'appeler, afin que par suite de cet appel il entre, et devienne ma pâture. Après avoir ainsi réfléchi, le lion appela le chacal. Puis, par l'effet du cri du lion, la caverne, remplie d'écho, épouvanta aussi les autres animaux de la forêt qui étaient au loin. Le chacal s'enfuit, et récita ce sloka[2] :

Celui qui agit avec circonspection est heureux; celui-là éprouve du chagrin, qui n'agit pas avec circonspection. J'ai vieilli ici dans la forêt, jamais je n'ai entendu parler une caverne.

[1] *Qui a la queue blanche comme le lait caillé.*
[2] Voy. page 7, note 1.

Par conséquent, vous devez penser de même et partir avec moi.

Après avoir ainsi parlé, Raktâkcha, accompagné des serviteurs qui composaient sa suite, alla dans un autre pays éloigné.

Or quand Raktâkcha s'en fut allé, Sthiradjîvin eut le cœur très-joyeux et pensa : Ah ! cela arrive heureusement pour nous que Raktâkcha soit parti, car il a la vue longue et ceux-ci sont des sots. Aussi sont-ils devenus pour moi faciles à tuer. Car on dit :

Quand un souverain n'a pas des ministres à longue vue, venus par héritage, sa perte arrive assurément en peu de temps.

Et certes on dit ceci avec raison :

Les sages considèrent comme des ennemis sous l'apparence de ministres ceux qui abandonnent la bonne politique et s'appliquent à agir dans le sens contraire [1].

Après avoir ainsi réfléchi, il jeta tous les jours un petit morceau de bois de la forêt dans son nid, pour incendier la caverne; et les sots hiboux ne s'aperçurent pas qu'il agrandissait son nid pour les brûler. Et certes on dit ceci avec raison :

Il tient un ennemi pour son ami, il hait un ami et lui nuit, il regarde le bien comme mal, le vice comme vertu, l'homme frappé par le destin.

Puis quand, sous prétexte de faire un nid, Sthiradjîvin eut amassé un tas de bois à la porte de la forteresse, que le soleil fut levé et que les hiboux ne virent plus, il alla vite vers Méghavarna, et lui dit : Maître, la caverne de l'ennemi est rendue facile à incendier. Venez donc avec votre suite; prenez chacun un petit morceau de bois de la forêt allumé, et jetez-le à l'en-

---

[1] Comparez, plus haut, page 249.

trée de la caverne, dans mon nid, afin que tous les ennemis meurent dans des souffrances pareilles à celles de l'enfer Koumbhîpâka[1]. Lorsque Méghavarna entendit cela, il fut joyeux et dit : Père, raconte ton histoire. Il y a aujourd'hui longtemps que je ne t'ai vu. — Mon enfant, répondit Sthiradjîvin, ce n'est pas le moment de parler, car si jamais quelque espion apprend à l'ennemi que je suis venu ici, le hibou, dès qu'il le saura, s'en ira ailleurs. Hâtez-vous donc. Et l'on dit :

Quand un homme temporise dans les affaires qui doivent être faites avec promptitude, les dieux, par colère contre lui, mettent obstacle à ce qu'il a à faire, assurément.

Et ainsi :

Car si une affaire quelconque, et particulièrement celle qui est fructueuse, n'est pas faite promptement, le temps en hume le fruit.

Par conséquent, lorsque je serai revenu à la maison et que vous aurez tué l'ennemi, je vous raconterai tout en détail avec tranquillité.

Après avoir entendu ces paroles, Méghavarna et ses serviteurs prirent chacun avec le bout du bec un petit morceau de bois de la forêt allumé, et, quand ils furent arrivés à l'entrée de la caverne, ils le jetèrent dans le nid de Sthiradjîvin. Puis tous les hiboux, se souvenant des paroles de Raktâkcha et ne pouvant sortir, vu que la porte était fermée, furent rôtis au milieu de la caverne comme dans le Koumbhîpâka, et moururent. Lorsque Méghavarna eut ainsi détruit ses ennemis jusqu'au dernier, il retourna à la forteresse du figuier. Ensuite il s'assit sur son trône, et, au milieu de sa cour, le cœur joyeux, il de-

---

[1] Ce mot signifie : *où l'on cuit dans des pots*. C'est le nom d'un des enfers.

manda à Sthiradjîvin : Père, comment as-tu passé tant de temps au milieu des ennemis? Je suis curieux de savoir cela; raconte-le. Car

Mieux vaut, pour ceux qui sont vertueux, tomber dans un feu ardent que de demeurer dans la société des ennemis seulement une heure.

Quand Sthiradjîvin entendit cela, il dit : Mon cher, lorsqu'il désire un avantage futur, un serviteur ne connaît pas de peine. Car on dit :

Tout chemin qui, à travers des dangers imminents, mène à un avantage, doit être suivi avec adresse, qu'il soit grand ou petit : Ardjouna[1] attacha comme une femme des bracelets bien travaillés autour de ses mains, pareilles à des trompes d'éléphant, marquées de coups de corde d'arc et habiles en fait d'exploits.

Celui même qui est fort, ô roi! s'il est sage, doit toujours, dans l'attente d'un autre temps, habiter même chez des gens méprisables et méchants qui parlent avec dureté : la main embarrassée d'une cuiller, noirci de fumée et accablé de fatigue, le très-puissant Bhîma[2] n'a-t-il pas demeuré dans le pays des Matsyas[3] comme cuisinier?

Quoi qu'il arrive de fâcheux, de bien ou de mal, le sage doit attendre le moment favorable et exécuter l'œuvre qu'il a conçue dans son esprit : Ardjouna, qui avait les mains durcies par les secousses lourdes et fortes que lui donnait le tremblement de Gândîva[4], n'a-t-il pas folâtré dans des danses lascives, paré d'une ceinture?

Quand il désire atteindre un but, l'homme sage doit contenir son ardeur et, quoique énergique par nature, supporter avec courage et avec

---

[1] Le troisième des princes Pândavas, fils de Kountî et de Pandou, selon les uns, d'Indra, suivant les autres. Obligé de se déguiser à la cour du roi Virâta, il avait pris le costume de danseuse.

[2] Voir, sur ce personnage, page 201, note 2. Lorsqu'il fut obligé de se cacher à la cour du roi Virâta, il y prit le rôle de cuisinier.

[3] Pays qui correspond aux districts actuels de Dinadjpour et de Rangpour, dans le Bengale.

[4] Nom de l'arc d'Ardjouna. Voir, sur le trait auquel il est fait allusion ici, la note 1, ci-dessus.

force les arrêts du destin : bien que possédant des frères pareils au roi des dieux[1], au maître des richesses[2] et à Yama[3], l'illustre fils de Dharma[4] n'a-t-il pas, affligé très-longtemps, porté les trois bâtons de religieux mendiant?

Beaux et bien nés, les deux puissants fils de Kountî[5] entrèrent au service de Virâta[6] et firent le métier de vachers.

Celle qui ici-bas, par sa figure incomparable, par les qualités de la jeunesse, par sa naissance dans une très-noble famille, par sa beauté, était comme Srî[7], celle-là même tomba dans une malheureuse situation par la suite du temps : commandée avec fierté et d'une manière injurieuse par des jeunes femmes qui l'appelaient servante, Draupadî[8] n'a-t-elle pas pilé le sandal dans la maison du roi des Matsyas?

Père, dit Méghavarna, demeurer avec un ennemi est une chose que je regarde comme pareille à la pénitence du tranchant d'épée[9]. — Majesté, répondit Sthiradjîvin, cela est vrai; mais je n'ai vu nulle part une telle réunion de sots, et, excepté Raktâkcha, qui est très-sage et qui possède une intelligence incomparable de beaucoup d'écrits, il n'y en avait pas un de sensé : car celui-là a reconnu la disposition de mon cœur, tandis que les autres ministres étaient de grands imbéciles, qui ne

---

[1] Indra. Voy. page 1, note 2.
[2] Kouvéra. Voy. page 1, note 2.
[3] Voy. page 1, note 2.
[4] Youdhichthira. (Voy. page 141, note 3.) Ce prince, après un long règne, se retira dans la solitude pour s'y livrer à la pénitence.
[5] Femme de Pandou et mère des trois premiers princes Pândavas. C'est sans doute à Youdhichthira et à Bhîma qu'il est fait allusion ici.
[6] Roi des Matsyas.
[7] Voy. page 1, note 2.
[8] Fille de Droupada, roi de Pantchâla. Suivant les poëtes, elle fut l'épouse des cinq princes Pândavas. C'est sans doute à cause de l'amitié qui existait entre les cinq frères, que Draupadî a été regardée comme unie à tous par les liens du mariage. Elle partagea leur exil et leurs infortunes, et, lorsqu'ils se retirèrent du monde, elle les accompagna dans la retraite et la solitude.
[9] L'obligation que l'on s'impose de se tenir sur le tranchant d'une épée.

vivaient que du nom de ministres et étaient incapables de discerner la vérité, puisqu'ils n'ont pas même vu cela. Car

Un mauvais serviteur qui vient de l'ennemi ne pense qu'à se joindre à lui ; comme il s'est écarté de la voie du bien, il est toujours peureux et méchant.

Dans la position d'être assis, dans le sommeil, dans la marche, dans les choses du boire et du manger, les ennemis frappent les ennemis qui n'ont aucun souci des dangers prévus ou imprévus.

A cause de cela le sage doit se garder attentivement et avec le plus grand soin comme la demeure des trois objets de la vie [1] ; en effet, par l'insouciance il périt.

Et l'on dit ceci avec raison :

Quel est celui que n'affligent pas les maladies s'il se nourrit d'aliments malsains ? Qui ne commet pas de fautes en politique quand il a de mauvais ministres ? Quel est celui que la fortune n'enorgueillit pas ? Quel est celui que ne frappe pas la mort ? Quel est celui à qui les plaisirs des sens, quand il s'y adonne, ne causent point de tourment ?

L'homme cupide perd la réputation ; le méchant, l'amitié ; celui dont les œuvres sont détruites, sa caste ; celui qui est avide de richesses, la vertu ; l'homme vicieux, le fruit de la science ; le malheureux, la joie ; le prince qui a un ministre insouciant, son royaume.

Aussi, ô roi ! ce que vous avez dit, que j'ai accompli la pénitence du tranchant d'épée en demeurant avec les ennemis, je m'en suis aperçu par mes yeux. Et l'on dit :

Mettant le mépris avant tout et laissant la considération derrière, que le sage fasse réussir ce qu'il désire ; car échouer dans ce que l'on désire, c'est sottise.

Que le sage porte son ennemi même sur l'épaule, quand le temps est venu : un grand serpent noir [2] tua beaucoup de grenouilles.

---

[1] C'est-à-dire : le devoir, l'intérêt et le plaisir.
[2] Voy. page 65, note.

Comment cela? dit Méghavarna. Sthiradjîvin raconta :

XVI. — LE SERPENT ET LES GRENOUILLES.

Il y avait dans un endroit proche du mont Varouna un serpent noir d'un âge mûr, nommé Mandavicha[1]. Il pensa ainsi dans son cœur : Comment me procurerai-je ma subsistance par un moyen facile? Puis il alla à un étang où il y avait beaucoup de grenouilles, et fit semblant d'être calme et satisfait. Or, pendant qu'il se tenait là ainsi, une grenouille venue au bord de l'eau lui demanda : Mon oncle, pourquoi ne te promènes-tu pas aujourd'hui comme autrefois pour chercher de la nourriture? — Ma chère, répondit-il, comment pourrais-je désirer de la nourriture, malheureux que je suis? Car cette nuit dans la soirée, en me promenant pour chercher de la nourriture, je vis une grenouille. Je m'avançai pour la prendre. Lorsqu'elle m'aperçut, elle se sauva, par crainte de la mort, au milieu de brâhmanes appliqués à l'étude des Védas[2], et je ne remarquai pas où elle était allée. Trompé par quelque chose qui lui ressemblait, je mordis au pouce le fils d'un brâhmane, nommé Dradhika[3], qui était près de l'eau, au bord de l'étang. Puis il mourut à l'instant, et son père, saisi de douleur, me maudit : Méchant, puisque tu as mordu mon fils sans qu'il t'eût fait aucun mal, à cause de ce crime tu serviras de monture aux grenouilles, et tu vivras de la nourriture que tu recevras de leur bonté. Ensuite je suis venu pour vous porter.

La grenouille apprit cela à toutes les grenouilles ; puis celles-ci, joyeuses, allèrent toutes en instruire le roi des gre-

---

[1] *Qui a peu de venin.*
[2] *Voy. page 1, note 2.*
[3] *Constant.*

nouilles, nommé Djâlapâda [1]. Cela est très-étonnant, pensa celui-ci, et, entouré de ses ministres, il sortit précipitamment de l'étang, et monta sur le chaperon de Mandavicha. Les autres grenouilles, suivant l'ordre de prééminence, montèrent sur le dos du serpent. Bref, celles qui ne trouvèrent pas de place sur lui coururent à sa suite. Mandavicha, pour sa propre satisfaction, montra plusieurs sortes de manières de marcher, et Djâlapâda, qui éprouvait du plaisir au contact de son corps, lui dit :

> Ni par un éléphant, ni par un cheval, ni sur un char, ni par des hommes, je ne serais porté aussi bien que par Mandavicha.

Mais un jour Mandavicha, par fourberie, marcha très-lentement, et quand Djâlapâda vit cela, il dit : Mon cher Mandavicha, pourquoi n'est-on pas aussi bien porté aujourd'hui qu'autrefois ? — Majesté, répondit Mandavicha, aujourd'hui, par manque de nourriture, je n'ai pas la force de porter. Alors Djâlapâda dit : Mon cher, mange de petites grenouilles. Lorsque Mandavicha entendit cela, il éprouva de la joie dans tout le corps, et s'empressa de dire : C'est précisément la malédiction du brâhmane contre moi. Aussi je suis content de cette permission que vous me donnez. Puis, mangeant continuellement des grenouilles, il devint fort en quelques jours, et, joyeux, il rit intérieurement et dit ceci :

> Ces grenouilles de diverses espèces déjà attrapées par la ruse, combien de temps pourrai-je en manger sans qu'elles soient détruites ?

Djâlapâda, dont Mandavicha avait séduit le cœur par ses paroles feintes, ne s'aperçut de rien. Cependant un autre grand serpent noir vint en ce lieu, et quand il vit Mandavicha monté par les grenouilles, il tomba dans l'étonnement, et dit : Mon

---

[1] *Qui a les pattes garnies d'une membrane.*

ami, tu te fais monter par ces grenouilles qui sont notre nourriture; c'est absurde. Mandavicha répondit :

Je sais bien tout cela, que je suis bête de somme pour les grenouilles : j'attends un moment favorable, comme le brâhmane qui devait devenir aveugle au moyen de gâteaux au beurre.

Comment cela? dit le serpent. Mandavicha raconta :

XVII. — LE BRÂHMANE ET SA FEMME.

Il y avait dans une ville un brâhmane nommé Yadjnadatta[1]. Sa femme était libertine et attachée à un autre; elle faisait continuellement pour son galant des gâteaux au sucre et au beurre, et les lui donnait en cachette de son mari. Mais un jour le mari la vit et lui dit : Ma chère, que fais-tu cuire là, et où portes-tu cela continuellement? Dis la vérité. Cette femme, prenant un air d'assurance, répondit à son mari par un mensonge : Il y a, pas bien loin d'ici, un temple de la vénérable Dévî[2]. Là je porte, après avoir jeûné, des offrandes et des aliments choisis et excellents. Puis elle prit tout cela sous les yeux de son mari et s'en alla vers le temple de Dévî. Car, pensa-t-elle, si j'offre cela à Dévî, mon mari croira que sa brâhmanî porte toujours des aliments choisis pour la vénérable déesse. Pendant que, après être allée au temple de Dévî et être descendue à la rivière pour se baigner, elle accomplissait l'œuvre du bain, son mari, venu par un autre chemin, se mit derrière Dévî, de manière à n'être pas vu. La femme du brâhmane, après s'être baignée, vint dans le temple de Dévî et accomplit les céré-

---

[1] Donné par le sacrifice.
[2] Nom donné le plus communément à la déesse Dourgâ, épouse de Siva. On la connaît encore sous les noms de Satî et d'Oumâ. Comme fille d'Himâla ou Himâlaya, elle est appelée Pârvatî, c'est-à-dire fille de la montagne. On l'adore aussi sous les noms de Kâlî et de Tchandî.

monies de l'ablution, de l'onction, des fleurs, de l'encens, des offrandes, et cetera : puis elle se prosterna devant Dévî, et dit : Vénérable, de quelle manière mon mari deviendra-t-il aveugle ? Quand il entendit cela, le brâhmane, qui était derrière Dévî, dit en déguisant sa voix : Si tu donnes continuellement des gâteaux au beurre et autres friandises à ce mari, alors il deviendra promptement aveugle. La libertine, trompée par ces paroles feintes, donna toujours au brâhmane cela même. Or un jour le brâhmane dit : Ma chère, je ne vois pas très-bien. Lorsqu'elle entendit cela, elle pensa : C'est la faveur de Dévî que j'obtiens. Puis le galant cher à son cœur vint chaque jour sans crainte auprès d'elle, en se disant : Que pourra me faire ce brâhmane devenu aveugle ? Mais un jour que le brâhmane le vit entrer et s'approcher de lui, il le saisit par les cheveux et le frappa à coups de bâton, à coups de pied, et cetera, jusqu'à ce qu'il mourût ; et il coupa le nez à cette méchante femme et la chassa.

Voilà pourquoi je dis :

> Je sais bien tout cela, que je suis bête de somme pour les grenouilles : j'attends un moment favorable, comme le brâhmane qui devait devenir aveugle au moyen de gâteaux au beurre.

Puis Mandavicha, riant en lui-même, continua : Les grenouilles ont diverses saveurs. Djâlapâda, quand il entendit cela, fut très-inquiet de savoir ce qu'il avait dit, et lui demanda : Mon cher, qu'as-tu dit ? C'est une mauvaise parole. Mais Mandavicha, pour dissimuler, répondit : Rien. De cette façon, Djâlapâda, trompé par les paroles mensongères du serpent, ne comprit pas sa mauvaise intention. Bref, les grenouilles furent toutes mangées par le serpent, de telle sorte qu'il n'en resta pas même seulement une semence.

Voilà pourquoi je dis :

Que le sage porte son ennemi même sur l'épaule, quand le temps est venu : un grand serpent noir tua beaucoup de grenouilles.

Or, ô roi ! de même que Mandavicha tua les grenouilles par la force de l'intelligence, de même moi aussi j'ai fait périr tous les ennemis. Et l'on dit ceci avec raison :

Le feu allumé dans une forêt, tout en brûlant, épargne les racines; l'inondation douce et froide arrache avec les racines.

Père, dit Méghavarna, cela est bien vrai; ceux qui ont l'âme élevée, ces êtres doués d'une grande force, lors même qu'ils tombent dans le malheur, n'abandonnent pas ce qu'ils ont entrepris. Car on dit :

Ce qui fait la grandeur de ceux qui sont grands, qui possèdent l'ornement de la science politique, c'est qu'ils n'abandonnent pas ce qu'ils ont entrepris, même au lever pénible de l'infortune.

Et ainsi :

Les hommes inférieurs n'entreprennent assurément pas, par crainte des obstacles; après avoir entrepris, les hommes médiocres cessent quand ils sont arrêtés par les obstacles; lors même qu'ils sont heurtés par des obstacles multipliés par milliers, les hommes d'un très-haut mérite n'abandonnent pas ce qu'ils ont entrepris.

Ainsi tu as délivré mon royaume de tout embarras, en exterminant les ennemis jusqu'au dernier. Et certes cela convient à ceux qui connaissent la politique. Car on dit :

Le sage qui ne laisse ni un reste de dette, ni un reste de feu, ni un reste d'ennemi, ni un reste de maladie, ne tombe pas dans l'affliction.

Majesté, dit Sthiradjîvin, vous êtes heureux, car tout ce que vous avez entrepris réussit. En cela la bravoure seule mène une affaire à bonne fin; mais ce qui est fait par la sagesse, voilà ce qui donne la victoire. Et l'on dit :

Des ennemis tués par les armes ne sont pas tués, mais des ennemis tués par la sagesse sont bien tués : l'arme ne tue que le corps de l'homme; la sagesse tue famille, fortune et réputation.

Ainsi, vraiment, celui qui a de la sagesse et du courage réussit sans peine dans ses entreprises.

L'intelligence va devant au début de l'entreprise; le désir prend de la force; la délibération, apportant d'elle-même les résolutions, ne tombe pas dans le trouble; la réflexion brille accompagnée de fruit; le cœur s'élève et le plaisir a lieu chez l'homme qui va se livrer à une action louable.

Et ainsi la souveraineté est dans l'homme qui possède talent politique, libéralité et bravoure. Et l'on dit :

L'homme qui aime la société de celui qui est libéral, brave et sage, devient vertueux; à l'homme vertueux la richesse, et par suite de la richesse le bonheur; à l'homme heureux le commandement, et en conséquence la souveraineté.

Assurément, dit Méghavarna, les préceptes de la politique portent à l'instant leur fruit, car en les suivant et en allant auprès d'Arimardana, tu l'as exterminé avec toute sa suite.

Sthiradjîvin dit :

Une chose même dont on doit se rendre maître par des moyens tranchants, il est néanmoins très-bon de s'en faire d'abord une protection : le roi des arbres, à la cime élevée, le plus beau des forêts, fier et vénérable, est coupé.

Et certes, ô maître ! à quoi sert-il de dire une parole qui n'est pas immédiatement suivie de l'action ou qui est difficile à exécuter? Et l'on dit ceci avec raison :

Les paroles de ceux qui sont irrésolus, qui craignent de faire un effort,

LIVRE TROISIÈME.

et montrent cent fautes à chaque pas, sont contredites par leurs résultats et deviennent dans le monde un objet de risée.

Et même dans les entreprises faciles, les sages ne doivent pas montrer de l'insouciance. Car

Je pourrai le faire, c'est peu de chose, et cela peut être achevé sans effort : quelle attention faut-il ici ? Négligeant ainsi ce qu'ils ont à faire, quelques hommes d'un esprit insouciant tombent dans l'affliction de la douleur, où l'on arrive aisément par un enchaînement d'infortunes.

Ainsi maintenant mon maître, vainqueur de ses ennemis, trouvera le sommeil comme autrefois. Et l'on dit ceci :

Dans une maison où il n'y a pas de serpents ou dans laquelle les serpents ont été pris, on dort aisément ; mais là où l'on voit toujours des serpents, on trouve le sommeil avec peine.

Et ainsi :

Tant que ceux qui s'efforcent avec orgueil, fierté et courage, ne sont pas arrivés à la fin des grandes entreprises dont vient à bout une longue persévérance, qui sont l'objet des bénédictions des amis, qui montrent l'élévation de la sagesse politique, et de l'audace et atteignent le but des désirs, comment la tranquillité trouverait-elle une place dans leur cœur impatient ?

Aussi, comme j'ai achevé mon entreprise, mon cœur se repose pour ainsi dire. Maintenant donc jouissez longtemps de cette souveraineté, délivrée de tout embarras, apportez vos soins à la protection de vos sujets, et que l'éclat de votre parasol et de votre trône soit immuable dans la succession de vos fils, petits-fils et autres descendants. Et aussi :

Un roi qui ne se concilie pas l'affection de ses sujets par la protection et autres qualités est comme les faux mamelons au cou de la chèvre[1] : sa souveraineté est inutile.

---

[1] Il y a dans le Bengale une espèce de chèvres qui ont, sous le cou, de petites excroissances de chair pareilles à des mamelles.

Un roi qui a de l'amour pour les vertus, du mépris pour les vices, et qui aime les bons serviteurs, jouit longtemps du bonheur des souverains, bonheur accompagné du chasse-mouche qui s'agite, de la robe, du parasol blanc et des parures.

Et il ne faut pas vous laisser abuser par l'ivresse du bonheur, en pensant : Je possède la souveraineté; car la puissance des rois n'est pas stable. Le bonheur de la royauté est une chose à laquelle il est aussi malaisé de s'élever que de monter à un bambou; il est sujet à tomber en un instant; difficile à conserver, quoique tenu avec cent efforts; trompeur à la fin, bien que loué et vénéré; fugitif et capricieux, comme la race des singes; attaché faiblement, comme l'eau sur une feuille de lotus; très-variable, comme le cours du vent; aussi peu sûr que la liaison avec le méchant, intraitable comme le serpent; il ne conserve sa couleur qu'une heure, comme la ligne des nuages du crépuscule; il est, par sa nature, fragile comme une file de bulles d'eau, ingrat comme le naturel du boa constrictor; il se montre et disparaît en un instant, comme un monceau de richesses acquis en songe. Et en outre :

Le jour même où l'on est sacré roi, l'esprit doit être préparé aux infortunes, car les vases, au moment du sacre des rois, versent le malheur avec l'eau.

Et il n'y a certainement personne que les malheurs ne puissent atteindre. Et l'on dit :

En considérant la course vagabonde de Râma [1], la répression de Bali [2], la forêt des fils de Pandou [3], la destruction des Vrichnis [4], la déchéance du

---

[1] Allusion à l'exil de Râma. Voir, sur ce personnage, page 126, note 2.
[2] Daitya et roi dépossédé de ses États par Vichnou et relégué aux enfers.
[3] Youdhichthira et ses quatre frères. Dépouillés de leurs biens et exilés, ils furent obligés d'errer dans la forêt.
[4] Famille qui fut détruite par des dissensions intestines.

roi Nala[1], le service d'Ardjouna[2] comme danseuse, la chute du souverain de Lankà[3], l'homme ici-bas supporte tout de la volonté du destin : quel est celui qui préserve l'autre?

Où est allé Dasaratha[4], qui dans le ciel était ami du grand Indra[5]? Où est aussi le roi Sagara[6], qui arrêta le flot de l'Océan? Où est le fils de Véna[7], né de la paume de la main? Où est Manou, fils du Soleil[8]? Le puissant dieu de la mort ne les a-t-il pas enchaînés et ne leur a-t-il pas fermé les yeux?

Où est allé Màndhàtri[9], le vainqueur des trois mondes? Où est le roi Satyavrata[10]? Où est allé Nahoucha[11], le roi des dieux? Où est Késava, qui possédait la sainte Écriture? On croit qu'avec leurs chars, avec leurs excellents éléphants, ils sont assis sur le trône de Sakra[12]; mais, imités par le magnanime dieu de la mort, ils ont été chassés par lui.

Et aussi :

Ce roi, ces ministres, ces femmes, ces bosquets, tout cela, vu par le dieu de la mort, a péri.

Après avoir ainsi obtenu le bonheur de la souveraineté, qui branle comme l'oreille d'un éléphant en rut, goûtez-le, en ne vous attachant qu'au bien.

---

[1] Roi célèbre par ses infortunes et héros de plusieurs poëmes.
[2] Voy. page 260, note 1.
[3] Ràvana. Voy. plus loin, page 332, note 1.
[4] Roi d'Ayodhyà et père de Ràma.
[5] Voy. page 1, note 2.
[6] Souverain d'Ayodhyà, qui donna son nom à la mer, *Sàgara*.
[7] Véna, l'un des plus anciens rois de l'Inde, père de Prithou.
[8] Ou Vaivaswata, fils du Soleil et père de la dynastie solaire.
[9] Roi de la dynastie solaire d'Ayodhyà.
[10] Prince de la dynastie solaire d'Ayodhyà, que le mouni Viswàmitra fit monter au ciel malgré les dieux.
[11] Prince de la dynastie lunaire. Devenu roi des dieux, il perdit sa souveraineté par suite de son orgueil.
[12] Voy. page 5, note.

LIVRE QUATRIÈME.

LA PERTE DU BIEN ACQUIS.

Ici commence le quatrième livre, intitulé la Perte du bien acquis; en voici le premier sloka [1] :

Le sot qui a la folie de se laisser enlever, au moyen de douces paroles, un bien qu'il possède, est dupé comme le crocodile par le singe.

On raconte ce qui suit :

1. — LE SINGE ET LE CROCODILE.

Dans un endroit proche de la mer était un grand arbre djamboû [2], qui avait toujours des fruits; et là demeurait un singe nommé Raktamoukha [3]. Un jour, un crocodile nommé Vikarâlamoukha [4] sortit de l'eau de la mer, et se mit sous cet arbre, au bord du rivage garni de sable très-mou. Puis Raktamoukha lui dit : Hé! tu es un hôte qui vient; mange donc les fruits de djamboû pareils à l'ambroisie, que je te donne. Et l'on dit :

Cher ou odieux, ignorant ou instruit, l'hôte qui vient à la fin du sacrifice à tous les dieux [5] est un chemin qui mène au ciel.

---

[1] Voy. page 7, note 1.
[2] Arbre fruitier, pommier rose, *Eugenia jambolana.*
[3] *Qui a la gueule rouge.*
[4] *Qui a une gueule effrayante.*
[5] Sacrifice dont l'accomplissement tient lieu de tous les devoirs religieux que l'on doit remplir chaque jour. On le célèbre dans la matinée ou même le soir. Il con-

Qu'on ne questionne pas un hôte sur sa race, sa caste, son savoir ni sur sa famille, à la fin du sacrifice à tous les dieux et dans le sacrifice funèbre, a dit Manou[1].

Celui qui honore l'hôte fatigué d'une longue route qui vient à la fin du sacrifice à tous les dieux, arrive à la félicité éternelle.

Les dieux avec les mânes s'éloignent, en détournant la face, de celui de la maison duquel un hôte non honoré s'en va en soupirant.

Après avoir ainsi parlé, le singe lui donna des fruits de djamboû. Le crocodile, lorsqu'il les eut mangés et qu'il eut joui longtemps du plaisir de la conversation avec lui, retourna à sa demeure. Le singe et le crocodile, retirés à l'ombre du djamboû et passant le temps en toutes sortes de beaux entretiens, vécurent ainsi toujours heureux; et le crocodile, quand il allait à sa maison, donnait à sa femme les fruits de djamboû qui restaient de son repas. Mais un jour celle-ci lui demanda : Maître, où trouves-tu toujours des fruits de cette espèce, pareils à l'ambroisie? — Ma chère, répondit-il, j'ai un ami chéri, un singe nommé Raktamoukha; il me donne ces fruits par affection. Alors elle dit : Celui qui mange toujours de tels fruits pareils à l'ambroisie doit avoir un cœur d'ambroisie. Si donc tu veux me conserver pour femme, donne-moi son cœur, afin que je le mange et que, exempte de vieillesse et de mort, je goûte les plaisirs avec toi. — Ma chère, dit le crocodile, ne parle pas ainsi, car il est devenu notre frère. En outre il donne des fruits, et à cause de cela on ne peut pas le tuer. Renonce donc à ce dessein perfide. Et l'on dit :

En premier lieu une mère enfante, en second lieu la parole en-

---

siste en offrandes faites aux dieux, aux mânes et aux esprits, avec la nourriture préparée pour le repas du jour, et dans le don d'une portion de cette nourriture aux hôtes.

[1] Voy. page 2, note 1.

fante ¹; le frère né de la parole est, dit-on, au-dessus du frère utérin même.

Puis la femelle du crocodile dit : Jamais tu n'as fait autrement que je n'ai dit; aussi ce doit sûrement être une guenon, car par attachement pour elle tu passes là tout le jour. Ainsi je te connais bien. Car on dit :

Tu ne me donnes pas une parole qui réjouisse, ni ce que je désire quand je te le demande; le plus souvent tu respires précipitamment, comme la flamme du feu, pendant les nuits; tu prends et serres mon cou dans tes bras avec mollesse, car tu me baises avec indifférence. Ainsi, méchant, une autre que moi est dans ton cœur et est ta bien-aimée.

Le crocodile prit les pieds de sa femme et dit avec tristesse :

Quand je suis tombé à tes pieds et réduit à l'état de serviteur, femme chère à ma vie, toi qui es fâchée, te mettras-tu en colère sans motif ?

Lorsque celle-ci eut entendu ces paroles, elle lui dit avec un visage inondé de larmes :

Méchant, ta maîtresse, charmante par l'expression de sentiments simulés, est dans ton cœur avec cent désirs : pour moi il n'y reste aucune place; cesse donc de faire semblant de tomber à mes pieds.

D'ailleurs, si elle n'est pas ta maîtresse, pourquoi ne la tues-tu pas, bien que je te le dise? Mais si c'est un singe, quel attachement existe-t-il donc entre toi et lui? Bref, si je ne mange pas son cœur, alors je jeûnerai en ton intention jusqu'à ce que mort s'ensuive, et je renoncerai à la vie.

Quand le crocodile connut cette résolution de sa femelle, il eut le cœur troublé de pensées, et dit : Ah! on dit ceci avec raison :

L'enduit dur, le fou, les femmes et l'écrevisse ont la même ténacité, ainsi que les poissons, l'indigo et l'ivrogne ².

---

¹ C'est-à-dire : est l'origine des liens de parenté.
² Sloka déjà cité dans le livre I, page 83.

Que dois-je donc faire? Comment pourrai-je le tuer? Après avoir ainsi réfléchi, il alla auprès du singe. Le singe, le voyant arriver tard et avec un air inquiet, dit : Hé, ami! pourquoi aujourd'hui viens-tu si tard? Pourquoi ne me parles-tu pas avec gaieté et ne récites-tu pas des choses bien dites? — Ami, répondit-il, aujourd'hui ta belle-sœur m'a dit des paroles très-dures : Ô ingrat! ne me montre pas ta face! car tous les jours tu vis chez ton ami, et en retour tu ne lui montres pas même la porte de ta maison. Aussi il n'y a pas pour toi de pénitence. Et l'on dit :

Pour le meurtrier d'un brâhmane, pour celui qui boit des liqueurs spiritueuses, pour le voleur, pour celui qui a rompu un vœu, pour le fripon, les sages ont prescrit une expiation; pour l'ingrat, il n'y a pas d'expiation.

Prends donc mon beau-frère et amène-le aujourd'hui à la maison, pour lui rendre la pareille; sinon, nous ne nous reverrons que dans l'autre monde. Après qu'elle m'a eu parlé ainsi, je suis venu auprès de toi. C'est pour m'être querellé avec elle à cause de toi que j'ai tardé si longtemps aujourd'hui. Viens donc dans ma maison : ta belle-sœur a préparé quatre excellents vêtements, de jolies parures de perles, de rubis, et cetera; elle a attaché autour de la porte des guirlandes d'honneur, et elle te désire. — Ô ami! dit le singe, ma belle-sœur a bien parlé. Car on dit :

Que l'homme sage fuie l'ami pareil au tisserand, qui tire toujours à lui avec avidité.

Donner, recevoir, raconter un secret, questionner, manger et faire manger, voilà six sortes de marques d'affection[1].

Mais je suis habitant des forêts, et votre maison est près de l'eau; par conséquent, comment puis-je y aller? Amène donc

---

[1] Sloka cité dans le livre II, page 152.

la belle-sœur ici, que je la salue et que je reçoive sa bénédiction. — Ami, dit le crocodile, notre maison est dans une île très-agréable, au milieu de la mer. Monte donc sur mon dos, et viens avec plaisir et sans crainte. Lorsque le singe entendit cela, il dit avec joie : Mon cher, si c'est ainsi, hâtons-nous donc. A quoi bon tarder? Me voilà monté sur ton dos.

Après que cela fut fait, le singe, voyant le crocodile nager dans la mer sans fond, eut le cœur saisi de crainte, et dit : Frère, va doucement, doucement; mon corps est inondé par les vagues. Quand le crocodile entendit cela, il pensa : Arrivé dans la mer sans fond, il est maintenant en mon pouvoir; monté sur mon dos, il ne peut s'éloigner même à la distance d'un grain de sésame. Aussi je vais lui raconter mon dessein, afin qu'il se rappelle sa divinité protectrice. Et il dit : Ô ami! après t'avoir inspiré de la confiance, je t'emmène pour te faire mourir par ordre de ma femme; rappelle-toi donc ta divinité protectrice. — Frère, dit le singe, quel mal ai-je fait à ta femme ou à toi, pour que tu aies médité un moyen de me faire mourir? — Hé! répondit le crocodile, une envie lui est venue de manger ton cœur, qui est arrosé du jus des fruits d'ambroisie que tu as goûtés. Voilà pourquoi j'ai fait cela. Ensuite le singe, qui avait l'esprit vif, dit : Mon cher, si c'est ainsi, pourquoi donc ne m'as-tu pas dit cela là-bas? Car je tiens toujours mon cœur bien caché dans un creux du djamboû. Je le livrerai à ma belle-sœur. Pourquoi m'as-tu amené ici sans mon cœur? Lorsque le crocodile entendit cela, il dit avec joie : Mon cher, si c'est ainsi, donne-moi donc ton cœur, afin que cette méchante femme le mange et cesse de jeûner. Je vais te conduire à l'arbre djamboû. Après qu'il eut ainsi parlé, il retourna et alla au pied de l'arbre djamboû. Le singe, après avoir dit cent prières diverses, atteignit comme il put le bord de la mer; puis, s'élançant le plus loin possible, il monta à l'arbre djamboù, et pensa : Ah! j'ai pourtant trouvé la vie! Et certes on dit ceci avec raison :

Il ne faut pas se fier à celui qui se défie; il ne faut pas non plus se fier à celui qui a confiance. Le danger qui naît de la confiance détruit jusqu'aux racines[1].

Ainsi c'est aujourd'hui pour moi, en quelque sorte, le jour d'une seconde naissance. Pendant qu'il réfléchissait ainsi, le crocodile lui dit : Hé, ami! donne-moi ce cœur, afin que ta belle-sœur le mange et cesse de jeûner. Mais le singe se mit à rire et lui dit en se moquant : Fi! fi! sot traître! est-ce que personne a deux cœurs? Va-t'en donc vite de dessous l'arbre djamboù, et ne reviens plus ici. Car on dit :

Celui qui veut se réconcilier avec un ami, lorsque celui-ci s'est montré une fois méchant, reçoit la mort, comme la mule qui conçoit un fœtus[2].

Quand le crocodile entendit cela, il fut honteux, et pensa : Ah! sot que je suis! pourquoi lui ai-je fait connaître l'intention de mon cœur? Si pourtant, d'une façon ou d'autre, il reprenait confiance. Je vais donc chercher à lui inspirer de nouveau confiance. Et il dit : Ami, elle n'a aucun dessein d'avoir ton cœur. Je t'ai dit cela par plaisanterie, pour éprouver le sentiment de ton cœur. Viens donc dans notre maison comme il convient à un hôte. Ta belle-sœur te désire. — Hé, méchant! dit le singe, va-t'en maintenant! je n'irai pas. Et l'on dit :

Quel crime ne commet pas celui qui a faim? Les hommes amaigris par le besoin sont sans pitié. Ma chère, dis à Priyadarsana : Gangadatta ne retourne pas au puits.

---

[1] Sloka cité dans le livre II, page 150.
[2] Sloka cité dans le livre II, page 148. La dernière partie de cette citation se retrouve dans un sloka du livre I, avec une variante que nous avons cru devoir conserver. (Voy. page 119, le texte et la note 2.)

Comment cela? dit le crocodile. Le singe dit :

II. — LA GRENOUILLE ET LE SERPENT.

Dans un puits habitait un roi des grenouilles, nommé Gangadatta[1]. Un jour, tourmenté par ses héritiers, il monta au seau de la roue et sortit peu à peu du puits. Ensuite il pensa : Comment pourrai-je faire du mal à ces héritiers? Et l'on dit :

L'homme qui a récompensé celui qui l'a assisté dans l'infortune et celui qui s'est moqué de lui dans les situations difficiles, est né pour la seconde fois, je crois[2].

Pendant qu'il faisait ainsi beaucoup de réflexions, il vit un serpent noir[3], nommé Priyadarsana[4], entrer dans son trou. Lorsqu'il l'eut aperçu, il pensa de nouveau : En menant ce serpent noir dans le puits, je détruirai tous mes héritiers. Car on dit :

Contre un ennemi fort que l'on se serve d'un ennemi plus fort, car on n'a plus alors aucun tourment pour sa propre affaire, s'il périt.

Et ainsi :

Que le sage détruise un ennemi piquant, au moyen d'un ennemi piquant; une épine qui fait souffrir, au moyen d'une épine, pour son bonheur.

Après avoir ainsi réfléchi, Gangadatta alla à l'entrée du trou et appela le serpent : Viens, viens, Priyadarsana, viens ! Quand le serpent entendit cela, il pensa : Celui-là qui m'appelle n'est pas de mon espèce, car ce n'est pas une voix de serpent.

---

[1] *Donné par le Gange.*
[2] Stance déjà citée dans le livre I, page 107.
[3] Voy. page 65, note.
[4] *Qui a un air gracieux.*

Je n'ai de liaison avec aucun autre être dans le monde. Je vais donc rester ici dans la forteresse, et voir qui ce peut être. Car on dit :

Il ne faut pas fréquenter celui dont on ne connaît ni le caractère, ni la famille, ni la demeure, a dit Vrihaspati [1].

Peut-être est-ce quelqu'un d'habile en fait de formules d'enchantement et d'herbes médicinales, qui m'appelle pour me mettre en captivité, ou bien est-ce un homme qui a une inimitié, et qui m'appelle à cause d'un ennemi. Et il dit : Hé! qui es-tu? La grenouille répondit : Je suis le roi des grenouilles, nommé Gangadatta, et je viens près de toi pour contracter amitié. Lorsque le serpent entendit cela, il dit : Hé! cela est incroyable! Où l'herbe lie-t-elle amitié avec le feu? Et l'on dit :

Celui qu'un autre peut faire mourir ne va point auprès de lui, même pendant son sommeil; pourquoi donc babilles-tu ainsi?

Hé! dit Gangadatta, c'est vrai. Tu es notre ennemi naturel; mais je viens près de toi à cause d'un outrage. Et l'on dit :

Quand tout est perdu et qu'il y a risque de la vie même, que l'on s'incline profondément devant l'ennemi même, et que l'on sauve sa vie et ses biens.

Parle, dit le serpent; qui t'a outragé? — Mes héritiers, répondit la grenouille. Le serpent dit : Et où est ta demeure? Dans une pièce d'eau, un puits, un étang, ou un lac? Dis-moi donc ta demeure. La grenouille répondit : Dans un puits qui a un revêtement de pierres. — Je suis reptile, dit le serpent; par conséquent je ne puis pas y entrer, et si j'y entre,

---

[1] Variante d'un sloka cité dans le livre II, page 155.

il n'y a pas de place où je puisse me tenir pour tuer tes héritiers. Va-t'en donc. Et l'on dit :

> La nourriture que l'on peut avaler, qui se digère une fois avalée, et qui est salutaire quand elle est digérée, voilà ce que doit manger celui qui désire le bien-être.

Hé! dit Gangadatta, viens avec moi; je te ferai entrer dans le puits par un moyen facile. Au milieu de ce puits il y a près de l'eau un trou très-agréable. Tu te tiendras là et tu t'amuseras à tuer mes héritiers. Lorsque le serpent entendit cela, il pensa : Je suis déjà sur le déclin de l'âge; quelquefois, d'une façon ou d'une autre, je prends un rat, ou je n'en prends pas. Aussi ce moyen de subsister que me montre ce charbon de sa famille me donne de la joie. J'irai donc et je mangerai ces grenouilles. Et certes on dit ceci avec raison :

> Quand ses forces diminuent et qu'il n'a pas d'amis, le sage doit rechercher tout moyen facile de se procurer sa subsistance.

Après qu'il eut ainsi réfléchi, il dit à la grenouille : Hé, Gangadatta! si c'est ainsi, marche donc devant, que nous allions là. — Hé, Priyadarsana! dit Gangadatta, je t'y conduirai par un moyen facile, et je te montrerai l'endroit. Mais tu épargneras mes serviteurs; tu mangeras seulement ceux que je t'indiquerai. — Mon cher, dit le serpent, maintenant tu es mon ami. Par conséquent tu n'as rien à craindre; je mangerai tes héritiers suivant tes ordres. Après avoir ainsi parlé, il sortit de son trou, embrassa Gangadatta et partit avec lui. Quand ils furent arrivés près du puits, Gangadatta conduisit lui-même le serpent dans sa demeure par le chemin du seau de la roue. Puis il montra ses héritiers au serpent noir, qui était dans un trou; et Priyadarsana les mangea tous peu à peu. Mais lorsqu'il n'y eut plus de grenouilles, le serpent dit : Mon cher, il ne reste plus aucun de tes ennemis; donne-moi donc quelque autre nourriture, puisque tu m'as amené ici. Gangadatta répondit : Tu as fait acte d'ami; va-t'en donc maintenant par ce même chemin de la machine du seau. — Hé, Gangadatta! dit le serpent, ce que tu dis n'est pas bien. Comment puis-je m'en aller là-bas? Le trou qui était ma forteresse aura été assiégé par un autre. En conséquence je reste ici, et donne-moi une à une les grenouilles de ta classe; sinon, je les mangerai toutes. Quand Gangadatta entendit cela, il eut le cœur troublé et pensa : Ah! qu'ai-je fait là de l'avoir amené! Si je refuse cela, il les mangera toutes. Et certes on dit avec raison :

Celui qui se fait un ami d'un ennemi plus fort que lui, celui-là, sans aucun doute, s'empoisonne lui-même.

Je lui en donnerai donc une chaque jour, fût-ce même un ami. Et l'on dit :

Les hommes sages apaisent avec un petit présent l'ennemi assez fort pour prendre tout ce qu'ils possèdent, comme fait l'Océan avec le feu sous-marin[1].

Le faible qui, lorsque celui qui est très-fort lui demande quelque chose, ne lui offre pas même des grains de millet avec douceur et ne lui présente pas ce qu'il indique, donne plus tard trois boisseaux de farine.

Et ainsi :

Quand il s'agit de tout perdre, le sage abandonne la moitié et fait son affaire avec l'autre moitié, car la perte du tout est difficile à surmonter.

Que l'homme sensé ne sacrifie pas beaucoup à cause de peu; car la sagesse, c'est de conserver beaucoup au moyen de peu[2].

Cette résolution prise, il lui donna toujours une grenouille, et le serpent, quand il l'avait mangée, en mangeait encore

---

[1] Feu qui, suivant la tradition, se trouve sous la mer, dans le monde souterrain.
[2] Sloka déjà cité dans le livre I, page 10.

une autre en l'absence de Gangadatta. Et certes on dit ceci avec raison :

De même qu'avec des vêtements sales on s'assied n'importe où, ainsi celui qui a perdu sa richesse ne conserve pas le reste de sa richesse.

Mais un jour le serpent, après avoir mangé les autres grenouilles, mangea aussi le fils de Gangadatta, nommé Yamounâdatta [1]. Lorsque Gangadatta vit celui-ci mangé, il s'écria avec l'accent de la passion : Fi! fi! et ne cessa nullement de se lamenter. Puis sa femme lui dit :

Pourquoi pleures-tu et te lamentes-tu tristement, destructeur de ta race? Notre race étant détruite, qui sera notre protecteur?

Pense donc aujourd'hui même à ta sortie d'ici ou à un moyen de faire mourir le serpent.

Or avec le temps toute la race des grenouilles fut mangée; il ne resta que Gangadatta seul. Puis Priyadarsana lui dit : Mon cher Gangadatta, j'ai faim. Toutes les grenouilles sont détruites jusqu'à la dernière; tu restes. Donne-moi donc quelque chose à manger, puisque tu m'as amené ici. — Hé, ami! dit Gangadatta, tant que j'existerai, tu n'as nullement à t'inquiéter à ce sujet. Si donc tu m'envoies, je rendrai confiantes les grenouilles qui sont dans d'autres puits, et je les amènerai ici. — Jusqu'à ce moment, répondit le serpent, je ne dois pas te manger, parce que tu es comme un frère; si tu fais cela, tu deviens à présent comme un père. Fais donc ainsi. Gangadatta, après avoir entendu cela, entra dans le seau de la roue, offrit des hommages d'adoration et des sacrifices à différentes divinités, et sortit de ce puits. Priyadarsana, avec le désir de son retour, resta là à l'attendre. Mais comme, bien qu'un long

---

[1] Donné par la Yamounâ.

temps se fût écoulé, Gangadatta ne revenait pas, Priyadarsana dit à une iguane qui demeurait dans un autre trou : Ma chère, rends-moi un petit service. Puisque tu connais depuis longtemps Gangadatta, va près de lui, cherche-le dans quelque étang et dis-lui de ma part : Viens bien vite, même seul, si les autres grenouilles ne viennent pas. Je ne puis demeurer ici sans toi, et si je commets une méchanceté envers toi, que les bonnes œuvres de ma vie t'appartiennent. En conséquence de ces paroles, l'iguane chercha bien vite Gangadatta, et lui dit : Mon cher Gangadatta, ton ami Priyadarsana regarde continuellement ton chemin[1]; viens donc promptement. De plus, contre toute vilaine action qu'il commettrait envers toi il te donne, comme gage de sûreté, les bonnes œuvres de sa vie. Reviens donc sans crainte dans le cœur.

Lorsque Gangadatta eut entendu cela, il dit :

Quel crime ne commet pas celui qui a faim? Les hommes amaigris par le besoin sont sans pitié. Ma chère, dis à Priyadarsana : Gangadatta ne retourne pas au puits.

En disant ces mots, il congédia l'iguane.

Ainsi, ô méchant animal aquatique! moi non plus, comme Gangadatta, je n'irai point dans ta maison. Quand le crocodile eut entendu cela, il dit : Hé, ami! il n'est pas convenable à toi de faire cela. Éloigne absolument de moi le péché d'ingratitude, en venant dans ma maison; autrement je jeûnerai en ton intention jusqu'à ce que mort s'ensuive. — Imbécile! dit le singe, dois-je, comme un sot Lambakarna, bien que j'aie vu le danger, aller là et me tuer moi-même? Car

Celui qui, venu et parti après avoir vu la force du lion, revint encore, était un sot qui n'avait ni oreilles ni cœur.

---

[1] C'est-à-dire : t'attend avec impatience.

Mon cher, dit le crocodile, qui est ce Lambakarna ? Comment mourut-il quoiqu'il eût vu le danger ? Raconte-moi cela. Le singe dit :

III. — LE LION, LE CHACAL ET L'ÂNE.

Dans un endroit d'une forêt habitait un lion nommé Karâlakésara [1], et il avait pour serviteur inséparable un chacal nommé Dhoûsaraka [2]. Or un jour ce lion, en se battant avec un éléphant, reçut sur le corps de très-fortes blessures, par suite desquelles il ne pouvait plus même remuer une patte. Comme il ne bougeait plus, Dhoûsaraka eut le gosier amaigri par la faim et devint faible. Un jour il dit au lion : Maître, je suis tourmenté par la faim. Je ne puis même avancer une patte après l'autre; comment donc vous servirai-je? — Hé! dit le lion, va, cherche quelque animal, que je le tue, quoique je sois dans cet état. Après avoir entendu cela, le chacal chercha, et arriva à un village voisin. Là il vit un âne nommé Lambakarna [3], qui mangeait difficilement de très-rares brins de doûrbâ [4], auprès d'un étang. Puis il s'approcha, et lui dit : Mon oncle, laisse-moi te saluer. Il y a longtemps que je ne t'ai vu. Raconte-moi donc pourquoi tu es devenu si maigre. — Hé, mon neveu! répondit Lambakarna, que raconterai-je? Un blanchisseur très-impitoyable m'accable de fardeaux excessifs. Il ne me donne pas même une poignée d'herbe; je ne mange ici que des brins de doûrbâ mêlés de poussière. Comment donc aurais-je de l'embonpoint ? — Mon oncle, dit le chacal, si c'est

---

[1] *Qui a une crinière effrayante.*

[2] *Gris.*

[3] *Qui a de longues oreilles.*

[4] Espèce d'herbe, *Agrostis linearis; Panicum dactylon,* suivant le Dictionnaire de Wilson.

ainsi, il y a un endroit très-agréable, avec quantité d'herbe pareille à l'émeraude et une rivière. Viens-y, et jouis du plaisir de belles conversations avec moi. — Hé, mon neveu! dit Lambakarna, ce que tu dis est juste; mais nous, animaux de village, nous sommes tués par les animaux de forêt. A quoi donc peut me servir ce bon endroit? — Mon oncle, dit le chacal, ne parle pas ainsi. Cet endroit est protégé de tous les côtés par mon bras comme par une cage; aussi nul autre ne peut y entrer. De plus il y a là trois ânesses sans mari, qui étaient tourmentées absolument de la même manière que toi par un blanchisseur. Elles ont pris de l'embonpoint, et, rendues folles par leur jeunesse, elles m'ont dit ceci : Si tu es notre vrai oncle, alors va dans quelque village et amène un époux convenable pour nous. Pour ce motif je te mènerai là.

Lorsque Lambakarna eut entendu les paroles du chacal, il eut le corps tourmenté d'amour, et lui dit : Mon cher, si c'est ainsi, va donc devant, allons-y promptement. Et certes on dit ceci avec raison :

Il n'est pas d'ambroisie, pas de poison, hormis une fille aux belles hanches : on vit par sa société et l'on meurt par suite de son absence.

Et ainsi :

Celles dont le nom seul fait naître l'amour sans qu'on s'en approche et sans qu'on les voie; quand on les a vues et qu'on s'en est approché, c'est merveille qu'on ne fonde pas.

Après que cela fut fait, il alla avec le chacal auprès du lion. Comme le lion souffrant se leva quand il vit l'âne, l'âne se mit à fuir. Mais pendant qu'il se sauvait, le lion lui donna un coup de patte, et ce coup de patte, comme l'effort de quelqu'un dont la destinée est malheureuse, devint inutile. Cependant le chacal, saisi de colère, dit au lion : Hé! est-ce ainsi que vous frappez? Si un âne même s'échappe de force devant vous, comment donc combattrez-vous avec un éléphant? Ainsi j'ai vu votre force. Le lion dit en souriant avec un air honteux : Hé! que puis-je faire? Je n'avais pas apprêté ma patte; autrement un éléphant même, lorsqu'il est atteint par ma patte, n'échappe pas. Le chacal dit : J'amènerai l'âne aujourd'hui encore une fois auprès de vous; mais il faut que vous apprêtiez votre patte. — Mon cher, dit le lion, comment celui qui s'en est allé après m'avoir vu manifestement reviendra-t-il ici? Cherche donc quelque autre animal. Le chacal répondit : Qu'avez-vous besoin de vous occuper de cela? Restez seulement là, la patte prête.

Après que cela fut fait, le chacal suivit le chemin que l'âne avait pris, et il le vit paître dans le même endroit. Or l'âne, quand il vit le chacal, dit : Hé, mon neveu! tu m'as conduit à un bel endroit! Un peu plus j'étais mort. Dis-moi donc quel est cet animal si effrayant dont j'ai évité le coup de patte pareil à la foudre. Lorsque le chacal entendit cela, il dit en riant : Mon oncle, c'est une ânesse que le plaisir de la forêt a rendue très-grasse; dès qu'elle t'a vu venir, est elle accourue avec passion et désir de t'embrasser, et toi tu t'es sauvé par poltronnerie. Mais elle ne peut rester sans toi. Comme tu te sauvais, elle a tendu la main pour te retenir, et non pour un autre motif. Viens donc. Elle a pris la résolution de jeûner à cause de toi jusqu'à ce que mort s'ensuive, et elle dit : Si Lambakarna ne devient pas mon époux, je me jetterai dans le feu ou dans l'eau, ou je mangerai du poison. Je ne puis plus supporter son absence. Montre donc de la bonté, et viens là: sinon, tu seras coupable du meurtre d'une femme, et le dieu de l'amour sera furieux contre toi. Car on dit :

Les fous qui méprisent le sceau de la femme, ce sceau victorieux de

Kâma[1], cause de bonheur en toutes choses, et qui vont cherchant de faux avantages, sont frappés sans pitié par ce dieu : ils sont nus, rasés; quelques-uns sont vêtus de rouge, d'autres ont les cheveux tressés et portent un crâne[2].

Or l'âne se fia à ces paroles, et partit encore une fois avec le chacal. Et certes on dit ceci avec raison :

Tout en le sachant, l'homme, par la volonté du destin, fait le mal : comment quelqu'un dans le monde prendrait-il plaisir à une mauvaise action?

Cependant l'âne, trompé par les cent discours du fourbe, revint auprès du lion. Alors le lion, qui avait d'avance apprêté sa patte, tua Lambakarna; puis, après l'avoir tué, il en confia la garde au chacal et alla lui-même à la rivière pour se baigner. Mais le chacal, tourmenté par une excessive avidité, mangea le cœur et les oreilles de l'âne. Cependant, tandis que le lion, après s'être baigné, rendait hommage aux dieux et satisfaisait la multitude des mânes, l'âne était là sans oreilles ni cœur. Lorsque le lion le vit, il fut saisi de colère et dit au chacal : Méchant, quelle est cette action inconvenante que tu as commise? Car en mangeant les oreilles et le cœur tu as fait de cet âne un reste. Le chacal répondit respectueusement : Maître, ne parlez pas ainsi, car cet âne n'avait ni oreilles ni cœur. C'est pour cela que, après être venu ici et s'être sauvé de frayeur en vous voyant, il est néanmoins revenu. Le lion crut ces paroles dignes de foi; après avoir partagé l'âne avec le chacal, il le mangea sans se défier de rien.

Voilà pourquoi je dis :

Celui qui, venu et parti après avoir vu la force du lion, revint encore, était un sot qui n'avait ni oreilles ni cœur.

---

[1] Dieu de l'amour.
[2] C'est-à-dire qu'ils deviennent ascètes.

Ainsi, imbécile! tu as usé de tromperie; mais, comme Youdhichthira, tu as détruit l'effet de ta fourberie en disant la vérité. Et certes on dit ceci avec raison :

Un fourbe qui laisse là ce qu'il désire, et commet la sottise de dire la vérité, manque son but assurément, comme un autre Youdhichthira.

Comment cela? dit le crocodile. Le singe raconta :

IV. — LE POTIER ET LE ROI.

Dans une ville habitait un potier nommé Youdhichthira[1]. Un jour qu'il était ivre, cet homme, en courant très-vite, tomba sur le bord tranchant d'un tesson d'un pot brisé en deux. Alors, le front fendu par le tranchant du tesson et le corps inondé de sang, il se releva avec peine et alla à sa demeure. Puis, par suite du manque de soins convenables, sa blessure devint hideuse et guérit difficilement. Or un jour, comme le pays souffrait de la famine, ce potier, dont le gosier était amaigri par la faim, alla avec quelques serviteurs du roi en pays étranger, et entra au service d'un roi. Ce roi, lorsqu'il vit sur le front de Youdhichthira une affreuse blessure, pensa : C'est quelque homme brave; c'est sûrement pour cela qu'il a une blessure par devant sur le front. En conséquence, le roi le combla de marques d'honneur, de présents, et cetera, et le regarda avec une faveur particulière devant tous les guerriers. Ceux-ci, quand ils virent la faveur excessive dont il était l'objet, bien qu'ils en eussent la plus grande jalousie, ne dirent rien, par crainte du roi. Mais un jour qu'avait lieu une revue des soldats de ce prince, qu'une guerre était imminente, que les éléphants étaient apprêtés, les chevaux harnachés, et les guerriers rassemblés, le roi interrogea

---

[1] Ferme dans le combat.

le potier en secret, conformément à la circonstance : Hé, guerrier ! quel est ton nom et quelle est ta race ? Dans quelle bataille as-tu reçu cette blessure au front ? — Majesté, répondit le potier, ce n'est pas un coup d'une arme. Je me nomme Youdhichthira, et je suis potier de naissance. Dans ma maison il y avait beaucoup de tessons. Or un jour je sortis après avoir bu des liqueurs spiritueuses, et en courant je tombai sur un tesson ; puis je fus défiguré par cette blessure au front, qui est devenue si affreuse. Lorsque le roi eut entendu cela, il fut honteux, et dit : Ah ! j'ai été trompé par ce potier, qui imite le guerrier. Qu'on l'empoigne donc sur-le-champ ! Après que cela se fut passé, le potier dit : Majesté, ne faites pas ainsi ! Voyez la légèreté de ma main dans le combat ! — Hé ! dit le roi, tu possèdes toutes les qualités ; néanmoins va-t'en. Et l'on dit :

Tu es brave, tu es savant, tu es beau, mon fils ; dans la race dont tu es né on ne tue pas un éléphant.

Comment cela ? demanda le potier. Le roi raconta :

V. — LA LIONNE, LES LIONCEAUX ET LE PETIT CHACAL.

Dans un endroit d'une forêt habitait un couple de lions. Une fois la lionne mit bas et donna le jour à deux petits. Le lion tuait continuellement des animaux et les donnait à la lionne. Mais un jour il ne trouva rien. Pendant qu'il courait çà et là dans la forêt, le soleil se coucha. Or, comme il revenait à sa demeure, il attrapa un petit chacal. Considérant qu'il était jeune, il le prit avec soin entre ses dents et le livra tout vivant à la lionne. Puis la lionne dit : Hé, chéri ! nous as-tu apporté quelque chose à manger ? — Ma chère, dit le lion, excepté ce petit chacal je n'ai trouvé aujourd'hui aucun animal ; et, réfléchissant qu'il est jeune, je ne l'ai pas tué, d'autant plus qu'il est de notre espèce. Car on dit :

Lors même qu'il y a risque de perdre la vie, il ne faut jamais user de violence envers des femmes, des brâhmanes, des ascètes, des enfants, et surtout envers ceux qui sont confiants.

Maintenant mange-le et fais-toi du bien ; demain matin j'attraperai quelque autre chose. — Hé, chéri ! dit la lionne, tu as réfléchi qu'il est jeune, et tu ne l'as pas tué : comment donc le ferais-je mourir pour mon ventre ? Et l'on dit :

Il ne faut pas faire le mal, quand même on est en danger de perdre la vie, et il ne faut pas renoncer au bien ; c'est la loi éternelle.

En conséquence, il sera mon troisième fils.

Après avoir ainsi parlé, elle le nourrit aussi très-bien avec le lait de ses mamelles. De cette façon les trois petits, ignorant mutuellement la différence de leur espèce, passèrent le temps de leur enfance dans le même genre de vie et les mêmes jeux. Mais un jour vint un éléphant sauvage, qui courait çà et là dans cette forêt. Comme les deux lionceaux, dès qu'ils le virent, s'avançaient contre lui avec un visage en colère, le petit chacal dit : Ah ! c'est un éléphant, un ennemi de votre race ; il ne faut donc pas aller en face de lui. Après qu'il eut ainsi parlé, il s'enfuit au logis, et les deux lionceaux furent découragés par la peur de leur frère aîné. Et certes on dit ceci avec raison :

Avec un seul homme très-courageux, brave pour le combat, une armée devient brave ; s'il est vaincu, elle est défaite.

Et ainsi :

C'est pour cela que les rois désirent des guerriers très-forts, des héros, des hommes courageux, et qu'ils fuient les lâches.

Or les deux lionceaux, quand ils furent arrivés au logis, racontèrent en riant, devant leurs parents, la conduite de leur frère aîné, comment, après avoir aperçu de loin l'éléphant, il s'était sauvé. Le petit chacal, lorsqu'il entendit cela, fut pris de colère; sa lèvre inférieure, pareille à un bourgeon, trembla; ses yeux devinrent rouges: il fronça les sourcils en trident, et, menaçant les lionceaux, il dit les paroles les plus injurieuses. Puis la lionne l'emmena à l'écart et lui fit cette remontrance : Mon enfant, ne parle jamais ainsi. Ce sont tes petits frères. Mais il fut saisi d'une grande colère, et lui dit : Leur suis-je inférieur en bravoure, en beauté, en application à la science ou en capacité, qu'ils se moquent de moi? Il faut nécessairement que je les tue. Après avoir entendu cela, la lionne, qui désirait qu'il vécût, rit en elle-même et dit :

Tu es brave, tu es savant, tu es beau, mon fils; dans la race dont tu es né on ne tue pas un éléphant.

Écoute donc bien, mon enfant. Tu es le fils d'une femelle de chacal; je t'ai nourri par compassion avec le lait de mes mamelles. Ainsi, pendant que mes deux fils, à cause de leur jeunesse, ne savent pas encore que tu es chacal, va-t'en bien vite et reste au milieu de ceux de ton espèce; sinon, ils te tueront tous deux, et tu prendras le chemin de la mort. Le chacal, après qu'il eut entendu ces paroles, eut l'esprit troublé par la crainte; il se retira tout doucement et se réunit avec ceux de son espèce.

Par conséquent toi aussi, pendant que ces guerriers ne savent pas encore que tu es un potier, éloigne-toi bien vite; sinon, tu seras persécuté par eux, et tu mourras. Le potier, lorsqu'il eut entendu cela, se sauva promptement.

Voilà pourquoi je dis :

Un fourbe qui laisse là ce qu'il désire, et commet la sottise de dire la vérité, manque son but assurément, comme un autre Youdhichthira.

Fi, imbécile que tu es d'avoir entrepris de faire cette action pour une femme! Car il ne faut en aucune façon se fier aux femmes. Et l'on dit :

Celle pour qui j'ai quitté ma famille et sacrifié la moitié de ma vie m'abandonne. l'insensible : quel homme pourrait se fier aux femmes?

Comment cela? demanda le crocodile. Le singe dit :

VI. — LE BRÂHMANE, SA FEMME ET L'INFIRME.

Il y avait dans un endroit un brâhmane. Il avait une femme qui lui était plus chère que la vie. Cette femme ne cessait de se quereller tous les jours avec la famille de son mari. Le brâhmane, qui ne pouvait supporter une querelle, quitta sa famille par tendresse pour sa femme, et alla avec la brâhmanî dans un autre pays éloigné. Au milieu d'une grande forêt, la brâhmanî lui dit : Fils d'un vénérable, la soif me tourmente; cherche donc de l'eau quelque part. Dès qu'elle eut dit ces mots, il alla chercher de l'eau, et quand il revint il la vit morte. Pendant que, par excessive affection, il s'affligeait et se lamentait, il entendit une voix dans l'air : Eh bien, brâhmane, si tu donnes la moitié de ta vie, ta brâhmanî vivra. Après avoir entendu cela, le brâhmane se purifia et donna avec trois mots la moitié de sa vie; et au moment où il prononçait ces mots, la brâhmanî redevint vivante. Alors ils burent de l'eau, mangèrent des fruits de la forêt, et se mirent en marche. Puis, en poursuivant leur route, ils arrivèrent à l'entrée d'une ville, dans un jardin de fleurs, et le brâhmane dit à sa femme : Ma chère, tu resteras ici jusqu'à ce que je revienne avec de quoi manger. Après qu'il eut dit cela, il partit. Or dans ce jardin de fleurs un infirme tournait la roue d'un puits, et chantait une chanson avec une voix divine. Quand la brâhmanî entendit ce chant, elle fut frappée par le dieu aux flèches de fleurs[1]; elle s'approcha de l'infirme, et lui dit : Mon cher, si tu ne m'aimes pas, tu seras coupable envers moi du meurtre d'une femme. L'infirme répondit : Que feras-tu de moi, dévoré par la maladie? — A quoi bon ces paroles? dit-elle. Il faut nécessairement que j'aie commerce avec toi. Lorsqu'il eut entendu cela, il fit ainsi. Aussitôt après avoir fait l'amour, elle dit : A partir de maintenant je me suis donnée à toi pour la vie; sachant cela, viens aussi avec nous. — Soit, dit-il. Puis le brâhmane revint avec de la nourriture et se mit à manger avec sa femme. Cet infirme a faim, dit-elle; donne-lui donc aussi une petite bouchée. Après que cela fut fait, la brâhmanî dit : Brâhmane, quand tu vas sans compagnon dans un autre village, alors moi non plus je n'ai pas de compagnon pour converser. Prenons donc cet infirme et allons-nous-en. — Je n'ai pas, répondit le brâhmane, la force de me porter moi-même, ni à plus forte raison cet infirme. — Je le porterai dans ma corbeille, dit-elle. Or le brâhmane, trompé par ces feintes paroles, y consentit. Après que cela fut fait, un jour que le brâhmane se reposait auprès d'un puits, sa femme, attachée à l'homme infirme, le poussa et le fit tomber dans le puits. Elle prit l'infirme et entra dans une ville. Là, les gens du roi qui couraient de tous côtés pour empêcher la fraude des droits de péage virent la corbeille qu'elle avait sur sa tête. Ils la lui arrachèrent de force et la portèrent devant le roi. Lorsque le roi l'ouvrit, il vit l'infirme. Puis la brâhmanî arriva là derrière les gens du roi, en se lamentant. Le roi lui demanda ce que cela signifiait. C'est, dit-elle, mon mari, affligé de maladie et persécuté par ses nombreux héritiers; le cœur tourmenté d'affection, je l'ai mis sur ma tête et l'ai apporté près de vous. Quand le roi eut entendu cela, il dit : Brâh-

---

[1] Le dieu de l'amour.

manî, tu es ma sœur. Prends deux villages, jouis des plaisirs avec ton mari, et vis heureuse.

Mais le brâhmane, par l'effet de la volonté du destin, fut retiré du puits par un brave homme, et, courant de côté et d'autre, il vint dans cette même ville. Sa méchante femme l'aperçut et le dénonça au roi : Roi, voici un ennemi de mon mari, qui est venu. Le roi ordonna de le mettre à mort. Majesté, dit le brâhmane, elle a reçu quelque chose qui m'appartient. Si vous aimez la justice, faites-le-moi rendre. — Ma chère, dit le roi, rends tout ce que tu as reçu et qui lui appartient. — Majesté, répondit-elle, je n'ai rien reçu. Le brâhmane dit : Rends la moitié de ma vie que je t'ai donnée avec trois mots. Alors, par crainte du roi, elle dit : Je rends la vie qui m'a été donnée avec trois mots; et à l'instant même elle mourut. Ensuite le roi dit avec étonnement : Qu'est-ce? Le brâhmane lui raconta toute l'histoire précédente.

Voilà pourquoi je dis :

Celle pour qui j'ai quitté ma famille et sacrifié la moitié de ma vie m'abandonne, l'insensible : quel homme pourrait se fier aux femmes?

Le singe ajouta : C'est avec raison aussi que l'on raconte cette histoire :

Que ne donnerait pas, que ne ferait pas un homme sollicité par les femmes? Là où ceux qui ne sont pas des chevaux hennissent, on se rase la tête sans que ce soit le jour [1].

---

[1] Littéralement : quand ce n'est pas *parvan*. On appelle *parvan* certains jours du mois lunaire, tels que le jour de la pleine lune, celui de la nouvelle lune, et le huitième et le quatorzième jour de chaque demi-mois. Le mot *parvan* a divers autres sens; on s'en sert pour désigner : 1° le moment de l'entrée du soleil dans un nouveau signe du zodiaque; 2° certaines époques de l'année, telles que l'équinoxe, le solstice. Il signifie aussi, par extension, *jour de fête*.

Comment cela? dit le crocodile. Le singe raconta :

VII. — LE ROI, LE MINISTRE ET LEURS FEMMES.

Il était un maître de la terre qui a pour limite la mer, un roi nommé Nanda[1], fameux par sa puissance et sa bravoure, dont le marchepied était natté avec la multitude des rayons des diadèmes d'une foule de nombreux rois, et dont la voie était pure comme les rayons de la lune d'automne. Il avait un ministre nommé Vararoutchi[2], qui avait étudié toutes les Écritures et connaissait l'essence de toutes choses. La femme de ce ministre était en colère contre son mari à cause d'une querelle d'amour, et, quoique celui-ci cherchât de bien des façons à contenter cette femme très-chérie, elle ne s'apaisait pas. Or le mari dit : Ma chère, dis la manière dont je pourrai te rendre contente; je le ferai assurément. Puis elle répondit avec assez de peine : Si tu te rases la tête et que tu tombes à mes pieds, alors je te regarderai d'un œil favorable. Après que cela fut fait, elle fut apaisée. La femme de Nanda, également en colère, ne s'apaisait pas non plus, bien que celui-ci cherchât à la contenter. Ma chère, dit-il, sans toi je ne puis vivre même une heure; je tombe à tes pieds et j'implore ta bonté. Elle dit : Si tu te laisses mettre un mors dans la bouche, que je monte sur ton dos et te fasse courir, et si, pendant que je te ferai courir, tu hennis comme un cheval, alors je serai apaisée. Cela fut fait. Puis, au

---

[1] C'est le nom général d'une race de princes qui régnait dans le Magadha. Un grand changement s'opéra dans la dynastie des Nandas vers l'époque d'Alexandre le Grand. Le dernier de ces princes eut deux femmes. La première lui donna neuf fils; l'autre, qui était une soûdrâ, n'eut qu'un fils, nommé Tchandragoupta. Ce fils, aidé du brâhmane Vichnougoupta, plus connu sous le nom de Tchânakya, fit périr tous les membres de la famille royale, monta sur le trône et fonda une nouvelle dynastie.

[2] Célèbre comme grammairien.

matin, comme le roi siégeait dans l'assemblée, Vararoutchi arriva, et le roi, quand il le vit, lui demanda : Hé, Vararoutchi ! pourquoi ta tête est-elle rasée sans que ce soit le jour? Le ministre dit :

Que ne donnerait pas, que ne ferait pas un homme sollicité par les femmes? Là où ceux qui ne sont pas des chevaux hennissent, on se rase la tête sans que ce soit le jour.

Ainsi, méchant crocodile, toi aussi, comme Nanda et Vararoutchi, tu es l'esclave d'une femme. C'est pour cela que, conduit par cette excellente femme, tu as entrepris la poursuite d'un moyen de me faire mourir; mais par la faute de tes paroles cette entreprise a été dévoilée. Et certes on dit ceci avec raison :

Les perroquets et les sârikâs[1] se font prendre par la faute de leur bec; les grues ne s'y font pas prendre : le silence est le moyen d'accomplir toutes choses.

Et ainsi :

Quoique gardé avec le plus grand secret et montrant un corps effrayant, un âne vêtu d'une peau de tigre fut tué pour avoir poussé un cri.

Comment cela? dit le crocodile. Le singe raconta :

VIII. — L'ÂNE VÊTU DE LA PEAU D'UN TIGRE.

Dans un endroit habitait un teinturier nommé Souddhapata[2]. Il avait un âne, qui, par manque d'herbe, était devenu très-maigre. Or le teinturier, en se promenant dans la forêt, vit un tigre mort, et il pensa : Ah! c'est une bonne chose qui arrive. Avec cette peau de tigre je couvrirai mon âne, et je le

---

[1] On appelle sârikâ le *Turdus salica*; mais ce nom s'emploie aussi pour désigner la maina, *Gracula religiosa*.

[2] *Qui a des étoffes propres*, c'est-à-dire nettoyeur d'étoffes.

lâcherai la nuit dans les champs d'orge, afin que les gardes des champs qui demeurent dans le voisinage le prennent pour un tigre et ne le chassent pas. Après que cela fut fait, l'âne mangea de l'orge comme il voulut. Le matin, le teinturier le ramenait à sa demeure. De cette façon, avec le temps, l'âne devint gras, et on avait de la peine à le conduire à l'endroit où on l'attachait. Mais un jour qu'il était en rut, il entendit de loin le cri d'une ânesse. Pour avoir seulement entendu ce cri, il se mit lui-même à crier; puis les gardes des champs reconnurent que c'était un âne vêtu d'une peau de tigre, et le tuèrent à coups de bâtons, de flèches et de pierres.

Voilà pourquoi je dis :

Quoique gardé avec le plus grand secret et montrant un corps effrayant, un âne vêtu d'une peau de tigre fut tué pour avoir poussé un cri.

Or, pendant que le crocodile parlait ainsi avec le singe, un animal aquatique vint et lui dit : Hé, crocodile! comme tu tardais à revenir, ta femme, qui s'était mise à jeûner, est morte accablée d'amour. Après avoir entendu ces paroles semblables à un coup de foudre, le crocodile eut le cœur très-troublé et se lamenta ainsi : Ah! que m'est-il arrivé là, malheureux que je suis! Et l'on dit :

Celui qui n'a pas dans sa maison une mère et une femme aimable doit aller dans la forêt; sa maison est comme une forêt.

Ainsi donc, ami, pardonne la faute que j'ai commise envers toi. Maintenant, puisque je suis séparé de ma femme, je vais entrer dans le feu. Lorsque le singe entendit cela, il dit en riant : Hé! je te connaissais déjà, je savais que tu étais l'esclave d'une femme et que tu étais maîtrisé par une femme; à présent j'en ai la certitude. Ainsi, imbécile! alors même qu'un bonheur t'arrive, tu tombes dans l'affliction. Quand une pareille femme est morte, il convient de faire une fête. Car on dit :

Une femme d'un caractère méchant et toujours querelleuse doit être reconnue par les sages pour une horrible râkchasî [1] sous la forme d'une femme.

Par conséquent, que celui qui désire son propre bonheur mette tous ses soins à fuir jusqu'au nom même de toutes les femmes ici-bas.

Ce qu'elles ont en dedans n'est pas sur leur langue; ce qui est sur leur langue ne vient pas au dehors; ce qui est au dehors, elles ne le font pas : les femmes ont une manière d'agir variée.

Quels sont ceux qui ne périssent pas, quand par ignorance ils s'approchent d'une belle aux fortes hanches, comme les sauterelles, de la lumière d'une lampe?

En effet, elles sont tout poison à l'intérieur, et à l'extérieur elles sont charmantes : les femmes, par leur nature, ressemblent au fruit du goundjâ [2].

On a beau les frapper avec le bâton, les couper en morceaux avec les épées, on ne soumet les femmes ni par les présents ni par l'amitié.

Arrêtons-nous cependant; qu'est-il besoin de citer ici une autre méchanceté des femmes? Elles tuent par colère le fils même qu'elles ont porté dans leur sein.

Un sot verrait la bonté de l'affection dans une petite fille méchante, une grande douceur dans celle qui est cruelle, et le sentiment dans celle qui n'a pas de sentiment.

Hé, ami! dit le crocodile, c'est vrai. Mais que dois-je faire? Voilà deux maux qui m'arrivent : l'un est la ruine de ma maison, l'autre la séparation de cœur d'avec un ami comme toi. Et certes cela est ainsi par la volonté du destin. Car on dit :

Quel que soit mon savoir, tu en possèdes deux fois autant. Tu n'as plus ni galant ni mari; pourquoi regardes-tu fixement, femme nue?

---

[1] Râkchasa femelle.
[2] Sloka déjà cité dans le livre I, page 52.

Comment cela? demanda le singe. Le crocodile dit :

IX. — LA FEMME ET LE CHACAL.

Dans un endroit habitait un couple de laboureurs, et la femme du laboureur, à cause de la vieillesse de son mari, pensait toujours à d'autres et ne prenait nullement de stabilité à la maison ; elle ne faisait que courir çà et là cherchant d'autres hommes. Or un fripon, voleur de la richesse d'autrui, l'aperçut et lui dit dans un lieu solitaire : Fortunée, ma femme est morte, et pour t'avoir vue je suis tourmenté par Kâma[1]. Donne-moi donc le présent d'amour. Puis elle répondit : Ô fortuné! si c'est ainsi, mon mari a beaucoup d'argent, et par suite de vieillesse il ne peut pas même faire un pas. En conséquence, je prendrai son argent et je viendrai pour aller ailleurs avec toi et jouir comme je voudrai du plaisir de l'amour. — Cela me plaît aussi, dit le fripon. Ainsi au point du jour tu viendras vite en ce lieu, afin que nous allions dans une très-belle ville, et qu'avec toi le monde des vivants devienne profitable pour moi. Elle promit que oui, et alla à sa maison avec un visage riant. Dans la nuit, pendant que son mari dormait, elle prit tout l'argent, et au point du jour elle courut vers l'endroit désigné par le fripon. Celui-ci la fit aller devant et se mit promptement en route vers le sud. Pendant qu'ils marchaient ainsi, ils rencontrèrent, à une distance de deux yodjanas[2], une rivière devant eux. Quand le fripon la vit, il pensa : Que ferai-je de cette femme, qui a atteint la limite de la jeunesse? Et peut-être quelqu'un viendra-t-il à sa poursuite; alors il y aurait pour moi grand préjudice. Je prendrai donc seulement son argent, et je m'en irai.

---

[1] Voy. page 288, note 1.
[2] Voy. page 128, note 2.

Après avoir pris cette résolution, il lui dit : Ma chère, cette grande rivière est très-difficile à traverser. En conséquence, je vais porter le bagage sur l'autre rive, et je reviens. Ensuite je te ferai monter seule sur mon dos et je te passerai aisément. Elle répondit : Fortuné, fais ainsi. Lorsqu'elle eut dit ces mots, elle lui remit tout l'argent. Puis il dit : Ma chère, donne-moi aussi ton vêtement de dessous et ton manteau, afin que tu ailles sans crainte dans l'eau. Après que cela fut fait, le fripon prit l'argent et les deux vêtements, et s'en alla dans la contrée où il voulait aller. Tandis que la femme, les deux mains posées autour du cou et pleine d'anxiété, était assise dans un endroit d'une île de la rivière, pendant ce temps vint là un chacal femelle, tenant un morceau de viande dans sa gueule, et comme après être arrivé il regardait, un gros poisson qui était sorti de l'eau était dehors sur le bord de la rivière. Quand le chacal le vit, il lâcha le morceau de viande et courut vers le poisson. Cependant un vautour descendit des airs, prit le morceau de viande et revola dans l'espace. Le poisson, lorsqu'il aperçut le chacal, rentra dans la rivière. Puis comme le chacal, qui s'était donné une peine inutile, regardait le vautour, cette femme nue lui dit en souriant :

La viande a été emportée par le vautour, et le poisson est allé dans l'eau ; chacal, qui as perdu poisson et viande, pourquoi regardes-tu fixement ?

Quand le chacal entendit cela et vit qu'elle aussi avait perdu mari, argent et galant, il lui dit avec moquerie :

Quel que soit mon savoir, tu en possèdes deux fois autant. Tu n'as plus ni galant ni mari ; pourquoi regardes-tu fixement, femme nue ?

Pendant que le crocodile racontait ainsi, un autre animal aquatique vint encore et lui dit : Ah ! ta maison aussi a été prise par un autre grand crocodile. Lorsqu'il entendit cela, il eut le cœur très-affligé, et, pensant à un moyen de faire sortir ce crocodile de sa maison, il dit : Ah! voyez comme je suis frappé par le destin !

Mon ami est devenu ennemi; de plus, ma femme est morte et ma maison est envahie par un autre : qu'arrivera-t-il encore aujourd'hui?

Et certes on dit ceci avec raison :

Sur celui qui est blessé les coups tombent sans cesse; quand la nourriture manque, l'ardeur d'estomac augmente; dans le malheur les inimitiés naissent : tout cela vient aux hommes lorsque le destin est contraire [1].

Que dois-je donc faire? Dois-je combattre avec ce crocodile, ou le faire sortir de la maison en lui adressant des remontrances avec douceur, ou avoir recours à la discorde ou aux présents? Mais je vais demander conseil à cet ami singe. Et l'on dit :

A celui qui agit après avoir demandé conseil à des maîtres bons pour lui et dignes d'être consultés, il ne survient aucun obstacle dans rien de ce qu'il fait.

Après avoir ainsi réfléchi, il demanda de nouveau au singe qui était monté sur l'arbre djamboû : Hé, ami! vois ma malheureuse destinée. Maintenant ma maison même m'est fermée par un crocodile plus fort que moi. Aussi je viens te consulter. Dis-moi ce que je dois faire; entre la conciliation et les autres moyens, lequel trouve ici sa place? — Hé, ingrat méchant! répondit le singe, pourquoi me suis-tu encore, bien que je te l'aie défendu? A un sot comme toi je ne donnerai pas même un conseil. Lorsque le crocodile eut entendu cela, il dit : Hé, ami! tout coupable que je suis, rappelle-toi notre amitié d'autrefois et donne-moi un bon conseil. — Je ne te dirai rien,

[1] Variante d'une stance citée dans le livre II, page 194.

répondit le singe. Sur l'ordre de ta femme, tu m'as emmené pour me jeter dans la mer; ce n'était pas bien. Quoiqu'une femme soit plus chère que le monde entier, cependant on ne jette pas des amis et des parents dans la mer sur l'ordre de sa femme. Aussi, imbécile! j'ai déjà prédit que ta sottise causerait ta perte. Car

Celui qui par orgueil ne suit pas le conseil donné par des gens de bien trouve promptement sa perte, comme le chameau à la cloche.

Comment cela? dit le crocodile. Le singe dit :

X. — LE CHAMEAU DÉVORÉ PAR UN LION.

Dans un endroit habitait un charron nommé Oudadjalaka [1]. Il était très-affligé de pauvreté, et il pensa : Ah! fi de cette pauvreté dans notre maison! Chacun est content de son travail; mais notre métier ne vaut rien dans cet endroit, car tout le monde a d'anciennes maisons à quatre étages, et moi je n'en ai pas. Par conséquent, à quoi sert mon état de charron? Après avoir ainsi réfléchi, il partit du pays. En passant dans une forêt, il aperçut, au milieu d'un fourré pareil à une caverne, à l'heure du coucher du soleil, une chamelle égarée de sa troupe et tourmentée par les douleurs de la parturition. Il prit la chamelle avec son petit et retourna vers sa demeure. Arrivé à la maison, il prit une corde et attacha la chamelle. Puis, prenant une hache tranchante, il alla dans un endroit de la montagne chercher des branches pour elle. Là il coupa beaucoup de jeunes et tendres rejetons, les mit sur sa tête et les jeta devant la chamelle, qui les mangea peu à peu. Après cela, à force de manger des rejetons jour et nuit, la chamelle devint grasse. Le jeune

---

[1] *Qui a la fraîcheur de l'eau.*

chameau aussi devint grand chameau. Puis le charron tira toujours du lait de la chamelle et nourrit sa famille. Le charron attacha, par affection, une grosse clochette au cou du jeune chameau. Ensuite il pensa : Ah! à quoi bon d'autres travaux pénibles? Puisque cet entretien d'une chamelle est devenu pour moi un bon moyen de nourrir ma famille, qu'ai-je donc besoin d'un autre métier? Après avoir ainsi réfléchi, il alla à la maison et dit à sa femme : Ma chère, si tu es de mon avis, voici une bonne affaire. Je prendrai un peu d'argent de quelque prêteur, et j'irai dans le pays de Gourdjara[1] pour acheter de jeunes chameaux. Tu garderas ces deux-ci avec soin jusqu'à ce que je revienne avec une autre chamelle. Ensuite il alla à un village du Gourdjara, acheta une chamelle, et revint à sa maison. Bref, il fit si bien qu'il réunit un grand nombre de chameaux et de jeunes chameaux. Puis quand il eut formé un grand troupeau de chameaux, il eut un gardien. Il lui donna par an, comme moyen de subsister, un jeune chameau; en outre, il lui fit boire du lait jour et nuit. De cette façon le charron, faisant continuellement le commerce des chamelles et des jeunes chameaux, vécut heureux. Mais les chameaux allaient, pour paître, dans un bocage de l'endroit. Après avoir mangé de tendres plantes rampantes tant qu'ils voulaient, et bu de l'eau dans un grand étang, ils revenaient le soir à la maison tout doucement en jouant, et le premier chameau, par excès d'orgueil, venait derrière les rejoindre. Alors les jeunes chameaux dirent : Ah! ce sot chameau reste derrière comme s'il était égaré du troupeau, et vient en faisant sonner sa cloche. S'il tombe dans la contrée de quelque méchant animal, il trouvera assurément la mort. Or, tandis qu'ils pénétraient dans la forêt, un lion en-

---

[1] Le Guzarate.

tendit le son de la cloche et vint. Comme il regardait, il vit le troupeau de chamelles et de chameaux qui marchait. Mais pendant qu'un restait derrière, jouant et mangeant des plantes rampantes, les autres chameaux, après avoir bu de l'eau, allèrent à leur maison. Lorsque le chameau sortit de la forêt et regarda les points de l'espace, il ne vit et ne connut aucun chemin. Égaré du troupeau, il parcourut tout doucement une petite distance, en faisant beaucoup de bruit. Pendant ce temps le lion, qui suivait le bruit qu'il faisait, s'avança, sortit de la forêt et s'arrêta devant. Quand le chameau arriva près de lui, le lion tira la langue, le saisit à la gorge et le tua.

Voilà pourquoi je dis :

Celui qui par orgueil ne suit pas le conseil donné par des gens de bien trouve promptement sa perte, comme le chameau à la cloche.

Mais, après avoir entendu cela, le crocodile dit : Mon cher !

Les hommes savants dans l'Écriture appellent l'amitié sept pas faits ensemble; et touchant l'amitié je vais dire quelque chose, écoute-le [1].

Aux hommes qui donnent des conseils et sont bienveillants il n'arrive de malheur ni dans l'autre monde ni dans celui-ci.

Ainsi, quoique j'aie été ingrat, fais-moi absolument la grâce de me donner un conseil. Et l'on dit :

Celui qui est bon envers ceux qui lui font du bien, quel mérite a-t-il dans sa bonté? Celui qui est bon envers ceux qui lui font du mal, celui-là est appelé bon par les gens de bien [2].

Après que le singe eut entendu cela, il dit : Mon cher, si c'est ainsi, va donc là et combats avec lui. Et l'on dit :

Tué, tu obtiendras le ciel; vivant, une maison et la gloire : si tu combats, il y aura pour toi deux très-grands avantages.

---

[1] Comparez livre II, page 151.
[2] Sloka cité dans le livre I, page 78.

Devant celui qui est très-puissant, qu'il se prosterne; avec le brave, qu'il ait recours à la discorde; au faible, qu'il fasse un petit présent; contre celui qui est aussi fort que lui, qu'il emploie la force.

Comment cela? dit le crocodile. Le singe dit :

XI. — LE CHACAL ET L'ÉLÉPHANT MORT.

Il y avait dans un endroit d'une forêt un chacal nommé Mahâtchatouraka [1]. Il trouva un jour dans la forêt un éléphant mort de lui-même. Il tourna tout autour de lui, mais il ne put fendre sa peau dure. Pendant ce temps, un lion courant çà et là vint en ce lieu même. Quand le chacal le vit venir, il mit à terre le cercle de sa touffe de cheveux [2], joignit les deux mains, et dit humblement : Seigneur, je suis ici votre porte-massue, et je garde cet éléphant pour vous. Que Sa Seigneurie le mange donc. Le lion, lorsqu'il le vit incliné, dit : Hé! je ne mange jamais une bête tuée par un autre. Et l'on dit :

Dans la forêt même, les lions, qui se nourrissent de la chair des animaux, ne mangent pas d'herbe quand ils ont faim : ainsi les gens bien nés, accablés par l'infortune, ne s'écartent pas du chemin de la morale.

Par conséquent je te gratifie de cet éléphant.

Lorsque le chacal entendit cela, il dit avec joie : Cela est convenable à un maître envers ses serviteurs. Car on dit :

Même dans la dernière condition, celui qui est grand n'abandonne pas les qualités de maître; grâce à sa pureté, le coquillage ne perd pas sa blancheur, quand même il tombe du bec du paon.

Mais après que le lion fut parti, vint un tigre. Lorsque le

---

[1] *Très-rusé.*

[2] C'est-à-dire, se prosterna la tête contre terre. Allusion à la touffe de cheveux que les Hindous conservent sur le haut de la tête.

chacal le vit, il pensa : Ah! j'ai pourtant éloigné un méchant en me prosternant. Comment donc maintenant éloignerai-je celui-ci? C'est sûrement un brave; je n'en viendrai certainement pas à bout sans la discorde. Car on dit :

> Là où il n'est pas possible de faire usage de la conciliation ni des présents, il faut employer la discorde, car elle produit la soumission.

De plus, celui même qui possède toutes les qualités est enchaîné au moyen de la désunion. Et l'on dit :

> Renfermée, cachée, bien ronde et très-belle, la perle même, quand elle est percée, peut être attachée.

Après avoir ainsi réfléchi, il s'avança vers le tigre, le cou relevé fièrement, et dit avec empressement : Mon oncle, comment viens-tu ici te jeter dans la gueule de la mort? Car cet éléphant a été tué par un lion, et celui-ci, après m'en avoir établi gardien, est allé à la rivière pour se baigner. Et en partant il m'a donné cet ordre : Si un tigre vient ici, tu m'en informeras avec le plus grand secret, car il faut que je purge cette forêt de tigres, parce que jadis un tigre a mangé dans un lieu désert un éléphant tué par moi, et en a fait un reste. Depuis ce jour je suis en colère contre les tigres. Lorsque le tigre entendit cela, il fut effrayé et dit au chacal : Hé, mon neveu! fais-moi présent de la vie. Ainsi, quand même il reviendrait ici dans longtemps, ne lui donne aucune nouvelle de moi. Après avoir ainsi parlé, il s'enfuit promptement. Mais quand le tigre fut parti, arriva là un léopard. Lorsque le chacal le vit, il pensa : Ce léopard a des dents solides; je vais donc faire en sorte que ce soit lui qui fende la peau de cet éléphant. Après qu'il eut pris cette résolution, il lui dit aussi : Hé, mon neveu! pourquoi ne t'ai-je pas vu depuis très-longtemps? Et comment? tu parais affamé? Ainsi tu es mon hôte. Voici un éléphant tué par un lion, qui m'en a établi gardien. Mais cependant, tandis que le lion ne vient pas, mange de la chair de cet éléphant, rassasie-toi et va-t'en bien vite. — Mon oncle, répondit le léopard, si c'est ainsi, je n'ai que faire de manger de la chair, car l'homme qui vit voit des centaines de bonheurs. Et l'on dit :

> La nourriture que l'on peut avaler, qui se digère une fois avalée, et qui est salutaire quand elle est digérée, voilà ce que doit manger celui qui désire le bien-être [1].

On ne mange donc absolument que ce qui se digère ; par conséquent je m'en irai d'ici. — Hé, poltron ! dit le chacal, aie confiance et mange. Je t'annoncerai la venue du lion alors même qu'il sera encore loin. Après que cela fut fait, quand le chacal vit la peau fendue par le léopard, il dit : Hé, mon neveu ! va-t'en, va-t'en ! Voici le lion qui vient. Lorsque le léopard entendit cela, il se sauva au loin.

Mais pendant que le chacal, au moyen de l'ouverture faite par le léopard, mangeait un peu de viande, vint un autre chacal, très-furieux. Quand le chacal vit cet animal de même espèce que lui et d'une force égale à la sienne, il récita ce sloka [2] :

> Devant celui qui est très-puissant, qu'il se prosterne ; avec le brave, qu'il ait recours à la discorde ; au faible, qu'il fasse un petit présent ; contre celui qui est aussi fort que lui, qu'il emploie la force.

Il marcha à sa rencontre, le déchira avec ses dents, le mit en fuite, et lui-même mangea longtemps avec plaisir la chair de l'éléphant.

Ainsi toi aussi, au moyen d'une bataille, sois vainqueur de

---

[1] Sloka déjà cité plus haut, page 281.
[2] Voy. page 7, note 1.

cet ennemi, qui est de ton espèce, et mets-le en fuite. Sinon, plus tard, toi-même tu périras par lui dès qu'il aura pris racine. Car on dit :

> Il faut attendre du produit chez les vaches ; il faut attendre des austérités religieuses chez le brâhmane ; il faut attendre de la légèreté chez les femmes ; de son espèce il faut attendre du danger.

Et en outre :

> De bons aliments variés, les femmes de la ville nonchalantes : le pays étranger n'a qu'un défaut, c'est qu'on y est hostile à son espèce.

Comment cela ? dit le crocodile. Le singe raconta :

XII. — LE CHIEN QUI ALLA EN PAYS ÉTRANGER.

Il y avait dans un endroit un chien nommé Tchitrânga[1]. Là survint une longue famine. Par suite du manque de nourriture, les chiens et autres animaux commencèrent à perdre leurs familles. Or Tchitrânga, dont le gosier était amaigri par la faim, s'en alla, par crainte de la famine, en pays étranger, et là, dans une ville, il entrait chaque jour dans la maison d'un chef de famille, grâce à la négligence de la maîtresse du logis, mangeait divers mets et se rassasiait au mieux. Mais, dès qu'il était sorti de cette maison, d'autres chiens insolents l'entouraient de tous côtés et lui déchiraient tout le corps avec leurs dents. Ensuite il réfléchit : Ah ! mieux vaut le pays natal, où, même pendant la famine, on vit heureux, et où personne ne vous fait la guerre. Aussi je m'en vais dans ma ville. Après avoir ainsi réfléchi, il retourna vers sa demeure. Mais lorsqu'il fut revenu du pays étranger, tous ses parents lui demandèrent : Hé, Tchitrânga ! raconte-nous des nouvelles du pays étranger. Com-

---

[1] *Qui a le corps moucheté.*

ment est le pays? Comment le monde s'y conduit-il? Quelle est la nourriture, et quelle profession exerce-t-on là? Il répondit : Comment décrire la nature du pays étranger?

De bons aliments variés, les femmes de la ville nonchalantes : le pays étranger n'a qu'un défaut, c'est qu'on y est hostile à son espèce.

Le crocodile, après avoir entendu le conseil du singe, fut décidé à mourir. Il prit congé du singe et alla à sa demeure. Et là il fit la guerre avec le voleur qui était entré dans sa maison, le tua avec l'appui de sa grande force, reprit sa demeure et vécut longtemps heureux. On dit ceci avec raison :

La prospérité que l'on a acquise sans avoir fait acte de courage, à quoi sert-elle, quand même on en peut bien jouir? Le vieux taureau même mange l'herbe qui lui vient du destin.

LIVRE CINQUIÈME.
LA CONDUITE INCONSIDÉRÉE.

Ici commence le cinquième livre, intitulé la Conduite inconsidérée; en voici le premier sloka[1] :

Un homme ne doit pas faire une chose qu'il a mal vue, mal comprise, mal entendue, mal examinée, comme fit ici le barbier.

On raconte ce qui suit :

I. — LE BARBIER ET LES MENDIANTS.

Il y a dans la contrée du Sud une ville appelée Mahilâropya[2]. Là habitait un négociant nommé Manibhadra[3]. Tout en accomplissant les actes que commandent le devoir, l'intérêt, le plaisir et la délivrance finale[4], il perdit sa fortune par la volonté du destin. Puis, à cause du mépris qui fut la suite de la perte de sa richesse, il tomba dans un profond chagrin. Or une fois, pendant la nuit, il pensa : Ah! fi de cette pauvreté! Car on dit :

Moralité, pureté, patience, droiture, douceur, haute naissance, tout cela ne brille pas chez l'homme qui a perdu sa fortune.

---

[1] Voy. page 7, note 1.
[2] Au lieu de *Pâtalipoutra*, que donne le texte publié par Kosegarten, j'adopte la leçon *Mahilâropya* des manuscrits de Hambourg, leçon qui s'accorde mieux avec la situation géographique indiquée ici.
[3] *Qui a quantité de pierres précieuses.*
[4] Voy. page 4, note 1.

Honneur et fierté, connaissance, beauté et grande intelligence, tout disparaît à la fois quand l'homme a perdu sa fortune.

Comme la beauté de l'hiver frappée par le vent du printemps, l'intelligence des sages même est détruite chaque jour par les soucis des charges de la famille.

Si intelligent que soit l'homme qui possède peu, son intelligence périt par le souci continuel pour le beurre, le sel, l'huile, le riz, le vêtement et le combustible.

Comme un ciel sans étoiles, comme un étang desséché, comme un cimetière affreux, la maison du pauvre, même belle, devient hideuse.

On ne remarque pas les chétifs pauvres, quand même ils demeurent devant soi ; ils sont comme les bulles d'eau, qui dans l'eau continuellement disparaissent à peine nées.

La foule des hommes délaisse celui qui est de bonne famille, habile et honnête, et elle s'attache toujours au riche comme à l'arbre kalpa[1], quand même le riche n'a ni famille, ni habileté, ni moralité.

Les bonnes œuvres d'une vie antérieure portent fruit ici-bas : ceux même qui sont savants et nés de haute famille deviennent aussitôt les serviteurs de celui qui a de la fortune.

Le monde loue volontiers à voix basse le maître des eaux[2], lors même qu'il mugit : tout ce que font les riches n'a rien de honteux ici-bas.

Après avoir ainsi réfléchi, il pensa encore : Aussi je ne prendrai plus de nourriture et je quitterai la vie demain matin. A quoi bon cette existence inutile et malheureuse? Lorsqu'il eut pris cette résolution, il s'endormit. Mais le trésor lotus[3] lui apparut en songe sous la forme d'un mendiant djaina[4], et dit : Hé, négociant ! ne te désespère pas. Je suis le trésor lotus,

---

[1] Voy. page 2, note 9.

[2] Voy. page 88, note.

[3] Padmanidhi, un des neuf trésors de Kouvéra, dieu des richesses.

[4] Les Djainas, ou disciples de Djina, offrent plus d'un trait de ressemblance avec les Bouddhistes. Ils rejettent l'autorité des Védas et n'admettent d'opinion que celle qui est fondée sur la perception ou sur une preuve tirée du témoignage. Les Djainas, bien qu'ils ne reconnaissent pas un créateur, croient néanmoins à un dieu. Ils sont partagés en diverses classes.

gagné par tes ancêtres. En conséquence je viendrai sous cette même forme demain matin dans ta maison. Alors tu me frapperas d'un coup de bâton sur la tête, afin que je devienne d'or et impérissable. Puis le matin, quand il s'éveilla, le marchand se rappela ce songe et resta monté sur la roue de la réflexion : Ah! je ne sais si ce songe sera véridique ou mensonger; mais il devra sûrement être mensonger, parce que jour et nuit je ne pense qu'à la richesse. Car on dit :

Le songe qui apparaît à l'homme malade, chagrin, rongé de soucis, tourmenté par l'amour, ivre, fait voir d'heureux fruits.

Cependant un barbier vint pour nettoyer les ongles de la femme du marchand. Tandis qu'il était occupé à les nettoyer, un mendiant sous la forme décrite parut soudain. Dès que Manibhadra l'aperçut, il eut le cœur joyeux, et le frappa à la tête avec un bâton qui se trouvait à proximité. Le mendiant fut changé en or et tomba à terre à l'instant même. Mais comme le marchand, après l'avoir déposé au milieu de la maison, l'examinait, il aperçut le barbier. Lorsqu'il le vit, il pensa : Ah! peut-être ce qui vient de se passer a-t-il été vu; alors je suis perdu. Après avoir ainsi réfléchi, il gratifia le barbier et lui dit : Prends cet argent et ces vêtements que je te donne; mais, mon cher, ne raconte à personne ce qui vient de m'arriver. Le barbier fit cette promesse, alla à sa maison, et pensa : Sûrement tous ces mendiants nus se changent en or, quand on les frappe sur la tête avec un bâton. En conséquence, moi aussi, demain matin, j'en inviterai un grand nombre et je les frapperai à coups de gourdin, afin d'avoir beaucoup d'or. Pendant qu'il réfléchissait ainsi, la journée et la nuit se passèrent tant bien que mal. Puis au matin il se leva, alla à un couvent de mendiants djainas, mit un vêtement de dessus, fit trois salutations respectueuses au Djina [1], se traîna à terre sur les genoux, posa sur sa bouche le bout de son vêtement de dessus, joignit les mains et récita à haute voix ce sloka :

Gloire à ces Djinas, qui possèdent la seule vraie connaissance, et dont l'esprit est illuminé par la raison dans la vie qui s'appelle existence.

La langue qui loue le Djina est une langue, le cœur qui s'est livré à lui est un cœur, les mains qui lui rendent hommage sont seules dignes de louange.

Après avoir ainsi et de bien d'autres manières glorifié le Djina, il s'approcha du premier des mendiants, mit les genoux et les pieds à terre, et dit : Respect à toi, je te salue! Puis il reçut la bénédiction accompagnée des souhaits d'accroissement de vertu, et les instructions sur les actes religieux, avec la faveur d'un rosaire de bonheur, fit un nœud à son vêtement de dessus, et dit avec respect : Vénérable, il faut qu'aujourd'hui tu te récrées avec tous les ascètes dans ma maison. Le mendiant répondit : Hé, srâvaka [2]! pourquoi parles-tu ainsi quoique tu connaisses la loi? Sommes-nous des brâhmanes, pour que tu nous invites? Errant toujours pour le service du temps présent, quand nous voyons un srâvaka qui a de la dévotion, nous allons dans sa maison; nous cédons difficilement aux sollicitations, et ne mangeons que ce qui est nécessaire pour nous soutenir. Va-t'en donc et ne dis plus pareille chose. Lorsque le barbier eut entendu cela, il dit : Vénérable, je sais cela, je le ferai. Cependant beaucoup de srâvakas vous témoignent de la vénération; mais moi j'ai arrangé des morceaux d'étoffes et d'autres

---

[1] Ce mot signifie *vainqueur*, dans un sens moral et religieux. Le Djina est un personnage divinisé, que les Djainas vénèrent et regardent comme supérieur aux dieux des autres sectes.

[2] Le mot *srâvaka* signifie *auditeur*; c'est le nom que l'on donne aux dévots ou laïques dans la secte des Djainas.

choses d'un grand prix et convenables pour couvrir des livres, et je donne de l'argent à des copistes pour copier des livres. Il faut donc absolument que vous fassiez ce qui convient à la circonstance. Après avoir ainsi parlé, il s'en alla vers sa maison. Arrivé au logis, il apprêta un bâton de khadira[1], le mit dans un coin de la porte, et, au bout de quatre heures et demie, il retourna au couvent et resta à la porte. Puis comme les mendiants sortaient à la file, il les conduisit tous à sa maison, à la demande du supérieur. Tous les mendiants, par convoitise des morceaux d'étoffes et de l'argent, abandonnèrent même les srâvakas dévots qu'ils connaissaient, et le suivirent avec joie. Et certes on dit ceci avec raison :

Le solitaire qui a abandonné sa maison, qui n'a d'autre vase que sa main, d'autre vêtement que l'atmosphère, est lui-même tourmenté dans le monde par le désir : voyez la chose curieuse !

A celui qui vieillit les cheveux vieillissent, les dents vieillissent à celui qui vieillit, les yeux et les oreilles vieillissent, le désir seul reste jeune.

Ensuite le barbier les fit entrer dans la maison, ferma la porte et les frappa à coups de bâton sur la tête. Parmi ces mendiants frappés, les uns moururent ; les autres, la tête fendue, se mirent à pousser des sanglots. Cependant les gens du gouverneur de la forteresse de la ville entendirent leurs cris lamentables et vinrent. Ils dirent : Hé ! qu'est-ce que ce grand bruit au milieu de la ville ? Et comme en criant : Allons ! allons ! ils accouraient tous vers la maison et regardaient, ils virent des mendiants dont le corps était inondé de sang se sauver de la maison du barbier, et ils leur demandèrent : Hé ! qu'est-ce ? Ceux-ci racontèrent, telle qu'elle s'était passée, leur aventure avec le barbier. Les gardes attachèrent le barbier avec des

---

[1] Voy. page 13, note 1.

cordes solides, et l'emmenèrent à la cour de justice avec les mendiants qui restaient du massacre. Les juges lui demandèrent : Hé ! pourquoi as-tu commis cette mauvaise action ? Il répondit : Hé ! que dois-je faire ? J'ai été témoin d'une action semblable dans la maison du négociant Manibhadra. Après avoir dit cela, il leur raconta l'aventure de Manibhadra comme il l'avait vue. Les juges envoyèrent quelqu'un appeler Manibhadra. L'envoyé alla, et amena Manibhadra. Les juges demandèrent à celui-ci : Hé, négociant ! est-ce que tu as tué un mendiant ? Puis Manibhadra raconta toute l'histoire du mendiant. Ensuite les juges dirent : Ah ! qu'on empale ce méchant barbier, qui agit sans bien examiner. Après que cela fut fait, ils dirent :

Il ne faut pas agir sans examiner, il faut agir après mûr examen ; sinon, le repentir vient après, comme à la femme d'un brâhmane à cause d'un ichneumon [1].

Comment cela ? dit Manibhadra. Les juges dirent :

II. — LE BRÂHMANE, SA FEMME ET L'ICHNEUMON.

Il y avait dans un endroit un brâhmane nommé Dévasarman [2]. Sa femme accoucha et mit au monde un fils. Le même jour, un ichneumon femelle mit bas un ichneumon. Pleine de tendresse pour son enfant, la femme du brâhmane nourrissait l'ichneumon aussi comme un fils, lui donnait son lait, le frottait avec de l'huile, et cetera. Mais pensant qu'il pourrait peut-être, à cause de la méchanceté de son espèce, faire du mal à l'enfant, elle ne se fiait pas à lui. Et certes on dit ceci avec raison :

Un mauvais fils même, mal élevé, laid, sot, vicieux et méchant, peut causer la joie du cœur aux hommes.

---

[1] Voy. page 131, note 1.
[2] *Qui a le bonheur des dieux.*

Assurément le monde dit : Le sandal est frais, en vérité; le contact du corps d'un fils surpasse de beaucoup le sandal.

Généralement les hommes ne désirent pas le lien de l'amitié avec un bon père, ni avec personne, comme avec un fils.

Or un jour, après avoir bien posé l'enfant sur le lit, elle prit le pot à l'eau et dit à son mari : Hé, maître! je vais aller à l'étang chercher de l'eau; tu veilleras à la garde de ce fils contre l'ichneumon. Mais lorsqu'elle fut partie, le brâhmane laissa la maison vide et s'en alla aussi quelque part pour recueillir des aumônes. Cependant un serpent noir[1] sortit d'un trou et vint, par la volonté du destin, auprès du lit de l'enfant. L'ichneumon s'avança contre cet ennemi naturel, l'attaqua en chemin de crainte qu'il ne tuât son frère, combattit avec le méchant serpent, le mit en morceaux et le jeta loin. Puis, content de sa bravoure, la gueule inondée de sang, il alla au-devant de la mère pour montrer son ouvrage. Mais la mère, quand elle le vit venir la gueule baignée de sang et très animé, pensa avec crainte : Ce méchant a sans doute mangé mon enfant; et de colère, sans réfléchir, elle lui jeta le pot plein d'eau. Par l'effet seul de la chute du pot l'ichneumon perdit la vie, et lorsque, le laissant là sans s'inquiéter de lui, la mère entra dans sa maison, l'enfant dormait tout comme auparavant, et auprès de son lit elle vit un grand serpent noir coupé en morceaux. Puis son cœur fut affligé de chagrin d'avoir tué inconsidérément un fils qui avait rendu service, et elle se frappa la tête, la poitrine, et cetera. Quand en cette occurrence le brâhmane aussi, après avoir couru çà et là, revint de quelque part avec les présents qu'il avait reçus et vit cela, la brâhmanî, accablée de chagrin à cause de son fils, se lamenta : Hé, hé, homme avide! puisque,

---

[1] Voy. page 65, note.

dominé par l'avidité, tu n'as pas fait ce que je disais, recueille maintenant le fruit de l'arbre de ta faute, le chagrin de la mort de ton fils. Et certes voilà ce qui arrive à ceux qui sont aveuglés par la cupidité. Car on dit :

Il ne faut pas avoir trop d'avidité; mais qu'on ne renonce pas au désir. A celui qui est dominé par l'avidité une roue tourne sur la tête [1].

Comment cela? dit le brâhmane. La brâhmanî raconta :

III. — LES QUATRE BRÂHMANES QUI CHERCHENT LA FORTUNE.

Ici dans un endroit habitaient quatre brâhmanes, unis les uns aux autres par une constante amitié. Affligés d'une excessive pauvreté, ils se consultèrent : Ah! fi de cette misérable condition! Et l'on dit :

Mieux vaut habiter une forêt pleine de tigres et d'éléphants, déserte, couverte d'une grande quantité de ronces, avoir l'herbe pour lit et l'écorce pour vêtement, que de vivre pauvre au milieu de ses parents.

Les hommes qui n'ont pas d'argent ont beau joindre la bravoure à la vertu, leur maître, quand même il est bien servi, les hait; leurs plus proches parents les évitent promptement, leurs qualités ne brillent pas, leurs enfants les abandonnent, les malheurs s'accumulent sur eux; leur femme, fût-elle même d'excellente famille, ne les aime pas, et les amis ne vont pas vers eux.

Qu'il soit brave, beau, agréable, éloquent; qu'il connaisse toutes les Écritures; sans fortune, un mortel n'obtient pas l'ornement des arts ici-bas dans le monde des hommes.

Par conséquent mieux vaut la mort que la pauvreté. Et l'on dit :

Lève-toi, mon ami, porte un instant le fardeau de ma pauvreté, pendant que, fatigué, je jouirai après longtemps de ton bonheur né de la

---

[1] Comparez livre II, page 161.

mort. Ainsi interpellé par le pauvre qui allait vite au cimetière, le cadavre reconnut que la mort est un plus grand bonheur que la pauvreté, et resta silencieux.

Il faut donc de toute façon s'efforcer d'acquérir de la richesse.

Après qu'ils eurent ainsi réfléchi et pris la résolution d'aller en pays étranger, ils abandonnèrent maison et amis, et partirent tous quatre. Et certes on dit ceci avec raison :

Il délaisse son ami, se sépare de tous ses parents, abandonne promptement sa mère même, quitte le pays natal et va en pays étranger au milieu de gens désagréables, l'homme dont l'esprit est troublé par la richesse; à plus forte raison, celui qui est pauvre.

Ils arrivèrent ainsi, en marchant, dans le pays d'Avantî[1]. Comme, après s'être baignés là dans l'eau de la Siprâ[2], et s'être prosternés devant le dieu Srî Mahâkâla[3], ils poursuivaient leur route, ils rencontrèrent un éminent yogui[4], nommé Bhairavânanda[5]. Ils lui adressèrent la parole de la manière qui convient à des brâhmanes, et allèrent tous avec lui dans son couvent. Or le yogui leur demanda : D'où venez-vous? Où allez-vous? Quel est votre but? Puis ils répondirent : Nous sommes des pèlerins qui cherchent un pouvoir magique; nous irons là où nous trou-

---

[1] Nom ancien de la ville d'Oudjayanî, aujourd'hui Oudjein, une des sept villes sacrées des Hindous.

[2] Appelée aujourd'hui Sipparah, rivière près de la ville d'Oudjein.

[3] Nom de Siva représenté sous sa forme de dieu destructeur.

[4] Ascète qui se livre à la pratique de dévotion appelée *yoga*, ou union intime avec le grand Être. Pour arriver à ce genre de perfection, il faut être insensible à toutes les impressions extérieures, et se montrer indifférent pour la peine comme pour le plaisir. Lorsque le dévot, absorbé dans une méditation profonde, est uni à Brahmâ, il est doué, dit-on, de certains dons surnaturels, tels que la faculté d'atteindre les objets les plus éloignés, le pouvoir de satisfaire tous ses désirs, etc.

[5] *Qui a la félicité de Siva.*

verons la satisfaction de la richesse ou la mort. C'est notre résolution. Et l'on dit :

Quelquefois l'eau tombe du ciel, elle vient aussi des régions souterraines dans le puits ; le destin est incompréhensible et fort, mais l'action de l'homme n'est-elle pas forte aussi ?

L'homme arrive à l'entier accomplissement de ses désirs en faisant acte viril ; même ce que tu appelles destin est une qualité de l'homme, qui porte le nom de destinée.

Si l'on ne livre pas son corps à la fatigue, on n'obtient ici-bas que peine et pas de plaisirs : le destructeur de Madhou[1] serre Lakchmî dans ses bras fatigués par le barattement[2].

La supériorité est difficile à acquérir tant que l'homme ne fait pas acte de courage : quand il s'est élevé au-dessus de la Balance, le soleil est vainqueur des multitudes de nuages même[3].

Dis-nous donc un moyen d'acquérir de la fortune, soit l'entrée dans une caverne, le séjour dans un cimetière, le meurtre d'une sâkinî[4], la vente de chair humaine, une boule magique, ou autre chose. On rapporte que tu as un pouvoir magique merveilleux, et nous sommes très-courageux. Et l'on dit :

Les grands sont seuls capables d'accomplir les desseins des grands : excepté l'Océan, quel autre peut supporter le feu sous-marin[5] ?

Bhairavânanda, lorsqu'il eut reconnu la capacité de ces disciples, fit quatre boules magiques, leur en donna une à chacun, et dit : Allez dans la région du nord du mont Himâlaya[6]. Là

---

[1] Ennemi des dieux, qui fut tué par Vichnou.

[2] Sur Lakchmî, voy. page 58, note 3. Ce passage fait allusion au barattement de la mer d'où naquit cette déesse.

[3] Stance citée dans le livre I, page 105.

[4] Espèce de démon femelle.

[5] Voy. page 282, note 1.

[6] Chaîne de montagnes qui borne l'Inde au nord et la sépare de la Tartarie ; c'est l'Imaus et l'Emodus des anciens.

où sa boule tombera, l'un de vous trouvera certainement un trésor. Après que cela fut fait, pendant qu'ils cheminaient, la boule de l'un d'eux, celui qui marchait en tête, tomba de sa main à terre. Quand il creusa à cet endroit, il trouva la terre pleine de cuivre. Puis il dit : Ah! prenez de ce cuivre tant que vous voudrez. Mais les autres dirent : Ô sot! à quoi bon cela? car, même en abondance, le cuivre ne détruit pas la pauvreté. Lève-toi donc, nous allons plus loin. Il répondit : Allez vous autres, je ne vous accompagnerai pas plus loin. Après avoir ainsi parlé, il prit du cuivre tant qu'il voulut, et s'en retourna le premier. Les trois autres allèrent plus loin. Lorsque celui qui marchait en tête eut parcouru une petite distance, sa boule tomba. Quand lui aussi creusa, il trouva la terre pleine d'argent. Alors, transporté de joie, il dit : Hé! prenez de l'argent tant que vous voudrez; il ne faut pas aller plus loin. Les deux autres dirent : Ô sot! derrière nous la terre était pleine de cuivre; ici la terre est pleine d'argent; assurément donc plus loin elle sera pleine d'or. Cet argent, même en abondance, ne mettra pas fin à notre pauvreté. Par conséquent nous irons tous deux plus loin. Puis il répondit : Allez vous deux, je n'irai pas avec vous. Après avoir ainsi parlé, il prit de l'argent tant qu'il put, et retourna à la maison. Pendant que les deux autres cheminaient, la boule de l'un tomba. Quand lui aussi creusa, la terre était pleine d'or. A cette vue il fut joyeux et dit à l'autre : Hé! prends de l'or tant que tu voudras; plus loin il n'y a rien au-dessus de cela. Celui-ci dit : Sot! ne sais-tu pas? Nous avons trouvé d'abord du cuivre, puis de l'argent et ensuite de l'or; par conséquent, plus loin il y aura sûrement des pierres précieuses, dont même une seule mettra fin à notre pauvreté. Lève-toi donc, allons plus loin. A quoi bon cet or, même en grande quantité, puisqu'il est un fardeau? Il répondit : Va, je reste ici et je t'attendrai.

Après que cela fut fait, le brâhmane s'en alla seul, et, le corps brûlé par les rayons du soleil de la saison chaude et le cœur troublé par la soif, il s'écarta du chemin de la terre des siddhas [1], et erra çà et là. Pendant qu'il errait, il aperçut sur une éminence un homme sur la tête duquel tournait une roue, et dont le corps était baigné de sang. Puis il alla au plus vite, et lui dit : Hé! qui es-tu? Pourquoi es-tu là ainsi avec une roue tournant sur ta tête? Dis-moi donc s'il y a de l'eau quelque part, car je suis tourmenté de la soif. Tandis que le brâhmane parlait ainsi, la roue monta à l'instant même de la tête de cet homme sur la sienne. Il dit : Mon cher, qu'est-ce? L'homme répondit : A moi aussi elle m'est montée de cette manière sur la tête. Le brâhmane reprit : Dis-moi donc, quand descendra-t-elle? J'éprouve une grande souffrance. L'homme répondit : Quand quelqu'un viendra comme toi avec une boule magique dans la main et t'adressera la parole, alors cette roue montera sur sa tête. Le brâhmane dit : Combien de temps es-tu resté dans cette position? L'homme demanda : Qui est maintenant roi sur la terre? Le brâhmane à la roue répondit : Le roi Vînâvatsa [2]. L'homme dit : Quand Râma [3] était roi, affligé de pauvreté, je vins comme toi avec cette boule magique. Alors je vis un autre homme qui portait une roue sur la tête, et je l'interrogeai. Puis, pendant que je le questionnais, la roue monta de sa tête sur la mienne,

---

[1] C'est ainsi qu'on appelle un être divin dont le rôle et les attributs ne sont pas bien définis, une espèce de demi-dieu ou d'esprit habitant les airs ou la région qui s'étend entre la terre et le soleil. On donne ce même nom à un écrivain inspiré, à un personnage auquel on attribue la connaissance du passé, du présent et de l'avenir. Ici, par le mot *siddha*, il faut entendre un magicien, un personnage qui, en se livrant à certaines pratiques de magie, a acquis un pouvoir surnaturel.

[2] Suivant Wilson, ce prince ne serait autre que Oudayana ou Vatsa, roi de Kausambhi, célèbre par son habileté à jouer de la vînâ.

[3] Voy. page 126, note 2.

comme elle est montée sur la tienne. Mais je ne puis calculer le temps. — Mon cher, dit le brâhmane à la roue, comment donc, pendant que tu étais dans cette position, avais-tu des aliments et de l'eau? — Mon cher, répondit l'homme, Dhanada [1], par crainte que ses trésors ne soient dérobés, montre cet objet de terreur aux magiciens, afin qu'aucun ne vienne ici. Mais si d'une façon ou d'autre quelqu'un y vient, il n'a ni faim, ni soif, ni sommeil, il est exempt de vieillesse et de mort, et il n'éprouve que la douleur que cause la roue. Maintenant donc laisse-moi aller à ma maison. J'ai été délivré par toi de cette longue souffrance; aussi maintenant je vais aller à ma demeure. Lorsqu'il eut ainsi parlé, il s'en alla.

Après qu'il fut parti, le magicien à l'or pensa : Que mon compagnon tarde! Il se livra à sa recherche et se mit en route en suivant la ligne de ses traces. Quand il arriva à quelque distance, il vit son compagnon le corps baigné de sang et souffrant d'une roue acérée qui tournait sur sa tête. Puis, lorsqu'il fut près de lui, il lui demanda, les larmes aux yeux : Mon cher, qu'est-ce? Celui-ci répondit : L'ordre du destin. Le magicien à l'or reprit : Parle donc, qu'est-ce? Le brâhmane, questionné par lui, raconta toute l'histoire de la roue. Quand le magicien à l'or eut entendu cela, il lui dit en lui faisant des reproches : Hé! j'ai voulu t'empêcher de toutes les manières, et tu n'as pas écouté mes paroles. Quoi donc faire? Il ne faut pas montrer trop d'avidité. Un savant même, de bonne famille, manque d'intelligence. Et certes on dit ceci avec raison :

Mieux vaut l'intelligence que le savoir; l'intelligence est au-dessus de la science : ceux qui manquent d'intelligence périssent comme ceux-là qui firent un lion.

---

[1] Celui qui donne les richesses. Nom de Kouvéra.

Comment cela? demanda le brâhmane à la roue. Le magicien à l'or raconta :

IV. — LES BRÂHMANES ET LE LION.

Dans un endroit habitaient quatre fils de brâhmanes qui éprouvaient les uns pour les autres la plus grande amitié. Trois d'entre eux avaient appris toutes les sciences, mais ils manquaient d'intelligence; l'autre, au contraire, s'était éloigné des sciences et n'avait que de l'intelligence. Or un jour ils se réunirent et délibérèrent : Quelle valeur a la science, si l'on n'acquiert pas de fortune en allant en pays étranger et en gagnant la faveur des rois? Allons donc tous absolument en pays étranger. Après qu'ils eurent fait ainsi et qu'ils eurent parcouru une certaine étendue de chemin, le plus vieux d'entre eux dit : Ah! un de nous, le quatrième, est ignorant et n'a que de l'intelligence. Mais sans science on ne reçoit pas de présents des rois avec de l'intelligence seulement. Par conséquent, nous ne lui donnerons aucune part de ce que nous gagnerons. Qu'il s'en retourne donc et qu'il aille à sa maison. Puis le second dit : Hé, homme intelligent! tu n'as pas de savoir, va donc à ta maison. Ensuite le troisième dit : Ah! il n'est pas convenable d'agir ainsi, car dès l'enfance nous avons joué ensemble. Qu'il vienne donc; il est très-digne d'avoir part à la richesse que nous aurons gagnée.

Après que cela fut fait, pendant qu'ils poursuivaient leur route, ils aperçurent dans une forêt les ossements d'un lion mort. Alors l'un d'eux dit : Ah! faisons preuve de la science que nous avons apprise autrefois. Voici un animal mort; nous lui rendrons la vie par le pouvoir de la science bien étudiée. Puis l'un d'eux dit : Je sais assembler les os. Le deuxième dit : Je donne la peau, la chair et le sang. Le troisième dit : Je donne la vie. Ensuite le premier assembla les os, le deuxième les attacha au moyen de la peau, de la chair et du sang. Comme le troisième était occupé à leur donner la vie, celui qui était intelligent l'arrêta et lui dit : C'est un lion; si tu le rends vivant, il nous tuera tous. Alors le savant répondit : Fi, ignorant! je ne rendrai pas la science stérile. Puis l'autre dit : Attends donc un instant, que je monte sur cet arbre qui est près de nous. Après que cela fut fait, quand le lion fut rendu vivant, il se leva et tua les trois savants. Mais celui qui était intelligent, dès que le lion fut allé dans un autre endroit, descendit de l'arbre et retourna à sa maison.

Voilà pourquoi je dis :

Mieux vaut l'intelligence que le savoir; l'intelligence est au-dessus de la science : ceux qui manquent d'intelligence périssent comme ceux-là qui firent un lion.

Outre cela on dit aussi :

Ceux même qui sont versés dans les livres, quand ils ne connaissent pas les usages du monde, tombent tous dans le ridicule comme ces sots savants.

Comment cela? demanda le brâhmane à la roue. Le magicien à l'or dit :

V. — LES QUATRE SAVANTS.

Dans un endroit habitaient quatre brâhmanes qui avaient de l'amitié les uns pour les autres. Dans leur enfance il leur vint cette pensée : Hé! quand on va en pays étranger, on acquiert de la science. Puis un jour ces brâhmanes prirent résolution ensemble, et allèrent à Kânyakoubdja[1], pour acquérir de la

---

[1] Kânyakoubdja, ou Canoge, était située dans la partie centrale de l'Hindoustan, sur la rive occidentale du Gange, au nord du confluent de ce fleuve et de

science. Là ils allèrent dans un couvent où l'on enseignait la science, et ils étudièrent. Lorsque, après avoir ainsi passé douze ans, ils furent tous devenus, par leur application, habiles dans la science, ils se réunirent tous quatre, et dirent : Nous sommes tous arrivés au bout de la science; prions donc notre précepteur de nous congédier, et retournons dans notre pays. — Faisons ainsi, dirent les brâhmanes; puis ils prièrent leur précepteur de les congédier, et, lorsqu'ils eurent obtenu la permission de s'en aller, ils prirent leurs livres et partirent. Quand ils eurent fait un peu de chemin, deux routes se joignaient. Alors ils s'assirent tous. Là un d'entre eux dit : Par quel chemin irons-nous? Or comme ces savants cheminaient avec un voyageur qui allait à une réunion de marchands, un âne était là dans un cimetière. Ils dirent : Qu'est-ce? Alors le second ouvrit son livre et dit : Celui qui reste là est un ami. Ah! c'est donc notre ami. Ensuite un d'eux se pendit au cou de l'âne, un autre lui lava les pieds. Pendant que ces savants regardaient dans l'espace, ils aperçurent un chameau. Ils dirent : Qu'est-ce? Alors le troisième ouvrit son livre et dit : La marche de Dharma [1] est prompte. C'est donc Dharma. Le quatrième dit : On doit joindre ce qu'on aime à Dharma. Puis ils attachèrent l'âne au cou du chameau. Quelqu'un alla rapporter cela au teinturier. Quand le teinturier vint pour battre ces sots savants, ils se sauvèrent. Lorsqu'ils eurent fait un peu de chemin en avant, ils rencontrèrent une rivière. Un des savants vit au milieu de l'eau de cette rivière une feuille de palâsa [2] qui s'était approchée, et il dit : La feuille qui vient nous passera. Après qu'il eut dit cela, il sauta sur la feuille; et

---

la Yamounâ. Cette ville, dont il ne reste que des ruines, est comprise, avec son territoire, dans la province moderne d'Agra.

[1] Voy. page 50, note 2.
[2] Voy. page 121, note 1.

comme la rivière l'entraînait, un autre savant, le voyant entraîné, le saisit par le bout des cheveux, et dit :

Quand il s'agit de tout perdre, le sage abandonne la moitié et fait son affaire avec l'autre moitié, car la perte du tout est difficile à supporter[1].

En disant ces mots, il lui coupa la tête.

Et comme ensuite ces savants poursuivaient leur chemin, ils arrivèrent à un village. Ils furent invités par les villageois et conduits chacun dans une maison. Puis on donna à l'un pour nourriture du vermicelle accommodé avec du beurre et du sucre. Alors le savant réfléchit, regarda dans son livre, et dit : Celui qui est long périt. Après avoir dit cela, il laissa le manger et s'en alla. Au deuxième on donna des mandakas[2], et il dit : Ce qui est trop étendu ne vit pas longtemps. Et il laissa le manger et s'en alla. A l'autre on donna pour nourriture des légumes hachés et frits dans du beurre. Alors ce savant aussi dit : Où il y a des côtés faibles[3] les maux se multiplient. Ces trois savants s'en allèrent ainsi de cet endroit dans leur pays, le gosier amaigri par la faim et moqués des gens.

Voilà pourquoi je dis :

Ceux même qui sont versés dans les livres, quand ils ne connaissent pas les usages du monde, tombent tous dans le ridicule comme ces sots savants.

Après avoir entendu cela, le brâhmane à la roue dit : Ah ! cela n'a pas de raison, que des gens de beaucoup d'intelligence périssent frappés par le sort, tandis que des gens de très-peu

---

[1] Sloka cité dans le livre IV, page 282.
[2] Espèce de gâteaux minces, faits avec de la farine de froment et du sucre.
[3] Le texte joue ici sur le mot *tchhidra*, qui signifie à la fois *trou*, *cavité* et *côté faible*.

d'intelligence, protégés par le destin, sont dans la joie. Et l'on dit :

Satabouddhi est mis sur la tête du pêcheur et Sahasrabouddhi pend à une corde; moi Ékabouddhi, ma chère, je joue dans l'eau claire.

Comment cela? dit le magicien à l'or. Le brâhmane à la roue raconta :

VI. — LES DEUX POISSONS ET LA GRENOUILLE.

Dans un étang habitaient deux poissons nommés Satabouddhi[1] et Sahasrabouddhi[2]. Une grenouille nommée Ékabouddhi[3] devint leur amie. Ils jouissaient ainsi tous trois un peu de temps, sur le bord de l'eau, du plaisir de belles conversations, et rentraient ensuite dans l'eau. Or un jour qu'ils s'étaient réunis pour converser, des pêcheurs, avec des filets à la main et portant sur la tête beaucoup de poissons morts, vinrent au moment du coucher du soleil. Lorsqu'ils virent cet étang, ils se dirent les uns aux autres : Ah! cet étang paraît très-poissonneux, et il a très-peu d'eau. Aussi demain matin nous viendrons ici. Après avoir ainsi parlé, ils s'en allèrent à leur maison. Les trois amis, quand ils eurent entendu ces paroles semblables à un coup de foudre, tinrent conseil ensemble. Alors la grenouille dit : Hé, chers Satabouddhi et Sahasrabouddhi! que convient-il ici de faire? Faut-il fuir ou rester? En entendant cela, Sahasrabouddhi rit et dit : Hé, amie! ne t'effraye pas pour avoir seulement entendu des paroles. Il n'est pas probable qu'ils viennent; mais s'ils viennent, alors, par la force de mon intelligence, je te préserverai et moi aussi, car je connais beaucoup

---

[1] *Qui a l'intelligence de cent.*
[2] *Qui a l'intelligence de mille.*
[3] *Qui a l'intelligence d'un seul.*

de chemins de l'eau. Lorsque Satabouddhi eut entendu cela, il dit : Hé! ce que dit Sahasrabouddhi est vrai. Et certes on dit ceci avec raison :

Là où il n'y a pas de chemin pour le vent ni pour les rayons du soleil, là même l'intelligence de ceux qui sont intelligents pénètre toujours vite.

Et ainsi :

Il n'est nulle part dans le monde rien à quoi ne puisse parvenir l'intelligence de ceux qui sont intelligents : par son intelligence Tchânakya tua les Nandas [1], qui avaient le glaive en main.

Ainsi on ne peut pas, pour avoir seulement entendu une parole, abandonner le lieu de naissance transmis successivement par les aïeux. Il ne faut donc pas s'en aller autre part. Je te protégerai par la force de mon intelligence. — Mes chers, dit la grenouille, je n'ai qu'une intelligence, et elle me conseille de fuir. Aussi j'irai aujourd'hui même avec ma femme dans un autre étang. Après avoir ainsi parlé, la grenouille, dès qu'il fut nuit, alla dans un autre étang. Or, le jour suivant, les pêcheurs, pareils aux serviteurs de Yama [2], vinrent au matin et couvrirent l'étang de filets. Tous les animaux aquatiques, poissons, tortues, grenouilles, écrevisses et autres, furent pris au filet. Satabouddhi et Sahasrabouddhi s'enfuirent avec leurs femmes et se préservèrent longtemps, par la connaissance qu'ils avaient de différents chemins, en tournant çà et là; néanmoins ils tombèrent dans le filet et furent tués. Puis dans l'après-midi les pêcheurs, joyeux, se mirent en route vers la maison. L'un porta Satabouddhi sur sa tête, parce qu'il était lourd; un autre emporta

---

[1] Tchânakya (voy. page 2, note 5) fit périr les princes de la famille de Nanda, et mit sur le trône de Pâtaliputra Tchandragoupta, le Sandracottus dont parlent les auteurs classiques et notamment Plutarque.

[2] Voy. page 1, note 2.

Sahasrabouddhi attaché à une corde. Alors la grenouille Ékabouddhi, qui était venue sur le bord de l'étang, dit à sa femme : Vois, vois, ma chère :

Satabouddhi est mis sur la tête du pêcheur et Sahasrabouddhi pend à une corde; moi Ékabouddhi, ma chère, je joue dans l'eau claire.

Aussi je dis : L'intelligence même n'est pas une autorité absolue.

Quoique cela soit vrai, dit le magicien à l'or, cependant on ne doit pas mépriser les paroles d'un ami. Mais que faire? Bien que j'aie voulu t'empêcher, tu ne t'es pas arrêté, par excès de cupidité et par orgueil de ta science. Et certes on dit ceci avec raison :

Bien, mon oncle! quoique je t'aie averti, tu n'as pas cessé de chanter : ce joyau de nouvelle espèce que l'on t'a attaché, c'est le salaire du chant, que tu as reçu.

Comment cela? dit le brâhmane à la roue. Le magicien à l'or dit :

VII. — L'ÂNE ET LE CHACAL.

Il y avait dans un endroit un âne nommé Ouddhata [1]. Le jour, il portait des fardeaux dans la maison d'un teinturier; la nuit, il rôdait selon sa fantaisie. Or comme une fois, pendant la nuit, il rôdait dans les champs, il contracta amitié avec un chacal. Les deux amis brisaient les clôtures, entraient dans les champs de concombres, en mangeaient les fruits tant qu'ils voulaient; et, le matin, ils retournaient à leur demeure. Mais un jour l'âne présomptueux, étant au milieu d'un champ, dit au chacal : Hé, mon neveu! vois, la nuit est très-claire; aussi je

---

[1] *Orgueilleux.*

vais chanter. Dis-moi donc suivant quel mode je dois chanter.
— Mon oncle, répondit le chacal, à quoi bon cette démonstration inutile ? Car nous faisons le métier de voleur. Les voleurs et les galants doivent se tenir cachés. Et l'on dit :

> Celui qui a la toux doit fuir le vol, celui qui est paresseux doit éviter de voler des peaux, celui qui est malade doit fuir la gourmandise, si ici-bas ils désirent vivre.

Et ton chant imite le son d'une conque et n'est pas agréable. Dès qu'ils l'entendront, même de loin, les gardes des champs se lèveront, te réduiront en captivité et te tueront. Mange donc seulement ces concombres, qui ont la saveur de l'ambroisie; ne t'occupe pas ici de chant. Lorsque l'âne eut entendu cela, il dit : Hé ! comme tu habites la forêt, tu ne connais pas le goût du chant ; voilà pourquoi tu dis cela. Et l'on dit :

> Quand le clair de lune d'automne dissipe au loin l'obscurité, auprès d'un objet aimé, l'ambroisie que produit le murmure du chant pénètre dans l'oreille des heureux.

Mon oncle, dit le chacal, c'est vrai ; mais tu as un cri rude. Par conséquent, à quoi bon ce cri, qui renverserait nos projets ? L'âne répondit : Fi ! fi ! ignorant ! Est-ce que je ne connais pas le chant ? Écoute donc comment il se divise ; voici :

> Il y a, dit-on, sept sons, trois octaves, vingt et un demi-tons, quarante-neuf mesures, trois quantités, trois temps, trois intervalles, six sortes de pauses, neuf sentiments, vingt-six modes, puis quarante états de l'âme.
> Ce système de chant, composé, dit-on, de cent quatre-vingt-cinq éléments, fait d'or et sans défaut, comprend toutes les parties du chant [1].

---

[1] Je traduis de mon mieux ; mais ce passage est fort obscur, vu notre ignorance en ce qui concerne la musique indienne.

On ne voit rien au monde de plus agréable que le chant, même pour les dieux : par le charme du son de tendons desséchés, Râvana[1] prit Siva[2].

Pourquoi donc, mon neveu, m'appelles-tu ignorant et m'empêches-tu? — Mon oncle, dit le chacal, si c'est ainsi, je resterai à la porte de la clôture et je guetterai le garde des champs; quant à toi, chante tant que tu voudras. Après que cela fut fait, l'âne tendit son cou et se mit à crier. Puis le garde des champs, quand il entendit le cri de l'âne, grinça les dents de colère, prit un bâton et accourut. Lorsqu'il aperçut l'âne, il lui donna tant de coups de bâton, que Ouddhata, accablé de coups, tomba à terre. Ensuite le garde des champs lui attacha au cou un mortier de bois troué, et se coucha. Mais l'âne, par l'effet de la nature de son espèce, se releva à l'instant sans plus sentir de douleur. Et l'on dit :

Chez le chien, l'âne et le cheval, et principalement chez l'âne, la souffrance produite par les coups n'existe plus un moment après.

Puis il brisa la clôture et se mit à fuir avec le mortier. Cependant le chacal l'aperçut de loin et dit en riant :

Bien, mon oncle! quoique je t'aie averti, tu n'as pas cessé de chanter : ce joyau de nouvelle espèce que l'on t'a attaché, c'est le salaire du chant, que tu as reçu.

Ainsi, toi non plus, bien que j'aie voulu t'empêcher, tu ne t'es pas arrêté.

---

[1] Souverain de Lankâ ou Ceylan. Il avait enlevé Sîtâ, femme de Râma. Ce prince, à la tête d'une nombreuse armée, alla châtier le ravisseur, le vainquit et le tua, malgré la puissance surnaturelle dont il était doué. Râvana était issu de Brahmâ par Poulastya, père de la race des râkchasas ou génies malfaisants. Il était fils du mouni Visravas et frère de Kouvéra, dieu des richesses. Comme descendant de Poulastya, on lui donne la qualité de râkchasa. Il est représenté avec dix têtes.

[2] Voy. page 42, note 1.

Après avoir entendu cela, le brâhmane à la roue dit : Hé, ami! c'est vrai. Et certes on dit ceci avec raison :

Celui qui n'a pas par lui-même de sagesse, et qui ne suit pas le conseil d'un ami, va à sa perte, comme le tisserand Manthara.

Comment cela? dit le magicien à l'or. Le brâhmane à la roue raconta :

VIII. — LES SOUHAITS.

Il y avait dans un endroit un tisserand nommé Mantharaka[1]. Comme un jour il tissait des étoffes, tous ses bois de tisserand se brisèrent. Alors il prit une hache, courut de tous côtés pour chercher du bois, et arriva au bord de la mer. Là il vit un grand arbre sinsapâ[2], et pensa : Voici un grand arbre; si je le coupe, j'aurai beaucoup d'instruments de tissage. Après avoir ainsi réfléchi, il leva la hache sur le sinsapâ. Mais dans cet arbre résidait un esprit, qui dit : Hé! cet arbre est ma demeure; il faut donc absolument l'épargner, car ici le vent, rafraîchi par le contact des flots de la mer, touche mon corps, et je suis très-heureux. — Hé! dit le tisserand, que dois-je donc faire? Si je n'ai pas d'outils de bois, ma famille souffrira de la faim. Va-t'en donc vite ailleurs, afin que je coupe cet arbre. — Hé! répondit l'esprit, je suis content de toi; demande quelque chose que tu désires, mais épargne cet arbre. — Si c'est ainsi, dit le tisserand, je vais à la maison, consulter mon ami et ma femme, et je reviens; ensuite tu me donneras ce que je demanderai. L'esprit répondit oui, et le tisserand retourna très-joyeux à sa maison. Comme il entrait dans l'endroit, il vit son ami le barbier, et dit : Ah! ami, j'ai gagné la faveur d'un esprit; dis-moi donc ce que je dois demander.

---

[1] *Niais.*
[2] *Dalbergia Sisu.*

— Mon cher, dit le barbier, si c'est ainsi, demande la royauté, afin que toi roi et moi ton ministre, après avoir joui tous deux du bonheur dans ce monde, nous jouissions du bonheur de l'autre monde. Et l'on dit :

Un roi qui est généreux acquiert toujours de la gloire ici-bas, et devient ensuite, dans le ciel, l'égal des dieux par la vertu de sa générosité.

Hé, ami! dit le tisserand, soit! mais je vais demander avis aussi à ma femme. Le barbier répondit : Il n'est pas convenable de tenir conseil avec les femmes. Et l'on dit :

Que le sage donne aux femmes la nourriture, le vêtement, et surtout l'accointance conjugale, la parure et autres choses, mais qu'il ne tienne pas conseil avec elles.

Et ainsi :

Là où une femme commande, là où un joueur, là où un enfant est maître, la maison se ruine, a dit le fils de Bhrigou[1].

En outre :

Un homme est éminent et se plaît avec les gens respectables tant qu'il n'écoute pas en secret les paroles des femmes.

Les femmes ne pensent qu'à leur intérêt et ne songent qu'à leur plaisir, car leur fils même ne leur est plus cher s'il ne leur donne pas de satisfaction.

Quoique cela soit vrai, dit le tisserand, il faut néanmoins que je consulte cette femme dévouée. Après avoir ainsi parlé à son ami, il alla vite vers sa femme et lui dit : Ma chère, aujourd'hui j'ai gagné la faveur d'un esprit, il me donnera ce que je désirerai. En conséquence je viens te consulter; dis-moi donc ce que je dois demander. Mon ami le barbier me dit pourtant de demander la royauté. Elle répondit : Fils d'un vénérable, quelle

---

[1] Soukra. Voy. page 2, note 3.

intelligence ont les barbiers? Il ne faut pas faire ce qu'ils disent. Et l'on dit :

> Que le sage ne tienne pas conseil avec des danseurs, des chanteurs, des gens de basse condition, des barbiers, des jardiniers, ni avec des mendiants.

Outre cela, la condition de roi est une suite continuelle de peines, parce qu'il faut penser à la paix, à la guerre, à l'attaque, à la défense, à l'alliance offensive et défensive, à la duplicité, et cetera. Jamais elle ne donne de satisfaction à l'homme. Car

> Quand on désire la royauté, l'esprit doit être préparé aux infortunes, car les vases, au moment du sacre des rois, versent le malheur avec l'eau[1].
>
> Comme les frères et même les propres fils des rois désirent attenter à leur vie pour la royauté, qu'on laisse loin la royauté.

Tu dis vrai, reprit le tisserand; que dois-je donc demander? — Jusqu'ici, répondit-elle, tu ne fais jamais qu'une pièce d'étoffe. Avec cela nous payons toutes nos dépenses. Mais maintenant demande pour toi une autre paire de bras et une seconde tête, afin de fabriquer une pièce d'étoffe par devant et une par derrière. Alors avec le prix de l'une nous payerons les dépenses de la maison; avec le prix de la seconde tu feras ce qu'il restera à faire : tu seras un objet d'éloges au milieu de ta caste pendant ta vie, et tu gagneras les deux mondes.

Lorsque le tisserand eut entendu cela, il dit avec joie : Bravo, femme fidèle! tu as bien parlé; je ferai ainsi, c'est ma résolution. Ensuite le tisserand alla vers l'esprit et fit sa demande : Hé! si tu veux me donner ce que je désire, donne-moi donc une seconde paire de bras et une seconde tête. A peine eut-il dit, qu'à l'instant même il eut deux têtes et quatre bras. Puis,

---

[1] Variante d'une stance citée dans le livre III, page 270.

comme il retournait à la maison le cœur joyeux, les gens crurent qu'il était un râkchasa [1]; ils le frappèrent à coups de bâtons, de pierres, et cetera, et il mourut.

Voilà pourquoi je dis :

Celui qui n'a pas par lui-même de sagesse, et qui ne suit pas le conseil d'un ami, va à sa perte, comme le tisserand Manthara.

Le brâhmane à la roue continua : Tout homme qui a en lui le démon d'un espoir auquel il ne faut pas ajouter foi tombe dans le ridicule. Et certes on dit ceci avec raison :

Celui qui forme un projet irréalisable, impossible, reste blanc dans son lit comme le père de Somasarman.

Comment cela? dit le magicien à l'or. Le brâhmane à la roue dit :

IX. — LE BRÂHMANE ET LE POT DE FARINE.

Dans un endroit habitait un brâhmane nommé Swabhâvakripana [2]. Il avait rempli un pot de farine de riz qu'il avait reçue en aumône, et qui lui restait de son repas. Il pendit ce pot à une cheville, plaça son lit dessous, et, l'œil constamment fixé sur le pot pendant la nuit, il pensa : Ce pot est pourtant plein de farine de riz. Si donc il arrive une famine, j'en retirerai alors cent pièces d'argent, et avec cela j'achèterai une paire de chèvres. Puis comme celles-ci mettent bas tous les six mois, j'aurai un troupeau de chèvres. Ensuite, avec les chèvres, j'aurai des vaches. Lorsque les vaches auront vêlé, je vendrai leurs veaux. Puis, avec les vaches, j'aurai des buffles femelles, et avec les buffles, des juments. Quand les juments auront mis

---

[1] Voy. page 19, note 2.
[2] *Misérable par nature.*

bas, j'aurai beaucoup de chevaux. De la vente de ceux-ci je tirerai beaucoup d'or. Avec l'or j'aurai une maison à quatre salles[1]. Puis un brâhmane viendra à ma maison et me donnera en mariage une très-belle fille avec une dot. De celle-ci naîtra un fils. Je donnerai à ce fils le nom de Somasarman[2]. Puis quand il pourra venir sur les genoux, je prendrai un livre, je m'asseyerai derrière l'écurie et j'étudierai. Cependant Somasarman me verra, et, désireux de monter sur mes genoux, il s'échappera du giron de sa mère et viendra auprès de moi, en s'approchant des sabots des chevaux. Alors, saisi de colère, je dirai à la brâhmanî : Prends, prends l'enfant! Mais, occupée des travaux du ménage, elle n'entendra pas mes paroles. Alors je me lèverai et je lui donnerai un coup de pied. Ainsi plongé dans ces réflexions, il lança un tel coup de pied, qu'il brisa le pot, et qu'il fut blanchi par la farine de riz qui était dans le pot.

Voilà pourquoi je dis :

Celui qui forme un projet irréalisable, impossible, reste blanc dans son lit comme le père de Somasarman.

Cela est bien vrai, dit le magicien à l'or. Car

Celui qui agit par cupidité, sans considérer le préjudice, tombe dans l'affliction comme le roi Tchandra.

Comment cela? dit le brâhmane à la roue. Le magicien à l'or dit :

X. — LE SINGE ET LE ROI.

Dans une ville était un roi nommé Tchandra. Il y avait pour l'amusement de ses fils une troupe de singes. Ceux-ci étaient

---

[1] C'est-à-dire une maison ayant une salle à chacun des quatre côtés, et une cour au milieu.
[2] Qui a le bonheur de Soma.

continuellement engraissés avec beaucoup d'aliments, de mets, et cetera. Celui d'entre ces singes qui était le chef de la troupe connaissait les doctrines d'Ousanas [1], de Vrihaspati [2] et de Tchânakya [3]; il les pratiquait, et il instruisait tous les singes. Dans le palais il y avait un troupeau de béliers qui servaient à porter les petits princes. Un d'entre eux, par gourmandise, entrait jour et nuit sans crainte dans la cuisine et mangeait tout ce qu'il apercevait; et les cuisiniers le battaient avec tout ce qu'ils voyaient devant eux, bois ou pierre. Quand le chef de la troupe de singes vit cela, il pensa : Ah! cette guerre du bélier et des cuisiniers causera la perte des singes. Car ce bélier est un libertin pour tâter les mets, et les cuisiniers, très-colères, le frappent avec tout ce qui se trouve près d'eux. Si donc, faute d'autre chose, ils le frappent un jour avec un tison, ce bélier, qui a beaucoup de laine, s'enflammera même avec très-peu de feu. Puis en brûlant il entrera dans l'écurie qui est proche, et celle-ci prendra feu à cause de la grande quantité de paille. Alors les chevaux seront brûlés. Mais Sâlihotra [4] a dit que le mal causé aux chevaux par une brûlure se guérit avec la graisse de singe. Ainsi assurément la mort nous menace. Après avoir fait ces réflexions, il appela tous les singes et leur dit en secret :

Dès qu'il y a querelle des cuisiniers avec un bélier, cette querelle amènera sans aucun doute la perte des singes.

Par conséquent, si dans une maison il existe toujours une querelle sans motif, que celui qui désire vivre fuie loin de cette maison.

[1] Voy. page 5o, note 3.
[2] Voy. page 2, note 2.
[3] Voy. page 2, note 5.
[4] Auteur d'un ouvrage de médecine vétérinaire. Suivant M. Bühler, des fragments du traité de Sâlihotra ont été conservés dans le *Sârasamoutchtchhaya* de Kalhana, ouvrage moderne sur le même sujet.

Et ainsi :

Les maisons tombent par les querelles, l'amitié est détruite par la médisance, les royaumes périssent par les mauvais rois, la réputation des hommes se perd par les mauvaises actions.

Ainsi, avant que nous soyons tous détruits, abandonnons ce palais et allons dans la forêt.

Mais lorsqu'ils eurent entendu ces paroles incroyables de leur chef, les singes, enflés d'orgueil, lui dirent en raillant : Hé! ton intelligence s'est affaiblie par la vieillesse; voilà pourquoi tu dis cela. Nous ne laisserons pas les aliments exquis et pareils à l'ambroisie que les fils du roi nous donnent de leurs propres mains, pour manger là dans la forêt des fruits sauvages, dont le jus est astringent, piquant, amer ou acide. Quand le chef de la troupe eut entendu cela, il les regarda avec des yeux troublés de larmes, et dit : Hé, hé, sots que vous êtes! vous ne savez pas quelle fin aura ce bonheur, car ce bonheur, qui n'est doux qu'à l'instant où l'on en jouit, deviendra à la fin comme du poison. Aussi je ne verrai pas de mes yeux la destruction de ma race; maintenant je vais aller dans cette forêt. Et l'on dit :

Heureux ceux qui ne voient pas la ruine de leur pays, la destruction de leur race, leur femme dans les mains d'un ennemi et leur ami dans l'infortune.

Le chef de la troupe, lorsqu'il eut ainsi parlé, les quitta tous et alla dans la forêt. Or, après qu'il fut parti, le bélier entra un jour dans la cuisine. Le cuisinier, ne trouvant rien autre chose pour le battre, le frappa avec un morceau de bois à demi flambant. Le bélier, frappé avec cela, entra, le corps à moitié en feu et en poussant des cris, dans l'écurie qui était proche. Comme il se roulait là sur le sol couvert d'une grande quantité de paille, les flammes s'élevèrent de tous côtés, et des chevaux attachés dans l'écurie quelques-uns eurent les yeux crevés et moururent, d'autres brisèrent leurs licous, coururent çà et là, le corps à moitié brûlé, en hennissant, et mirent tout le monde en alarme. Cependant le roi, affligé, appela des médecins qui connaissaient le Sâlihotra, et leur dit : Hé, hé! indiquez un moyen de guérir les brûlures de ces chevaux. Ceux-ci, après avoir médité les préceptes de la science, répondirent : Majesté, là-dessus le vénérable Sâlihotra a dit :

Avec la graisse des singes, le mal causé aux chevaux par une brûlure disparaît comme l'obscurité au lever du soleil.

Que l'on emploie donc à l'instant ce remède, avant qu'ils périssent de la maladie. Le roi, lorsqu'il eut entendu cela, ordonna de tuer les singes. Bref, ils furent tous tués. Mais le chef de la troupe de singes, quand il sut cet outrage envers sa race, tomba dans le plus profond chagrin. Par suite de ce chagrin il renonça à la nourriture et à l'amusement, et erra de forêt en forêt. Et il pensa : Comment ferai-je du mal à ce méchant roi pour lui payer ma dette? Et l'on dit :

Celui qui ici-bas, par crainte ou par cupidité, supporte un outrage fait par un homme de haute famille ou par un autre, doit être reconnu pour le plus vil des hommes.

Or comme ce vieux singe, tourmenté par la soif, courait çà et là quelque part, il arriva à un étang orné d'une quantité de lotus, et, regardant là avec adresse, il aperçut des traces d'animaux sauvages et d'hommes, lesquelles entraient dans l'étang mais n'en sortaient pas. Puis il pensa : Assurément il doit y avoir un méchant lutin dans cette eau. Aussi je prendrai une tige de lotus et je boirai de l'eau à distance. Lorsqu'il eut ainsi fait, un râkchasa[1] avec le cou orné d'un collier de pierres précieuses sortit du milieu de l'eau, et lui dit : Si quelqu'un entre dans cette eau, je le mange. Il n'y a personne de plus fin que toi, qui bois de cette manière. Aussi je suis satisfait, demande ce que ton cœur désire. — Hé! dit le singe, combien peux-tu manger? Le râkchasa répondit : Je mange jusqu'à cent mille milliards de créatures, quand elles entrent dans l'eau; hors de l'eau, un chacal même est vainqueur de moi. — J'ai, dit le singe, une inimitié sans bornes contre un roi. Si tu me donnes ce collier de pierres précieuses, je séduirai ce roi par de trompeuses paroles, et je le ferai entrer dans cet étang avec sa suite. Lorsque le râkchasa eut entendu ces paroles croyables du singe, il lui remit le collier de pierres précieuses. Le singe, le cou orné du collier de pierres précieuses, alla à la ville, et pendant qu'il courait çà et là sur les arbres et sur les palais, les gens l'aperçurent et lui demandèrent : Hé, chef de troupe! où es-tu allé demeurer si longtemps? Où as-tu eu un pareil collier de pierres précieuses, qui par son éclat obscurcit le soleil même? Le singe répondit : Il y a quelque part dans la forêt un étang très-caché, fait par Dhanada[2]. Quiconque y entre au moment où le soleil est à moitié levé, et s'y plonge, en sort le cou orné d'un pareil collier de pierres précieuses, par la grâce de Dhanada. Quand le roi apprit cela des gens, il fit appeler le singe et lui demanda : Hé, chef de troupe! cela est-il vrai? Y a-t-il quelque part un étang qui renferme des colliers de pierres précieuses? — Maître, répondit le singe, tu en as la preuve par ce collier de pierres précieuses que tu vois à mon cou. Si tu veux aussi des colliers de pierres précieuses, envoie quelqu'un avec moi, que je lui montre cette merveille. Lorsque le roi eut entendu

---

[1] Voy. page 19, note 2.
[2] Voy. page 323, note.

cela, il dit : Si c'est ainsi, j'irai moi-même avec ma suite, afin d'avoir beaucoup de colliers de pierres précieuses. — Maître, dit le singe, c'est très-bien. Puis le roi partit avec sa suite, par désir d'avoir des colliers de pierres précieuses. Le singe, que le roi monté dans un palanquin avait mis sur son giron, voyagea avec contentement et avec confiance. Et certes on dit ceci avec raison :

Égarés par la cupidité, les hommes même qui possèdent richesse et savoir se livrent à des choses qu'on ne doit pas faire, et errent dans des sentiers impraticables.

Et ainsi :

Celui qui a cent désire mille, celui qui a mille veut cent mille, celui qui possède cent mille veut ensuite la royauté, et après la royauté le ciel.

Le matin, lorsqu'ils furent arrivés à l'étang, le singe dit au roi : Majesté, en entrant dans cet étang quand le soleil est à moitié levé, on atteint son but. Il faut donc dire à toute ta suite d'entrer d'un seul et même élan. Mais toi, tu entreras avec moi, afin que nous allions à l'endroit déjà vu et que je te montre beaucoup de colliers de pierres précieuses. Puis tous ces gens entrèrent dans l'eau, et furent dévorés par le râkchasa. Or comme ils tardaient à revenir, le roi dit au singe : Hé, chef de troupe ! pourquoi ma suite tarde-t-elle si longtemps ? Lorsque le singe entendit cela, il monta vite sur un arbre, et dit au roi : Hé, méchant roi ! ta suite a été dévorée par un râkchasa, qui demeure dans l'eau. J'ai satisfait l'inimitié que j'ai conçue contre toi à cause de la destruction de ma race. Va-t'en donc. J'ai réfléchi que tu étais mon maître, et je ne t'ai pas fait entrer dans cet étang. Car on dit :

Que l'on exerce des représailles, que l'on rende injure pour injure et mal pour mal, en cela je ne vois pas de faute.

Ainsi tu as détruit ma race; moi, à mon tour, j'ai détruit la tienne.

Après avoir entendu cela, le roi, saisi de chagrin, s'en retourna vite comme il était venu. Puis, quand le roi fut parti, le râkchasa, bien repu, sortit de l'eau et dit avec joie :

Tu as abattu un ennemi, fait un ami et conservé un collier de pierres précieuses, en buvant de l'eau avec une tige de lotus; bravo, singe!

Voilà pourquoi je dis :

Celui qui agit par cupidité, sans considérer le préjudice, tombe dans l'affliction comme le roi Tchandra.

Le magicien à l'or continua : Hé, hé! congédie-moi, que j'aille à ma maison. Le brâhmane à la roue répondit : On amasse de l'argent et des amis pour l'infortune; comment donc peux-tu m'abandonner dans cette situation et t'en aller? Et l'on dit :

L'ingrat qui abandonne un ami dans le malheur, et s'en va avec dureté, va dans l'enfer à cause de cette faute, assurément.

Hé! dit le magicien à l'or, cela est vrai si, dans une situation où le secours est possible, quelqu'un qui peut secourir abandonne. Mais à cette situation les hommes ne peuvent apporter remède. Personne n'a le pouvoir de te délivrer. En outre, toutes les fois que je vois l'altération produite sur ton visage par la souffrance que tu éprouves en portant cette roue, je reconnais que je dois m'en aller vite de ce lieu, afin que ce malheur ne m'arrive pas à moi aussi. Et certes on dit ceci avec raison :

Telle que l'on voit l'ombre de ton visage, ô singe! Crépuscule t'a saisi; celui qui fuit conserve la vie.

Comment cela? dit le brâhmane à la roue. Le magicien à l'or raconta :

XI. — LE RÂKCHASA, LE VOLEUR ET LE SINGE.

Il était dans une ville un roi nommé Bhadraséna [1]. Il avait une fille remplie de toutes les marques de distinction, nommée Ratnavatî [2], et un râkchasa [3] voulait l'enlever. Celui-ci venait la nuit, et toujours il jouissait d'elle; mais comme elle était entourée d'une garde du corps, il ne pouvait pas l'enlever. Au moment où elle avait commerce avec lui, elle éprouvait un état de tremblement, de fièvre, et cetera, produit par le voisinage du râkchasa. Comme le temps se passait ainsi, le râkchasa se tint un jour dans un coin de la maison, et se montra à la fille du roi. Alors celle-ci dit à son amie : Amie, regarde! à l'heure du crépuscule ce râkchasa vient toujours et me tourmente. Y a-t-il quelque moyen d'empêcher ce méchant? Quand le râkchasa entendit cela, il pensa : Sûrement, un autre individu, nommé Crépuscule, vient toujours comme moi pour l'enlever; mais lui non plus ne peut pas l'enlever. En conséquence, je vais me mettre dans un cheval, et j'observerai quelle figure a cet individu et quelle est sa force. Après que cela fut fait, un voleur de chevaux s'introduisit, au milieu de la nuit, dans la maison du roi. Il regarda tous les chevaux, et comme il vit que le cheval râkchasa était le plus beau, il lui mit un bridon dans la bouche et le monta. Cependant le râkchasa pensa : C'est sûrement l'individu nommé Crépuscule; il me regarde comme un méchant, et de colère il est venu pour me tuer. Que dois-je donc faire? Pendant qu'il réfléchissait ainsi, le voleur de chevaux

---

[1] *Qui a une excellente armée.*
[2] *Qui a des joyaux.*
[3] Voy. page 19, note 2.

lui donna un coup de fouet. Puis le râkchasa se mit à courir, le cœur tremblant de crainte. Quand il eut couru loin, le voleur chercha à l'arrêter en tirant le bridon; car si c'est un cheval, alors il tient compte du frein. Mais le râkchasa ne fit qu'aller de plus en plus vite. Or quand le voleur vit qu'il ne tenait ainsi aucun compte de la traction du frein, il pensa : Ah! il n'y a point de chevaux de cette sorte; ce doit sûrement être un râkchasa sous la forme d'un cheval. Par conséquent, si je vois quelque terre poudreuse, je m'y jetterai à bas. Je ne puis pas autrement conserver la vie. Pendant que le voleur de chevaux réfléchissait ainsi et se rappelait sa divinité protectrice, le râkchasa à forme de cheval alla sous un figuier. Le voleur atteignit une branche du figuier et s'y attacha. Puis tous les deux, lorsqu'ils furent séparés, ils conçurent l'espoir de vivre et éprouvèrent la plus grande joie. Mais sur ce figuier était un singe, ami du râkchasa. Quand il vit le râkchasa s'enfuir, il dit : Hé! pourquoi te sauves-tu ainsi par fausse crainte? C'est un homme, tu peux le manger. Dévore-le donc. Lorsque le râkchasa entendit les paroles du singe, il prit sa propre forme et s'en retourna à pas chancelants, la crainte dans le cœur. Mais le voleur, quand il vit le singe appeler le râkchasa, prit de colère dans sa bouche la queue du singe, qui pendait au-dessus de lui, et se mit à la mordre très-fort. Le singe le crut plus fort que le râkchasa même, et ne dit rien, de peur; seulement, comme il souffrait, il ferma les yeux et serra les dents. Le râkchasa, quand il le vit dans cet état, récita ce sloka [1] :

Telle que l'on voit l'ombre de ton visage, ô singe! Crépuscule t'a saisi; celui qui fuit conserve la vie.

[1] Voy. page 7, note 1.

Le magicien à l'or continua : Congédie-moi, je vais à ma maison; mais toi, reste ici et jouis du fruit de l'arbre de ta folle conduite. — Hé! dit le brâhmane à la roue, conduite ou absence de conduite, cela n'a pas de raison, car le bien et le mal arrivent aux hommes suivant la volonté du destin. Et l'on dit :

Râvana [1], qui avait pour forteresse une montagne à trois pics, la mer pour fossé, des râkchasas pour guerriers, qui tenait la richesse de Dhanada [2], et à qui Ousanas [3] avait donné la science, Râvana périt par la volonté du destin.

Et ainsi :

Un aveugle, un bossu et une fille de roi à trois mamelles furent tous trois guéris, contrairement à l'ordre naturel des choses, par la faveur du destin.

Comment cela? demanda le magicien à l'or. Le brâhmane à la roue dit :

XII. — L'AVEUGLE, LE BOSSU ET LA PRINCESSE À TROIS MAMELLES.

Il y a dans le Nord une ville appelée Madhoupoura [4]. Là était un roi nommé Madhouséna [5]. Il lui naquit un jour une fille à trois mamelles. Quand le roi apprit qu'elle était née avec trois mamelles, il appela un serviteur du gynécée et lui dit : Hé! qu'on abandonne cette enfant dans la forêt, pour que personne ne sache cela. Lorsque le serviteur eut entendu ces mots, il dit : Grand roi, on sait qu'une fille à trois ma-

---

[1] Voy. page 332, note 1.
[2] Voy. page 323, note.
[3] Voy. page 50, note 3.
[4] Ville de miel.
[5] Qui a une armée comme le miel.

melles porte malheur; cependant il faut que vous appeliez des brâhmanes, et que vous les consultiez, afin qu'il ne vous arrive rien de fâcheux dans les deux mondes. Car on dit :

> Celui qui questionne sans cesse, qui écoute et réfléchit toujours, voit croître sa pureté comme un massif de lotus par les rayons du soleil.

Et ainsi :

> Un homme sage doit toujours questionner : quoique pris par un râkchasa[1], un brâhmane dut autrefois sa délivrance à une question.

Comment cela? dit le roi. Le serviteur raconta :

XIII. — LE BRÂHMANE ET LE RÂKCHASA.

Il y avait dans une forêt un râkchasa nommé Tchandakarman[2]. Un jour qu'il courait çà et là, il rencontra un brâhmane. Puis il monta sur son épaule, et dit : Hé! avance! Le brâhmane, le cœur tremblant de crainte, se mit en route et l'emporta. Mais quand il vit ses pieds qui étaient aussi beaux que l'intérieur d'un lotus, il lui demanda : Hé! comment as-tu des pieds si doux? Le râkchasa répondit : Jamais je ne lève les pieds et ne touche avec eux la terre. C'est un vœu que j'ai fait. Après avoir entendu cela, le brâhmane, pensant à un moyen de se délivrer, arriva à un grand étang. Alors le râkchasa dit : Hé! jusqu'à ce que je me sois baigné, que j'aie adoré les dieux et que je sorte de l'étang, tu ne t'éloigneras pas de ce lieu et tu n'iras nulle part. Quand cela fut fait, le brâhmane pensa : Sûrement, dès qu'il aura rendu hommage aux dieux, il me dévorera. Aussi je m'en vais bien vite, car, comme il ne lève pas les pieds, il ne pourra pas me

---

[1] Voy. page 19, note 2.
[2] Qui commet des cruautés.

poursuivre. Le brâhmane fit ainsi. Le râkchasa, dans la crainte de rompre son vœu, ne le poursuivit pas.

Voilà pourquoi je dis :

Un homme sage doit toujours questionner : quoique pris par un râkchasa, un brâhmane dut autrefois sa délivrance à une question.

Lorsque le roi eut entendu les paroles du serviteur, il fit appeler des brâhmanes, et dit : Hé, brâhmanes ! il m'est né une fille avec trois mamelles. Y a-t-il quelque chose à faire à son égard, ou non ? — Majesté, dirent ceux-ci, écoutez :

Une fille qui a un membre de moins ou un membre de trop, ici-bas, cause la perte de son mari et la perdition de son propre caractère.

Mais une fille avec trois mamelles qui se montre aux yeux cause promptement la perte de son père ; il n'y a pas de doute à cela.

Que Sa Majesté évite donc de la voir. Si quelqu'un veut l'épouser, il faut la lui donner et lui ordonner de quitter le pays. Si l'on fait ainsi, il n'arrivera rien de fâcheux dans les deux mondes.

Quand le roi eut entendu ces paroles des brâhmanes, il ordonna de proclamer partout à son de tambour : Holà ! si quelqu'un veut épouser une princesse à trois mamelles, le roi lui donnera cent mille souvarnas[1] et lui fera quitter le pays. Après que cette proclamation fut faite, beaucoup de temps se passa, et personne n'épousait la princesse. Celle-ci, placée dans un endroit caché, atteignit l'âge de la jeunesse. Or dans cette ville même il y avait un aveugle, et un bossu nommé Mantharaka[2] tenait le bâton qui servait à le conduire. Lorsqu'ils entendirent le son du tambour, ils se consultèrent l'un l'autre : Si nous

---

[1] Voy. page 179, note 2.
[2] Courbé, crochu.

touchons le tambour, et si par hasard nous obtenons la fille et l'or, avec l'or que nous aurons reçu le temps se passera heureusement; mais si nous mourons par la faute de la fille, alors ce sera la fin du tourment que nous cause la pauvreté. Car on dit :

Modestie, affection, douceur de la voix, intelligence, éclat de la jeunesse, union avec une femme chérie, perfection du sacrifice, exemption de chagrin, plaisir, vertu, science, l'esprit du précepteur des dieux [1], pureté, méditation des règles de conduite, tout vient en partage aux vivants quand le pot appelé ventre est plein.

Après qu'ils se furent ainsi consultés, l'aveugle alla toucher le tambour, et dit : J'épouserai cette fille si le roi me la donne. Puis les gens du roi allèrent dire au roi : Majesté, un aveugle a touché le tambour; dans cette affaire, c'est à Sa Majesté d'ordonner. — Hé! dit le roi,

Qu'un aveugle, ou un sourd, ou un lépreux, ou un homme de la plus basse classe, prenne cette fille avec les cent mille souvarnas, et qu'il s'en aille dans un autre pays.

Or dès que le roi eut ordonné, ses gens conduisirent l'aveugle au bord de la rivière, lui donnèrent les cent mille souvarnas et marièrent la fille aux trois mamelles avec lui. Ensuite ils la mirent dans une barque et dirent aux bateliers : Hé! conduisez en pays étranger cet aveugle, avec sa femme et le bossu, et laissez-le en liberté dans quelque endroit. Après que cela fut fait, l'aveugle, sa femme et le bossu arrivèrent en pays étranger, achetèrent une maison dans un endroit, et passèrent tous trois le temps agréablement. L'aveugle ne faisait autre chose que de rester toujours au lit et de dormir; le bossu s'occupait des

[1] Vrihaspati.

affaires de la maison. Pendant que le temps s'écoulait ainsi, la femme aux trois mamelles s'éprit du bossu, et dit : Ô bien-aimé! si nous faisons mourir cet aveugle d'une façon quelconque, alors nous passerons tous deux le temps agréablement. Cherche donc quelque part du poison, afin que je le lui donne, et qu'après l'avoir fait mourir, je sois heureuse. Or un jour le bossu, en se promenant, trouva quelque part un serpent noir[1] mort. Il le prit, alla à sa maison le cœur joyeux, et dit à la femme : Bien-aimée, j'ai trouvé ce serpent noir; coupe-le en morceaux, accommode-le avec beaucoup de gingembre sec et autres épices, et donne-le à cet aveugle, en disant que c'est de la chair de poisson, afin qu'il périsse promptement, car il a toujours aimé la chair de poisson.

Après avoir ainsi parlé, Mantharaka se remit en route vers le marché. Quand le feu fut allumé, la femme coupa le serpent noir en morceaux, le mit dans un chaudron de lait de beurre et le plaça sur le foyer; et comme elle-même avait à s'occuper des travaux de la maison, elle dit affectueusement à l'aveugle : Fils d'un vénérable, j'ai apporté aujourd'hui des poissons que tu aimes beaucoup, et je suis en train de les faire cuire. Pendant que je vais faire un autre travail domestique, prends la cuiller et remue-les. Lorsque l'aveugle entendit cela, il se leva vite, le cœur joyeux, et en se léchant les coins de la bouche, il prit la cuiller et se mit à remuer les poissons. Mais, pendant qu'il les remuait, la pellicule noire, humectée par la vapeur imprégnée de poison, tomba peu à peu de ses yeux. Trouvant que cette vapeur avait beaucoup de vertu, il en prit d'une façon toute particulière par les yeux. Puis quand il eut la vue claire et qu'il regarda, il n'y avait dans le lait de beurre

[1] Voy. page 65, note.

que des morceaux de serpent noir. Alors il pensa : Ah! qu'est-ce? On m'a dit que c'était du poisson; mais ce sont des morceaux de serpent noir. Il faut pourtant que je sache au juste si c'est l'œuvre de la femme aux trois mamelles, ou si cette tentative de me donner la mort est de Mantharaka. ou bien d'un autre. Réfléchissant ainsi et dissimulant, il fit sa besogne en aveugle comme auparavant. Cependant Mantharaka revint et se mit sans crainte à caresser la femme aux trois mamelles, avec embrassements, baisers, et cetera. L'aveugle, qui voyait tout, n'apercevant aucune arme, s'avança vers eux aveuglé par la colère comme il était aveugle précédemment, saisit Mantharaka par les pieds, et, comme il était d'une grande force corporelle, le fit tournoyer au-dessus de sa tête et le lança à la poitrine de la femme aux trois mamelles. Or, par l'effet du coup que lui donna le corps du bossu, le troisième sein de cette femme rentra dans sa poitrine, et par cela même que son dos toucha le sein, le bossu devint droit.

Voilà pourquoi je dis :

Un aveugle, un bossu et une fille de roi à trois mamelles furent tous trois guéris, contrairement à l'ordre naturel des choses, par la faveur du destin.

Hé! reprit le magicien à l'or, ce que tu dis est vrai. Avec la faveur du destin, le bonheur arrive toujours. Mais cependant l'homme doit suivre le conseil des gens de bien. Celui qui se conduit d'une façon contraire se perd comme toi. Et ainsi :

Ceux qui ne sont pas unis se perdent comme les oiseaux Bhârandas [1]. qui avaient un seul ventre. deux gosiers distincts. et mangeaient des fruits l'un pour l'autre.

[1] *Bhâranda* est le nom d'un oiseau fabuleux.

Comment cela? dit le brâhmane à la roue. Le magicien à l'or dit :

XIV. — L'OISEAU À DEUX BECS.

Dans un endroit près de la mer habitait un oiseau nommé Bhâranda, qui avait un seul ventre et deux becs. Comme il errait au bord de la mer, il trouva un fruit pareil à l'ambroisie que les vagues avaient jeté sur le rivage. En le mangeant il dit : Ah! j'ai mangé beaucoup de fruits pareils à l'ambroisie, que les flots de la mer avaient apportés; mais le goût de celui-ci est excellent. Serait-il donc produit par l'arbre de sandal jaune du paradis, ou bien serait-ce quelque autre fruit d'ambroisie tombé par un hasard? J'éprouve un plaisir à la langue. Pendant qu'il parlait ainsi, le second bec dit : Hé! si c'est ainsi, donne-m'en aussi un peu, afin que moi aussi j'éprouve un plaisir à la langue. Puis le premier bec rit et dit : Nous n'avons à nous deux qu'un seul ventre, et nous serons rassasiés en commun. Par conséquent, à quoi bon manger séparément? Il vaut mieux avec ce reste faire plaisir à notre bien-aimée. Après avoir ainsi parlé, il donna le reste du manger à la Bhârandî. Celle-ci, quand elle l'eut goûté, fut très-réjouie et se livra aux embrassements, aux baisers, aux adorations et à une foule de cajoleries. Le second bec, à partir de ce jour, fut dans le chagrin et dans l'affliction. Or un jour le second bec trouva un fruit d'un arbre vénéneux. Lorsqu'il l'aperçut, il dit : Hé, cruelle et vile créature! j'ai trouvé sans le vouloir un fruit vénéneux; je le mangerai à cause de ton mépris. Le premier bec répondit : Sot! ne fais pas cela : si tu le fais, nous périrons tous deux. Pardonne-moi donc ma faute; je ne te ferai plus jamais de mal. Mais quoiqu'il parlât ainsi. l'autre mangea le fruit vénéneux. Bref, ils périrent tous deux.

Voilà pourquoi je dis :

Ceux qui ne sont pas unis se perdent comme les oiseaux Bhârandas, qui avaient un seul ventre, deux gosiers distincts, et mangeaient des fruits l'un pour l'autre.

Hé! dit le brâhmane à la roue, cela est ainsi; tu as dit vrai. Va donc à ta maison. Mais il ne faut pas aller seul. Car on dit :

Qu'on ne mange pas seul un mets délicat, qu'on ne veille pas seul au milieu de dormeurs, qu'on ne voyage pas seul, qu'on ne pense pas seul à ses propres intérêts.

Et aussi :

Même un chétif compagnon de route est une cause de bonheur : un voyageur fut sauvé d'un serpent par une écrevisse qu'il avait avec lui.

Comment cela? dit le magicien à l'or. Le brâhmane à la roue dit :

XV. — LE BRÂHMANE SAUVÉ PAR UNE ÉCREVISSE.

Dans un endroit habitait un brâhmane nommé Brahmadatta[1]. Il partit pour un autre village par nécessité d'affaires. Sa mère lui dit : Enfant, pourquoi t'en vas-tu seul? Cherche donc un second qui t'accompagne en route. — Mère, répondit-il, n'aie pas de crainte. Ce chemin n'est pas dangereux. Aussi, à cause d'une affaire importante, j'irai aujourd'hui même, quoique seul. Quand la mère vit sa résolution, elle prit une écrevisse d'un trou d'un puits voisin, et dit à son fils : Enfant, s'il faut absolument que tu partes, cette écrevisse sera pour toi un compagnon. Prends-la donc soigneusement,

---

[1] *Donné par Brahmá.*

et va. Le brâhmane, par respect pour sa mère, prit l'écrevisse avec les deux mains, la mit dans un cornet de camphre, la jeta au milieu de son argent, et partit vite. Mais en marchant il souffrit de la chaleur; il s'approcha d'un arbre qui était sur la route et s'endormit dessous avec plaisir. Cependant un serpent noir[1] sortit d'un trou de l'arbre et courut sur lui. Mais le serpent noir eut les sens vaincus par l'odeur du camphre; il laissa le brâhmane, déchira la bourse et mangea avec très-grande avidité le cornet de camphre qui était dedans. L'écrevisse, mangée aussi par le serpent, lui tomba dans la gorge et le fit mourir. Quand le brâhmane eut fini de dormir et regarda, il y avait auprès de lui un serpent noir mort, qui avait déchiré la bourse et mangé le cornet de camphre, et auprès du serpent, l'écrevisse. Lorsqu'il vit cela, il pensa : Hé! ma mère a dit vrai, qu'il faut prendre un second pour compagnon, mais qu'on ne doit pas voyager seul. Comme j'ai suivi son conseil avec un esprit plein de foi, je suis sauvé, même par une écrevisse, de la mort que m'aurait donnée le serpent. Et certes on dit ceci avec raison :

Quand le soleil grandit, la lune coule consumée et fait grossir le maître des eaux[2] : les uns sont des compagnons dans l'infortune, d'autres jouissent de la prospérité des riches.

En fait de délibération, de lieu de pèlerinage, de brâhmanes, de dieux, d'astrologues, de remèdes, de précepteur spirituel, comme on se gouverne, ainsi l'on réussit.

Après qu'il eut parlé ainsi, il alla où il avait dessein.

[1] Voy. page 65, note.
[2] La même idée se trouve exprimée en d'autres termes dans le livre II, page 146. C'est ainsi, nous l'avons déjà dit à l'endroit auquel nous renvoyons le lecteur, que les Hindous expliquent le phénomène de la marée au moment de la pleine lune.

Voilà pourquoi je dis :

Même un chétif compagnon de route est une cause de bonheur : un voyageur fut sauvé d'un serpent par une écrevisse qu'il avait avec lui.

Après avoir entendu cela, le magicien à l'or prit congé de son compagnon et retourna vers sa maison.

Srî Vichnousarman a fait ce livre de la politique des rois, livre composé de récits et accompagné de sentences de bons poëtes, au moyen duquel, ici-bas, celui qui fait du bien aux autres, celui qui révère le ciel, et les sages, discourent.

Que bonheur soit !

SOURCES ET IMITATIONS.

Page 7.

LE TAUREAU, LES DEUX CHACALS ET LE LION.

Cette fable se retrouve dans les ouvrages suivants :
Kathâsaritsâgara, liv. X, chap. LX, p. 111. — *Hitopadésa*, liv. II, p. 67. — *Pantchatantra* de Dubois, tantra 1, p. 30.

Elle a passé dans le *Livre de Kalila et Dimna* et dans les différentes versions de cet ouvrage.

Kalila and Dimna, chap. v, p. 82. — *Anwâr-i Souhailî*, chap. 1, p. 84. — *Livre des Lumières*, chap. 1, p. 59. — *Contes et fables indiennes*, chap. 1, t. I, p. 230. — *Specimen sapientiæ Indorum*, sect. 1, p. 9. — *Del governo de' regni*, essempio 1, fol. 9 recto. — *Calila é Dymna*, chap. III, p. 19. — *Liber de Dina et Kalila*, chap. IV. — *Directorium humanæ vitæ*, chap. II. — *Das Buch der Weisheit*, chap. II. — *Exemplario contra los engaños*, chap. II. — *Discorsi degli animali*, fol. 6 recto. — *Filosofia morale*, liv. I, fol. 14 recto.

Il en existe une imitation altérée dans la fable IX de l'*Alter Æsopus* de Baldo et dans *El Conde Lucanor*[1] (exemple XXII de la traduction française[2]).

Cf. Benfey, *Pantschatantra*, Introduction, §§ 22 et suivants, p. 91 et suivantes.

---

[1] *El Conde Lucanor, compuesto por D. Juan Manuel, hijo del infante D. Manuel, con advertencias y notas de Gonzalo Argote de Molina.* Sevilla, 1575, petit in-4°. — M. de Gayangos a donné une édition du même ouvrage dans le tome LI de la Collection d'auteurs espagnols publiée par Rivadeneyra.

[2] *Le Comte Lucanor, apologues et fabliaux du XIVᵉ siècle, traduits pour la première fois de l'espagnol par M. Adolphe de Puibusque.* Paris, 1854, in-8°.

Page 12.

LE SINGE ET LE PILIER.

Kathâsaritsâgara, liv. X, chap. LX, p. 112. — *Hitopadésa*, liv. II, p. 74. — *Pantchatantra* de Dubois, tantra I, p. 33.

Kalila and Dimna, chap. V, p. 88. — *Anwâr-i Souhaili*, chap. I, p. 86. — *Livre des Lumières*, chap. I, p. 61. — *Contes et fables indiennes*, chap. I, t. I, p. 238. — *Specimen sapientiæ Indorum*, sect. I, p. 13. — *Del governo de' regni*, essempio I, fol. 10 recto. — *Calila é Dymna*, chap. III, p. 20. — *Liber de Dina et Kalila*, chap. IV. — *Directorium humane vite*, chap. II. — *Das Buch der Weisheit*, chap. II. — *Exemplario contra los engaños*, chap. II. — *Discorsi degli animali*, fol. 7 verso. — *Filosofia morale*, liv. I, fol. 15 recto.

Cette fable se retrouve dans l'*Alter Æsopus* de Baldo (fab. VIII) et dans le recueil de Camerarius [1] (fab. CCCLXXVII). Candidus, dans ses fables latines [2] (fab. XXVIII), a versifié ce sujet. L'apologue ésopique « Le Singe et les Pêcheurs » (Ésope, édit. de Furia [3], fab. CLXII) n'est pas sans analogie avec le nôtre.

Cf. Benfey, *Pantschatantra*, Introduction, § 30, p. 105-107.

Page 26.

LE CHACAL ET LE TAMBOUR.

Kathâsaritsâgara, liv. X, chap. LX, p. 113. — *Pantchatantra* de Dubois, tantra I, p. 57.

Kalila and Dimna, chap. V, p. 100. — *Anwâr-i Souhaili*, chap. I,

---

[1] *Fabulæ Æsopi, jam denuo multo emendatius quam antea editæ. Autore* Joach. Camerario Pabergensi. Norimbergæ, 1546, in-8°.

[2] *Centum et quinquaginta fabulæ carminibus explicatæ a* Pantaleone Candido Austriaco. Francofurti, 1604, in-16.

[3] Αἰσώπου μῦθοι. *Fabulae Aesopicae quales ante Planudem ferebantur, ex vetusto cod. Abbatiae Florentinae nunc primum erutae latina versione notisque exornatae cura ac studio* Francisci de Furia. Florentiae, 1809, 2 vol. in-8°.

p. 98. — *Livre des Lumières*, chap. i, p. 72. — *Contes et fables indiennes*, chap. i, t. I, p. 291. — *Specimen sapientiæ Indorum*, sect. i, p. 37. — *Del governo de' regni*, essempio i, fol. 13 verso. — *Calila é Dymna*, chap. iii, p. 22. — *Liber de Dina et Kalila*, chap. iv. — *Directorium humane vite*, chap. ii. — *Das Buch der Weisheit*, chap. ii. — *Exemplario contra los engaños*, chap. ii. — *Discorsi degli animali*, fol. 14 verso. — *Filosofia morale*, liv. I, fol. 20 recto.

Baldo, dans son *Alter Æsopus* (fab. ix), donne cette fable, mais d'une manière très-abrégée. On en trouve deux autres imitations dans le *Livre des Merveilles* (fol. 95 recto), et dans le recueil de Camerarius (fab. ccclxxviii).

Cf. Benfey, *Pantschatantra*, Introduction, § 41, p. 132-134.

Page 41.

AVENTURES DE DÉVASARMAN, COMPRENANT : 1° LES DEUX BÉLIERS ET LE CHACAL ; 2° LE TISSERAND, LE BARBIER ET LEURS FEMMES.

La première partie de ce conte, c'est-à-dire l'histoire du Religieux qui, par suite de sa trop grande confiance, perd son argent, se retrouve dans les ouvrages suivants :

Pantchatantra de Dubois, tantra i, p. 68.

Kalila and Dimna, chap. v, p. 104. — *Anwâr-i Souhaili*, chap. i, p. 103. — *Livre des Lumières*, chap. i, p. 76. — *Contes et fables indiennes*, chap. i, t. I, p. 310. — *Specimen sapientiæ Indorum*, sect. i, p. 51. — *Calila é Dymna*, chap. iii, p. 23. — *Liber de Dina et Kalila*, chap. iv. — *Directorium humane vite*, chap. ii. — *Das Buch der Weisheit*, chap. ii. — *Exemplario contra los engaños*, chap. ii. — *Discorsi degli animali*, fol. 17 recto. — *Filosofia morale*, liv. I, fol. 22 recto.

Le *Kathâsaritsâgara* (traduction de M. Brockhaus, p. 135) contient un récit qui se rapproche du nôtre.

La fable «Les deux Béliers et le Chacal» figure également dans le *Pantchatantra* de Dubois, dans le *Kalila et Dimna* et dans les versions de cet ouvrage mentionnées plus haut. Elle était connue en

Espagne au commencement du xii⁰ siècle, comme l'atteste le passage de l'historien Ibn-Bassâm cité par M. Dozy. On la retrouve dans le *Livre des Merveilles* (fol. 101 recto).

Camerarius (fab. ccclxxix) a traité le même sujet.

La fable «Le Loup et les deux Moutons», dans le *Roman du Renart* et dans le recueil d'apologues intitulé *Fabulæ Æsopi extravagantes dictæ*, peut être considérée comme une imitation de la nôtre. (Voy. Robert, Essai sur les fabulistes qui ont précédé La Fontaine [1], p. xcviii et cxxvi.)

Les ouvrages suivants reproduisent l'histoire de la Femme au nez coupé.

Hitopadésa, liv. II, p. 98.

Kalila and Dimna, chap. v, p. 105. — *Anwâr-i Souhailî*, chap. i, p. 106. — *Livre des Lumières*, chap. i, p. 78. — *Contes et fables indiennes*, chap. i, t. I, p. 316. — *Specimen sapientiæ Indorum*, sect. i, p. 53. — *Calila é Dymna*, chap. iii, p. 23. — *Liber de Dina et Kalila*, chap. iv. — *Directorium humane vite*, chap. ii. — *Das Buch der Weisheit*, chap. ii. — *Exemplario contra los engaños*, chap. ii. — *Discorsi degli animali*, fol. 19 recto. — *Filosofia morale*, liv. I, fol. 23 recto.

La même histoire se retrouve dans l'ouvrage sanscrit intitulé *Vétâlapantchavinsati* (Les vingt-cinq Contes d'un Vampire), dans la rédaction de ce recueil qui fait partie du *Kathâsaritsâgara* (liv. XII, chap. lxxvii, p. 301, conte iii), et dans le livre persan qui a pour titre *Bahar-i Danisch* [2]. L'histoire de Béchir et de Tchandar, dans le *Toûti-Nameh* [3], est encore une imitation de ce sujet.

---

[1] Dans *Fables inédites des xii⁰, xiii⁰ et xiv⁰ siècles, et Fables de La Fontaine rapprochées de celles de tous les auteurs qui avoient, avant lui, traité les mêmes sujets*. Paris, 1825, 2 vol. in-8°.

[2] *Bahar-Danush, or Garden of knowledge, an oriental romance, translated from the persic by* Jonathan Scott. Shrewsbury, 1799, 3 vol. in-8°. (T. II, chap. xii, conte viii, p. 80.)

[3] *The Tooti-Nameh, or Tales of a Parrot, in the persian language, with an english translation*. London, 1801, in-8°. (Conte xviii, p. 98.) Voyez aussi *Les trente-cinq Contes d'un Perroquet, contes persans, traduits sur la version anglaise*, par Mᵐᵉ Marie d'Heures. Paris, 1826, in-8°. (Conte xii, p. 95.)

Trois versions du *Vétâlapantchavinsati* : le *Bétâl-Patchisi*[1] (version hindie), le *Védâla-Cadaï*[2] (version tamoule) et le *Siddhi-Kûr* (version kalmouke), en présentent des formes différentes.

Ce conte est un de ceux que les conteurs français et italiens ont le plus souvent imités. Il a été plus ou moins modifié par le fablier Guérin[3], Antoine de Châteauneuf[4], Boccace[5], Malespini[6], et Annibale Campeggi[7]. L'auteur des *Délices*[8] a reproduit la version de La Rivey. Enfin Massinger[9], dans sa pièce intitulée The Guardian, et La Fontaine, dans la Gageure des trois Commères, ont imité le conte de Boccace.

Cf. Benfey, *Pantschatantra*, Introduction, § 50, p. 139-147.

[1] *Bytal-Puchisi, or The twenty-five Tales of Bytal, translated from the Brujbhakha into english by* Rajah Kalee-Krishen Behadur. Calcutta, 1834, in-8°. (Conte IV, p. 47.) Voyez aussi mes *Extraits du Bétâl-Patchisi*, dans *Journal asiatique*, quatrième série, t. XVIII, 1851, p. 383.

[2] Traduit par Babington, dans *Miscellaneous translations from oriental languages*. London, 1831, in-8°.

[3] Li fabliaux des Treces. Voyez · Barbazan, *Fabliaux et contes des poètes françois*, etc., *nouvelle édition augmentée et revue par* Méon. Paris, 1808, 4 vol. in-8°, t. IV, p. 393. — Méon, *Nouveau recueil de fabliaux*, etc. Paris, 1823, 2 vol. in-8°, t. I, p. 343. — Legrand d'Aussy, *Fabliaux ou contes, fables et romans*, etc. Paris, 1829, 5 vol. in-8°, t. II, p. 340, et p. 18 des Choix et extraits des fabliaux, à la fin du même volume. — On trouve une imitation de ce fabliau dans les *Novelle amorose degli incogniti*, nouv. XXIII, citée par Legrand d'Aussy.

[4] Dans les *Cent nouvelles nouvelles*, nouv. XXXVIII, «Une Verge pour l'autre».

[5] Journée VII, nouv. VIII.

[6] *Ducento novelle*. Venetia, 1609, in-4°, part. II, nouv. XL. Cette nouvelle se retrouve dans le recueil de Sansovino, *Cento novelle scelte da più nobili scrittori della lingua volgare, nelle quali piacevoli et aspri casi d' amore, et altri notabili avvenimenti si contengono*. In Venetia, 1566, in-4°, journée IV, nouv. III.

[7] Nouv. 1, dans le tome IV du *Novelliero italiano*. In Venezia, 1754, 4 vol. in-8°.

[8] *Les Delices ou Discours joyeux et recreatifs*, etc., par Verboquet le Genereux. Paris, 1630, in-18, p. 19.

[9] Massinger's *Plays*. London, 1806, 4 vol. in-8°.

Page 55.

LE TISSERAND QUI SE FIT PASSER POUR VICHNOU.

L'histoire de la Fondation de la ville de Pâtalipoutra, dans le *Kathâsaritsâgara* (liv. I, chap. III)[1], le Cheval enchanté des *Mille et une Nuits*, et l'Histoire de Malek et de Schirine dans les *Mille et un Jours*, ont beaucoup de rapports avec cette fiction et en sont évidemment dérivés.

Cf. Benfey, *Pantschatantra*, Introduction, § 56, p. 159-163; — Loiseleur Deslongchamps, *Essai sur les fables indiennes*, p. 35.

Page 65.

LE CORBEAU, SA FEMELLE, LE CHACAL ET LE SERPENT.

Hitopadésa, liv. II, p. 104. — *Pantchatantra* de Dubois, tantra I, p. 75.
Kalila and Dimna, chap. V, p. 113. — *Anwâr-i Souhailî*, chap. I, p. 116. — *Livre des Lumières*, chap. I, p. 91. — *Contes et fables indiennes*, chap. I, t. I, p. 354. — *Specimen sapientiæ Indorum*, sect. I, p. 61. — *Del governo de' regni*, essempio I, fol. 15 verso. — *Calila é Dymna*, chap. III, p. 24. — *Liber de Dina et Kalila*, chap. IV. — *Directorium humane vite*, chap. II. — *Das Buch der Weisheit*, chap. II. — *Exemplario contra los engaños*, chap. II. — *Discorsi degli animali*, fol. 24 recto. — *Filosofia morale*, liv. I, fol. 25 recto.

Cette fable a passé dans l'*Alter Æsopus* de Baldo (fab. XV) et dans le *Livre des Merveilles* (fol. 95 verso). M. Benfey en signale l'existence dans les *Mille et une Nuits* (traduction allemande de Weil[2], t. III, p. 916).

Cf. Benfey, *Pantschatantra*, Introduction, § 58, p. 167-174.

---

[1] Voy. aussi *Gründung der Stadt Pataliputra und Geschichte der Upakosa. Sanskrit und Deutsch von* Hermann Brockhaus. Leipzig, 1835, in-8°.

[2] Stuttgart, 1837-1841, 4 vol. in-8°.

Page 66.

LA GRUE ET L'ÉCREVISSE.

Kathâsaritsâgara, liv. X, chap. LX, p. 114. — *Hitopadésa*, liv. IV, p. 180. — *Pantchatantra* de Dubois, tantra I, p. 76.

Kalila and Dimna, chap. V, p. 113. — *Anwâr-i Souhaili*, chap. I, p. 117. — *Livre des Lumières*, chap. I, p. 92. — *Contes et fables indiennes*, chap. I, t. I, p. 357. — *Specimen sapientiæ Indorum*, sect. I, p. 63. — *Del governo de' regni*, essempio I, fol. 15 verso. — *Calila é Dymna*, chap. III, p. 24. — *Liber de Dina et Kalila*, chap. IV. — *Directorium humane vite*, chap. II. — *Das Buch der Weisheit*, chap. II. — *Exemplario contra los engaños*, chap. II. — *Discorsi degli animali*, fol. 24 recto. — *Filosofia morale*, liv. I, fol. 25 verso.

Cette fable se retrouve, comme la précédente, dans l'*Alter Æsopus* de Baldo (fab. XV) et dans le *Livre des Merveilles* (fol. 96 recto). M. Benfey l'a également rencontrée dans les *Mille et une Nuits* (traduction allemande de Weil, t. III, p. 915) et dans Upham, *Sacred and historical books of Ceylon*[1] (t. III, p. 292). J. Walchius, dans sa *Decas fabularum*[2] (fab. VIII), a traité ce sujet et y a ajouté de longues dissertations. C'est du *Livre des Lumières* que La Fontaine a tiré sa fable intitulée «Les Poissons et le Cormoran».

Cf. Benfey, *Pantschatantra*, Introduction, § 60, p. 174-179.

Page 71.

LE LION ET LE LIÈVRE.

Kathâsaritsâgara, liv. X, chap. LX, p. 115. — *Hitopadésa*, liv. II, p. 104. — *Pantchatantra* de Dubois, tantra I, p. 82.

---

[1] *The Mahavansi, the Raja-Ratnacari and the Raja-Vali, forming the sacred and historical books of Ceylon; also a collection of tracts illustrative of the doctrine and literature of Buddhism, translated from the singhalese, edited by* Edw. Upham. London, 1833, 3 vol. in-8°.

[2] *Decas fabularum*, etc., per Joannem Walchium Schorndorffensem. Argentorati, 1609, in-4°.

Kalila and Dimna, chap. v, p. 117. — *Anwâr-i Souhailî*, chap. i, p. 124. — *Livre des Lumières*, chap. i, p. 99. — *Contes et fables indiennes*, chap. i, t. I, p. 383. — *Specimen sapientiæ Indorum*, sect. i, p. 71. — *Del governo de' regni*, essempio 1, fol. 17 recto. — *Calila é Dymna*, chap. iii, p. 25. — *Liber de Dina et Kalila*, chap. iv. — *Directorium humane vite*, chap. ii. — *Das Buch der Weisheit*, chap. ii. — *Exemplario contra los engaños*, chap. ii. — *Discorsi degli animali*, fol. 26 verso. — *Filosofia morale*, liv. I, fol. 27 recto.

Cette fable se trouve dans le *Soukasaptati* (traduction grecque de Galanos[1], nuit xxxi, p. 46), dans l'*Alter Æsopus* de Baldo (fab. xiv) et dans le *Livre des Merveilles* (fol. 92 verso).

Cf. Benfey, *Pantschatantra*, Introduction, § 61, p. 179-184.

Page 80.

LE POU ET LA PUCE.

Kathâsaritsâgara, liv. X, chap. lx, p. 116.

Kalila and Dimna, chap. v, p. 126. — *Specimen sapientiæ Indorum*, sect. i, p. 91. — *Del governo de' regni*, essempio 1, fol. 20 recto. — *Calila é Dymna*, chap. iii, p. 27. — *Liber de Dina et Kalila*, chap. iv. — *Directorium humane vite*, chap. ii. — *Das Buch der Weisheit*, chap. ii. — *Exemplario contra los engaños*, chap. ii. — *Discorsi degli animali*, fol. 30 verso. — *Filosofia morale*, liv. II, fol. 31 recto.

Cf. Benfey, *Pantschatantra*, Introduction, § 72, p. 222-223.

Page 82.

LE CHACAL DEVENU BLEU.

Cette fable, qui rappelle l'apologue «Le Geai paré des plumes du Paon» (Ésope, édit. de Furia, fab. ccliii), se retrouve dans l'*Hi-*

---

[1] A la suite des fragments du *Pantchatantra* et de l'*Hitopadésa* publiés à Athènes, en 1851, par M. Georges Typaldos.

topadésa (liv. III. p. 142) et dans le *Toûtî-Nameh* (conte xvii, p. 95 de la traduction anglaise, et conte xxii, p. 151 de la traduction française de Marie d'Heures).

Cf. Benfey, *Pantschatantra*, Introduction, § 73, p. 223-225.

Page 89.

LE LION, LE CORBEAU, LE TIGRE, LE CHACAL ET LE CHAMEAU.

Kathâsaritsâgara, liv. X, chap. lx, p. 117. — *Hitopadésa*, liv. IV, p. 193. — *Pantchatantra* de Dubois, tantra I, p. 104.

Kalila and Dimna, chap. v, p. 138. — *Anwâr-i Souhailî*, chap. I, p. 153. — *Livre des Lumières*, chap. I, p. 118. — *Contes et fables indiennes*, chap. I, t. II, p. 87. — *Specimen sapientiæ Indorum*, sect. I, p. 103. — *Del governo de' regni*, essempio I, fol. 22 recto. — *Calila é Dymna*, chap. III, p. 29. — *Liber de Dina et Kalila*, chap. IV. — *Directorium humane vite*, chap. II. — *Das Buch der Weisheit*, chap. II. — *Exemplario contra los engaños*, chap. II. — *Discorsi degli animali*, fol. 35 verso. — *Filosofia morale*, liv. II, fol. 35 recto.

Cette fable se retrouve dans le *Livre des Merveilles* (fol. 109 recto). C'est à cet apologue qu'il faut rattacher la Confession de l'Âne, sujet si souvent traité pendant les xiv°, xv° et xvi° siècles, et auquel La Fontaine a emprunté les principaux traits de son chef-d'œuvre : «Les Animaux malades de la peste».

Cf. Benfey, *Pantschatantra*, Introduction, § 78, p. 230-231.

Page 98.

LE TITTIBHA ET LA MER.

Kathâsaritsâgara, liv. X, chap. lx, p. 118. — *Hitopadésa*, liv. II, p. 111. — *Pantchatantra* de Dubois, tantra I, p. 108.

Kalila and Dimna, chap. v, p. 145. — *Anwâr-i Souhailî*, chap. I, p. 158. — *Livre des Lumières*, chap. I, p. 123. — *Contes et fables indiennes*, chap. I, t. II, p. 109. — *Specimen sapientiæ Indorum*, sect. I, p. 115. — *Calila é Dymna*, chap. III, p. 30. — *Liber de*

Dina et Kalila, chap. IV. — *Directorium humane vite*, chap. II. — *Das Buch der Weisheit*, chap. II. — *Exemplario contra los engaños*, chap. II. — *Discorsi degli animali*, fol. 39 recto. — *Filosofia morale*, liv. II. fol. 38 recto.

Cf. Benfey, *Pantschatantra*, Introduction, § 82. p. 235-239.

Page 100.

LA TORTUE ET LES DEUX CYGNES.

Kathâsaritsâgara, liv. X, chap. LX, p. 118. — *Hitopadésa*, liv. IV, p. 172. — *Pantchatantra* de Dubois, tantra I, p. 109.

Kalila and Dimna, chap. V, p. 146. — *Anwâr-i Souhailî*, chap. I, p. 159. — *Livre des Lumières*, chap. I, p. 124. — *Contes et fables indiennes*, chap. I, t. II, p. 112. — *Specimen sapientiæ Indorum*, sect. I, p. 117. — *Del governo de' regni*, essempio I, fol. 24 recto. — *Calila é Dymna*, chap. III, p. 31. — *Liber de Dina et Kalila*, chap. IV. — *Directorium humane vite*, chap. II. — *Das Buch der Weisheit*, chap. II. — *Exemplario contra los engaños*, chap. II. — *Discorsi degli animali*, fol. 39 verso. — *Filosofia morale*, liv. II, fol. 38 verso.

Cette fable se retrouve dans les *Avadânas* (t. I, p. 71). Elle a passé dans le recueil de Camerarius (fab. CCCLXXXI) et dans la *Decas fabularum* de J. Walchius (fab. II). Enfin La Fontaine a tiré du *Livre des Lumières* sa fable intitulée « La Tortue et les deux Canards ».

L'apologue ésopique « L'Aigle et la Tortue » (Ésope, édit. de Furia, fab. CXCIII) a aussi quelque analogie avec le nôtre.

Cf. Benfey, *Pantschatantra*, Introduction, § 84, p. 239-241.

Page 102.

LES TROIS POISSONS.

Kathâsaritsâgara, liv. X, chap. LX, p. 119. — *Hitopadésa*, liv. IV, p. 173.

Kalila and Dimna, chap. V, p. 121. — *Anwâr-i Souhailî*, chap. I, p. 130. — *Livre des Lumières*, chap. I, p. 105. — *Contes et fables indiennes*, chap. i, t. II, p. 14. — *Specimen sapientiæ Indorum*. sect. 1, p. 83. — *Del governo de' regni*, essempio 1, fol. 19 recto. — *Calila é Dymna*, chap. iii, p. 26. — *Liber de Dina et Kalila*, chap. iv. — *Directorium humane vite*, chap. ii. — *Das Buch der Weisheit*, chap. ii. — *Exemplario contra los engaños*, chap. ii. — *Discorsi degli animali*, fol. 29 recto. — *Filosofia morale*, liv. II, fol. 30 recto.

Cette fable se trouve dans le *Mahâbhârata*[1], XII, Sànti parva, t. III, p. 538, v. 4889 et suivants.

Cf. Benfey, *Pantschatantra*, Introduction. § 85, p. 241-244.

Page 106.

LE MOINEAU, LE GRIMPEREAU, LA MOUCHE, LA GRENOUILLE ET L'ÉLÉPHANT.

Pantchatantra de Dubois, tantra 1, p. 85.

Kalila and Dimna, chap. 1 (préface d'Ali), p. 9.

Cette fable se retrouve dans le *Toûti-Nameh* (conte xxxii, p. 151 de la traduction anglaise, et conte xxv, p. 171 de la traduction française de Marie d'Heures). Elle rappelle l'apologue ésopique « Le Lion et le Moucheron » (Ésope, édit. de Furia, fab. cclix).

Cf. Benfey, *Pantschatantra*, Introduction. § 86, p. 244-246.

Page 115.

LE LION, LE CHACAL, LE LOUP ET LE CHAMEAU.

Cette fable a beaucoup d'analogie avec la xiv° du livre I de notre recueil.

Cf. Benfey, *Pantschatantra*, Introduction. § 89, p. 250-251.

---

[1] *The Mahâbhârata, an epic poem, written by the celebrated Veda Vyâsa Rishi*. Calcutta, 1834-1839, 4 vol. in-4°.

Page 123.

LES SINGES ET L'OISEAU.

Kathâsaritsâgara, liv. X, chap. LX, p. 120.

Kalila and Dimna, chap. V, p. 150. — *Anwâr-i Souhaïli*, chap. I, p. 170. — *Contes et fables indiennes*, chap. I, t. II, p. 147. — *Specimen sapientiæ Indorum*, sect. I, p. 129. — *Del governo de' regni*, essempio I, fol. 25 recto. — *Calila é Dymna*, chap. III, p. 32. — *Liber de Dina et Kalila*, chap. IV. — *Directorium humane vite*, chap. II. — *Das Buch der Weisheit*, chap. II. — *Exemplario contra los engaños*, chap. II. — *Discorsi degli animali*, fol. 43 verso. — *Filosofia morale*, liv. II, fol. 40 verso.

Cette fable a passé dans le *Livre des Merveilles* (fol. 112 verso) et dans le recueil de Camerarius (fab. CCCLXXXIII). J. Walchius (*Decas fabularum*, fab. IX) a traité le même sujet et y a ajouté de longues dissertations.

Cf. Benfey, *Pantschatantra*, Introduction, § 93, p. 269-270.

Page 125.

LE PASSEREAU ET LE SINGE.

Hitopadésa, liv. III, p. 123.

Cette fable n'est qu'une seconde forme de la précédente.

Cf. Benfey, *Pantschatantra*, Introduction, § 94, p. 270-271.

Page 127.

L'HONNÊTE HOMME ET LE FRIPON.

Kathâsaritsâgara, liv. X, chap. LX, p. 120.

Kalila and Dimna, chap. V, p. 151. — *Anwâr-i Souhaïli*, chap. I, p. 172. — *Livre des Lumières*, chap. I, p. 129. — *Contes et fables indiennes*, chap. I, t. II, p. 153. — *Specimen sapientiæ Indorum*, sect. I, p. 131. — *Del governo de' regni*, essempio I, fol. 25 verso. — *Calila é Dymna*, chap. III, p. 32. — *Liber de Dina et Kalila*. chap. IV. —

Directorium humane vite, chap. II. — *Das Buch der Weisheit*, chap. II. — *Exemplario contra los engaños*, chap. II. — *Discorsi degli animali*, fol. 45 verso. — *Filosofia morale*, liv. II, fol. 43 recto.

Cette fable se trouve dans le *Soukasaptati* (traduction grecque de Galanos, nuit XLIX, p. 63), dans l'*Alter Æsopus* de Baldo (fab. XIX), dans le recueil de Sebast. Mey[1] (p. 65) et dans les *Délices* de Verboquet (p. 38, extrait de la traduction de La Rivey). On la retrouve, mais défigurée, dans les *Lettres édifiantes*[2] (t. XI, p. 64).

Cf. Benfey, *Pantschatantra*, Introduction, § 96, p. 275-279.

Page 131.

LA GRUE, LE SERPENT, L'ÉCREVISSE ET L'ICHNEUMON.

Kathâsaritsâgara, liv. X, chap. LX, p. 121. — *Hitopadésa*, liv. IV, p. 176.

Anwâr-i Souhailî, chap. I, p. 174. — *Livre des Lumières*, chap. I, p. 132. — *Contes et fables indiennes*, chap. I, t. II, p. 162. — *Specimen sapientiæ Indorum*, sect. I, p. 137. — *Calila é Dymna*, chap. III, p. 33. — *Liber de Dina et Kalila*, chap. IV. — *Directorium humane vite*, chap. II. — *Das Buch der Weisheit*, chap. II. — *Exemplario contra los engaños*, chap. II. — *Discorsi degli animali*, fol. 47 verso. — *Filosofia morale*, liv. II, fol. 44 verso.

Cf. Benfey, *Pantschatantra*, Introduction, §§ 96-97, p. 276-280.

Page 133.

LE DÉPOSITAIRE INFIDÈLE.

Kathâsaritsâgara, liv. X, chap. LX, p. 121.
Kalila and Dimna, chap. V, p. 156. — *Anwâr-i Souhailî*, chap. I,

---

[1] *Fabulario en que se contienen fabulas y cuentos diferentes, algunos nuevos, y parte sacados de otros autores : por* Sebastian Mey. En Valencia, in-8°. Le privilége porte la date de 1613.

[2] *Lettres édifiantes et curieuses, écrites des Missions étrangères*. Paris, 1780-1783, 26 vol. in-12.

p. 184. — *Livre des Lumières*, chap. I, p. 137. — *Contes et fables indiennes*, chap. I, t. II, p. 186. — *Specimen sapientiæ Indorum*, sect. I, p. 141. — *Del governo de' regni*, essempio 1, fol. 26 verso. — *Calila é Dymna*, chap. III, p. 33. — *Liber de Dina et Kalila*, chap. IV. — *Directorium humane vite*, chap. II. — *Das Buch der Weisheit*, chap. II. — *Exemplario contra los engaños*, chap. II. — *Discorsi degli animali*, fol. 51 recto. — *Filosofia morale*, liv. II, fol. 46 verso.

Cette fable se trouve dans le *Soukasaptati* (traduction grecque de Galanos, nuit XXXVIII, p. 51), dans les *Mélanges de littérature orientale* de Cardonne[1] (t. II, p. 63), dans le recueil de Camerarius (fab. CCCLXXXV) et dans celui de Sebast. Mey (p. 16).

C'est du *Livre des Lumières* que La Fontaine a tiré le sujet de sa fable dont nous empruntons le titre.

Cf. Benfey, *Pantschatantra*, Introduction, § 101, p. 283-284.

Page 139.

LE CORBEAU, LE RAT, LA TORTUE ET LE DAIN.

Kathâsaritsâgara, liv. X, chap. LXI, p. 126. — *Hitopadésa*, liv. I, p. 11. — *Pantchatantra* de Dubois, tantra II, p. 138.

Kalila and Dimna, chap. VII, p. 192. — *Anwâr-i Souhailî*, chap. III, p. 250. — *Livre des Lumières*, chap. III, p. 193. — *Contes et fables indiennes*, chap. III, t. II, p. 262. — *Specimen sapientiæ Indorum*, sect. III, p. 185. — *Del governo de' regni*, essempio II, fol. 33 verso. — *Calila é Dymna*, chap. V, p. 41. — *Liber de Dina et Kalila*, chap. VI. — *Directorium humane vite*, chap. IV. — *Das Buch der Weisheit*, chap. IV. — *Exemplario contra los engaños*, chap. IV. — *Filosofia morale*, trattato 1, fol. 62 recto.

Cette fable a passé dans l'*Alter Æsopus* de Baldo (fab. X). C'est au *Livre des Lumières* que La Fontaine a emprunté le sujet de sa fable intitulée « Le Corbeau, la Gazelle, la Tortue et le Rat ».

---

[1] *Mélanges de littérature orientale, trad. de différents manuscrits turcs, arabes et persans*, par de Cardonne. Paris, 1770, 2 vol. in-12.

Cf. Benfey, *Pantschatantra*, Introduction. §§ 113 et suivants, p. 304 et suivantes.

Page 156.

HISTOIRE D'HIRANYAKA.

Kathâsaritsâgara, liv. X, chap. LXI, p. 127. — *Hitopadésa*, liv. I, p. 38.

Kalila and Dimna, chap. VII, p. 201. — *Anwâr-i Souhailî*, chap. III, p. 273. — *Livre des Lumières*, chap. III, p. 211. — *Contes et fables indiennes*, chap. III, t. II, p. 287. — *Specimen sapientiæ Indorum*, sect. III, p. 205. — *Del governo de' regni*, essempio II, fol. 36 verso. — *Calila é Dymna*, chap. V, p. 43. — *Liber de Dina et Kalila*, chap. VI. — *Directorium humane vite*, chap. IV. — *Das Buch der Weisheit*, chap. IV. — *Exemplario contra los engaños*, chap. IV. — *Filosofia morale*, trattato I, fol. 65 verso.

Le sujet de cette fable est indiqué dans l'*Alter Æsopus* de Baldo (fab. X).

Cf. Benfey, *Pantschatantra*, Introduction, §§ 122-123, p. 316-318.

Page 159.

LA FEMME QUI ÉCHANGE DU SÉSAME MONDÉ CONTRE DU SÉSAME NON MONDÉ.

Kathâsaritsâgara, liv. X, chap. LXI, p. 128.

Kalila and Dimna, chap. VII, p. 202. — *Anwâr-i Souhailî*, chap. III, p. 275. — *Livre des Lumières*, chap. III, p. 214. — *Contes et fables indiennes*, chap. III, t. II, p. 291. — *Specimen sapientiæ Indorum*, sect. III, p. 207. — *Liber de Dina et Kalila*, chap. VI. — *Directorium humane vite*, chap. IV.

Cf. Benfey, *Pantschatantra*, Introduction, § 124, p. 318-319.

Page 161.

LE CHASSEUR, LE SANGLIER ET LE CHACAL.

Kathâsaritsâgara, liv. X, chap. LXI, p. 128. — *Hitopadésa*, liv. I, p. 50.

Kalila and Dimna, chap. VII, p. 203. — *Anwâr-i Souhailî*, chap. III, p. 275. — *Livre des Lumières*, chap. III, p. 216. — *Contes et fables indiennes*, chap. III, t. II, p. 292. — *Specimen sapientiæ Indorum*, sect. III, p. 207. — *Calila é Dymna*, chap. V, p. 43. — *Liber de Dina et Kalila*, chap. VI. — *Directorium humane vite*, chap. IV. — *Das Buch der Weisheit*, chap. IV. — *Exemplario contra los engaños*, chap. IV. — *Filosofia morale*, trattato I, fol. 66 recto.

Camerarius, qui a donné cette fable dans son recueil d'apologues ésopiques (fab. CCCLXXXVII), s'est montré imitateur moins fidèle que La Fontaine. C'est au *Livre des Lumières* que ce dernier doit le sujet de sa fable intitulée « Le Loup et le Chasseur ».

Cf. Benfey, *Pantschatantra*, Introduction, § 125, p. 319-320.

Page 177.

HISTOIRE DU TISSERAND SOMILAKA.

Une autre forme de ce récit se trouve dans le *Toûtî-Nameh* (conte XV, p. 89 de la traduction anglaise, et conte XVII, p. 123 de la traduction française de Marie d'Heures).

Cf. Benfey, *Pantschatantra*, Introduction, § 128, p. 321-323.

Page 181.

LES DEUX CHACALS POURSUIVANT UN TAUREAU.

Sur cette fable, voyez Benfey, *Pantschatantra*, Introduction, § 129, p. 323-324.

Page 197.

LES CORBEAUX ET LES HIBOUX.

Kathâsaritsâgara, liv. X, chap. LXII, p. 140. — *Hitopadésa*, liv. III, p. 122. — *Pantchatantra* de Dubois, tantra III, p. 145.
Kalila and Dimna, chap. VIII, p. 216. — *Anwâr-i Souhailî*, chap. IV, p. 298. — *Livre des Lumières*, chap. IV, p. 234. — *Contes et fables indiennes*, chap. IV, t. II, p. 316. — *Specimen sapientiæ Indorum*,

sect. IV, p. 239. — *Del governo de' regni*, essempio III, fol. 41 verso. — *Calila é Dymna*, chap. VI, p. 47. — *Liber de Dina et Kalila*, chap. VII. — *Directorium humane vite*, chap. V. — *Das Buch der Weisheit*, chap. V. — *Exemplario contra los engaños*, chap. V. — *Filosofia morale*, trattato II, fol. 70 recto.

Cette fable se retrouve dans les *Avadânas* (t. I, p. 31). Elle a passé dans l'*Alter Æsopus* de Baldo (fab. XI) et dans *El Conde Lucanor* (traduction française, exemple XIX).

Cf. Benfey, *Pantschatantra*, Introduction, §§ 135 et suivants, p. 334 et suivantes.

Page 212.

LES ÉLÉPHANTS ET LES LIÈVRES.

Kathâsaritsâgara, liv. X, chap. LXII, p. 141. — *Hitopadésa*, liv. III, p. 127.

Kalila and Dimna, chap. VIII, p. 223. — *Anwâr-i Souhaîlî*, chap. IV, p. 315. — *Livre des Lumières*, chap. IV, p. 246. — *Contes et fables indiennes*, chap. IV, t. II, p. 334. — *Specimen sapientiæ Indorum*, sect. IV, p. 255. — *Calila é Dymna*, chap. VI, p. 48. — *Liber de Dina et Kalila*, chap. VII. — *Directorium humane vite*, chap. V. — *Das Buch der Weisheit*, chap. V. — *Exemplario contra los engaños*, chap. V. — *Filosofia morale*, trattato II, fol. 71 verso.

Cf. Benfey, *Pantschatantra*, Introduction, § 143, p. 348-349.

Page 218.

LE CHAT, LE MOINEAU ET LE LIÈVRE.

Kathâsaritsâgara, liv. X, chap. LXII, p. 142. — *Pantchatantra* de Dubois, tantra III, p. 152.

Kalila and Dimna, chap. VIII, p. 226. — *Anwâr-i Souhaîlî*, chap. IV, p. 322. — *Livre des Lumières*, chap. IV, p. 251. — *Contes et fables indiennes*, chap. IV, t. II, p. 342. — *Specimen sapientiæ Indorum*, sect. IV, p. 263. — *Calila é Dymna*, chap. VI, p. 49. — *Liber de Dina et Kalila*, chap. VII. — *Directorium humane vite*, chap. V. — *Das*

Buch der Weisheit, chap. v. — *Exemplario contra los engaños*, chap. v. — *Filosofia morale*, trattato II, fol. 72 recto.

Cette fable se retrouve dans l'*Alter Æsopus* de Baldo (fab. xx). La Fontaine a tiré du *Livre des Lumières* le sujet de sa fable intitulée « Le Chat, la Belette et le petit Lapin ». L'apologue « La Carpe, l'Ombre, la Truite et le Dauphin », dans le *Dyalogus Creaturarum* de Nicolaus Pergaminus[1] (dial. XLVI), a beaucoup d'analogie avec le nôtre.

Cf. Benfey, *Pantschatantra*, Introduction, § 144, p. 350-354.

Page 225.

LE BRÂHMANE ET LES VOLEURS.

Kathâsaritsâgara, liv. X, chap. LXII, p. 143. — *Hitopadésa*, liv. IV, p. 192.

Kalila and Dimna, chap. VIII, p. 233. — *Anwâr-i Souhaîlî*, chap. IV, p. 331. — *Livre des Lumières*, chap. IV, p. 254. — *Contes et fables indiennes*, chap. IV, t. II, p. 347. — *Specimen sapientiæ Indorum*, sect. IV, p. 271. — *Calila é Dymna*, chap. VI, p. 50. — *Liber de Dina et Kalila*, chap. VII. — *Directorium humane vite*, chap. v. — *Das Buch der Weisheit*, chap. v. — *Exemplario contra los engaños*, chap. v. — *Filosofia morale*, trattato II, fol. 73 verso.

On trouve des imitations de ce conte dans les ouvrages suivants :

Dyalogus Creaturarum de Nicolaus Pergaminus (dial. LXXX).

Facétieuses Nuits de Straparola[2] (nuit I, nouv. III).

Facécieux devis et plaisans contes, par le sieur Du Moulinet, comédien (Paris, 1612, in-18) : « Comment l'espiègle gaigna par gageure le drap d'un paysan ».

---

[1] *Dyalogus Creaturarum*. Goudæ, 1481, petit in-folio.

[2] *Le piacevoli notti di* M. Giovan Francesco Straparola da Caravaggio. In Vinegia, 1551, 2 vol. in-8°. Voyez aussi *Les facecieuses Nuicts* du seigneur Jean-François Straparole (trad. par Jean Louveau et Pierre de La Rivey). Rouen, 1601, 2 vol. in-16.

SOURCES ET IMITATIONS. 375

Nouveaux contes à rire [1] : « Une fourbe payée par une autre ».

Gueulette a tiré de la nouvelle de Straparola les « Aventures du jeune Calender », qu'on lit dans le tome III de ses *Contes tartares* [2] (quart d'heure CVI, p. 202).

Voir, pour d'autres indications, Benfey, *Pantschatantra*, Introduction, § 146, p. 355-357.

Page 232.

LE BRAHMANE ET LE SERPENT.

Cette fable se retrouve, plus ou moins modifiée, dans les ouvrages suivants :

Maçoudi, *Les Prairies d'or* (traduction de M. Barbier de Meynard, t. V, p. 280).

Fables d'Ésope (édit. de Furia, fab. XLII et CLV. — Voyez aussi : Babrias [3], fab. XI ; — Phèdre, appendice de Burmann [4], fab. XXXIII ; — Galfred [5], fab. XXX ; — Nicolaus Pergaminus, dial. CVIII ; — Camerarius, fab. CXL ; — Candidus, fab. XXI).

Poésies de Marie de France [6] (t. II, fab. LXIII : « Dou Vilain è dou Serpent ». — Voyez aussi l'analyse de la fable de Marie de France par Legrand d'Aussy, *Fabliaux*, édit. de 1829, t. IV, p. 389).

Gesta Romanorum [7] (chap. CXLI).

---

[1] *Nouveaux contes à rire et aventures plaisantes, ou Récréations françoises.* Cologne, 1722, 2 vol. in-8°.

[2] *Les Mille et un Quarts d'heure, contes tartares.* Paris, 1723, 3 vol. in-8°.

[3] Dans *Mythologia Æsopica*, etc., *opera et studio* Isaaci Nicolaï Neveleti. Francoforti, 1610, in-8°.

[4] *Phædri fabularum Æsopiarum libri V*, etc., *curante* Petro Burmanno. Hagæ-Comitum, 1718, in-8°.

[5] Dans *Mythologia Æsopica* Neveleti.

[6] *Poésies de* Marie de France, *poète anglo-normand du* XIII*ᵉ siècle, publiées par* De Roquefort. Paris, 1820, 2 vol. in-8°.

[7] *Ex gestis Romanorum historie notabiles de vitiis virtutibusque tractantes, cum applicationibus moralizatis et misticis.* 1517.

OEuvres choisies de Sénecé[1] (p. 119 : « La Confiance perdue »).

Il existe une autre forme de cet apologue dans les ouvrages suivants : *Directorium humane vite*, chap. IV; — *Das Buch der Weisheit*, chap. IV; — *Exemplario contra los engaños*, chap. IV; — *Filosofia morale*, trattato I, fol. 63 verso.

Cf. Benfey, *Pantschatantra*, Introduction, § 150, p. 359-365.

Page 235.

LES DEUX PIGEONS ET L'OISELEUR.

Cette fable, ou plutôt cette légende, est tirée du *Mahâbhârata*, XII, Sânti parva, t. III, p. 558, v. 5462 et suivants.

Cf. Benfey, *Pantschatantra*, Introduction, § 152, p. 365-366.

Page 240.

LE MARCHAND, SA FEMME ET LE VOLEUR.

Kathâsaritsâgara, liv. X, chap. LXII, p. 144.

Kalila and Dimna, chap. VIII, p. 237. — *Anwâr-i Souhaîli*, chap. IV, p. 336. — *Livre des Lumières*, chap. IV, p. 259. — *Contes et fables indiennes*, chap. IV, t. II, p. 355. — *Specimen sapientiæ Indorum*, sect. IV, p. 279. — *Calila é Dymna*, chap. VI, p. 50. — *Liber de Dina et Kalila*, chap. VII. — *Directorium humane vite*, chap. V. — *Das Buch der Weisheit*, chap. V. — *Exemplario contra los engaños*, chap. V. — *Filosofia morale*, trattato II, fol. 74 verso.

Cette fable a passé dans le recueil de Camerarius (fab. CCCLXXXVIII) et dans les *Délices* de Verboquet (p. 3, extrait de la traduction de La Rivey). C'est du *Livre des Lumières* que dérive la fable de La Fontaine intitulée « Le Mari, la Femme et le Voleur ».

Cf. Benfey, *Pantschatantra*, Introduction, § 153, p. 366-368.

---

[1] *OEuvres choisies de* Sénecé, *nouvelle édition publiée par* MM. Émile Chasles et P. A. Cap. Paris, 1855, in-16.

SOURCES ET IMITATIONS. 377

Page 242.

LE BRÂHMANE, LE VOLEUR ET LE RÂKCHASA.

Kathâsaritsâgara, liv. X, chap. LXII, p. 144.

Kalila and Dimna, chap. VIII, p. 238. — *Anwâr-i Souhaîli*, chap. IV, p. 338. — *Livre des Lumières*, chap. IV, p. 261. — *Contes et fables indiennes*, chap. IV, t. II, p. 358. — *Specimen sapientiæ Indorum*, sect. IV, p. 283. — *Calila é Dymna*, chap. VI, p. 51. — *Liber de Dina et Kalila*, chap. VII. — *Directorium humane vite*, chap. V. — *Das Buch der Weisheit*, chap. V. — *Exemplario contra los engaños*, chap. V. — *Filosofia morale*, trattato II, fol. 75 recto.

Cette fable se retrouve dans les *Délices* de Verboquet (p. 53, extrait de la traduction de La Rivey).

Cf. Benfey, *Pantschatantra*, Introduction, § 154, p. 368-369.

Page 246.

LE CHARRON, SA FEMME ET LE GALANT.

Kathâsaritsâgara, liv. X, chap. LXII, p. 145. — *Hitopadésa*, liv. III, p. 134.

Kalila and Dimna, chap. VIII, p. 240. — *Anwâr-i Souhaîli*, chap. IV, p. 340. — *Livre des Lumières*, chap. IV, p. 264. — *Contes et fables indiennes*, chap. IV, t. II, p. 363. — *Specimen sapientiæ Indorum*, sect. IV, p. 287. — *Calila é Dymna*, chap. VI, p. 51. — *Liber de Dina et Kalila*, chap. VII. — *Directorium humane vite*, chap. V. — *Das Buch der Weisheit*, chap. V. — *Exemplario contra los engaños*, chap. V. — *Filosofia morale*, trattato II, fol. 75 verso.

La version de Doni a passé dans les *Délices* de Verboquet (p. 56, extrait de la traduction de La Rivey). Le même conte se retrouve, sous une autre forme, dans le *Soukasaptati* (traduction grecque de Galanos, nuit XXIV, p. 41).

Cf. Benfey, *Pantschatantra*, Introduction, § 156, p. 370-373.

Page 250.

LA SOURIS MÉTAMORPHOSÉE EN FILLE.

Kathâsaritsâgara, liv. X, chap. LXII, p. 146.
Kalila and Dimna, chap. VIII, p. 244. — *Anwâr-i Souhaïlî*, chap. IV, p. 355. — *Livre des Lumières*, chap. IV, p. 279. — *Contes et fables indiennes*, chap. IV, t. II, p. 385. — *Specimen sapientiæ Indorum*, sect. IV, p. 297. — *Calila é Dymna*, chap. VI, p. 52. — *Liber de Dina et Kalila*, chap. VII. — *Directorium humane vite*, chap. V. — *Das Buch der Weisheit*, chap. V. — *Exemplario contra los engaños*, chap. V. — *Filosofia morale*, trattato II, fol. 77 recto.

Cette fable se trouve, plus ou moins modifiée, dans l'*Hitopadésa* (liv. IV, p. 178), dans le *Mahâbhârata* (XII, Sânti parva, t. III, p. 515, v. 4254 et suivants), et dans Polier, *Mythologie des Indoux*[1] (t. II, p. 571). Elle a passé dans le *Livre des Merveilles* (fol. 91 recto).

La fable de Marie de France intitulée «Dou Muset ki quist Fame» (t. II, fab. LXIV) est une imitation de la nôtre. C'est au *Livre des Lumières* que La Fontaine a puisé le sujet de «La Souris métamorphosée en Fille».

La donnée principale de cet apologue se retrouve dans le *Harivansa*[2] (t. II, p. 180) et dans une tradition judaïque rapportée par Basnage dans son *Histoire du peuple juif* (voy. Robert, Essai sur les fabulistes qui ont précédé La Fontaine, p. CCXVII).

Cf. Benfey, *Pantschatantra*, Introduction, § 158, p. 373-378.

---

[1] *Mythologie des Indoux*, travaillée par madame la chanoinesse de Polier, *sur des manuscrits authentiques apportés de l'Inde par feu M. le colonel de Polier*. Rudolstadt et Paris, 1809, 2 vol. in-8°.

[2] *Harivansa ou Histoire de la famille de Hari, ouvrage formant un appendice du Mahabharata, et traduit sur l'original sanscrit par M. A. Langlois*. Paris, 1834-1835, 2 vol. in-4°.

Page 255.

LE ROI ET L'OISEAU.

Sur cette fable, voyez Benfey, *Pantschatantra*, Introduction, § 159, p. 378-381.

Page 256.

LE LION ET LE CHACAL.

Cette fable rappelle l'apologue ésopique «Le Lion et le Renard» (Ésope, édit. de Furia, fab. xci).

Cf. Benfey, *Pantschatantra*, Introduction, § 160, p. 381-382.

Page 263.

LE SERPENT ET LES GRENOUILLES.

Kathâsaritsâgara, liv. X, chap. LXII, p. 147. — *Hitopadésa*, liv. IV, p. 196.

Kalila and Dimna, chap. VIII, p. 250. — *Anvâr-i Souhaili*, chap. IV, p. 361. — *Livre des Lumières*, chap. IV, p. 283. — *Contes et fables indiennes*, chap. IV, t. II, p. 390. — *Specimen sapientiæ Indorum*, sect. IV, p. 307. — *Del governo de' regni*, essempio III, fol. 47 recto. — *Calila é Dymna*, chap. VI, p. 53. — *Liber de Dina et Kalila*, chap. VII. — *Directorium humane vite*, chap. V. — *Das Buch der Weisheit*, chap. V. — *Exemplario contra los engaños*, chap. V.

Cf. Benfey, *Pantschatantra*, Introduction, § 164, p. 384-385.

Page 265.

LE BRÂHMANE ET SA FEMME.

Sur ce conte, voyez Benfey, *Pantschatantra*, Introduction, § 165, p. 385-386.

Page 273.

LE SINGE ET LE CROCODILE.

Kathâsaritsâgara, liv. X, chap. LXIII, p. 156. — *Pantchatantra* de Dubois, tantra IV, p. 184.

Kalila and Dimna, chap. IX, p. 258. — *Anwâr-i Souhaili*, chap. V, p. 371. — *Contes et fables indiennes*, chap. V, t. III, p. 3. — *Specimen sapientiæ Indorum*, sect. V, p. 315. — *Del governo de' regni*, essempio IV, fol. 48 recto. — *Calila é Dymna*, chap. VII, p. 54. — *Liber de Dina et Kalila*, chap. VIII. — *Directorium humane vite*, chap. VI. — *Das Buch der Weisheit*, chap. VI. — *Exemplario contra los engaños*, chap. VI. — *Filosofia morale*, trattato III, fol. 79 verso.

Cette fable a passé dans l'*Alter Æsopus* de Baldo (fab. XII). M. Benfey en signale l'existence dans le *Soukasaptati* (nuits LXV et LXVI). Voyez aussi mes *Analyse et Extraits du Râdj-Nîti*, dans le *Journal asiatique*, quatrième série, t. XIII, 1849, p. 78.

Cf. Benfey, *Pantschatantra*, Introduction, §§ 171 et suivants, p. 420 et suivantes.

Page 279.

LA GRENOUILLE ET LE SERPENT.

Cette fable se retrouve dans le *Toûtî-Nameh* (conte XIII, p. 80 de la traduction anglaise, et conte VI, p. 55 de la traduction française de Marie d'Heures). Voyez aussi mes *Extraits du Râdj-Nîti*, p. 86.

Cf. Benfey, *Pantschatantra*, Introduction, § 180, p. 429-430.

Page 285.

LE LION, LE CHACAL ET L'ÂNE.

Kathâsaritsâgara, liv. X, chap. LXIII, p. 157. — *Pantchatantra* de Dubois, tantra IV, p. 198.

Kalila and Dimna, chap. IX, p. 264. — *Anwâr-i Souhaili*, chap. V, p. 393. — *Contes et fables indiennes*, chap. V, t. III, p. 33. — *Spe-*

cimen sapientiæ Indorum, sect. v, p. 327. — *Calila é Dymna*, chap. vii, p. 56. — *Liber de Dina et Kalila*, chap. viii. — *Directorium humanæ vitæ*, chap. vi. — *Das Buch der Weisheit*, chap. vi. — *Exemplario contra los engaños*, chap. vi. — *Filosofia morale*, trattato iii, fol. 81 recto.

Cette fable a beaucoup d'analogie avec l'apologue ésopique «Le Lion, le Renard et le Cerf» (Ésope, édit. de Furia, fab. ccclvi) et avec la fable de Marie de France intitulée «Dou Lyon, dou Chers et du Gourpil» (t. II, fab. lxi). On la retrouve dans l'*Alter Æsopus* de Baldo (fab. xiii), dans le recueil de Vartan[1] (fab. xxxvi) et dans celui de Camerarius (fab. ccclxxxix). Voyez aussi mes *Extraits du Râdj-Niti*, p. 97.

Cf. Benfey, *Pantschatantra*, Introduction, § 181, p. 430-433.

Page 289.

LE POTIER ET LE ROI.

Ce conte se trouve dans le *Toûti-Nameh* (conte xxvii, p. 134 de la traduction anglaise, et conte xxxi, p. 207 de la traduction française de Marie d'Heures). Voyez aussi mes *Extraits du Râdj-Niti*, p. 103.

Cf. Benfey, *Pantschatantra*, Introduction, § 182, p. 433-434.

Page 290.

LA LIONNE, LES LIONCEAUX ET LE PETIT CHACAL.

De même que le conte précédent, cette fable se retrouve dans le *Toûti-Nameh* (conte xxviii, p. 137 de la traduction anglaise, et conte xxxii, p. 213 de la traduction française de Marie d'Heures). Voyez aussi mes *Extraits du Râdj-Niti*, p. 104.

Cf. Benfey, *Pantschatantra*, Introduction, § 183, p. 434.

---

[1] *Choix de fables de Vartan en arménien et en français*. Paris, 1825, in-8°.

Page 293.

LE BRÂHMANE, SA FEMME ET L'INFIRME.

Les principaux traits de ce récit se retrouvent dans l'histoire de Dhoûminî du *Dasakoumâratcharita* (édit. de Wilson [1], p. 150). Le *Kathâsaritsâgara* (liv. X, chap. LXV, p. 169) en contient une autre forme. Le recueil mongol intitulé *Ardji-Bordji Khan* renferme un conte qui offre une assez grande analogie avec le nôtre. Voyez aussi mes *Extraits du Râdj-Nîti*, p. 107.

Cf. Benfey, *Pantschatantra*, Introduction, § 186, p. 436-461.

Page 296.

LE ROI, LE MINISTRE ET LEURS FEMMES.

Ce conte a été plus d'une fois imité; on le retrouve, sous diverses formes, dans différents ouvrages : Cardonne, *Mélanges de littérature orientale*, t. I, p. 16 : «Le Vizir sellé et bridé». — Henri d'Andeli : «Le lai d'Aristote» (*Fabliaux* de Legrand d'Aussy, édit. de 1829, t. I, p. 272-281)[2]. — *Bibliothèque amusante et instructive*, t. II, p. 15. — *Le Tribunal domestique*, comédie, 1777. — *Aristote amoureux, ou le Philosophe bridé*, opéra-comique. — Marmontel, *Contes moraux* : «Le Philosophe».

Voyez aussi mes *Extraits du Râdj-Nîti*, p. 112.

Cf. Benfey, *Pantschatantra*, Introduction, § 187, p. 461-462.

---

[1] *The Dása Kumára Charita, or Adventures of ten princes. A series of tales, in the original sanscrit, by Srí Daṅḍí. Edited by H. H. Wilson.* London, 1846, gr. in-8°.

[2] Æneas Silvius Piccolomini, dans «Les amours d'Euriale et de Lucrèce», cite le sujet de ce conte. Voy. Æneæ Silvii Piccolominei *Opera quæ extant omnia*. Basileæ, 1551, in-folio.

SOURCES ET IMITATIONS.

Page 297.

L'ÂNE VÊTU DE LA PEAU D'UN TIGRE.

Kathâsaritsâgara, liv. X, chap. LXII, p. 141. — *Hitopadésa*, liv. III, p. 125.

Cette fable se retrouve dans les *Avadânas* (t. II, p. 59). Elle rappelle l'apologue ésopique « L'Âne vêtu de la peau du Lion » (Ésope, édit. de Furia, fab. CXLI), qui a passé dans le recueil de La Fontaine.

Cf. Benfey, *Pantschatantra*, Introduction, § 188, p. 462-464.

Page 300.

LA FEMME ET LE CHACAL.

Cette fable se retrouve dans les *Avadânas* (t. II, p. 11), dans le *Toûtî-Nameh* (conte X, p. 69 de la traduction anglaise, et conte XIV, p. 107 de la traduction française de Marie d'Heures). Elle a beaucoup d'analogie avec l'apologue ésopique « La Proie et l'Ombre » (Ésope, édit. de Furia, fab. CCXIX et CCCXXXIX). Voyez aussi mes *Extraits du Râdj-Nîti*, p. 114.

Cf. Benfey, *Pantschatantra*, Introduction, § 191, p. 468-469.

Page 306.

LE CHACAL ET L'ÉLÉPHANT MORT.

Cette fable est tirée du *Mahâbhârata*, I, Âdiparva, t. I, p. 203, v. 5567 et suivants (et dans Lassen, *Anthologia sanscritica*, p. 45). Voyez aussi mes *Extraits du Râdj-Nîti*, p. 117. On lit dans l'*Histoire de la littérature hindouie et hindoustanie* de M. Garcin de Tassy (t. II, p. 594) un récit dont l'idée principale paraît avoir été empruntée à notre apologue.

Cf. Benfey, *Pantschatantra*, Introduction, § 196, p. 472-473.

Page 309.

LE CHIEN QUI ALLA EN PAYS ÉTRANGER.

Voyez mes *Extraits du Râdj-Nîti*, p. 118.

Page 311.

LE BARBIER ET LES MENDIANTS.

Hitopadésa, liv. III, p. 157. — *Pantchatantra* de Dubois, tantra v, p. 217.

Ce conte se retrouve dans le *Toûti-Nameh* (conte xxxi, p. 148 de la traduction anglaise, et conte xxxiii, p. 217 de la traduction française de Marie d'Heures). L'histoire du derviche Abounadar (De Caylus, *Contes orientaux* [1], première partie) en est une imitation.

Cf. Benfey, *Pantschatantra*, Introduction, § 200, p. 475-479.

Page 316.

LE BRÂHMANE, SA FEMME ET L'ICHNEUMON.

Kathâsaritsâgara, liv. X, chap. lxiv, p. 161. — *Hitopadésa*, liv. IV, p. 203. — *Pantchatantra* de Dubois, tantra v, p. 206.
Kalila and Dimna, chap. x, p. 268. — *Anwâr-i Souhailî*, chap. vi, p. 404. — *Contes et fables indiennes*, chap. vi, t. III, p. 43. — *Specimen sapientiæ Indorum*, sect. vi, p. 335. — *Del governo de' regni*, essempio v, fol. 50 recto. — *Calila é Dymna*, chap. viii, p. 57. — *Liber de Dina et Kalila*, chap. ix. — *Directorium humane vite*, chap. vii. — *Das Buch der Weisheit*, chap. vii. — *Exemplario contra los engaños*, chap. vii. — *Filosofia morale*, trattato iv, fol. 82 verso.

Ce conte, devenu si populaire en Europe pendant le moyen âge, se retrouve dans l'*Eyar-i Danisch* (traduit dans *Asiatic Miscellanies by* Chambers and Jones, Calcutta, 1787, p. 69), dans le *Sindibad-*

---

[1] *OEuvres badines*. Amsterdam. 1787, in-8°, t. VII, p. 430.

Nameh (*Asiatic Journal*, 1841, t. XXXVI, p. 13), dans les *Paraboles de Sendabar*[1] (p. 94) et dans le roman grec de *Syntipas*[2] (p. 60), d'où il a passé dans l'*Historia septem Sapientum Romæ*[3], qui l'a fourni successivement au *Dolopathos*[4], au *Roman des sept Sages*[5] et à la version italienne de cet ouvrage intitulée *Compassionevoli avvenimenti d'Erasto*[6]. On le trouve encore dans les *Gesta Romanorum* (chap. XXXII de la traduction anglaise[7]) et dans l'*Alter Æsopus* de Baldo (fab. XVI). C'est du *Roman des sept Sages* que dérive la nouvelle I de la neuvième journée du recueil de Sansovino, laquelle a été traduite en français dans les *Facétieuses Journées*[8].

Camerarius (fab. CCCXC) a traité ce sujet. M. Benfey en signale une imitation mongole dans Benjamin Bergmann, *Nomadische Streifereien*, t. I, p. 102.

Le conte du Chevalier et de son Lévrier était, en France, au XIIIe siècle, le sujet d'une légende religieuse. Étienne Bourbon,

[1] *Paraboles de Sendabar*, traduites de l'hébreu par E. Carmoly. Paris, 1849, in-8°.

[2] Συντίπας. *De Syntipa et Cyri filio* Andreopuli *narratio e codd. Pariss. edita a* Jo. Fr. Boissonade. Parisiis, 1828, in-12.

[3] In-4°, sans date ni lieu d'impression.

[4] *Li Romans de Dolopathos*, publié pour la première fois en entier par MM. Charles Brunet et Anatole de Montaiglon. Paris, 1856, in-16, p. 168. Voyez aussi l'analyse de *Dolopathos*, p. 121 de l'édition du *Roman des sept Sages* publiée par M. Le Roux de Lincy, et *Fabliaux* de Legrand d'Aussy, édit. de 1829, t. I, p. 354, et p. 30 des Choix et extraits des fabliaux, à la fin du volume.

[5] Voyez l'édition de M. Le Roux de Lincy, p. 17.

[6] *Li compassionevoli avvenimenti d'Erasto, opera dotta e morale di greco tradotta in volgare*. Vinegia, 1542, in-8°. Il existe une traduction française de ce livre intitulée : *Histoire pitoyable du prince Erastus, fils de Diocletien, empereur de Romme, contenant exemples et notable discours*, trad. d'italien en françois. Paris, 1579, in-16. Voy. chap. VIII, fol. 30 recto.

[7] *Gesta Romanorum; translated from the latin, with preliminary observations and copious notes by* the Rev. C. Swan. London, 1824, 2 vol. in-12.

[8] *Les Facetieuses Journees, contenans cent certaines et agreables nouvelles : la plus part advenues de nostre temps, les autres recueillies et choisies de tous les plus excellents autheurs estrangers qui en ont escrit*. Par G. C. D. T. (Gabriel Chappuys, de Tours). Paris, 1584, in-8°.

dominicain, mort en 1262, rapporte que dans le Lyonnais il circulait une tradition sur le dévouement de ce chien, que les habitants du pays vénéraient sous le nom de saint Guinefort [1]. C'est aussi dans cette histoire qu'il faut chercher l'origine de la tradition galloise de Llewellyn le Grand et de son lévrier Gellert, laquelle remonte jusqu'à l'an 1205.

Voir, pour d'autres indications, Benfey. *Pantschatantra*. Introduction. § 201. p. 479-485.

Page 318.

LES QUATRE BRÂHMANES QUI CHERCHENT LA FORTUNE.

La donnée principale de ce récit se retrouve dans le *Toûti-Nameh* (conte XVI, p. 92 de la traduction anglaise, et conte XVI, p. 117 de la traduction française de Marie d'Heures).

Cf. Benfey, *Pantschatantra*. Introduction, §§ 203 et suivants, p. 486 et suivantes.

Page 324.

LES BRÂHMANES ET LE LION.

Ce conte se retrouve dans le *Vétâlapantchavinsati* (voy. *Bytal-Puchisi*, conte XXI, p. 131, et *Védâla-Cadaï*, conte XV) et dans la rédaction de ce recueil qui fait partie du *Kathâsaritsâgara*, liv. XII, chap. XCVI, p. 382, conte XXII.

Cf. Benfey. *Pantschatantra*. Introduction, § 204, p. 488-493.

Page 328.

LES DEUX POISSONS ET LA GRENOUILLE.

Cette fable doit être considérée comme une seconde forme de la fable XV du livre I, «Les trois Poissons».

---

[1] Voy. *Fabliaux* de Legrand d'Aussy, édit. de 1829, t. I. p. 359.

Page 330.

L'ÂNE ET LE CHACAL.

Cette fable se trouve, avec des différences de détails, dans le *Toûtî-Nameh* (conte xxxiv, p. 161 de la traduction anglaise, et conte xxx, p. 203 de la traduction française de Marie d'Heures). Elle se rapproche beaucoup de la fable viii du livre IV de notre recueil.

Cf. Benfey, *Pantschatantra*, Introduction. § 188, p. 463-464. et § 207. p. 494-495.

Page 333.

LES SOUHAITS.

Ce conte se retrouve, sous une forme différente, dans le *Sindibad-Nameh* (*Asiatic Journal*, 1841, t. XXXVI, p. 16), dans les *Paraboles de Sendabar* (p. 123), dans le roman grec de *Syntipas* (p. 84), et dans le roman des *Sept Vizirs* (*Tales*[1], etc., p. 154). A cette forme se rattache le fabliau des « Quatre Souhais Saint-Martin » (Barbazan, *Fabliaux*, édition publiée par Méon, t. IV, p. 386). On en trouve, dans la fable de Marie de France intitulée « Dou Vilain qui prist un Folet » (*Poésies*, t. II, p. 140, et *Fabliaux* de Legrand d'Aussy, édit. de 1829, t. IV, p. 385), une autre forme, de laquelle semblent dériver « Les trois Souhaits » de La Fontaine et « Les Souhaits ridicules » de Perrault.

Cf. Benfey, *Pantschatantra*. Introduction. § 208, p. 495-499.

Page 336.

LE BRÂHMANE ET LE POT DE FARINE.

Hitopadésa, liv. IV, p. 182. — *Pantchatantra* de Dubois, tantra v, p. 208.

---

[1] *Tales, anecdotes and letters, translated from the arabic and the persian, by* Jonathan Scott. Shrewsbury. 1800, in-8°.

Kalila and Dimna, chap. x, p. 269. — *Anwâr-i Souhaili*, chap. vi. p. 409. — *Contes et fables indiennes*, chap. vi, t. III, p. 50. — *Specimen sapientiæ Indorum*, sect. vi, p. 337. — *Del governo de' regni*, essempio v, fol. 50 verso. — *Calila é Dymna*, chap. viii, p. 57. — *Liber de Dina et Kalila*, chap. ix. — *Directorium humane vite*, chap. vii. — *Das Buch der Weisheit*, chap. vii. — *Exemplario contra los engaños*, chap. vii. — *Filosofia morale*, trattato iv, fol. 83 recto.

Cette fable se retrouve dans l'*Eyar-i Danisch* (traduit dans *Asiatic Miscellanies by* Chambers and Jones, p. 69) et dans l'*Alter Æsopus* de Baldo (fab. xvi).

L'histoire d'Alnaschar, dans les *Mille et une Nuits* (nuit clxxvi), est une imitation de cette fable[1], de laquelle dérive aussi celle de «La Laitière et le Pot au lait», sujet qui a été traité en Europe, dès le commencement du xiv° siècle, par don Juan Manuel, dans *El Conde Lucanor*[2], d'où il a passé, en subissant quelques modifications, dans le *Dyalogus Creaturarum* de Nicolaus Pergaminus, les *Joci ac sales* d'Ottomarus Luscinius[3], les *Facetie* de Domenichi[4], la *Sylva sermonum* de J. Hulsbusch[5], les *Contes et joyeux devis* de Bonaventure Des Périers, les *Sermones convivales* de Gast[6], les *Apologi Phædrii* de J. Regnerius[7], le *Democritus ridens*[8], les *Fables* de Lorenzo Pignotti[9]

---

[1] M. Benfey en indique une autre imitation dans le même ouvrage.

[2] Voyez la traduction française, exemple vii.

[3] *Joci ac sales festivi, ab* Ottomaro Luscinio, *partim selecti ex authoribus utriusque linguæ, partim longis peregrinationibus visi et auditi, ac in centuria digesti.* Augustæ Vindelicor., 1524, in-8°.

[4] *Facetie, motti e burle di diversi signori, raccolte da* L. Domenichi, *di nuovo del settimo libro ampliate.* Firenze, 1564, in-8°.

[5] *Sylva sermonum jucundissimorum, in qua novæ historiæ, et exempla varia, facetiis undique referta, continentur.* Basileæ, 1568, in-8°.

[6] *Convivalium sermonum liber meris jocis ac salibus refertus.* Basileæ, 1542, in-8°.

[7] Divion., 1643, in-12, part. I, fab. xxv.

[8] *Democritus ridens, sive campus recreationum honestarum, cum exorcismo melancholiæ.* Amstel., 1655, in-12, p. 150.

[9] *Favole e novelle del* dottore Lorenzo Pignotti. Nizza, 1787, 2 volumes in-12.

(fab. viii), et enfin dans le recueil de La Fontaine, qui a dû l'emprunter à Des Périers[1].

Cf. Benfey, *Pantschatantra*, Introduction, § 209, p. 499-501.

Page 337.

LE SINGE ET LE ROI.

Quelques-uns des principaux traits de cet apologue se retrouvent dans les *Avadânas* (t. I, p. 135), et l'Introduction du *Sindibad-Nameh* (*Asiatic Journal*, t. XXXV, p. 179) en contient une imitation.

Cf. Benfey, *Pantschatantra*, Introduction, § 210, p. 501-504.

Page 344.

LE RÂKCHASA, LE VOLEUR ET LE SINGE.

Ce conte se retrouve, sous une autre forme, dans le *Sindibad-Nameh* (*Asiatic Journal*, t. XXXVI, p. 14), dans les *Paraboles de Sendabar* (p. 100) et dans le roman grec de *Syntipas* (p. 71).

Cf. Benfey, *Pantschatantra*, Introduction, § 211, p. 504-510.

Page 346.

L'AVEUGLE, LE BOSSU ET LA PRINCESSE À TROIS MAMELLES.

Sur ce conte, voy. Benfey, *Pantschatantra*, Introduction, § 212, p. 510-534.

Page 347.

LE BRÂHMANE ET LE RÂKCHASA.

On peut voir une forme altérée de ce conte dans le *Sindibad-Nameh* (*Asiatic Journal*, t. XXXVI, p. 10), dans le roman des *Sept*

---

[1] Rabelais, dans le chapitre xxxi de Gargantua (édit. de 1535), indique le sujet de cette fable. Picrochole voulant conquérir le monde, un vieux gentilhomme lui dit : «Jay grand peur que toute ceste entreprinse sera semblable a la farce du pot au laict, duquel un cordouannier se faisoit riche par resverie; puis, le pot cassé, neut de quoy disner.»

Vizirs (*Tales*, etc., p. 81), dans les *Paraboles de Sendabar* (p. 87), dans le roman grec de *Syntipas* (p. 32) et les *Mille et une Nuits* (nuits xv et xvi). L'idée principale de notre récit se retrouve dans l'histoire de Sindebâd le Marin (*Mille et une Nuits*, nuits LXXXIII et LXXXIV[1]), dans les *Aventures de Kâmrûp*[2] (chap. xi et xii, p. 58 et 66) et dans le *Miriani*, roman géorgien traduit en français par Brosset (chap. viii, p. 469, *Nouveau Journal asiatique*, t. XVI, 1835).

Cf. Benfey, *Pantschatantra*, Introduction, § 213, p. 534-536.

Page 352.

L'OISEAU À DEUX BECS.

Pantchatantra de Dubois, tantra I, p. 37.

Cette fable se trouve dans les *Avadânas* (t. II, p. 100). Elle rappelle l'apologue intitulé «Les Membres et l'Estomac».

Cf. Benfey, *Pantschatantra*, Introduction, § 215, p. 537-538.

Page 353.

LE BRÂHMANE SAUVÉ PAR UNE ÉCREVISSE.

Pantchatantra de Dubois, tantra I, p. 39.
Cf. Benfey, *Pantschatantra*, Introduction, § 216, p. 538-541.

---

[1] Voyez aussi Langlès, «Voyages de Sindebâd le Marin», à la suite de la *Grammaire arabe* de Savary, p. 502 et suiv.

[2] *Les Aventures de Kâmrûp*, par Tahçiń-uddin, traduites de l'hindoustani par M. Garcin de Tassy. Paris, 1834, in-8°.

TABLE ALPHABÉTIQUE

DES

NOMS D'AUTEURS CITÉS.

A

Abdallah ibn-Almokaffa, p. IV.
Abdalmoumin ben-Hassan, p. VI.
Abou'lfazl, p. VIII.
Abou'Imaali Nasrallah, p. VII.

Ali Tchélébi, p. IX.
Argote de Molina (Gonzalo), p. 357.
Aurivillius (P. Fab.), p. XI.

B

Babington, p. 361.
Babrias, p. 375.
Baldo, p. XXI, 357, 358, 359, 362,
363, 364, 369, 370, 371, 373,
374, 380, 381, 385, 388.
Barbazan, p. 361, 387.
Barbier de Meynard, p. XXV, 375.
Basnage, p. 378.
Benfey (Theodor), p. XXIX, 357, 358,
359, 361, 362, 363, 364, 365,
366, 367, 368, 369, 370, 371,
372, 373, 374, 375, 376, 377,
378, 379, 380, 381, 382, 383,
384, 385, 386, 387, 388, 389,
390.
Bergmann (Benjamin), p. 385.
Bhartrihari, p. 240.
Boccace, p. 361.
Boissonade (Jo. Fr.), p. 385.
Brattuti, p. IX.
Brockhaus (Hermann), p. XXVII, 359,
362.
Brosset, p. 390.
Brunet (Charles), p. 385.
Bühler, p. II.
Burmann, p. 375.

C

Camerarius (Joach.), p. 358, 359, 360,
366, 368, 370, 372, 375, 376,
381, 385.
Campeggi (Annibale), p. 361.
Candidus (Pantaleo), p. 358, 375.
Cap (P. A.), p. 376.

Cardonne, p. x, 370, 382.
Carmoly (E.), p. 385.
Caylus (De), p. 384.
Chambers, p. 384, 388.
Chappuys (Gabriel), p. 385.

Chasles (Émile), p. 376.
Châteauneuf (Antoine de), p. 361.
Conde, p. vi.
Cottier (Gabriel), p. xx.

D

Dandî, p. 382.
David Sahid, p. viii.
Des Périers (Bonaventure), p. 388, 389.
Domenichi (L.), p. 388.
Doni, p. xix, 377.
Dozy (R. P. A.), p. xxii, 360.

Dubois (L'abbé J. A.), p. xxviii, 357, 358, 359, 362, 363, 365, 366, 367, 370, 372, 373, 380, 384, 387, 390.
Du Méril (Édélestand), p. xxi.

E

Eastwick (Edward B.), prof. and librar. in the East-India College, p. vii.

Ésope, p. 358, 364, 366, 367, 375, 379, 381, 383.

F

Firenzuola (Messer Agnolo), Fiorentino, p. xix.

Furia (Franciscus de), p. 358, 364, 366, 367, 375, 379, 381, 383.

G

Galanos (Démétrios), p. xxviii, xxix, 240, 364, 369, 370, 377.
Galfred, p. 375.
Galland, p. ix, x.
Garcin de Tassy, p. 383, 390.

Gast, p. 388.
Gaulmin, p. viii.
Gayangos (Pascual de), p. vi, xv, 357.
Guérin, p. 361.
Gueulette, p. 375.

H

Hamd Allah Mustôfi, p. xxv.
Henri d'Andeli, p. 382.
Holmboe (C. H.), p. vi.

Hosaïn ben-Ali, p. vii.
Hulsbusch (J.), p. 388.

I

Ibn-Bassâm, p. xvii, 360.

J

Jean de Capoue, p. xii.
Joël, p. xii.
Jones, p. 384, 388.

Juan Manuel (Don), p. xxiii, 357, 388.
Jülg (Bernhard), p. xxiv. xxv.
Julien (Stanislas), p. xxiv.

K

Kalee-Krishen Behadur (Rajah). p. 361.
Kielhorn, p. ii.

Knatchbull (Wyndham), p. vi.
Kosegarten (Io. Godofr. Ludov.), p. i, ii.

L

La Fontaine, p. xxv, 361, 363, 365, 366, 370, 372, 374, 376, 378, 383, 387, 389.
Langlès, p. 390.
Langlois (A.), p. 49, 378.
La Rivey (Pierre de), p. xx, 361, 369, 374, 376, 377.
Lassen, p. 389.

Legrand d'Aussy, p. 361, 375, 382, 385, 386, 387.
Le Roux de Lincy, p. 385.
Loiseleur Deslongchamps, p. iv, vi, vii, ix, xiii, xv, xix, 362.
Louveau (Jean), p. 374.
Luscinius (Ottomarus), p. 388.

M

Maçoudi, p. xxii, 375.
Malespini, p. 361.
Marie de France, p. 375, 378, 381, 387.
Marie d'Heures, p. 360, 365, 367, 372, 380, 381, 383, 384, 386, 387.
Marmontel, p. 382.

Massinger, p. 361.
Méon, p. 361, 387.
Mey (Sebastian), p. 369, 370.
Montaiglon (Anatole de), p. 385.
Moulinet (Du), p. 374.
Mouton (Charles), p. ix.

N

Nârâyana (Sri), p. xxviii.
Neveletus, p. 375.

Nicolaus Pergaminus, p. 374, 375, 388.

P

Pellicer y Saforcada, p. xiv.
Perrault, p. 387.

Phèdre, p. 375.
Piccolomini (Æneas Silvius), p. 382.

Pignotti (Lorenzo), p. 388.
Polier (Mᵐᵉ la chanoinesse de), p. 378.

Poussines (Le P.), p. v.
Puibusque (Adolphe de), p. 357.

R

Rabelais, p. 389.
Raimond de Béziers, p. xviii.
Regnerius (J.), p. 388.
Rémusat (Abel), p. 211.

Robert, p. 360, 378.
Rodriguez de Castro (D.), p. xiv.
Roebuck (T.), p. ix.
Roudéki, p. vi.

S

Sacy (Silvestre de), p. iv, v, vi, vii, ix, xii, xv, xix.
Sansovino, p. 361, 385.
Sarmiento, p. xiv.
Schmidt, p. 211.
Scott (Jonathan), p. 360, 387.

Sénecé, p. 376.
Siméon Seth, p. x.
Somadéva, p. xxvii.
Starck (Sebast. Gottofr.), p. xi.
Straparola, p. 374.
Swan (C.), p. 385.

T

Tahcin-uddin, p. 390.

Typaldos (Georges), p. xxix, 364.

U

Upham (Edw.), p. 363.

V

Vartan, p. 381.
Veda Vyâsa Rishi, p. 367.

Verboquet, p. 361, 369, 376, 377.

W

Walchius (J.), p. 363, 366, 368.
Weil, p. 362, 363.

Wilson, p. i, xxviii, 382.
Wolff (Philipp), p. vi.

TABLE ALPHABÉTIQUE

DES

NOMS D'OUVRAGES CITÉS.

A

Abhandlungen für die Kunde des Morgenlandes, p. xxvii.
Alter Æsopus, p. xxi, 357, 358, 359, 362, 363, 364, 369, 370, 371, 373, 374, 380, 381, 385, 388.
Analyse et Extraits du Râdj-Nîti, p. 380, 381, 382, 383, 384.
Analytical Account of the Pancha Tantra, p. i.
Anthologia sanscritica, p. 383.
Anvár-i Suhailí (The), p. vii.
Anwâr-i Souhailî, p. vii, 357, 358, 359, 360, 362, 363, 364, 365, 366, 368, 369, 370, 371, 372, 373, 374, 376, 377, 378, 379, 380, 384, 388.
Apologi Phædrii, p. 388.
Ardji-Bordji Khan, p. 382.
Aristote amoureux, p. 382.
Asiatic Journal, p. 385, 387, 389.
Asiatic Miscellanies, p. 384, 388.
Avadânas (Les), p. xxiv, 366, 373, 383, 389, 390.
Aventures de Kâmrûp (Les), p. 390.

B

Bahar-Danush, p. 360.
Bahar-i Danisch, p. 360.
Beispiele der Weisen von Geschlecht zu Geschlecht, p. xiii.
Bétàl-Patchisi, p. 361.
Biblioteca española, p. xiv.
Bibliothèque amusante et instructive, p. 382.
Buch der Byspel der Weissheit (Das), p. xiii.
Buch der Weisheit (Das), p. xiii, 357, 358, 359, 360, 362, 363, 364, 365, 366, 367, 368, 369, 370, 371, 372, 373, 374, 376, 377, 378, 379, 380, 381, 384, 388.
Bytal-Puchisi, p. 361, 386.

TABLE DES NOMS D'OUVRAGES.

C

Calila é Dymna, p. vi, xv, 357, 358, 359, 360, 362, 363, 364, 365, 366, 367, 368, 369, 370, 371, 372, 373, 374, 376, 377, 378, 379, 380, 381, 384, 388.
Calila et Dimna, p. v.
Calila und Dimna, p. vi.
Cent nouvelles nouvelles, p. 361.
Cento novelle scelte da più nobili scrittori della lingua volgare, p. 361.
Centum et quinquaginta fabulæ, p. 358.
Chefs-d'œuvre du Théâtre indien, p. 49.
Choix de fables de Vartan, p. 381.
Compassionevoli avvenimenti d' Erasto, p. 385.

Comte Lucanor (Le), p. 357.
Conde Lucanor (El), p. 357, 373, 388.
Conseils et les Maximes de Pilpay (Les), p. viii.
Contes et fables indiennes, p. ix, x, 357, 358, 359, 360, 362, 363, 364, 365, 366, 368, 369, 370, 371, 372, 373, 374, 376, 377, 378, 379, 380, 384, 388.
Contes et joyeux devis, p. 388.
Contes moraux, p. 382.
Contes orientaux, p. 384.
Convivalium sermonum liber, p. 388.

D

Dasakoumàratcharita, p. 382.
Decas fabularum, p. 363, 366, 368.
Delices ou Discours joyeux et recreatifs (Les), p. 361, 369, 376, 377.
Democritus ridens, p. 388.
Description historique de la ville de Kazvin, p. xxv.
Deux livres de Filosofie fabuleuse, p. xv.
Directorium humane vite, p. xii, 357, 358, 359, 360, 362, 363, 364, 365, 366, 367, 368, 369, 370, 371, 372, 373, 374, 376, 377, 378, 379, 380, 381, 384, 388.
Discorsi degli animali, p. xix, 357, 358, 359, 360, 362, 363, 364, 365, 366, 367, 368, 369, 370.
Dolopathos, p. 385.
Ducento novelle, p. 361.
Dyalogus Creaturarum, p. 374, 388.

E

Ensayo de una biblioteca de traductores españoles, p. xiv.
Escritores en prosa anteriores al siglo xv, p. xv.
Espejo politico y moral, p. ix.

Essai sur les fables indiennes, p. iv, vi, vii, ix, xiii, xv, xix, 362.
Exemplario contra los engaños, p. xiv, 357, 358, 359, 360, 362, 363, 364, 365, 366, 367, 368, 369,

370, 371, 372, 373, 374, 376, 377, 378, 379, 380, 381, 384, 388.

Ex gestis Romanorum historie, p. 375.
Extraits du Bétâl-Patchisi, p. 361.
Eyar-i Danisch, p. viii, 384, 388.

F

Fabeln Bidpai's (Die), p. vi.
Fables de Pilpay (Les), p. viii.
Fables inédites des xii°, xiii° et xiv° siècles, p. 360.
Fables politiques et morales de Pilpaï, p. ix.
Fabliaux et contes des poètes françois, p. 361, 387.
Fabliaux ou contes, fables et romans. p. 361, 375, 382, 385, 386, 387.
Fabulæ Æsopi, p. 358.
Fabulæ Æsopi extravagantes, p. 360.
Fabulae Aesopicae (Αἰσώπου μῦθοι), p. 358.

Fabulario, p. 369.
Facecieuses Nuicts (Les), p. 374.
Facécieux devis et plaisans contes, p. 374.
Facetie, motti e burle, p. 388.
Facétieuses Journées, p. 385.
Facétieuses Nuits, p. 374.
Favole e novelle del dottore Lorenzo Pignotti, p. 388.
Filosofia morale, p. xix, 357, 358, 359, 360, 362, 363, 364, 365, 366, 367, 368, 369, 370, 371, 372, 373, 374, 376, 377, 378, 380, 381, 384, 388.

G

Gesta Romanorum, p. 375, 385.
Governo de' regni (Del), p. x, 357, 358, 359, 362, 363, 364, 365,

366, 367, 368, 370, 371, 373, 379, 380, 384, 388.
Gründung der Stadt Pataliputra, p. 362.

H

Harivansa, p. 378.
Hézar Afsaneh, p. xxii.
Histoire d'Ardji-Bordji Khan, p. xxiv.
Histoire de la littérature hindouie et hindoustanie, p. 383.
Histoire du peuple juif, p. 378.
Histoire pitoyable du prince Erastus, p. 385.

Historia septem Sapientum Romæ, p. 385.
Hitopadésa, p. xxviii, 357, 358, 360, 362, 363, 365, 366, 368, 369, 370, 371, 372, 373, 374, 377, 378, 379, 383, 384, 387.
Houmayoun-Nameh, p. ix.

TABLE DES NOMS D'OUVRAGES.

J

Joci ac sales festivi, p. 388.
Journal asiatique, p. xxv, 361, 380.
Journal des Savants, p. 211.

K

Kalila and Dimna, p. vi, 357, 358, 359, 360, 362, 363, 364, 365, 366, 367, 368, 369, 370, 371, 372, 373, 374, 376, 377, 378, 379, 380, 384, 388.
Kalmükische Märchen, p. xxiv.
Kathâmritanidhi, p. xxvii.
Kathâsaritsâgara, p. xxvii, 357, 358, 359, 360, 362, 363, 364, 365, 366, 368, 369, 370, 371, 372, 373, 374, 376, 377, 378, 379, 380, 382, 383, 384, 386.
Khired-afrouz, p. ix.
Khirud Ufroz, p. ix.

L

Lettres édifiantes, p. 369.
Liber de Dina et Kalila, p. xviii, 357, 358, 359, 360, 362, 363, 364, 365, 366, 367, 368, 369, 370, 371, 372, 373, 374, 376, 377, 378, 379, 380, 381, 384, 388.
Libro llamado Exemplario, p. xiv.
Livre de Kalila et Dimna, p. iv, v, 357, 359.
Livre de Sendabad, p. xvii.
Livre des Lumières, p. viii, xxvi, 357, 358, 359, 360, 362, 363, 364, 365, 366, 368, 369, 370, 371, 372, 373, 374, 376, 377, 378, 379.
Livre des Merveilles, p. xxi, 359, 360, 362, 363, 364, 365, 368, 378.
Lois de Manou, p. 168.

M

Mahâbhârata, p. ii, 367, 376, 378, 383.
Mahavansi, etc. (The), p. 363.
Mélanges de littérature orientale, p. 370, 382.
Mémoire historique sur le livre intitulé Calila et Dimna, p. iv, vi, vii, ix, xii.
Mémoires de l'Académie de Saint-Pétersbourg, p. 211.
Memorias para la historia de la poesia y poetas españoles, p. xiv.
Mille et une Nuits (Les), p. xxii, 362, 363, 388, 390.
Mille et un Jours (Les), p. 362.
Mille et un Quarts d'heure (Les), p. 375.
Miriani, p. 390.
Miscellaneous translations from oriental languages, p. 361.
Mongolische Märchen, p. xxv.
Mythologia Æsopica, p. 375.
Mythologie des Indous, p. 378.
Μυθολογικὸν ἠθικο-πολιτικόν, p. x.

N

Nomadische Streifereien, p. 385.
Notices et Extraits des manuscrits, p. vii, ix, xii, xv, xix.
Nouveau Journal asiatique, p. 390.
Nouveau recueil de fabliaux, p. 361.
Nouveaux contes à rire, p. 375.
Novelle amorose degli incogniti, p. 361.
Novelliero italiano, p. 361.

O

OEuvres choisies de Sénecé, p. 376.

P

Pantchatantra de Dubois, p. xxviii, 357, 358, 359, 362, 363, 365, 366, 367, 370, 372, 373, 380, 384, 387, 390.
Pantschatantra (de Benfey), p. xxix, 357, 358, 359, 361, 362, 363, 364, 365, 366, 367, 368, 369, 370, 371, 372, 373, 374, 375, 376, 377, 378, 379, 380, 381, 382, 383, 384, 386, 387, 389, 390.
Pantschatantrum sive Quinquepartitum, p. 1.
Paraboles de Sendabar, p. 385, 387, 389, 390.
Perles des sages préceptes (Les), p. vi.
Phædri fabularum Æsopiarum libri V, p. 375.
Piacevoli notti (Le), p. 374.
Plaisant et facétieux discours des animaux (Le), p. xv.
Plays (Massinger's), p. 361.
Poésies de Marie de France, p. 375, 387.
Poésies inédites du moyen âge, p. xxi.
Prairies d'or (Les), p. 375.
Prima veste dei discorsi degli animali (La), p. xix.
Prolegomena ad librum Στεφανίτης καὶ Ἰχνηλάτης, p. xi.
Prose di M. Agnolo Firenzuola, p. xix.

R

Recherches sur l'histoire politique et littéraire de l'Espagne pendant le moyen âge, p. xxii.
Roman des sept Sages, p. 385.
Roman du Renart, p. 360.
Romans de Dolopathos (Li), p. 385.

S

Sacred and historical books of Ceylon, p. 363.
Sanskrit classics, p. ii.
Sept Vizirs (Roman des), p. 387, 389.

Siddhi-Kûr, p. xxiv, 361.
Sindibad-Nameh, p. 384, 387, 389.
Sinhâsanadwâtrinsati, p. xxv.
Soukasaptati, p. xxi, 364, 369, 370, 377, 380.
Specimen sapientiæ Indorum, p. xi, xxvii, 357, 358, 359, 360, 362, 363, 364, 365, 366, 367, 368, 369, 370, 371, 372, 373, 374, 376, 377, 378, 379, 380, 381, 384, 388.
Sylva sermonum jucundissimorum, p. 388.
Syntipas (Roman de), p. 385, 387, 389, 390.

T

Tales, anecdotes and letters, p. 387, 390.
Tarikhé Guzidèh, p. xxv.
Tooti-Nameh (The), p. 360.
Toûtî-Nameh, p. 360, 365, 367, 372, 380, 381, 383, 384, 386, 387.
Transactions of the Royal Asiatic Society of Great Britain and Ireland, p. 1.
Trente-cinq Contes d'un Perroquet (Les), p. 360.
Tribunal domestique (Le), p. 382.

V

Védâla-Cadaï, p. 361, 386.
Vétâlapantchavinsati, p. xxiv, 360, 361, 386.
Vikramâdityatcharita, ou Sinhâsanadwâtrinsati, p. xxv.

Χιτοπαδάσσα ἡ Πάντσα-Τάντρα, p. xxix.

TABLE DES MATIÈRES.

	Pages.
Avant-propos	I
Introduction	1

LIVRE PREMIER.

LA DÉSUNION DES AMIS.

I.	Le Taureau, les deux Chacals et le Lion	7
II.	Le Singe et le Pilier	12
III.	Le Chacal et le Tambour	26
IV.	Le Marchand, le Roi et le Balayeur	33
V.	Aventures de Dévasarman, comprenant : 1° Les deux Béliers et le Chacal; 2° Le Tisserand, le Barbier et leurs Femmes	41
VI.	Le Tisserand qui se fit passer pour Vichnou	55
VII.	Le Corbeau, sa Femelle, le Chacal et le Serpent	65
VIII.	La Grue et l'Écrevisse	66
IX.	Le Lion et le Lièvre	71
X.	Le Pou et la Puce	80
XI.	Le Chacal devenu bleu	82
XII.	Le Lion, le Corbeau, le Tigre, le Chacal et le Chameau	89
XIII.	Le Tittibha et la Mer	98
XIV.	La Tortue et les deux Cygnes	100
XV.	Les trois Poissons	102
XVI.	Le Moineau, le Grimpereau, la Mouche, la Grenouille et l'Éléphant	106
XVII.	Le Lion, le Chacal, le Loup et le Chameau	115
XVIII.	Les Singes et l'Oiseau	123

		Pages.
xix.	Le Passereau et le Singe	125
xx.	L'Honnête Homme et le Fripon	127
xxi.	La Grue, le Serpent, l'Écrevisse et l'Ichneumon	131
xxii.	Le Dépositaire infidèle	133

LIVRE DEUXIÈME.

L'ACQUISITION DES AMIS.

i.	Le Corbeau, le Rat, la Tortue et le Daim	139
ii.	Histoire d'Hiranyaka	156
iii.	La Femme qui échange du sésame mondé contre du sésame non mondé	159
iv.	Le Chasseur, le Sanglier et le Chacal	161
v.	Aventures de Prâptavyamartha	170
vi.	Histoire du tisserand Somilaka	177
vii.	Les deux Chacals poursuivant un Taureau	181

LIVRE TROISIÈME.

LA GUERRE DES CORBEAUX ET DES HIBOUX.

i.	Les Corbeaux et les Hiboux	197
ii.	Les Éléphants et les Lièvres	212
iii.	Le Chat, le Moineau et le Lièvre	218
iv.	Le Brâhmane et les Voleurs	225
v.	Le Serpent et les Fourmis	227
vi.	Le Brâhmane et le Serpent	232
vii.	Le Roi et les Oiseaux	233
viii.	Les deux Pigeons et l'Oiseleur	235
ix.	Le Marchand, sa Femme et le Voleur	240
x.	Le Brâhmane, le Voleur et le Rākchasa	242
xi.	Les deux Serpents	244
xii.	Le Charron, sa Femme et le Galant	246
xiii.	La Souris métamorphosée en Fille	250
xiv.	Le Roi et l'Oiseau	255
xv.	Le Lion et le Chacal	256

TABLE DES MATIÈRES.

Pages.

xvi. Le Serpent et les Grenouilles........................ 263
xvii. Le Brâhmane et sa Femme.......................... 265

LIVRE QUATRIÈME.

LA PERTE DU BIEN ACQUIS.

i. Le Singe et le Crocodile............................ 273
ii. La Grenouille et le Serpent......................... 279
iii. Le Lion, le Chacal et l'Âne......................... 285
iv. Le Potier et le Roi................................ 289
v. La Lionne, les Lionceaux et le Petit Chacal......... 290
vi. Le Brâhmane, sa Femme et l'Infirme................. 293
vii. Le Roi, le Ministre et leurs Femmes................ 296
viii. L'Âne vêtu de la peau d'un Tigre................... 297
ix. La Femme et le Chacal............................. 300
x. Le Chameau dévoré par un Lion..................... 303
xi. Le Chacal et l'Éléphant mort....................... 306
xii. Le Chien qui alla en pays étranger................. 309

LIVRE CINQUIÈME.

LA CONDUITE INCONSIDÉRÉE.

i. Le Barbier et les Mendiants........................ 311
ii. Le Brâhmane, sa Femme et l'Ichneumon............... 316
iii. Les quatre Brâhmanes qui cherchent la fortune...... 318
iv. Les Brâhmanes et le Lion........................... 324
v. Les quatre Savants................................ 325
vi. Les deux Poissons et la Grenouille................. 328
vii. L'Âne et le Chacal................................. 330
viii. Les Souhaits...................................... 333
ix. Le Brâhmane et le Pot de farine.................... 336
x. Le Singe et le Roi................................ 337
xi. Le Râkchasa, le Voleur et le Singe................. 344
xii. L'Aveugle, le Bossu et la Princesse à trois mamelles........ 346
xiii. Le Brâhmane et le Râkchasa........................ 347

		Pages.
xiv.	L'Oiseau à deux becs....................	352
xv.	Le Brâhmane sauvé par une Écrevisse.......	353

Sources et imitations............................. 357
Table alphabétique des noms d'auteurs cités........ 391
Table alphabétique des noms d'ouvrages cités....... 395

www.ingramcontent.com/pod-product-compliance
Lightning Source LLC
Chambersburg PA
CBHW071103230426
43666CB00009B/1803